设备管理与维修

第二版

胡忆沩　陈　庆　王海波　等编著

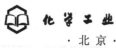
化学工业出版社
·北京·

内 容 简 介

本书是2014版《设备管理与维修》的修订和增强版。全书共分为十二章，主要内容包括设备管理与维修术语、设备管理的作用与意义、国内外设备管理简介、设备的前期管理、设备资产管理、设备的润滑管理、设备的状态管理、备件管理、设备法兰完整性管理基础篇和应用篇、特种设备管理、机械零件装配技术、设备的更新改造、设备的技术改造及现代化管理方法在设备管理中的应用及案例。本次修订中更新了所有的技术法规和标准，增加了新技术、新工艺和新材料，内容与时俱进。

本书可作为高等院校、高职高专设备使用、过程装备、管理与维修专业的教材，也可作为设备设计、制造、安装、改造、更新、维护、修理、抢修、在线服务等工程技术人员、维修人员的培训教材。

图书在版编目（CIP）数据

设备管理与维修/胡忆沩等编著. —2版. —北京：
化学工业出版社，2021.9（2024.2重印）
ISBN 978-7-122-39296-1

Ⅰ.①设… Ⅱ.①胡… Ⅲ.①设备管理 Ⅳ.①F273.4

中国版本图书馆CIP数据核字（2021）第108448号

责任编辑：袁海燕	文字编辑：吴开亮
责任校对：宋 玮	装帧设计：王晓宇

出版发行：化学工业出版社（北京市东城区青年湖南街13号　邮政编码100011）
印　　装：北京科印技术咨询服务有限公司数码印刷分部
787mm×1092mm 1/16 印张25¾ 字数643千字 2024年2月北京第2版第5次印刷

购书咨询：010-64518888　　　　　　　　　　　售后服务：010-64518899
网　　址：http://www.cip.com.cn
凡购买本书，如有缺损质量问题，本社销售中心负责调换。

定　价：98.00元　　　　　　　　　　　　　　　　　　　　　　版权所有　违者必究

前言

近年来，我国设备管理方面的法律、法规、部门规章制度、安全技术规范、标准相继颁布和实施，对企业设备工作提出了更高的要求。设备管理作为企业管理的重要内容，不仅直接影响企业的生产经营，而且关系着企业的长远发展和兴衰。针对一这形势，本书在编写过程中，参考国家现行法规和标准，在法兰完整性管理基础篇和应用篇中参考了国际上先进标准 ASME PCC-1-2019 和 ASME PCC-2-2018，从选材到内容结构的安排上力求简明实用，系统全面。在内容编排上，除了介绍传统的设备管理方面内容外，还介绍了现代管理方法在设备管理中的应用，特别在设备维修新技术方面，增加了许多全新的内容，注重工程性与实践性，特色突出，便于读者阅读、理解和实践。

全书共分十二章，第一章概论，包括设备管理与维修术语简介，设备管理标准识读，设备管理的目的、作用与意义，我国设备管理的沿革及管理制度，国外设备管理简介等；第二章设备的前期管理，介绍了设备前期管理的重要性、工作内容与分工，设备规划的制定，外购设备的选型与购置，自制设备管理，国外设备的订货管理，设备的借用与租赁，设备的验收、安装调试与使用初期管理等；第三章设备资产管理，介绍了固定资产、设备的分类、设备资产的变动管理、设备资产管理的基础资料、机器设备评估、设备折旧等；第四章设备的润滑管理，介绍了摩擦与磨损，设备润滑管理的意义、目的和任务，设备润滑管理的组织和制度，设备润滑图表及常用表式，润滑装置的要求和防漏治漏等；第五章设备的状态管理，介绍了设备状态管理的目的和内容、设备的检查、设备的状态监测、故障诊断技术、设备事故等；第六章备件管理，介绍了备件管理基础概述，备件的技术管理、计划管理、库存管理、经济管理和备件管理的现代化等；第七章设备法兰完整性管理（基础篇），介绍了法兰、垫片、紧固件、垫圈、法兰泄漏等；第八章设备法兰完整性管理（应用篇），介绍了传统法兰管理与法兰完整性管理对比，设计条件下法兰接头的强度和刚度评估，安装条件下法兰接头的强度和刚度评估，操作条件下法兰接头的密封性能评估，螺栓安装载荷，法兰、垫片及紧固件选用的附加要求，法兰接头安装，检查和标示，法兰完整性管理专业人员培训与认证，法兰完整性管理应用软件等；第九章特种设备管理，介绍了特种设备概述、压力容器、压力管道、锅炉、电梯、起重设备、客运索道、大型游乐设施、场（厂）内专用机动车辆以及发达国家和地区的特种设备管理等；第十章设备维修技术，介绍了设备维修技术概述、机械零件的修复技术（高分子合金修补技术、断丝取出技术等）、承压设备带压密封技术、设备在线机械加工修复技术、带压开孔及封堵技术、碳纤维复合材料修复技术等；第十一章机械零件装配技术与设备更新改造，介绍了机械装配概述、过盈配合的装配、轴承的装配、齿轮的装配、螺纹连接的装配、密封装置的装配、设备的磨损及其补偿、设备的更新改造、设备的技术改造等；第十二章现代化管理方法在设备管理中的应用及案例，介绍了网络计划技术、线性规划、价值工程、设备完整性管理概述、大数据驱动的维修管理体系以及两家国内企业设备管理模式的创新实例。

本书第一章、第八章由陈庆撰写；第三章、第七章由王海波撰写；第十章由胡忆沨撰写；第二章、第四章、第六章、第九章由滕加庄撰写；第五章、第十一章、第十二章由贾树欣撰写。全书由胡忆沨统稿。

由于编者水平所限，书中缺点和疏漏在所难免，敬请各位专家和读者给予批评指正，以便在修订再版时进一步完善。

编者

2021 年 2 月于吉林化工学院　机电工程学院

目 录

第一章 概论 …………………………… 1
第一节 设备管理与维修术语简介 ……… 1
第二节 设备管理标准识读 ……………… 9
一、标准简述 …………………………… 9
二、标准的代号和编号 ………………… 9
三、设备标准 …………………………… 12
第三节 设备管理的作用、目的与意义 … 14
一、设备管理的作用 …………………… 14
二、设备管理的主要目的 ……………… 15
三、设备管理的重要意义 ……………… 15
第四节 我国设备管理的沿革 …………… 16
一、经验管理阶段（1949—1952 年）… 16
二、科学管理阶段（1953 年—20 世纪 70 年代）……………………………… 16
三、现代管理阶段（20 世纪 80 年代至今）………………………………… 17
第五节 我国的设备管理制度 …………… 17
一、《设备管理条例》的特点 …………… 17
二、设备管理的方针 …………………… 18
三、设备管理的基本原则 ……………… 18
四、设备管理的主要任务 ……………… 19
五、设备综合管理 ……………………… 19
六、设备管理现代化 …………………… 20
七、流程工业设备的组合维修策略 …… 20
八、《设备管理体系 要求》标准体系简介 ………………………………… 22
九、《中华人民共和国特种设备安全法》相关规定 ……………………………… 26
第六节 国外设备管理简介 ……………… 26
一、苏联的计划预修制 ………………… 26
二、美国的后勤工程学 ………………… 27
三、英国的设备综合工程学 …………… 28
四、日本的全员生产维修 ……………… 29
五、瑞典设备管理概述 ………………… 30
六、意大利的设备工程与管理实践 …… 31
七、德国的设备管理与维修概述 ……… 31
第七节 设备管理发展趋势 ……………… 32
一、设备管理全员化 …………………… 32
二、设备管理信息化 …………………… 33
三、设备管理社会化和市场化 ………… 33
四、设备由定期维修转向预知维修 …… 34

第二章 设备的前期管理 …………………… 35
第一节 设备前期管理的重要性 ………… 35
第二节 设备前期管理工作内容与分工 … 36
第三节 设备规划的制定 ………………… 38
一、设备规划定义 ……………………… 38
二、设备规划的依据 …………………… 39
三、设备规划的内容 …………………… 39
四、设备规划的可行性分析 …………… 39
五、设备规划的制定 …………………… 40
第四节 外购设备的选型与购置 ………… 40
一、设备的选型和购置 ………………… 40
二、设备选型的基本原则 ……………… 40
三、设备选型考虑的主要因素 ………… 41
四、设备选型的程序 …………………… 41
五、设备的订货、购置 ………………… 42
六、设备的招标采购 …………………… 43
七、设备的到货验收 …………………… 44
第五节 自制设备管理 …………………… 45
一、自制设备管理范围 ………………… 45
二、自制设备的主要作用 ……………… 45
三、设备自行设计与制造的原则 ……… 45
四、自行设计与制造的实施管理 ……… 45
第六节 国外设备的订货管理 …………… 47
一、进口设备管理的重要意义 ………… 47
二、进口设备的前期管理 ……………… 47
三、进口设备原始资料的翻译与档案管理工作 ……………………………… 47
四、建立进口设备维修制度 …………… 47
五、进口设备备品配件管理与国产化工作 ……………………………………… 48
第七节 设备的借用与租赁 ……………… 48
一、设备租赁的特点 …………………… 48
二、设备租赁的优越性 ………………… 49

第八节 设备的验收、安装调试与使用初期
　　　　管理 …………………………………… 49
　一、设备开箱检查 ……………………………… 49
　二、设备的安装 ………………………………… 49
　三、设备的试运转与验收 ……………………… 50
　四、设备的安装验收与移交 …………………… 51
　五、设备使用初期管理 ………………………… 51

第三章 设备资产管理 …………………………… 53
第一节 固定资产 ………………………………… 53
　一、固定资产的特点 …………………………… 53
　二、固定资产的确认条件 ……………………… 54
　三、固定资产的分类 …………………………… 54
　四、固定资产的计价 …………………………… 55
　五、固定资产折旧 ……………………………… 56
第二节 设备的分类 ……………………………… 59
　一、按编号分类 ………………………………… 59
　二、按设备维修管理分类 ……………………… 60
　三、按企业设备分类 …………………………… 60
第三节 设备资产的变动管理 …………………… 62
　一、设备的安装验收和移交生产 ……………… 62
　二、闲置设备的封存与处理 …………………… 66
　三、设备的调拨和移装 ………………………… 67
　四、设备报废 …………………………………… 68
第四节 设备资产管理的基础资料 ……………… 68
　一、设备资产卡片 ……………………………… 68
　二、设备台账 …………………………………… 69
　三、设备档案 …………………………………… 69
　四、设备的库存管理 …………………………… 70
第五节 机器设备评估 …………………………… 71
　一、机器设备的基本概念 ……………………… 71
　二、机器设备评估的范围 ……………………… 71
　三、机器设备评估特点 ………………………… 72
　四、机器设备评估的工作程序 ………………… 72
　五、机器设备评估应注意事项 ………………… 73
第六节 设备折旧 ………………………………… 73
　一、设备折旧的基本概念 ……………………… 73
　二、计提折旧的方法 …………………………… 74

第四章 设备的润滑管理 ………………………… 76
第一节 摩擦与磨损 ……………………………… 76
　一、摩擦的分类 ………………………………… 76
　二、摩擦定律简介 ……………………………… 78
　三、磨损 ………………………………………… 78

　四、影响磨损的因素 …………………………… 80
　五、减少磨损的途径 …………………………… 80
第二节 设备润滑管理的意义、目的和
　　　　任务 …………………………………… 81
　一、润滑管理的意义 …………………………… 81
　二、润滑管理的目的和任务 …………………… 82
第三节 设备润滑管理的组织和制度 …………… 82
　一、润滑管理组织 ……………………………… 82
　二、润滑管理制度 ……………………………… 83
　三、润滑工作各级责任制 ……………………… 85
　四、设备润滑的"五定"管理和"三
　　　过滤" ………………………………………… 86
第四节 设备润滑图表及常用表式 ……………… 87
　一、设备润滑图表与常用表式 ………………… 87
　二、设备润滑管理用表 ………………………… 89
第五节 润滑装置的要求和防漏治漏 …………… 91
　一、润滑方式 …………………………………… 91
　二、润滑装置 …………………………………… 92
　三、漏油的治理 ………………………………… 93
　四、设备治漏计划 ……………………………… 95

第五章 设备的状态管理 ………………………… 96
第一节 设备状态管理的目的和内容 …… 97
　一、推广设备诊断技术的意义 ………………… 97
　二、设备状态监测及诊断技术的
　　　定义 …………………………………………… 99
　三、设备诊断技术的作用和目的 ……………… 99
　四、设备诊断工作的开展 ……………………… 100
　五、设备诊断技术的发展 ……………………… 101
第二节 设备的检查 ……………………………… 102
　一、设备的检查及其分类 ……………………… 102
　二、设备的点检 ………………………………… 103
第三节 设备的状态监测 ………………………… 108
　一、设备状态监测的概念 ……………………… 108
　二、设备状态监测与定期检查的
　　　区别 ………………………………………… 108
　三、设备状态监测的分类与工作
　　　内容 ………………………………………… 109
　四、设备状态监测的方法及应用 …………… 110
　五、设备的在线监测 …………………………… 110
第四节 故障诊断技术 …………………………… 111
　一、故障诊断技术的发展 ……………………… 111
　二、设备故障诊断的内容 ……………………… 112
　三、设备故障诊断方法 ………………………… 113

第五节　设备事故 ………………………… 116
　一、设备事故的定义 …………………… 116
　二、设备事故的分类 …………………… 116
　三、设备事故分析及处理 ……………… 117
　四、设备事故损失计算 ………………… 119
　五、设备事故的防范措施 ……………… 119

第六章　备件管理 …………………………… 120
第一节　备件管理概述 …………………… 120
　一、备件及备件管理 …………………… 120
　二、备件的范围 ………………………… 120
　三、备件的分类 ………………………… 121
　四、备件管理的目标和任务 …………… 121
　五、备件管理的工作内容 ……………… 122
第二节　备件的技术管理 ………………… 122
　一、备件的储备原则 …………………… 122
　二、备件的储备形式 …………………… 123
　三、备件仓库设立 ……………………… 123
　四、备件的储备定额 …………………… 124
第三节　备件的计划管理 ………………… 126
　一、编制备件计划的依据 ……………… 127
　二、年度综合计划 ……………………… 127
　三、备件计划的编制 …………………… 127
　四、外购件的订购形式 ………………… 128
　五、备件计划的审核、执行、修订与调整
　　　和检查 ……………………………… 128
　六、备件的统计与分析 ………………… 129
第四节　备件的库存管理 ………………… 129
　一、备件库的建立 ……………………… 129
　二、备件库的作用及任务 ……………… 130
　三、备件库的组织形式与要求 ………… 130
　四、备件库存的管理 …………………… 131
第五节　备件的经济管理 ………………… 132
　一、备件资金的来源和占用范围 ……… 132
　二、备件资金的核定方法 ……………… 132
　三、备件经济管理考核指标 …………… 132
第六节　备件管理的现代化 ……………… 133
　一、ABC管理法在备件管理中的应用 … 133
　二、计算机备件管理信息系统 ………… 134

第七章　设备法兰完整性管理
　　　　（基础篇） ……………………… 136
第一节　概述 ……………………………… 136
第二节　法兰 ……………………………… 138

　一、法兰设计理论、标准体系 ………… 138
　二、法兰的类型 ………………………… 139
　三、法兰密封面形式 …………………… 142
　四、法兰的工作压力 …………………… 144
　五、法兰选用注意事项 ………………… 144
第三节　垫片 ……………………………… 144
　一、垫片密封原理 ……………………… 145
　二、垫片的种类 ………………………… 147
　三、垫片的选用 ………………………… 148
　四、非金属垫片 ………………………… 150
　五、金属复合垫片 ……………………… 151
　六、金属垫片 …………………………… 154
第四节　紧固件 …………………………… 156
　一、螺纹的形成及种类 ………………… 156
　二、螺纹术语 …………………………… 157
　三、国标管法兰用紧固件 ……………… 160
　四、米制外六角头螺栓、内六角头螺栓与
　　　扳手尺寸选择 ……………………… 166
　五、新式螺母简介 ……………………… 167
　六、螺栓紧固技术 ……………………… 169
　七、螺栓防松技术 ……………………… 175
　八、螺栓紧固工具 ……………………… 178
第五节　垫圈 ……………………………… 184
　一、垫圈的工作原理 …………………… 184
　二、垫圈的种类 ………………………… 185
　三、常用垫圈 …………………………… 187
　四、高扭矩碟形垫圈 …………………… 191
　五、凸轮齿牙防松垫圈 ………………… 191
　六、反作用力组合垫圈 ………………… 192
　七、反作用力垫圈 ……………………… 193
第六节　法兰泄漏 ………………………… 194
　一、概述 ………………………………… 194
　二、法兰泄漏危害 ……………………… 194
　三、法兰泄漏检测 ……………………… 195
　四、法兰界面泄漏 ……………………… 198
　五、法兰渗透泄漏 ……………………… 199
　六、法兰破坏泄漏 ……………………… 199
　七、法兰泄漏因素分析 ………………… 199

第八章　设备法兰完整性管理
　　　　（应用篇） ……………………… 205
第一节　传统法兰管理与法兰完整性管理
　　　　对比 ……………………………… 206

一、法兰安装前的检查对比 …… 206
二、法兰安装要求对比 …… 207
三、法兰安装步骤 …… 209
四、管道螺纹法兰的连接 …… 212
五、高温差法兰螺栓的冷热紧要求 … 213
六、法兰完整性管理特殊要求 …… 214
第二节 设计条件下法兰接头的强度和刚度
评估 …… 214
一、设计条件下法兰接头的强度评估 … 214
二、设计条件下法兰接头的刚度评估 … 217
第三节 安装条件下法兰接头的强度和
刚度评估 …… 217
一、螺栓 …… 217
二、垫片 …… 217
三、法兰 …… 218
第四节 操作条件下法兰接头的密封性能
评估 …… 219
一、垫片密封应力确定 …… 219
二、最小螺栓安装应力确定 …… 219
三、法兰的泄漏率和螺栓安装载荷的松弛
系数规定 …… 219
四、其他要求 …… 220
第五节 螺栓安装载荷 …… 220
一、最大螺栓安装载荷的确定 …… 220
二、标准管法兰接头的最大螺栓安装应力
确定 …… 220
第六节 法兰、垫片及紧固件选用的附加
要求 …… 223
一、紧固件 …… 223
二、垫片 …… 224
三、法兰 …… 225
第七节 法兰接头安装 …… 225
一、安装要求概述 …… 225
二、安装准备 …… 226
三、装配 …… 234
四、紧固方法和工具 …… 238
五、紧固顺序 …… 240
第八节 检查和标示 …… 245
一、法兰接头安装完成后检查 …… 245
二、法兰接头的压力试验和气密性
试验 …… 248
三、法兰接头的安装标示 …… 251
四、记录 …… 252

第九节 法兰完整性管理专业人员培训与
认证 …… 252
一、培训的理论依据和标准 …… 252
二、法兰完整性管理遴选法兰规则 … 253
三、法兰完整性管理培训对象 …… 254
四、专业的人员培训 …… 255
五、专业的工具选择与认证 …… 259
六、制定法兰完整性管理流程 …… 261
七、实施法兰连接完整性管理的
效果 …… 261
第十节 法兰完整性管理应用软件 …… 262
一、法兰完整性管理应用软件的
特点 …… 262
二、现场管理数据库应用软件简介 … 263
三、法兰节点计算软件简介 …… 264
四、法兰管理器 …… 264

第九章 特种设备管理 …… 266
第一节 特种设备概述 …… 266
一、特种设备的分类 …… 266
二、特种设备安全监察的法规和标准
体系 …… 267
第二节 压力容器 …… 268
一、压力容器的定义 …… 268
二、压力容器的分类 …… 271
第三节 压力管道 …… 273
一、压力管道的定义 …… 273
二、管道元件的公称尺寸及公称压力 … 273
三、压力管道的分类 …… 276
四、管道检修 …… 278
第四节 锅炉 …… 278
一、锅炉的定义 …… 278
二、锅炉的工作原理 …… 279
三、锅炉的分类 …… 279
四、锅炉的工作特性 …… 279
五、锅炉设备的维修保养制度 …… 280
第五节 电梯 …… 280
一、电梯的定义 …… 280
二、电梯的工作原理 …… 280
三、电梯的分类 …… 281
四、电梯的维修保养制度 …… 281
五、电梯制造单位的使用跟踪 …… 282
第六节 起重设备 …… 282
一、起重设备的定义 …… 282

二、起重设备的工作原理 …………… 282
三、起重设备的分类 ………………… 282
四、起重设备的日常维护管理 ……… 282
第七节 客运索道 ……………………… 283
一、客运索道的定义 ………………… 283
二、客运索道的工作原理 …………… 283
三、客运索道的分类 ………………… 283
四、客运索道的日常维护管理规定 … 283
第八节 大型游乐设施 ………………… 284
一、大型游乐设施的定义 …………… 284
二、大型游乐设施的工作原理 ……… 284
三、大型游乐设施的分类 …………… 284
四、大型游乐设施的安全防护要求 … 284
第九节 场（厂）内专用机动车辆 …… 285
一、场（厂）内专用机动车辆的定义 … 285
二、场（厂）内专用机动车辆的工作
　　原理 ……………………………… 285
三、场（厂）内专用机动车辆的
　　分类 ……………………………… 285
四、场（厂）内专用机动车辆的使用安全
　　管理 ……………………………… 286
第十节 发达国家和地区的特种设备管理
　　简介 ……………………………… 287

第十章 设备维修技术 …………………… 289
第一节 设备维修技术概述 …………… 289
一、机械设备维修的发展概况 ……… 289
二、设备维修的理论和体制 ………… 290
三、设备维修 ………………………… 292
第二节 机械零件的修复技术 ………… 294
一、零件的清洗 ……………………… 295
二、零件的检验 ……………………… 296
三、零件的修复原则及修复方法 …… 298
四、钳工和机械加工修复 …………… 299
五、焊接修复 ………………………… 303
六、电镀修复 ………………………… 306
七、粘接修复 ………………………… 308
八、高分子合金修补技术 …………… 309
九、断丝取出技术 …………………… 312
第三节 承压设备带压密封技术 ……… 314
一、带压密封技术的机理及意义 …… 314
二、注剂式带压密封技术 …………… 315
三、钢丝绳锁快速带压密封技术 …… 319
四、紧固堵漏法 ……………………… 323

五、填塞粘接堵漏法 ………………… 323
六、塞楔法 …………………………… 324
七、气垫止漏法 ……………………… 324
八、缠绕法 …………………………… 324
九、顶压粘接堵漏法 ………………… 325
十、引流粘接法 ……………………… 325
十一、磁力压固粘接法 ……………… 326
第四节 设备在线机械加工修复技术 … 328
一、设备在线机械加工修复技术
　　原理 ……………………………… 328
二、现场密封面加工 ………………… 328
三、现场铣削加工 …………………… 329
四、现场镗孔 ………………………… 330
五、现场轴颈加工 …………………… 331
六、现场厚壁管道切割坡口 ………… 331
第五节 带压开孔及封堵技术 ………… 332
一、带压开孔及封堵技术国家现行
　　标准 ……………………………… 333
二、术语和定义 ……………………… 333
三、带压开孔 ………………………… 333
四、带压封堵 ………………………… 334
五、产品用途及适用范围 …………… 336
六、应用实例 ………………………… 336
第六节 碳纤维复合材料修复技术 …… 337
一、碳纤维复合材料修复技术原理 … 337
二、施工材料及主要用途 …………… 338
三、碳纤维复合材料修复技术特点 … 338
四、碳纤维复合材料修复工艺及
　　实例 ……………………………… 339

第十一章 机械零件装配技术与设备更新
　　改造 …………………………………… 342
第一节 机械装配的概述 ……………… 342
一、机械装配的概念 ………………… 342
二、机械装配的要求 ………………… 343
三、机械装配的工艺过程 …………… 344
第二节 过盈配合的装配 ……………… 344
一、过盈配合的工作原理 …………… 344
二、过盈配合件装配前的检查 ……… 345
三、过盈配合及过渡配合的推荐装配方法
　　选择 ……………………………… 345
四、人工敲击法 ……………………… 345
五、压装配合 ………………………… 346
六、热装配合 ………………………… 346

七、冷装配合 ……………………… 347
八、液压过盈装配 ………………… 348
第三节 轴承的装配 …………………… 348
一、轴承的分类 …………………… 348
二、滑动轴承的装配 ……………… 349
三、滚动轴承的装配 ……………… 350
第四节 齿轮的装配 …………………… 353
一、齿轮装配的内容 ……………… 353
二、齿轮装配的质量检测 ………… 353
三、锥齿轮的装配 ………………… 354
四、蜗轮蜗杆的装配 ……………… 354
第五节 螺纹连接的装配 ……………… 354
一、螺纹连接的预紧与防松 ……… 354
二、螺纹连接装配 ………………… 356
第六节 密封装置的装配 ……………… 357
一、密封概述 ……………………… 358
二、固定连接的密封 ……………… 358
三、活动连接的密封 ……………… 359
第七节 设备的磨损及其补偿 ………… 361
一、设备的有形磨损 ……………… 361
二、设备的无形磨损 ……………… 362
三、设备磨损的补偿 ……………… 363
第八节 设备的更新改造 ……………… 364
一、设备更新的概述 ……………… 364
二、设备更新的意义 ……………… 365
三、设备役龄和新度系数 ………… 366
四、设备更新的原则 ……………… 366
五、更新对象的选择 ……………… 366
六、更新时机的选择 ……………… 367
第九节 设备的技术改造 ……………… 367
一、设备技术改造的含义 ………… 367
二、设备技术改造的特点 ………… 367
三、设备技术改造的意义 ………… 368
四、设备技术改造的方向 ………… 368
五、设备技术改造的应用实例 …… 368

第十二章 现代化管理方法在设备管理中的应用及案例 ……… 370
第一节 网络计划技术 ………………… 370
一、网络计划技术概述 …………… 370
二、网络计划技术的基本原理和特点 … 372
三、网络计划技术的应用范围 …… 372
四、网络图的构成 ………………… 372
五、网络图的绘制 ………………… 373
六、时间参数计算 ………………… 374
七、网络计划的调整与优化 ……… 376
第二节 线性规划 ……………………… 376
一、线性规划的概念及作用 ……… 376
二、线性规划模型的结构 ………… 377
三、线性规划的应用实例 ………… 378
第三节 价值工程 ……………………… 379
一、价值工程的基本概念 ………… 379
二、价值工程的定义和基本原理 … 379
三、价值工程的特点 ……………… 380
四、价值工作的原则 ……………… 381
五、价值分析的方法 ……………… 381
六、价值工程的应用实例 ………… 382
第四节 设备完整性管理概述 ………… 384
一、设备完整性管理技术 ………… 384
二、壳牌（SHELL）的设备完整性管理技术 ……………………… 386
三、管道完整性管理 ……………… 388
第五节 大数据驱动的维修管理体系 ……………………………… 390
第六节 中石化九江分公司设备管理模式的创新 ………………… 393
一、"TPM"管理模式概述 ………… 393
二、创新设备管理模式的途径 …… 395
三、创新突出了石化企业特色 …… 395
四、创新设备管理模式的效果 …… 396
第七节 宝钢设备维修模式的创新与实践 …………………………… 397
一、宝钢设备管理模式创新背景 … 398
二、创新设备状态管理理念，探索维修模式转变策略 ……………… 398
三、系统策划，稳步推进，完善状态维修管理机制 ………………… 399
四、宝钢创新模式实施成效 ……… 400

参考文献 ………………………………… 402

第一章 概论

设备管理是指对设备从选择评价、正确使用、维护修理、更新改造到报废处理全过程管理工作的总称。其中特种设备还必须严格遵守《中华人民共和国特种设备安全法》的相关规定。

设备维修是指设备技术状态劣化或发生故障后，为恢复其功能而进行的技术活动，包括各类计划修理和计划外的故障修理及事故修理。设备维修的基本内容包括设备维护保养、设备检查和设备修理。

设备维修包含的范围较广，包括：为防止设备劣化、维持设备性能而进行的清扫、检查、润滑、紧固以及调整等日常维护保养工作；为测定设备劣化程度或性能降低程度而进行的必要检查；为修复劣化、恢复设备性能而进行的修理活动等。在设备管理与维修中会涉及一些专业术语。

第一节 设备管理与维修术语简介

（1）设备 经过加工制造，由多种部件按各自用途组成独特结构，具有生产加工、测量、动力、传送、储存、运输、信息传递、科研、服务、容量及能量转换等功能的机器、容器、成套装置等统称为设备。包括动设备和静设备。

（2）动设备 动设备是指有驱动机带动的转动设备，如泵、压缩机、风机等，其能源可以是电动力、气动力、蒸汽动力等。

（3）静设备 静设备是指没有驱动机带动的非转动或非移动的设备，如炉类、塔类、反应设备类、储罐类、换热设备类等。

（4）生产设备 生产设备是指在工业企业中直接参加生产过程或直接为生产服务的机器设备，主要包括机械、动力及传导设备等。

（5）生产技术装备 生产技术装备是指生产设备、试验设备、仪器仪表与工艺装备（包括刀具、夹具、量具、辅具、模具和工位器具等）的总称。

（6）重点设备 重点设备是指企业根据自身的生产经营需要，确定为对质量、成本、安全、环保以及维修方面有重大影响的设备。它将随企业的生产结构、生产计划与产品工艺要求的改变而定期调整，是设备维修与管理的重点。

（7）精、大、稀设备　它是指精密、大型、稀有设备。它依据设备的复杂程度，以设备本身具有的技术特征，即单一价值标准作为划分依据。是上级主管部门对企业的规模、生产能力进行衡量、统计考核的资料，要报上级主管部门。有关精、大、稀设备的管理目录，由行业主管部门制定。

（8）闲置设备　闲置设备是指企业中除了在用、备用、维修、改装、特种储备、抢险救灾、军工经核定封存的和动员生产等所必需的设备以外，其他连续停用一年以上的设备，新购进厂两年以上不能投产或变更计划后不用但仍有使用价值的设备。对闲置设备要进行妥善保管封存，防止丢失和损坏，闲置设备调剂要遵守国家有关规定和政策。

（9）设备管理　设备管理是以企业生产经营目标为依据，通过一系列的技术、经济、组织措施，对设备的规划、设计、制造、选型、购置、安装、使用、维护、修理、改造、更新直至报废的全过程进行科学的管理。它包括设备的物质运动和价值运动两个方面的管理工作。

（10）设备综合管理　设备综合管理是在总结新中国成立以来设备管理实践经验的基础上，吸收了国外设备综合工程学等观点而提出的设备管理模式。其具体内容是：坚持依靠技术进步、促进生产发展和以预防为主的方针；在设备全过程管理工作中，坚持设计、制造与使用相结合，维护与计划检修相结合，修理、改造与更新相结合，专业管理与群众管理相结合，技术管理与经济管理相结合的原则。运用技术、经济、法律的手段管好、用好、修好、改造好设备，不断改善和提高企业技术装备素质，充分发挥设备效能，以达到良好的设备投资效益，为提高企业经济效益和社会效益服务。

（11）设备管理现代化　这是一个动态的概念，其目标是把当前国内外适合我国国情的、体现现代化设备客观要求的先进管理经验，以及现代自然科学（主要是技术科学）和社会科学的主要成就，系统地、综合地应用于设备管理，使我国设备管理水平达到现代化或接近世界先进水平，以充分发挥现代化设备的技术效益、经济效益和社会效益。设备管理现代化是一个完整的体系，它包含管理理论（或思想）、管理组织、管理方法、管理手段和管理人才等方面的现代化。

（12）设备的生产率　它是指设备的效率，一般表现为功效、行程、速率等一系列参数，某些设备也以单位时间（小时、班、天、年）内的产品产量来表示。对成组设备来说，如流水生产线、自动化生产线，则以整个机组的生产节拍来表示该设备的统一生产率。

（13）设备的可靠性与可靠度　可靠性是指设备或系统在规定条件下和规定的时间内完成规定功能的能力，或指其在规定的时间内，完成规定任务的无故障工作的可能性。产品的可靠性是质量的一个综合指标。可靠度是指系统（产品、设备、部件）在规定条件下和规定时间内保持工作能力的概率，是可靠性的量化指标。

（14）设备的节能性　设备的节能性是指设备利用能源的性能。节能性好的设备，表现为热效率、能源利用率高，能源消耗量少。一般以机器设备单位开动时间的能源消耗量来表示，如小时耗电量、耗气量。也有以单位产品的能源消耗量来评价设备的。

（15）设备的耐用性　设备的耐用性是衡量设备在使用过程中所经历的自然寿命期长短的指标。随着科学技术的发展，新工艺、新材料的出现，机器产品质量的提高，以及摩擦学和防腐技术的进展，机器设备的使用寿命亦趋延长。

（16）设备的成套性　设备的成套性是指设备要配套。① 设备工艺性配套：生产流水线上设备数量很多，多种设备在工艺性能、能力等方面相互配套。② 单机配套：指一台机器中各种随机工具、附件、部件要配套。③ 机组配套：指一套机器的主机、辅机、控制设备及其他设备的配套。

（17）设备的环保性　设备的环保性是指设备的噪声和设备排放出有害物质（废气、废水、废渣）以及设备的各种泄漏对环境的污染程度。选择设备时，要把噪声控制在保护人体健康的卫生标准范围之内。如果设备排放出的废气、废水、废渣污染环境，应配有治理"三废"的附属设备。

（18）设备工作能力　设备工作能力是评价设备技术水平的一种尺度，包括输出参数和保持完成输出参数的能力。输出参数是根据设备用途和对设备的要求所制定的各种特性指标，如工作精度、力学或强度特性、运动参数、动力参数和经济指标等。

（19）设备技术性能　设备技术性能是技术规格、精度等级、结构特性、运行参数、工艺规范、生产能力等的总称。设备技术性能的先进与落后，主要表现在下列几个方面：① 设备精度的高低及其保持性，指对产品质量要求的满足程度及其稳定性；② 设备生产效率的高低，即在单位时间内生产合格品数量的多少；③ 设备的工作能力（出力）与能耗水平比率的高低；④ 设备可靠性和维修性的优劣，即平均故障间隔期和平均修理时间的长短；⑤ 设备的机械化、自动化程度，它反映劳动强度和劳动效率的高低。

（20）设备效能　设备效能是指设备的生产效率和功能。衡量设备效能的指标随设备种类不同而异。衡量一般通用设备的效能指标是：① 设备生产单位合格产品所需的时间，亦即生产节拍，节拍越快，效率越高；② 设备在单位时间（如每班、每月、每年等）内生产合格产品的数量，生产的数量越多，设备的生产能力越大；③ 设备适应品种生产的能力，适应性越强，越能发挥其作用。

（21）设备技术状况　设备技术状况是指设备所具有的工作能力，包括性能、精度、效率、运动参数、安全、环保、能源消耗等所处的状态及变化状况。

（22）设备分级管理　对企业的设备管理工作实行分级负责、归口管理的原则。对涉及全行业的设备管理规划、规定、制度、设备分级管理办法和设备分级管理目录等，由国务院行业主管部门制定；对地区性的设备管理规划、规定和办法等，由地方各级企业设备管理部门制定和实施。

（23）设备寿命周期管理　设备一生管理的全过程，包括设备规划、设计、制造、造型、购置、安装、调试、验收、使用、维护、检查、润滑、维修和技术改造、报废等内容，又称设备全寿命周期管理。

（24）可视化管理　利用各种形象直观、色彩适宜的视觉手段，实现管理目标。

（25）定置化管理　通过位置固定，建立人、物、场所三种关系，实现效率提升的管理模式。

（26）设备岗位责任　设备岗位责任是指企业对设备的操作、使用、维护、修理和保管等管理工作建立的岗位责任制。设备岗位责任制应和经济责任制紧密结合，以利于设备岗位责任制长期坚持。

（27）设备维修　设备维修是维护和修理的泛称。"维护"是为维持产品完好技术状况或工作能力而进行的作业；"修理"是为恢复产品完好技术状况或工作能力和寿命而进行的作业。

（28）集中维修　企业内部所有的维修工作，包括计划安排、修理、管理以及全部维修人员，都由一个机构统一领导。

(29) 分散维修 维修人员及其资源配置在各生产部门，由各生产部门负责安排维修工作并予以实施。

(30) 混合维修 混合维修是分散和集中相结合的组织维修形式。这种形式可兼有分散和集中两种维修方式的优点，故已被我国大、中企业普遍采用。例如，企业内各车间的大修理由机修车间负责，而其余各类维修工作则由各使用车间负责。

(31) 设备检修计划 设备检修计划是消除设备技术状况劣化的一项设备管理工作计划。制定检修计划时，应根据设备的实际负荷、开动时间、技术状况、检测数据、零部件失效规律、在生产过程中所处地位及其复杂程度等，采取与实际需要相适应的修理类别，并综合考虑生产、技术、物资、劳动力与费用等各方面的条件来安排检修日期和确定检修时间。设备检修计划是企业生产经营计划的重要部分，其目标是保证设备经常处于完好状态，它应与企业的生产技术、财务计划密切协调，并与企业的生产经营计划同时下达、执行和考核。

(32) 设备检修质量 设备检修质量是指检修后达到预期技术效果的程度。通常从以下两方面衡量：① 达到检修技术标准所规定的技术参数、技术条件和允许偏差的程度；② 设备检修验收后在保修期内的返修率，可用下式计算：返修工时率＝100％×返修工时/实际检修总工时；返修停机时间率＝100％×返修停机时间/计划检修停机时间；返工率＝100％×返修台数/修理总台数。返修率是间接反映检修质量的指标。考察返修率有利于促进检修部门提高检修工作质量、检修技术和管理水平。

(33) 检修社会化 在我国，检修社会化工作是指由分散的、小规模的检修转变为集中的、由社会分工联系起来的大规模社会化检修的过程，主要是针对各企业维修普遍存在着"大而全、小而全"的现状及其弊病提出的。开展检修社会化的基础是检修专业化。检修工作的社会化，又可称为市场化、商品化。具体讲，对大多数中小型设备使用单位，除日常维修工作外，不再设置专业检修队伍和设备；对大型企业及联合公司等拥有数量庞大及型号繁多的设备的单位，其难以承担的设备检修工作也可外委市场及时完成。备品配件除特殊类型、工艺外，均可通过市场满足需要。

(34) 设备改造 运用新技术对原有设备进行技术改造，以改善或提高设备的性能、精度及生产率，减少消耗及污染。设备改造时必须考虑生产上的必要性、技术上的可能性和经济上的合理性。设备改造的主要作用是补偿无形磨损，某些情况下也补偿有形磨损。通过改造可以实现企业生产手段现代化。

(35) 设备更换 在同样用途、规格的新型号设备尚未出现时，以同一型号规格的设备去替换磨损严重而无法或不值得再修理的设备。

(36) 设备老化 设备老化是一个拟人化的概念，是对设备陈旧程度的形象化表述。当某设备的使用达到经济寿命年限、技术上已被先进的新型设备所代替、社会上已不再生产原型号设备时，该设备可视为已严重老化。企业解决设备老化的途径有：①进行设备技术改造，即用新技术、新器件改造老旧设备，使其局部更新，延长技术寿命；②适时更新经济上、技术上已不宜修复和改造的老旧设备。

(37) 设备租赁 设备租赁是筹措资金与增加设备紧密结合的一种新型投资方式。运用租赁手段可以在资金不足或无资金的情况下，从国内外租到所需的设备来进行生产。用户可采用一次或分期付款的方法支付租金。租赁费用分期摊入产品成本，可收到投资少、见效快、收益大、资金活的效果。租期结束后，用户有可能以极少的资金取得设备的所有权。

(38) 转让设备 转让设备是指本企业将不再需要而转让给其他企业的设备。设备转让时，由双方协商同意，按质论价，并按规定办理有关过户手续。国家规定必须淘汰、报废的设备，以及已经报废的设备，企业不得转让。

（39）设备报废　企业生产设备中，凡因严重磨损、腐蚀、老化，致使精度、性能、出力达不到工艺要求者，能耗高或污染严重超过国家规定者，发生事故严重损坏者，专用设备无法修复、改造或虽能修复、改造但经济上不合算的，按规定手续提出申请，经鉴定、批准后予以报废。

（40）设备技术档案　设备技术档案是指设备从规划、设计、制造（购置）、安装、调试、使用、维修、改造、更新直至报废等全过程活动中形成并经整理应归档保存的图样、图表、文字说明、计算资料、照片、录像、录音带等科技文件资料，它是企业技术档案的一部分。

（41）设备台账　设备台账是掌握企业设备资产状况、反映企业设备拥有量及其分布变动情况的主要依据。设备台账分为三类，即设备序号账、设备分类账、分车间（使用单位）账。对精、大、稀、重设备，进口设备，自制设备等可另行分别编制专用台账。对不够条件列为固定资产的简易设备，应建立"简易设备台账"。

（42）维修信息管理　维修信息包括各种记录、图样、报表、指令、报告、数据、凭证和代码等资料，它反映设备维修工作过程在时间和空间上的分布状况和变化程度。维修信息管理是指对上述信息进行收集、加工、传输、存储、检索和输出的组织管理工作。维修信息是设备维修、改造、更新等决策的依据，是对设备全过程管理进行有效控制的手段。

（43）设备故障　设备故障指设备（系统）或零部件丧失其规定的功能。故障按其发展情况可分为突发性和渐发性两大类。

（44）设备事故　设备事故指设备因非正常损坏造成停产或效能降低，停机时间和经济损失超过规定限额者。设备事故分为一般、重大和特大三类。其分类标准由国务院有关主管部门确定。对重大、特大设备事故的发生和处理，必须及时上报地方各级企业主管部门和国务院行业主管部门，并定期统计上报。

（45）设备检修规程　设备检修规程是对设备检修工艺、修理方法、质量标准、竣工验收等做出规定的技术性文件。其内容有：检修前设备技术状态的调查，包括缺陷、故障、事故、隐患及功能失常等情况；检修前预检测试记录，包括各项性能、精度参数和噪声、振动、泄漏、磨损、灵活、老化、失效等的程度；设备修理所需的修复件、更换件及工、检、研具明细表；设备修复件及设备修理的程序和工艺；设备的修理质量标准和有关要求；设备修理后的试运行、试加工等的规定。对复杂的关键设备，还应绘制设备修理工程网络图。

（46）设备更新　用新设备替换技术上或经济上不宜大修、改造和继续使用的旧设备，可以对设备的有形和无形磨损作综合性补偿，通过设备更新，可促进技术进步和提高经济效益。因此，应根据需要尽可能以技术先进、效益好的设备替换技术落后、效益差的设备。

（47）设备使用与维护管理制度　对设备的使用、维护、润滑、点检、维修、故障（事故）、状态监测和完好率考核等实行科学管理的规定。

（48）设备完好标准　设备完好标准是评定设备是否处于完好的技术状态和维护保养状况而制定的定性和定量考核要求的基本依据。

（49）设备事故频率　设备事故频率也称事故发生率，指报告期内发生的设备事故次数与实际开动的设备台数之比，计算公式为：事故频率（次/台）＝报告期内发生的设备事故次数/报告期内实际开动设备台数。事故频率还可以用单位时间内发生的设备事故次数来计算。

(50) 设备返修率 考核设备修理总体质量的一个指标,可以用两种方法计算,公式如下:①用复杂系数计算:设备返修率=返修设备复杂系数总和/考核期内完成设备修理复杂系数总和×100%;②用修理工时计算:设备返修率=设备返修耗用工时总和/考核期内完成设备修理实耗工时总和×100%。

(51) 设备利用率 设备利用率是反映设备工作状态及生产效率的技术经济指标。主要是指生产设备在数量、时间、能力等方面利用程度的指标。一般包括设备数量利用指标、设备制度台时利用率、设备计划台时利用率、设备能力利用指标、设备综合利用率。过去,设备利用率一般仅指设备制度台时利用率。

(52) 设备完好率 设备完好率是根据各类设备完好标准,对企业设备进行逐台检查所确定的完好台数与设备总台数之比。设备完好率=完好设备台数/设备总台数×100%。设备总台数应包括企业在用的、备用的、停用的以及正在检修的全部生产设备。不包括尚未安装、使用以及由基建部门或物资部门代管的设备。考核设备时必须按完好标准逐台衡量,不能采取抽查推算的方法。设备完好率一般考核主要生产设备。

(53) 设备闲置率 设备闲置率指闲置不用的设备数量与全部设备数量的比值,也是反映设备利用程度的指标,同时可从侧面反映设备资产投资的回报和利用程度。设备闲置率=闲置设备台数/全部设备台数×100%。

(54) 网络计划 应用网络图形编制的计划,可应用于设备大修计划的编制。以大修理任务所需的时间为基础,用网络图形来表示大修理过程中各工序之间的相互关系、时间和整个修理计划,通过数学计算找出影响大修任务的关键工序和关键路线,以便确保关键路线作业,缩短大修停歇时间。

(55) 设备大修计划 设备大修计划是根据设备大修标准编制的修理计划。设备大修计划主要包括修理项目,修理开工、完工时间,修理工时,修理费用等。必要时,大修计划列出需用的备件及材料规格、品种和数量。

(56) 预防维修 为了防止设备性能、精度劣化或设备故障和事故停机,从"预防为主"的观点出发,根据事前的计划和相应的技术要求所进行的预防性维护和修理。预防维修力争对运行中的设备异常进行早期发现、早期排除,通常应参考设备实际开动台时和状态监测的结果。

(57) 预知维修 预知维修是一种以设备状态为依据的预防维修方式。它是根据设备的日常点检、定检、状态监测和诊断提供的信息,经过统计分析来判断设备的劣化程度、故障部位和原因,并在故障发生前能进行适时和必要的维修。由于这种维修方式对设备有针对性地进行维修,修复时只需修理或更换将要或已损坏的零件,从而有效地避免意外故障和防止事故发生并减少维修费用。采用"状态监测维修"方式进行设备技术状态监测时,需要使用昂贵的监测仪器,因此主要适用于利用率高的重点设备和连续运转的设备。预知维修是当今世界上新兴的先进维修方式,是设备维修发展的方向。

(58) 计划修理 计划修理指根据设备的实际技术状况和精度指数的测算制订修理计划,有针对性地对各类设备采用不同类别的修理,防止设备意外磨损及突发故障。它是设备预防维修的一种手段。在实施时,为增加设备生产时间、提高设备利用率,可采用分步修理法和同步修理法。

(59) 抢修 为避免发生严重后果而需要立即着手进行维修的设备,或为了减少严重事故的损失,对事故设备进行24小时昼夜修理均称抢修。

(60) 大修　大修是工作量最大的一种计划修理，以全面恢复设备工作能力为目标，将设备的全部或大部分部件解体，修复基准件，更换或修复全部不合格的零件、附件，翻新外观，彻底消除修前存在的缺陷，恢复设备的规定精度和性能。

(61) 中修　中修是计划预修制度的修理周期结构中介于大修与小修之间的一种修理。其修理内容为：部分解体，更换或修复部分不能用到下次计划修理的磨损零件，部分刮研导轨，调整坐标，使规定修理部分恢复出厂精度或满足工艺要求。修理后应保证设备在一个中修间隔期内能正常使用。

(62) 小修　小修是工作量最小的计划修理，是指调整、修复或更换修理间隔期内失效的或即将失效的零件或元器件的局部修理工作。

(63) 事后修理　设备发生故障或损坏之后，性能已不合格才进行修理。这是一种非计划的修理。

(64) 设备维护　为防止设备性能劣化（退化）或降低设备失效的概率，按事先规定的计划或相应技术条件的规定进行的技术管理措施。其作用在于延缓设备工作能力的降低，保持设备经常处于良好技术状态。

(65) 预防为主　预防为主是设备工程的理论基础，即设备工程应自始至终贯彻"预先防止"和"防重于治"的指导思想。在其规划工程阶段，应重视无维修设计、可靠性、维修性的科研与实施；在其维修工程阶段，应做好运行过程的状态监测和技术诊断，加强设备的预防性检查和试验，以及建立健全有关规程制度和各项基础工作，防止设备非正常劣化，减少故障事故，延长使用寿命，充分发挥设备一生效能，从而达到设备寿命周期费用最经济。

(66) 设备操作规程　设备操作规程是操作人员正确掌握操作技能的技术性规范。其内容是根据设备的结构运行特点以及安全运行等要求，对操作人员在全部操作过程中必须遵守的事项、程序及动作等做出规定。其内容包括：操作前现场清理及设备状态检查的要求；设备运行工艺参数；操作程序要求；点检、维护、润滑等要求。操作人员认真执行设备操作规程，可保证设备正常运转，减少故障，防止事故发生。

(67) 试车　试车是指机器设备的试运转。对制造、安装或修理完毕的设备，在投产前为保证正式运转达到规定的工作能力而进行的调整和运转。一般先进行空运转（无负荷）试车，然后再进行负荷试验。空运转试车：设备按规定的输出参数在无负荷状态下运转，并进行动作试验。负荷试验：使设备处于正常工作状态下（或模拟与正常工作状态相同的条件），按设备说明书（或修理技术文件）中规定的转速、精度、运行参数等技术要求进行切削试验、出力试验或加载试验。

(68) 设备寿命　广义的设备寿命，又称设备全寿命或设备寿命周期，是指设备发生费用的整个时期，从规划设置阶段、使用阶段至报废。狭义的设备寿命又称自然寿命、物质寿命或物理寿命，即设备实体存在的期间，指设备制造完成、经使用维修直至报废为止的时间。

(69) 完好设备　完好设备主要指达到以下要求的设备：①设备性能良好，如性能、出力达到设计标准，精度满足工艺要求，运转无超温、超压现象。②设备运转正常，零部件齐全，无较大缺陷，磨损腐蚀在规定限度内，主要计量仪表和润滑系统正常。③原材料、燃料、油料等消耗正常，无漏油、漏气、漏电现象，外表清洁、整齐。

(70) 设备维护规程　设备维护规程指对设备日常维护保养方面的要求和规定。其主要内容包括：设备要达到整齐、清洁、润滑、紧固、防腐、安全；保持文明的区域环境；定期检查或评比操作人员的维护活动等。坚决执行设备维护规程，可以延长设备使用寿命，保持安全舒适的工作环境。

（71）日常保养　日常保养指操作人员对所操作设备每天（班）必须进行的保养。其内容为班前加油、擦拭、调整，班中的检查、调节，班后的清扫、归位等工作。日常保养可以防止故障，推迟劣化，延长设备寿命，减少事故发生。

（72）润滑管理制度　润滑管理制度包括：①润滑材料供应管理制度；②润滑总站与分站管理制度；③设备清洗换油及其工艺流程的规定；④切削液等工艺用油液的管理制度；⑤废油回收及再生管理办法；⑥润滑工安全技术操作规程；⑦润滑油库安全防火制度。

（73）设备隐患　设备隐患是指在设备使用阶段，往往由于设计、制造、装配以及材质等缺陷因素使设备初始参数劣化、衰减过程发展。它是在工作中逐渐形成的，与设备的使用时间无关，一般无明显的先兆。

（74）故障机理　故障机理指引起故障的物理的、化学的、机械的、电气的、人的原因及其因果关系、原理等。以人的疾病作为比喻，故障机理相当于病理，故障模式相当于基本的症状，即使机理不明，但模式总可观测。不同的应力分别或同时产生某些不同的故障机理。同样，由某一机理也可产生出另一机理，并随着时间的变化，最后可以显示出若干故障模式。

（75）设备故障频率　设备故障频率是指设备故障的次数与设备总开动时间之比，即设备在单位开动时间内发生故障的次数。在实际工作中为单位设备台数发生的故障次数取代，即在报告期内的设备故障次数与实际开动的设备台数相比。

（76）日常检查　日常检查操作人员每天（班）对设备进行使用维护的一项重要工作，其目的是及时发现设备运行前及其运行过程中的不正常情况并予以排除。

（77）设备诊断　在设备运行中，定量地把握设备的性能、强度和劣化状态等，以此结果为基础，对设备的可靠性、安全性和寿命进行预测。在设备诊断中，为发现设备异常现象，要检测的项目有振动、声音、传热、温度、压力、电压和排油等。

（78）状态监测　状态监测是指对设备整体或局部在运行过程中物理现象的变化进行检测（包括点检和检查）。目的是随时监视设备的运行状况，防止突发故障，掌握劣化规律，合理安排维修计划，确保设备的正常运行。

（79）配件　由专业化工厂按一定规模（数量）生产，使用单位可按工作条件、连接尺寸随时选用、更换的零部件。

（80）备件　按照储备原则，事先准备的零部件，如易损件、消耗量大的标准件及关键设备的保险储备件等。

（81）备件管理技术工作　为备件管理所进行的必要的技术准备工作，其中包括备件图纸的收集、备件实物测绘、技术资料整理以及备件图册的编制。

（82）备件自然失效　备件储备中因备件品质或保管不善而导致变质、变形、锈蚀、老化等使备件丧失使用价值。

（83）备件库　备件库是指存放设备备件的仓库。根据各企业的具体情况，一般分为中心备件库、机械备件库、动力备件库、机电备件库及毛坯库等。备件库应符合一般仓库的技术要求，如防潮、防火、防腐蚀、明亮、通风、无灰尘和具有防火设施等。备件库占地面积的大小应根据各企业对备件范围的划分和管理形式的不同具体决定。

（84）备件 ABC 管理法　企业为了保证维修需要，储备品种繁多的大量备件，每种备件的重要程度、供货难易和库存时间各不相同。为了分清重点与一般，区别对待，控制备件库存，将备件划分为 A、B、C 三类进行管理。

（85）备件汇总　以备件类别为主的表格，从表上可以看出此类备件总的品种数、拥有量和储备量。为适应订货要求，汇总表应按照国家物资供应目录分类汇总。

第二节　设备管理标准识读

一、标准简述

1. 标准与标准化

① 标准是为了在一定范围内获得最佳秩序，经协商一致制定并由公认机构批准，共同使用的和重复使用的一种规范性文件。

② 标准化是为了在一定范围内获得最佳秩序，对现实问题或潜在问题制定共同使用和重复使用的条款的活动。

2. 实施标准的目的和作用

① 产品系列化，使产品品种得到合理的发展。通过产品标准，统一产品的形式、尺寸、化学成分、物理性能、功能等要求，保证产品质量的可靠性和互换性，使有关产品间得到充分的协调、配合、衔接，尽量减少不必要的重复劳动和物质损耗，为社会化专业大生产和大中型产品的组装配合创造了条件。

② 通过生产技术、试验方法、检验规则、操作程序、工作方法、工艺规程等各类标准统一了生产和工作的程序和要求，保证了每项工作的质量，使有关生产、经营、管理工作走上正常轨道。

③ 通过安全、卫生、环境保护等标准，减少疾病的发生和传播，防止或减少各种事故的发生，有效地保障人体健康、人身安全和财产安全。

④ 通过术语、符号、代号、制图、文件格式等标准消除技术语言障碍，加速科学技术的合作与交流。

⑤ 通过标准传播技术信息，介绍新科研成果，加速新技术、新成果的应用和推广。

⑥ 促使企业实施标准。依据标准建立全面的质量管理制度，推行产品质量认证制度，健全企业管理制度，提高和发展企业的科学管理水平。

二、标准的代号和编号

1. 国家标准的代号和编号

中华人民共和国标准分为强制性标准和推荐性标准两类性质的标准。强制性国家标准代号为"GB"，推荐性国家标准代号为"GB/T"。"GB"是"国标"二字的汉语拼音缩写。

国家标准的编号由国家标准代号、标准发布顺序号和标准发布年代号（四位数）组成。

① 强制性国家标准示例如下：

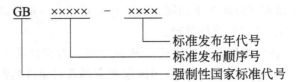

② 推荐性国家标准示例如下：

2. 行业标准的代号和编号

（1）代号和编号　行业标准代号由汉字拼音大写字母组成。行业标准的编号由行业标准代号、标准发布顺序及标准发布年代号（四位数）组成。

① 强制性行业标准编号示例如下：

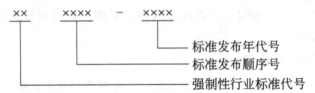

② 推荐性行业标准编号示例如下：

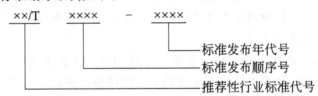

（2）行业标准代号　已正式公布的中华人民共和国行业标准代号如表1-1所示。

表1-1　中华人民共和国行业标准代号表

序号	行业标准名称	行业标准代号	序号	行业标准名称	行业标准代号
1	教育	JY	13	建材	JC
2	医药	YY	14	石油化工	SH
3	煤炭	MT	15	化工	HG
4	新闻出版	CY	16	石油天然气	SY
5	测绘	CH	17	纺织	FZ
6	档案	DA	18	有色冶金	YS
7	海洋	HY	19	黑色冶金	YB
8	烟草	YC	20	电子	SJ
9	民政	MZ	21	广播电影电视	GY
10	地质安全	DZ	22	铁路运输	TB
11	公共安全	GA	23	民用航空	MH
12	汽车	QC	24	林业	LY

续表

序号	行业标准名称	行业标准代号	序号	行业标准名称	行业标准代号
25	交通	JT	44	水利	SL
26	机械	JB	45	电力	DL
27	轻工	QB	46	航空	HB
28	船舶	CB	47	航天	QJ
29	通信	YD	48	旅游	LB
30	金融系统	JR	49	商业	SB
31	劳动和劳动安全	LD	50	商检	SN
32	兵工民品	WJ	51	包装	BB
33	核工业	EJ	52	气象	QX
34	土地管理	TD	53	卫生	WS
35	稀土	XB	54	地震	DB
36	环境保护	HJ	55	外经贸	WM
37	文化	WH	56	海关	HS
38	体育	TY	57	邮政	YZ
39	物资管理	WB	58	能源	NB
40	城镇建设	CJ	59	中医药	ZY
41	建筑工业	JG	60	国家军用标准	GJB
42	农业	XY	61	供销合作	GH
43	水产	SC	62	文物保护	WW

3. 企业标准的代号和编号

（1）企业标准的代号　企业标准的代号由汉字"企"大写拼音字母"Q"加斜线再加企业代号组成，企业代号可由大写拼音字母或阿拉数字或两者兼用所组成。

企业标准一经制定颁布，即对整个企业具有约束性，是企业规范文件，没有强制性企业标准和推荐性企业标准之分。

（2）企业标准的编号　企业标准的编号由企业标准代号、标准发布顺序号和标准发布年代号（四位数）组成，示例如下：

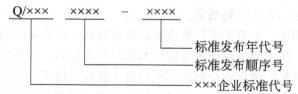

4. 团体标准的代号和编号

（1）团体标准的代号　团体标准的代号由汉字"团"大写拼音字母"T"加斜线再加社会团体代号组成，社会团体代号可用大写英文字母组成。

（2）团体标准的编号　团体标准的编号由社会团体标准代号、团体标准发布顺序号和标准发布年代号（四位数）组成，示例如下：

第一章　概论

中国标准化协会标准　T/CAS
STANDARDS OF CHINA ASSOCIATION　287-2017
FOR STANDARDIZATION

团体标准是由团体按照团体确立的标准制定程序自主制定发布，由社会自愿采用的标准。

根据《团体标准管理规定（试行）》第二十五条的规定：团体标准实施效果良好，且符合国家标准、行业标准或地方标准制定要求的，团体标准发布机构可以申请转化为国家标准、行业标准或地方标准。

三、设备标准

1. 设备管理标准

以设备的选择、评价、使用、维修和更新等管理事项为对象而制定的标准，称为设备管理标准。设备管理标准主要包括以下几个。

① 设备选择与评价标准，包括设备寿命标准、设备使用标准、设备投资回收率标准、设备租赁标准等。

② 设备分类及编号标准，包括设备分类标准、设备代号标准、设备编码标准及设备技术档案标准等。

③ 设备使用、保养与维修标准，包括设备利用指标、设备保养规程、设备检查规程、设备维修规程等。

2. 设备管理标准化

设备管理标准化的对象可分为"物"与"事"两大方面。所谓"物"，是指设备、材料、零部件、工具量具、备用配件、润滑油等；所谓"事"，是指对事物的处理方法、使用方法、维修方法、工作程序。实行设备管理标准化，就是按照科学的规律、运用标准化的方法，将企业在设备管理和维修中经常重复出现的"物"和"事"，用标准的形式确定下来，作为指导设备使用、维修和管理的准则，并加以贯彻实施，使企业生产、技术活动合理化，达到高质量、高效率、低成本的目的。设备管理标准化工作制定贯彻技术标准、管理标准和工作标准是实现技术标准的重要保证。

（1）设备购置的标准化　企业的设备购置标准化工作，主要是要建立购置设备的审批制度，严格执行审批程序，防止订购错误。

设备购置的审批程序：由有关部门提出设备购置计划，内容包括购置原因、设备投资概算、技术经济论证等。技术经济论证的关键，是依据什么资料，按照什么技术标准、设备标准和经济指标来进行评价。然后在经营副厂长或总工程师主持下，有计划、生产、工艺、设备、财务、标准化、物资等部门参加，对设备的技术经济论证方案进行标准化审查和分析。主要评审设备的先进性、可靠性、安全性、耐用性、节能性、维修性、环保性、成套性和经济性。经过评审，根据资金情况，确定是否可以购置，何时购置。

对国外技术和设备的引进，更需要进行标准化审查和分析。要在引进国外技术和设备的同时，引进国外先进的技术标准、设备标准和技术文件，因为技术和设备的先进性、可靠性和经济性在标准中大多有所体现，是管理和技术的综合反映，基础技术、试验方法、检查方法、材料选用、加工工艺、质量控制、设备性能规格、通用零部件标准等，都在标准中体现出来。在设备验收时，既要重视硬件设备的验收，也要重视软件（技术资料和标准文件）的验收，要确保技术资料的成套性和完整性。

（2）设备安装调试的标准化　设备购置进厂后，要严格执行安装工程的施工工艺和技术操作要求，按照标准和规范进行安装、调试，经过验收后才能使用。企业要制定设备安装施工和验收技术检验标准和规范，包括设备的布置、设备基础土建施工规范、设备检验与调整、设备的试运转等。

要对安装的设备作严格的检验与调整，要通过试运转检验前道安装调整工序的施工质量，发现设备设计和制造的问题，最后由单位验收。

（3）设备使用的标准化　设备使用标准化，就是要制定一套科学的使用管理标准和规章制度，并付诸实施。主要包括各种设备使用说明书的使用，各种设备的安全技术操作规程，对操作工人进行技术培训，凭操作证使用设备的制度（对精密、复杂、稀有和关键设备还应实行定人定机使用设备制度）；根据设备的技术条件，规定相应的加工任务和合理的工作负荷标准，禁止精机粗用、大机小用和超负荷运转；对各种设备所具有的工作环境，应配置的监控仪器、仪表的标准和规定；对设备定点、定质、定量、定期、定人润滑的规定；各种设备的能源、油料、器材消耗定额和费用的标准等。企业还应制定相应的奖惩制度，对严格遵守标准和规章制度、爱护机器设备的职工给予表扬和奖励，对不执行管理标准和制度的人员给予批评、处分直至追究经济或刑事责任。

在实际工作中，设备使用中的所有问题不可能全部制定成标准，可以采用指导书的形式规范，如安全防御指导书、电气防爆指导书、检查机器使用情况的指导书、技术评价指导书、危险物容器储罐的设置与检查指导书等。

（4）设备检查的标准化　设备检查的标准化工作是对企业设备的日常检查和定期检查作出标准规定。

日常检查标准要明确规定各种设备的检查部位、检查项目、检查方法、合格的判定内容、检查记录要求等。如果发现问题或隐患应加以消除和及时汇报。

定期检查标准应规定定期检查的时间、检查哪些设备、检查内容和方法、参加检查人员、检查记录要求、对设备的技术状态做出定性和定量的评估。

（5）设备维护保养的标准化　根据各种设备的特点和工厂生产的实际情况，对各种设备的整齐、清洁、润滑、安全、完整等制定出各级保养的标准，并贯彻实行。

① 日常保养：规定出保养项目、部位，保养内容和标准。

② 一级保养：规定出保养部位和内容、操作顺序、检查内容、验收标准、定期保养时间等。有些设备还要求测定易损件，提出备用配件。

（6）设备修理的标准化　应通过标准化工作，建立健全预防维修制度，要制定和执行磨损零件修换标准、设备故障检查手册、设备检修规程、修理用工具和检验工具标准、安装调试方法、试验验收方法、设备完好标准、备用配件图册和标准、设备修理验收标准等。

有条件的企业还应定制和执行设备维修作业标准。由于设备维修作业与生产操作作业相比，准备和停工等料的时间较长，作业效率较低，实际作业时间常常不满50%。但随着生产机械化、自动化的发展，维修费用上升，维修时间增多，若作业效率仍低于50%，则会降低设备的运转率，使设备的停机损失过大，从而严重影响整个企业的经济效益。而维修作业标准的制定和执行，有利于对企业拥有量较大的典型设备和典型部件，优先制定典型维修作业标准和通用维修作业标准。

维修作业标准的主要内容是作业方法、作业程序和时间标准等，也包括作业用语、机器设备、修理工艺、作业质量、质量验收等标准。

（7）设备改造的标准化　在利用新技术、新材料、新工艺、新部件、新附件改造老设备时，从设计、制造到鉴定验收，都要提出标准化综合要求和进行标准化审查，要对现有不同规格型号的老设备进行简化优选，合理地压缩和简化零部件、易损件的品种规格，提高通用化、标准化程度。

（8）设备管理的标准化　对设备管理事项制定的各类分项标准汇总。主要有：设备预算标准，油类、工具、备用配件管理规程和标准，设备生产能力标准，设备折旧及材料物资消耗标准，维修费用管理标准，设备管理考核标准，设备经济评价方法，设备大修理验收移交制度，设备大修工作流程，技术准备工作流程，设备管理全过程流程等。

第三节　设备管理的作用、目的与意义

设备管理是指以设备为研究对象，追求设备综合效率与寿命周期费用的经济性，应用一系列理论、方法，通过一系列技术、经济、组织措施，对设备的物质运动和价值运动进行全过程（规划、设计、制造、选型、购置、安装、使用、维修、改造、报废直至更新）的科学管理。这是一个宏观的设备管理概念，涉及政府经济管理部门、设备设计研究单位、制造工厂、使用部门和有关的社会经济团体，包括了设备寿命全过程中的计划、组织、协调、控制、决策等工作。

一、设备管理的作用

（1）设备管理是企业生产经营管理的基础工作　现代企业依靠机器和机器体系进行生产，生产中各个环节和工序要求严格地衔接、配合，生产过程的连续性和均衡性主要靠机器设备的正常运转来保持。设备在长期使用中的技术性能逐渐劣化（比如运转速度降低）就会影响生产定额的完成，一旦出现故障停机，更会造成某些环节中断，甚至引起生产线停顿。因此，只有加强设备管理，正确地操作使用，精心地维护保养，进行设备状态监测，科学地修理改造，保持设备处于良好的技术状态，才能保证生产连续、稳定地运行。反之，如果忽视设备管理，放松维护、检查、修理、改造，导致设备技术状态严重劣化、带病运转，必然故障频繁，无法按时完成生产计划、如期交货。

（2）设备管理是企业产品质量的保证　产品质量是企业的生命、竞争的支柱。产品是通过机器生产出来的，如果生产设备特别是关键设备的技术状态不良、严重失修，必然造成产品质量下降甚至废品成堆。加强企业质量管理，就必须同时加强设备管理。

（3）设备管理是提高企业经济效益的重要途径　企业要想获得良好的经济效益，必须适应市场需要，产品物美价廉。不仅产品的高产优质有赖于设备，而且产品原材料、能源的消耗、维修费用的摊销都和设备直接相关。这就是说，设备管理既影响企业的产出（产量、质量），又影响企业的投入（产品成本），因而是影响企业经济效益的重要因素。一些有识的企业家提出"向设备要产量、要质量、要效益"，的确是很有见地的，因为加强设备管理是挖掘企业生产潜力、提高经济效益的重要途径。

（4）设备管理是搞好安全生产和环境保护的前提　设备技术落后和管理不善，是发生设备事故和人身伤害的重要原因，也是排放有毒、有害的气体、液体、粉尘污染环境的重要原因。消除事故、净化环境，是人类生存、社会发展的长远利益所在。加强发展经济，必须重视设备管理，为安全生产和环境保护创造良好的前提。

(5) 设备管理是企业长远发展的重要条件　科学技术进步是推动经济发展的主要动力。企业的科技进步主要表现在产品的开发、生产工艺的革新和生产装备技术水平的提高上。我国加入WTO以后，市场竞争更加激烈，企业要在激烈的市场竞争中求得生存和发展，需要不断采用新技术，开发新产品。一方面，"生产一代，试制一代，预研一代"；另一方面，要抓住时机迅速投产，形成批量，占领市场。这些都要求加强设备管理，推动生产装备的技术进步，以先进的试验研究装置和检测设备来保证新产品的开发和生产，实现企业的长远发展目标。

由此可知，设备管理不仅直接影响企业当前的生产经营，而且关系着企业的长远发展和成败兴衰。作为紧跟改革开放潮流、面向21世纪的企业家，必须摆正现代设备及其管理在企业中的地位，善于通过不断改善人员素质、充分发挥设备效能，来为企业创造最好的经济效益和社会效益。

二、设备管理的主要目的

设备管理的主要目的是采用技术上先进、经济上合理的装备，采取有效措施，保证设备高效率、长周期、安全、经济地运行，来保证企业获得最好的经济效益。

设备管理是企业管理的一个重要部分。在企业中，设备管理搞好了，才能使企业的生产秩序正常，做到优质、高产、低消耗、低成本，预防各类事故，提高劳动生产率，保证安全生产。

加强设备管理，有利于企业取得良好的经济效果。如年产30万吨合成氨厂，一台压缩机出故障，会导致全系统中断生产，其生产损失很大。

加强设备管理，还可对老旧设备不断进行技术革新和技术改造，合理地做好设备更新工作，加速实现工业现代化。

总之，随着科学技术的发展，企业日趋大型化、现代化，机器设备的结构、技术更加复杂，设备管理工作也就愈重要。许多发达国家对此十分重视。1976年西德《工业通报》介绍，一般情况下，用于设备维修的年财政支出额相当于设备固定资产原值的6%~10%或企业产值的10%。如将配件等其他资金考虑在内，估计维修支出要占企业总开支的1/4。据1978年资料介绍，苏联每年用于设备维修的资金超过100亿卢布。不难看出，要想做好设备管理，就得不断地开动脑筋，寻找更好的对策，促进设备管理科学的发展。

三、设备管理的重要意义

设备管理是保证企业进行生产和再生产的物质基础，也是现代化生产的基础，它标志着国家的现代化程度和科学技术水平。它对保证企业增加生产、确保产品质量、发展品种、产品更新换代和降低成本等都具有十分重要的意义。

设备是工人为国家创造物质财富的重要劳动手段，是国家的宝贵财富，是进行现代化建设的物质技术基础。由此可见，搞好设备管理工作非常重要。搞好设备管理对一个企业来说，不仅是保证简单再生产必不可少的一个条件，而且对提高企业生产技术水平和产品质量、降低消耗、保护环境、保证安全生产、提高经济效益以及推动国民经济持续、稳定、协调发展有极为重要的意义。

① 加强设备管理，为企业建立正常的生产秩序。机械设备是企业现代化生产的物质技术基础。生产的正常进行、生产率的提高、加工精度的保证，在很大程度上都依赖于机械设备。为保证生产的正常秩序、防止发生设备和人身事故、减少或避免环境污染，设备管理应做到正确地操作、使用设备，精心地维护、保养设备，严格设备运行状态检查，及时正确地进行设备修理，使设备处于良好的技术状态。

② 加强设备管理，使企业取得良好的经济效益。加强设备管理，使设备寿命周期的费用最低；使设备故障降低到最低程度，减少或避免因设备故障造成企业的经济损失；提高产品的质量和数量，为企业创造经济效益。

③ 加强设备管理，有利于企业技术进步。随着科学技术的发展和生产现代化水平的提高，大型、精密、高速、连续、结构复杂的设备不断增多，自动化水平较高的设备也在不断增多，工业企业设备管理的重要性必将更加突出。

第四节　我国设备管理的沿革

新中国成立以来，我国工业交通企业的设备管理工作大体上经历了从事后维修、计划预修到综合管理，即从经验管理、科学管理到现代管理 3 个发展阶段。

一、经验管理阶段（1949—1952 年）

从 1949 年到第一个五年计划开始之前的 3 年经济恢复时期，我国工业交通企业一般都沿袭旧中国的设备管理模式，采用设备坏了再修的做法，处于事后维修的阶段。

二、科学管理阶段（1953 年—20 世纪 70 年代）

1953 年，我国第一个五年建设计划开始实施。在苏联的援助下，我国开展了以 156 个重点项目为中心的大规模经济建设。这时，也全面引进了苏联的设备管理制度。根据"计划预修制"的模式建立各级设备管理组织，培训设备管理人员和维修骨干，按照修理周期结构安排设备的大修、中修、小修，推行"设备修理复杂系数"等一整套技术标准定额，把我国的设备管理从事后维修推进到定期计划预防修理阶段。由于实行预防维修，设备的故障停机大大减少，有力地保证了我国工业骨干建设项目的顺利投产和正常运行。

1958—1962 年，我国经济建设片面追求高速度、高指标，重生产轻维修，挤掉设备维修搞制造；重使用轻管理，设备管理机构被撤销，管理制度被废弃，"小马拉大车"，随意拼设备等。其结果，导致设备大批失修、损坏，企业生产力遭到严重破坏。

1962 年开始了"三年调整"，直到 1966 年之前，纠正了挤维修、拼设备的错误，恢复和发展专业维修工厂和配件生产工厂，整修了遭到严重损伤的机器设备，恢复各种规章制度，使设备的技术状况很快得到好转，设备管理工作逐步恢复正常。同时在"以预防为主，维护保养和计划检修并重"方针的指导下，广大职工还创造了"专群结合、专管成线、群管成网""三好四会""润滑五定""定人定机""分级保养"等一系列具有中国特色的好经验、好方法，使我国的设备管理与维修工作在"计划预修制"的基础上有了重大的改进和发展。

在 1966—1976 年的 10 年里，设备管理与维修工作又遭到空前的损失：管理制度废弃，管理机构瓦解，管理人员流散，技术资料丢失，设备严重失修，生产濒于瘫痪。1976年之后，经过企业整顿、设备整修，设备管理与维修逐渐重新进入恢复和发展的新阶段。

三、现代管理阶段（20世纪80年代至今）

20世纪60~70年代是世界经济迅速发展的时期，同时，国际上设备管理的理论与实践也出现了重大发展。1978年党的十一届三中全会制定了改革开放的基本路线，为我国发展经济开创了一个崭新的历史时期。

20世纪80年代以来，通过健全管理机构，制定设备管理法规，深化改革、推进设备管理，组织评比、树立典型，开展培训，提高人才素质，加强信息交流、发展国际合作等措施，我国的设备管理进入了健康发展的现代管理阶段。

第五节 我国的设备管理制度

我国现行的设备管理制度，其要点汇集在1987年7月28日国务院发布的《全民所有制工业交通企业设备管理条例》（简称《设备管理条例》）中。《设备管理条例》明确规定了我国设备管理工作的基本方针、政策，主要任务和要求。它是我国设备管理工作的第一个法规性文件，是指导企业开展设备管理工作的纲领，也是搞好企业设备管理工作的根本措施。《设备管理条例》包括第一章　总则；第二章　设备的管理机构与职责；第三章　设备的规划、选购及安装调试；第四章　设备的使用、维护和检修；第五章　设备的改造与更新；第六章　设备管理的基础工作；第七章　教育与培训；第八章　奖励与惩罚；第九章　附则。共计五十条。

2010年3月22日，中国设备管理协会向各省、自治区、直辖市、行业设备管理协会以及专业委员会印发了《关于转发国家发展和改革委员会法规司对〈设备管理条例〉（草案）意见的通知》（中设［2010］13号）。根据反馈意见，特别是对加强设备管理工作对安全生产、保护环境、节能减排所起到重要作用的内容，在设备综合管理的各个环节，以及法律责任中做了补充和完善。

该《设备管理条例》（草案）由第一章　总则；第二章 设备使用管理；第三章 设备资产管理；第四章 设备安全运行；第五章 设备节约能源；第七章 设备资源市场；第八章 注册设备工程师；第九章 奖励；第十章 法律责任；第十一章 附则。共计十一章，六十三条。

一、《设备管理条例》的特点

①《设备管理条例》是适应我国现代化建设和企业管理现代化的要求，把现代设备管理的理论和方法与本国具体实践相结合的产物。它既借鉴了国外的先进理论和实践，又总结和提高了新中国成立以来我国设备管理的成功经验。体现了"以我为主，博采众长，融合提炼，自成一家"的方针，符合我国实际，并具有一定的中国特色。

②《设备管理条例》针对我国设备管理的共性问题，做了原则性的规定，而具体的管理办法则由各行业、省市主管部门根据本行业、地区的特点分别制定（如《设备管理条例》的实施细则等），并由企业按照实际情况自行决定。这样，既坚持了原则上的宏观指导，又尊

重了企业自主经营管理的权力，体现了我国经济体制改革的精神。

二、设备管理的方针

《设备管理条例》规定"企业设备管理，应当依靠技术进步、促进生产发展和以预防为主"。这是我国设备管理的三条方针。

（1）设备管理要坚持"依靠技术进步"的方针　设备是技术的载体，只有不断将先进的科学技术成果注入设备，提高设备的技术水平，才能保证企业生产经营目标的实现，保持企业持久发展的能力。

（2）设备管理要贯彻"促进生产发展"的方针　设备管理工作的根本目的在于保护和发展社会生产力，为发展生产、繁荣社会主义经济服务。因此，《设备管理条例》把"促进生产发展"规定为设备管理工作的基本方针之一。

坚持这个方针，就要正确处理企业生产与设备管理之间的辩证关系，它们之间基本上是统一的，但有时会发生矛盾。例如，安排设备的维修要占用生产时间，暂时减少产量与产值，这时生产与设备维修之间出现了矛盾。但如果不及时进行必要的设备维修，甚至采用"驴不死不下磨"的做法，必将酿成设备事故，使生产陷于瘫痪，甚至造成不可弥补的损失，这是两者矛盾的激化。

（3）设备管理要执行"预防为主"的方针　"预防为主"的早期含义，是指在设备维护和检修并重中以预防为主。在当今推行设备综合管理的条件下，预防为主已被赋予了新的含义，发展成为贯穿设备一生的指导方针。

三、设备管理的基本原则

《设备管理条例》规定，我国设备管理要坚持"设计、制造与使用相结合，维护与计划检修相结合，修理、改造与更新相结合，专业管理与群众管理相结合，技术管理与经济管理相结合"的原则。

（1）设计、制造与使用相结合　设计、制造与使用相结合的原则，是为克服设计、制造与使用脱节的弊端而提出来的。这也是应用系统论对设备进行全过程管理的基本要求。

（2）维护与计划检修相结合　这是贯彻"预防为主"、保持设备良好技术状态的主要手段。加强日常维护，定期进行检查、润滑、调整、防腐，可以有效地保持设备功能，保证设备安全运行，延长使用寿命，减少修理工作量。但是维护只能延缓磨损、减少故障，不能消除磨损、根除故障。因此，还需要合理安排计划检修（预防性修理），这样不仅可以及时恢复设备功能，而且还可为日常维护保养创造良好的条件，减少维护工作量。

（3）修理、改造与更新相结合　这是提高企业装备素质的有效途径，也是依靠技术进步方针的体现。

在一定条件下，修理能够恢复设备在使用中局部丧失的功能，补偿设备的有形磨损，它具有时间短、费用省、比较经济合理的优点。但是如果长期原样恢复，将会阻碍设备的技术进步，而且使修理费用大量增加。设备技术改造是采用新技术来提高现有设备的技术水平，设备更新则是用技术先进的新设备替换原有的陈旧设备。通过设备更新和技术改造，能够补偿设备的无形磨损，提高技术装备的素质，推进企业的技术进步。因此，企业设备管理工作不能只搞修理，而应坚持修理、改造与更新相结合。

(4) 专业管理与群众管理相结合　专业管理与群众管理相结合，这是我国设备管理的成功经验，应予以继承和发扬。首先，专业管理与群众管理相结合有利于调动企业全体职工当家做主、参与企业设备管理的积极性。只有广大职工都能自觉地爱护设备、关心设备，才能真正把设备管理搞好，充分发挥设备效能，创造更多的财富。

(5) 技术管理与经济管理相结合　设备存在物质形态与价值形态两种运动。针对这两种形态的运动而进行的技术管理和经济管理是设备管理不可分割的两个侧面，也是提高设备综合效益的重要途径。

技术管理的目的在于保持设备技术状态完好，不断提高设备技术素质，从而获得最好的设备输出（产量、质量、成本、交货期等）；经济管理的目的在于追求设备寿命周期费用的经济性。技术管理与经济管理相结合，就能保证设备取得最佳的综合效益。

四、设备管理的主要任务

《设备管理条例》规定："企业设备管理的主要任务是对设备进行综合管理，保持设备完好，不断改善和提高企业技术装备素质，充分发挥设备效能，取得良好的投资效益。"综合管理是企业设备管理的指导思想和基本制度，也是完成上述主要任务的基本保证。下面分别叙述四项主要任务。

(1) 保持设备完好　要通过正确使用、精心维护、适时检修使设备保持完好状态，随时可以适应企业经营的需要投入正常运行，完成生产任务。设备完好一般包括：设备零部件、附件齐全，运转正常；设备性能良好，加工精度、动力输出符合标准；原材料、燃料、能源、润滑油消耗正常。

(2) 改善和提高技术装备素质　技术装备素质是指在技术进步的条件下，技术装备适合企业生产和技术发展的内在品质。通常可以用以下几项标准来衡量：①工艺适用性；②质量稳定性；③运行可靠性；④技术先进性（包括生产效率、物料与能源消耗、环境保护等）；⑤机械化、自动化程度。

(3) 充分发挥设备效能　设备效能是指设备的生产效率和功能。设备效能的含义不仅包括单位时间内生产能力的大小，也包含适应多品种生产的能力。

(4) 取得良好的投资效益　设备投资效益是指设备一生的产出与其投入之比。取得良好的设备投资效益，是以经济效益为中心的方针在设备管理工作上的体现，也是设备管理的出发点和落脚点。

提高设备投资效益的根本途径在于推行设备的综合管理。首先要有正确的投资决策，采用优化的设备购置方案。其次在寿命周期的各个阶段，一方面加强技术管理，保证设备在使用阶段充分发挥效能，创造最佳的产出；另一方面加强经济管理，实现最经济的寿命周期费用。

五、设备综合管理

设备综合管理既是一种现代设备管理思想，也是一种现代设备管理模式。这种管理思想自英国人丹尼斯·帕克斯在关于设备综合工程学的论文中提出后，引起了国际设备管理界的普遍关注，并得到了广泛传播。

1982年，国家经委负责人在全国第一次设备管理维修座谈会上明确提出："我们认为，打破设备管理的传统观念，参照设备综合工程学的观点，作为改革我国设备管理制度的方向是可行的。"多年来，我国设备管理改革的实践正是沿着这个方向前进的。

但是，我国倡导的设备综合管理并不是英国综合工程学的简单翻版，而是在参照以综合工程学为主的现代设备管理理论的基础上，融汇了我国设备管理长期积累的成功经验以及多年设备管理改革的实践成果所形成的设备管理体制（模式）。这个体制是国外先进经验与我国管理实际相结合的产物，具有鲜明的中国特色。这个体制的基本内容就是《设备管理条例》中重点阐述的"三条方针，五个结合，四项任务"。

六、设备管理现代化

不断改善经营管理，努力提高管理的现代化水平是企业求得生存、发展，提高经济效益的根本途径。设备管理现代化是企业管理现代化的主要组成部分。

所谓设备管理现代化就是把当今国内外先进的科学技术成就与管理理论、方法，综合地应用于设备管理，形成适应企业现代化的设备管理保障体系，以促进企业设备现代化和取得良好的设备资产效益。

《设备管理条例》全篇贯穿着设备管理现代化的基本思路，倡导不断提高设备管理和维修技术的现代化水平。比如，坚持"三条方针，五个结合"，突出了设备管理思想观念的三大转变：由单纯抓设备维修到对设备的买、用、修、改、造实行综合管理的转变；由只重视技术管理到实行技术管理与经济管理相结合，追求设备投资效益的转变；由专业维修人员管理向全员管理方向的转变。

七、流程工业设备的组合维修策略

进入 WTO 以后，国际制造业的重心逐渐转移到我国，越来越多的连续制造流程在我国建立起来。流程工业设备维修管理变得日益重要。在对数十家企业调研和总结的基础上，结合国际先进的管理理念，中国设备管理协会提出流程工业设备的组合维修模式设计方案。这一设计的实施将提升流程工业设备的综合效率，极大限度地保证生产稳定和流畅运行，降低综合费用损失。

1. 流程工业设备的主要特点

除了具有工艺复杂、物流量特大特点之外，仅就设备维修管理而言，流程工业设备具有以下特点。

① 设备最薄弱环节的能力就代表全流程的能力。流程工业设备就像是一根首尾相接的链条，而最细一环的强度就代表了整根链条的强度。对于流程而言，某一最薄弱环节的生产状况，包括产能、稳定性、质量、故障停机、MTBF、OEE 等指标，就决定了全流程的能力。

② 流程各系统、线段的配合，影响着全流程效率的发挥。流程是由一个个子系统组合而成的系统，各个子系统的配合是否默契，决定着整个流程效率的发挥。

③ 局部停机导致全线停机。流程的最主要特征是某一局部停机会导致全线停机。从胶片、造纸、卷烟、连铸连轧的轧钢设备，到反应介质流动的石油、化工设备，局部停机就意味着上、下游在制品的积压或短缺，迫使全线停机。即使是由各环节的单机与劳动力密集型的加工、装配线段连接起来的准流程，局部故障也会造成全线停机或全线放缓运行。

④ 停机的经济损失严重。流程工业设备停机一般会造成严重的经济损失。有的流程停

机1h，损失高达几百万元。这种损失主要由丢失的产量、材料、能源以及人工浪费构成。停机后的抢修又产生备件、材料及维修工时成本。停机还可能使交货期延迟，造成企业信誉损失。化工反应、冶金熔炼设备等停机，往往会造成大量在用材料、能源的浪费和重新启动工时的浪费。

⑤ 运行中的流程无法停机排除小故障隐患。流程工业设备在运行中，局部小故障隐患即使被发现，因不能停机而无法排除。只要此故障隐患不会造成质量、成本、安全等严重后果，或者短时间内不会造成全线停机，设备"带病"运行是被允许的，也是企业里常见的状况。

2. 流程工业设备的组合维修模式设计

为了把流程工业设备的停机减少到最低限度，结合多数流程现场实际，给出以下设计方案。

(1) 运用"机会维修"概念，组织生产淡季和节假日保养、检修　所谓的"机会维修"，即不拘泥原来的维修计划，充分利用节假日进行"红班"维修，或者利用生产淡季，等待计划排产的空隙，进行全流程的检修和保养，使设备进入完好待命状态。设备管理部门在有规律的生产淡季或节假日到来之前，就要做好检修保养的组织准备和后勤安排，使"机会维修"顺利实施。例如，卷烟生产企业常常利用七八月份天气潮湿闷热、卷烟市场清淡之时，进行全厂设备检修。多数企业利用"五一""十一"和元旦、春节等长假安排检修设备，都属于"机会维修"。

(2) 应用设备检测技术，做好预测维修、状态维修　对适于振动监测、红外监测或油液分析诊断的流程工业设备，要积极引进先进手段和技术，及时预测隐患，把故障排除在潜在状态。这些技术引进的成本与故障停机损失相比常常是微不足道的。一些企业把状态监测和人工巡回点检结合起来，收到更好的效果。状态维修可以减少非计划停机，避免故障的连锁反应或多米诺骨牌现象，把损失降到最低。

(3) 通过"总成"替换，降低全线停机机时　所谓的"总成"又称组件、部件，即构成设备局部、相对独立、可以整体快速拆装的部件。一些流程工业设备一旦停机，实施在线维修，往往因为位置不便、工况恶劣或者维修难度较大、停机维修时间较长，造成全线停机等待。一些企业的做法是：将损坏的"总成"拆下，换上一个正常的"总成"，然后再对损坏的"总成"进行从容的修理，这样可以大大减少全线停机损失，同时还可以使损坏的"总成"得到精细、彻底的修复。虽然以"总成"为单元的备件储存占用流动资金较多，但与生产停机损失相比，也许是划算的。流程停机单位时间的损失越大，"总成"备件储存和替换维修方式就越经济。在实际操作上，不同的停机损失和不同的"总成"备件费用，应有不同的最佳"总成"储备水平或配置。"总成"储备水平与"总成"本身价格及停机生产损失大小直接相关，这一状况如图1-1所示。显然，不同流程的最佳总成储备水平应该有所不同。

实施"总成"维修的另一个条件是维修技术和维修队伍。精良的维修技术、稳定的维修队伍是实施这一策略的基础。

(4) 同步检修——流程内部的"机会维修"策略　所谓的同步检修，就是当流程某一局部进行停机检修、保养时，全流程各线段全部进入检修、保养状态。这样，局部检修的时间可以得到充分利用，使维护功能得到最大限度的发挥。钢铁行业实施多年的同步检修就是流程内部的"机会维修"。

同步检修的实施依赖于全员参与维修、保养活动的意识和规范。流程中停机检修的关键

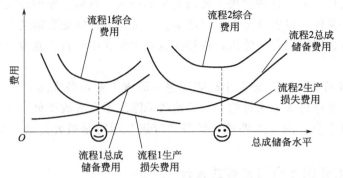

图 1-1　不同生产损失与总成费用的最佳储备水平

线段需要集中主要维修力量,高效处理解决。其他部分的检修力量可能相对薄弱,甚至出现检修空缺。因此,全员参与、维修技术的普及、淡化边界的分工协作就显得十分重要。

（5）实施"批处理",扩大同步检修战果　"批处理"是一个计算机术语,即同时整批处理某类问题。这里是指在同步检修期间对各线段所有遗留问题、故障隐患进行集中、批量解决。"批处理"的管理依赖于日常点检中的"批处理"隐患发现和反馈信息。

通过以上方式的管理,可以在同步检修期间,在对重点线段检修的同时,处理和解决日常点检中发现、已经记录在案但无暇或者不便处理的所有小故障隐患。

（6）统计停机对利用率的影响,按照主次图把握检修重点　企业平时应做好各线段原因造成的停机机时统计,依据各线段停机对利用率的影响大小排序,画出主次图。今后应把主要检修力量和保养重心放到对流程利用率影响最大的前两位线段或部分设备上,遵循帕累托 80/20 分布率规则,尽最大努力减少这些部位的故障停机,这样整个流程停机损失就会明显降低。

3. 策略的组合逻辑框架

按照以上维修模式组合设计,流程工业设备维修管理的总体框架如图 1-2 所示。

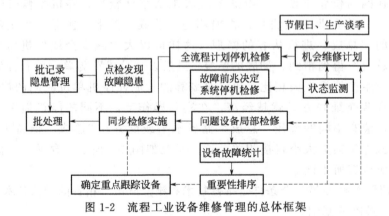

图 1-2　流程工业设备维修管理的总体框架

八、《设备管理体系　要求》标准体系简介

由中国设备管理协会提出并归口的 T/CAPE 10001—2017《设备管理体系　要求》,于 2016 年 7 月 1 日启动,2017 年 6 月 1 日正式颁布,历时 11 个月,如图 1-3 所示。

ICS 03.100.01
A 01

T/CAPE

中 国 设 备 管 理 协 会 标 准

T/CAPE 10001—2017

设备管理体系 要求

Plant management systems—Requirements

2017-06-01发布　　　　　　　2017-06-01实施

中 国 设 备 管 理 协 会　发 布

图 1-3 《设备管理体系 要求》封面

　　它汇集了国内100多名设备管理专家的智慧和意见，经十几次修改完善，终于完成。该标准的实施是我国设备管理历史上的里程碑事件。设备管理体系的推进和评价，标志着组织以设备为主线的管理体系进入了一个可测评的阶段。

　　组织通过设备管理体系的推进和评价，可以全面了解以设备人机系统为主线的生产管理水平（包括设备对生产的支持程度、生产现场管理、员工技能提升和氛围改善、知识资产管理、设备资产管理、设备可靠性、维修策略、维修资源的组织和配置、维修行为规范、维修成本、设备综合效率、设备投资效率，以及设备对安全、环境、健康的支持力度等）。通过提升设备管理体系运行水平，促进设备管理绩效全面改善，实现设备全寿命周期综合管理并创造价值最大化。

　　该标准参照国际标准化的基本框架，吸收国内外设备管理的先进理念和方法，并结合我国制造业发展的实际，向上对接国际标准 ISO 55000《资产管理体系》。《设备管理体系 要求》的主体架构如图1-4所示。

　　组织开展设备管理体系推进和评价工作具有以下重要意义。

　①夯实生产经营的设备保障基础。

　②建立设备管理交流与学习平台。

　③打造设备管理标杆与可塑典范。

　④提高设备管理水平与能力。

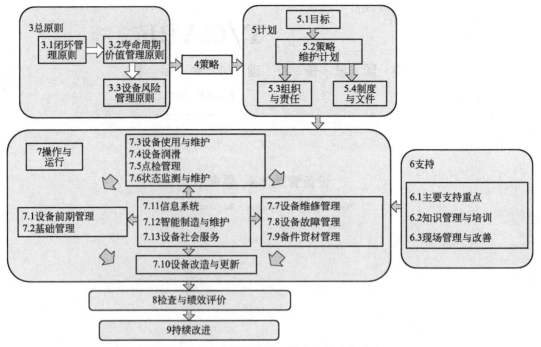

图 1-4 《设备管理体系 要求》的主体架构

⑤ 增强设备管理综合绩效与实力。
⑥ 持续提升设备管理的整体水平。
⑦ 把握设备管理动态和未来趋势。
⑧ 实现设备管理共同愿景与目标。

组织依照 T/CAPE 10001—2017 所规定的设备管理体系，通过定期评审和评价持续改进设备管理绩效，并依据经济状况和其他客观条件，确定持续改进过程的速度、程度和时间表。其实施要点如下。

① 成立设备管理机构（或承担设备管理职能的其他机构），明确管理机构层级及岗位人员的职责、工作标准和权限。

② 根据组织的经营发展战略，依照设备全寿命周期价值最大化和风险管理原则，制定设备管理方针及目标，并根据阶段目标及工作重点，形成年度工作计划。

③ 将年度计划进行层级分解后付诸实施，强力监督并长期坚持。

④ 识别并确定设备管理体系所需的过程、程序和相互作用关系。

⑤ 确定相应的准则和方法并实施，确保过程受控和有效运行。

⑥ 高层管理者参与并提供必要的资源，确保设备管理体系有效运行。

⑦ 设备全寿命周期管理涉及多个职能机构的，需在制度中明确、划清职责并做好流程接口设计。

⑧ 各层级管理者需认真执行、落实设备管理制度。

⑨ 推动设备管理信息化建设，设立标准化工作流程，建立并不断完善设备管理信息化系统数据库资料（如点检标准、维护保养标准、检修标准、费用定额标准等）。

⑩ 促进智能维护技术发展，逐步建立并完善以状态维修为中心的控制与管理。

⑪ 监测、分析设备管理体系运行过程和结果，及时发现改进机会。

⑫ 采取必要的措施，考核实施过程节点和结果，并持续改进。

⑬ 适用时，设备管理体系实施与运行过程中，涉及委外（委托外部的社会化协作服务）的项目，确保其实施过程受控，并在设备管理制度中明确和规范。

《设备管理体系 要求》是与时俱进的管理体系标准。它以设备为核心，专注人机系统，提倡工匠精神和全员参与的自主维护；引导节能减排、降本增效的精益管理，同时为中国制造 2025 和互联网＋做好铺垫，努力向智能维护迈出一步。

《设备管理体系 要求》是本着全生命周期价值管理、闭环管理和设备风险管理三项原则制定的。

我国作为制造业大国，近年来设备管理也有长足进步，但企业发展水平仍然参差不齐，甚至有的企业还没有设备管理组织，有的企业只是以价值形态进行管理，将设备管理放到财务部门，有的企业将设备管理放到生产部门代管，组织强度远远不足。《设备管理体系 要求》特别强调了组织的健全性，这是设备管理的重要组织保障。

组织的健全性可概括为：高层领导参与、制定方针愿景、形成制度机制和完善组织机构。

除了对组织保障的强调，《设备管理体系 要求》还强调维修策略、预算和计划的重要性，强调故障管理和节能降耗，强调智能制造、信息化和智能维护，强调寿命周期风险管理等重点。

需要注意的是，《设备管理体系 要求》对目前企业设备管理的薄弱环节做出了一些明确指引，如对购置设备普遍存在的低价中标问题，就明确强调购置设备要使全生命周期费用最小化而非价格最小化。

《设备管理体系 要求》强调全员参与的自主维护，并明确自主维护的重点内容。在自主维护的润滑环节，明确了"六定、二洁、一密封、三过滤"的细节，使得润滑规范更加深入、到位。所谓六定，就是定点、定人、定质、定量、定法和定周期；二洁就是加油工具要清洁，加油部位要清洁；一密封就是要强化密封，防止泄漏；三过滤就是领油过滤、转桶过滤、加油过滤。这样，基层员工做润滑的行为规范就有了依据。即使未来进入自动润滑和智能润滑阶段，上述内容仍然可以融入其中，成为高质量科学润滑的技术保障。

《设备管理体系 要求》特别强调了检修人员的薪酬要高于其他相关专业人员水平这一点。尽管很少有管理标准涉及薪酬问题，但这一标准却仍然强调，是出于以下两个原因。

① 源于计划经济留下的历史惯性，国内不少企业中检修人员的工资薪酬普遍低于操作岗位，在操作环境越来越好、工作越来越简单轻松，而随着设备日益复杂、检修技术难度越来越高的形势下，检修人员流失严重，对目前企业设备状态的影响日益严重，形成恶性循环。

② 随着企业智能制造的逐渐成形，先进设备与落后检修队伍的矛盾日益突出，企业对检修人员的需求会日益强烈，必须有良性的机制来引导高技术人才向制造业流动。

《设备管理体系 要求》是在国际现有标准的基础上逐渐发展起来的，既有继承，又有发扬。

《设备管理体系 要求》不但可以告诉企业做什么，而且可以告诉企业怎么做，如何做得更好。也就是说，这一标准给出很多抓手，供企业参考实施，引导企业不断进步。它让企业的设备管理从离散走向系统，从粗放走向精细，从随意走向规范，从混乱走向科学。

设备可以是载体，它承接着生产，也支撑着企业的健康、安全环境和职业健康等诸多方面。因此，以设备为管理主体的《设备管理体系　要求》也支撑着相关的标准体系，如 ISO 9000、ISO 14000、ISO 18000、TS 16949、GMP 等管理体系标准。

如何检验《设备管理体系　要求》的推进效果呢？从体系颁布至今，已有几十个企业在推进实施之中。它们的实践证明，企业将从 KPI 的进步、骨干能力的提升等六个方面感受到体系带来的好处：基层骨干能力提升；设备 KPI 明显改善；设备管理系统梳理完善；基层班组完全激活；现场面貌焕然一新；QHSE 跟随进步。

九、《中华人民共和国特种设备安全法》相关规定

《中华人民共和国特种设备安全法》是各种特种设备使用中必须遵照的标准规范，内容较多，详见第九章特种设备管理。

第六节　国外设备管理简介

一、苏联的计划预修制

苏联是以"计划预修制"为主导的设备管理体制。这一制度是从 1923—1955 年经过 30 几年的不断实践和完善才逐渐形成的，计划预修制的全称是"设备的统一计划预修和使用制度"。

1. 计划预修制的含义

所谓计划预修就是在设备运行一定台时后，按照既定的计划进行检查、维护和修理（包括大修、中修及小修）。检查、维护和修理的次序与期限是根据设备的功能、特点、规格与工作条件确定的。

计划预修制规定：设备在经过规定的运行时间以后，要进行预防性的定期检查、调整和各类计划修理。在计划预修制中，各种不同设备的保养、修理周期、周期结构和间隔期是确定的。在这个规定的基础上，组织实施预防性的定期检查、保养和修理。

计划预修制是按照设备磨损规律而制定的，是在研究了设备磨损规律后逐渐形成的。设备磨损一般存在三个顺序阶段：第一阶段为磨合阶段（AB 段），这是设备的初期使用阶段，这时设备零部件接触面磨损较为剧烈，较快地消除了表面加工原有的粗糙部分，形成最佳表面粗糙度；第二阶段为渐进磨损阶段（BC 段），此段即是在一定的工作条件下，以相对恒定的速度磨损；第三阶段为加剧磨损阶段（CD 段），设备磨损到一定程度后磨损加剧，以致影响设备正常运行。

按照以上显示的规律，设备维修的最佳选择点应该是设备由渐进磨损转化为加剧磨损之前，即应选择在 C 点附近。从磨损规律上分析，计划预修有其科学、合理的内容。按照计划预修制执行，显然可以减少或避免设备故障的偶然性、意外性和自发性。计划预修制还可以大大减少意外故障停机造成的损失，减少因故障停机而增加的劳动量和维修费用。

2. 计划预修体制的新发展

随着对原计划预修体制的不断实践和认识，这一体制已有了不少改进。例如引进了系统论的思想，改变了片面依赖数理统计资料的做法，发展到采用"产品产量的综合管理系统"，注重运用信息反馈概念处理问题。在组织和技术管理上也引进了欧美的先进思想，如价值工程、网络技术等。在设备管理与维修的组织形式上也进行了不断的改革，使传统的计划预修

制朝着更科学的方向发展。

二、美国的后勤工程学

美国是两次世界大战中逐渐发展起来的工业国家。随着生产的发展，必然带来对设备管理认识的升华。

后勤工程学是美国20世纪60年代新兴的一门科学。它起源于军事工程，是研究武器装备存储、供给、运输、修理、维护的新兴科学，是在经典的后勤学吸取了寿命周期费用和可靠性、维修性工程等现代理论后形成的。

后勤工程学主要包括以下内容。

(1) 系统工程　它将科学上和工程上的成果应用在以下几方面。

① 通过反复运用功能分析、综合、优化、定义、设计、试验和评价的方法把一项运行的要求转变为一套系统性能参数和较优的系统构型和描述。

② 将有关各项技术参数综合起来，并保证所有的物质、功能和程序等方面协调一致，使整个系统的定义和设计处于优化。

③ 将可靠性、维修性、后勤保障、人身安全、可制造性、稳固耐久性、结构完整性、人员因素和其他有关特性结合到总的成果之中。

在功能细节和设计要求演化中，系统工程研制过程是把运行经济和后勤因素达到适当的平衡作为奋斗的目标的。工程过程采用循序和反复进行的方法来解决费用效率的问题，通过这个方法引出的信息用于规划和把工程成果与系统结合为一体。

(2) 后勤保障　后勤保障是指为了使系统在计划的寿命周期内具有有效和经济的保障所需要考虑的全部内容，具体如下。

① 维修规划。维修规划应贯穿在系统设计、制造、使用的各个阶段，以维修规划为中心，把相关的后勤保障统筹起来。

② 供应保障。主要指备件、配件、消耗品的管理，软件试验，保障设施、运输装卸设备、培训设备、技术文件的筹集，仓储业务，原材料及零配件的采购和分配，维修人员的提供。

③ 试验和保障设备。包括各种工具、监测设备、诊断检验设备、计量校准设备、维修工作台等。

④ 运输和装卸。包括全部运输和装卸设备、容器、包装材料和设备、存储运输设备及运输工作本身。

⑤ 人员和培训。指对安装、检查、运行、装卸和维修的全部人员的培训。对作业人员工作量和水平、维修工作量和难度都要进行量化。

⑥ 工厂、房地产、房屋、车间、实验室、修理设施、基础设施、活动建筑及公共设施（如热、电、水、能、环境、通信等）的后勤保障。

(3) 维修等级　维修等级是根据作业复杂程度、对人员技术水平的要求及所需设施来划分的，共分为以下三级。

① 使用部门维修。即用户的现场维修，如定期检查、清扫、维护、调整、局部更换零部件等，这是初级的、基本的维修、维护。

② 中间维修。由固定的专职的部门和设施，以流动或半流动方式对装备进行专业化维修。一般配备带有测试仪器、维修工具及备品、配件的专用车到现场进行维修服务，能较快排除故障，恢复设备功能。中间维修对维修人员的技术水平要求较高。

③ 基地维修。这是最高级的维修。由基地固定的专业修理厂进行设备的维修，这些厂一般配备先进、复杂的设备和备件，修理工作效率高，甚至可以流水作业。维修人员的专业素质一般比较高，维修质量和效率均比较好。

三、英国的设备综合工程学

1. 设备综合工程学产生的背景

设备综合工程学是英国人丹尼斯·巴克斯提出的。1970年，在国际设备工程年会上，英国维修保养技术杂志社主编丹尼斯·巴克斯发表了一篇论文，题目为《设备综合工程学——设备工程的改革》，第一次提出这个概念。

2. 设备综合工程学的主要内容

（1）寻求设备寿命周期费用最经济　所谓设备寿命周期费用是指设备一生所花费的总费用，即

$$设备寿命周期费用＝设备设置费＋设备维持费$$

设备设置费：包括研究费（规划费、调研费）、设计费、制造费、设备购置费、运输费、安装调试费等。

设备维持费：包括能源费、维修费、操作工人工资、报废费及与设备有关的各种杂费，如保管费、安全费、保险费、环保费等。

（2）设备综合管理的三个方面　设备综合管理包括工程技术、组织管理和财务经济三方面的内容。

而常规设备管理工作包括：设备规划、选型和购置；设备安装和调试；设备验收和移交生产；设备分类和档案管理；设备封存和调拨；设备报废和更新；设备管理机构设置；维修体系的建立；目标管理；人员管理；各种责任制；使用维护管理；维修管理；故障管理；事故管理；备品、配件管理；润滑管理；动力、容器管理；设备技术和精度管理；材料管理；文件资料管理。

以上的管理工作无不关系着工程技术、组织管理和财务经济这三个方面的内容，其中技术是基础，管理是手段，经济是目的。企业的经营目标是提高经济效益，设备管理也应为这个目标服务。设备综合工程就是以最经济的设备寿命周期费用创造最好的经济效益。一方面，要抓设备整个寿命周期的综合管理，降低费用；另一方面，要努力提高设备利用率和工作效率。

3. 设备综合工程学的发展和影响

设备综合工程学的思想是产业技术进步的必然结果。与此同时，美国的后勤工程学、日本的全员生产维修的思想，都相继出现或成熟。所有这些理论，虽然随国情不同而各有差异，但其精髓部分是相同的，这些思想互相学习和借鉴，相互促进和发展。

由于英国工商部门的大力支持和推行，在短短十几年里，设备综合工程学在英国发展很快。一方面，各种机构的设立、刊物的出版、大学专业的设置，使设备综合工程学思想得到迅速传播；另一方面，广大企业经过实践，针对设备周期中的薄弱环节采取措施，取得了经济成效，这一观点被更多的厂长、经理和工程师所接受，于是在企业得到越来越广泛的推行。

四、日本的全员生产维修

1. 全员生产维修的基本概念和特点

全员生产维修又称全员生产维修体制，是日本前设备管理协会（中岛清一等）在美国产生生产维修体制之后，在日本的电器公司试点的基础上，于1971年正式提出的。因此，全员生产维修可以称为"全员参加的生产维修"或"带有日本特色的美式生产维修"。全员生产维修是以丰富的理论作为基础的，它也是各种理论在企业生产中的综合运用。

（1）全员生产维修（TPM的定义） 日本工程师学会（JIPE）对TPM的定义如下：以最高的设备综合效率为目标，确立以设备一生为目标的全系统的预防维修，设备的计划、使用、维修等所有部门都要参加，从企业的最高管理层到第一线职工全体参加，实行动机管理，即通过开展小组的自主活动来推进生产维修。

（2）全员生产维修的特点 日本的全员生产维修与原来的生产维修相比，主要突出一个"全"字。"全"有三个含义，即全效率、全系统和全员参加。三个"全"之间的关系是：全员是基础，全系统是载体，全效率是目标。还可以用一个顺口溜来概括：TPM大行动，空间、时间、全系统，设备管理靠全员，提高效率才成功。

所谓的全效率，是指设备寿命周期费用评价和设备综合效率。全系统即指生产维修的各个侧面均包括在内，如预防维修、必要的事后维修和改善维修等。全员参加即指这一维修体制的群众性特征，从公司经理到相关科室直到全体操作工人都要参加，尤其是操作工人的自主小组活动。

TPM的主要目标就落在"全效率"上，"全效率"在于限制和降低以下六大损失。

① 设备停机时间损失（停机时间损失）。
② 设置与调整停机损失。
③ 闲置、空转与短暂停机损失。
④ 速度降低（速度损失）。
⑤ 残、次、废品损失，边角料损失（缺陷损失）。
⑥ 产量损失（由安装到稳定生产间隔）。

有了这三个"全"字，使生产维修更加彻底地贯彻执行，使生产维修的目标得到更有力的保障，这也是日本全员生产维修的独特之处。

随着全员生产维修的不断发展，日本把这一从上到下全系统参与的设备管理系统的目标提到更高水平，又提出："停机为零！废品为零！事故为零！"的奋斗目标。

（3）全员生产维修的"5S" 5S也是全员生产维修的特征之一。所谓的5S是五个日语词汇的拼音字头，这五个词是整理、整顿、清洁、清扫、素养。这些看起来有些重复、烦琐的单词，恰恰是TPM的基础和精华。

（4）TPM的三圈闭环循环 TPM活动通过对现行状态的评估，找出问题不足，制定改善措施，建立标准化体系，从而使设备状态不断改进，形成状态循环圈。TPM通过设备综合效率的计算，度量管理的进步，形成度量循环圈。TPM分析六大损失的程序和专题技术攻关，以求减少六大损失，达到设备最佳运行状态，形成改善措施循环圈。

以上三个循环形成一个闭环，使TPM进入良性发展，循序渐进。

2. TPM 的最新发展

日本人在 1971 年提出全员生产维修。这一整套理论和规则，其实是日本的企业在吸取了国际上的先进维修策略并结合自身的实践之后产生的新体会和新发展。全员生产维修在国际维修界已不仅仅是某种做法，而且逐渐变成了一种维修文化。日本在原有 TPM 的原则基础上，又提出了更高的目标。日本近年提出的 TPM 基本原则如下。

① 建立盈利的公司文化。
② 推进预防哲学。
③ 全体员工参加。
④ 现场与实物。推动 TPM 的企业实行"现场"落实到人的检查方式，实行视野控制，创造良好的工作环境。

任何管理都以一定的文化内涵为背景，全员生产维修的文化内涵就是由不断地调动人的资源和潜力开始，达到团队的合作。团队的合作是一种氛围，也是企业的文化，是人们追求的公司愿景。广义地说，也是人类的一种生存环境。

五、瑞典设备管理概述

瑞典属于北欧的工业发达国家，在汽车、机器人、发电设备、焊接设备、造船、核电设备、造纸、轴承及高压输电设备等方面，均居世界领先地位。发达的工业依赖于先进的设备和良好的设备管理。瑞典在设备管理理论和实践方面都有自己的特色。

1. 重视维修管理工作

随着数控机床、加工中心、机器人和柔性生产线（计算机集成加工系统）的不断增加，设备维修对于保证企业稳定生产、企业利润的作用越来越突出。瑞典整个企业界都十分重视维修工作，表现在以下几方面。

① 设备维修费用有保证。
② 维修人员多、素质高、待遇好。
③ 设备管理部门成为企业的主要部门，维修经理是总经理的得力助手。

2. 重视设备维修的经济性

瑞典设备管理比较注重经济性。采取技术经济管理措施，努力缩短停机时间，以最低的修理费用使设备安全运行。瑞典的企业一般把减少维修费用、提高设备维修效益作为自己的追求目标。

瑞典企业的设备管理机构，有的公司以集中管理为主，分片服务到车间；有的公司以分散为主；有的则采用集中与分散相结合的体制，针对不同设备采用不同的维修方式，如对那些关键的、维修费用高的设备，运用仪器进行状态监测，多数设备仍采用有计划的恢复性修理。对修理和更新也采取较实际的策略，有些企业当修理费用大于购置新设备费用 70% 时，才考虑更新；有的企业甚至在经过经济分析之后，对 1918 年制造的设备（造纸机）进行修理而不是更新。

3. 设备维修体制建立在可靠性理论基础上

瑞典在设备可靠性理论、故障分类理论研究的基础上，发展了一整套科学合理的维修管理体制。

4. 瑞典的社会化、专业化维修服务体系

瑞典的维修事业也相当发达，已朝着社会化、专业化方向迅速发展。一方面，各个企业

请专业化维修公司到设备现场进行维修服务；另一方面，瑞典各企业也建立了专门的产品售后维修服务队伍，在世界各地设立维修点，为用户提供快速、优质的服务。这反过来又提高了企业的信誉，促进了产品的销售。

设备维修的专业化、社会化是工业高度发展的必然。瑞典的工厂一般仅进行设备维护保养、故障排除和小修，技术复杂的大修和技术改造大多委托专业修理厂进行。这种专业化修理厂具有技术覆盖面广、专业性强、水平高及收费合理等特点，深受企业欢迎。

（1）产品售后服务是瑞典社会化、专业化维修的重要形式　在瑞典，由于激烈的市场竞争，各企业都十分注意产品的售后服务工作，这种服务具有以下特色。

① 作为企业的战略目标。不少企业把售后服务作为推动产品销售、及时反馈信息和企业技术进步的重要工作。如 ABB 公司不仅把这种服务延续到产品整个寿命周期，而且延续到市场停止供货后的一段时期，以用户的满意程度作为衡量服务质量的指标。

② 组织机构健全，配备经验丰富的技术骨干和专家，服务水平高。

③ 拥有良好的服务设施，采用新技术、新工艺，提高服务质量。

④ 修理与技术改造相结合。

⑤ 为用户提供成套技术服务。

（2）专业化维修公司具有较高的技术水平　专业化维修公司是靠维修周期短、质量高和成本低受到广大企业欢迎的。例如位于哥德堡的格伦奇斯金属压力扣合公司是个综合性的维修公司，它采用了 60 多套积木式机动设备，对那些难拆卸、不便运输、拆卸后丧失精度或造成泄漏的设备进行现场修复。由于具有现场修复周期短、停机损失小、修理费用低等优点，深受用户青睐。这个公司在维修中还应用了焊接、喷涂、刷镀及金属扣合等技术。

六、意大利的设备工程与管理实践

意大利是欧洲维修团体联盟的成员，其设备管理与维修目前已发展到如下水平。

① 文明化生产。作为一个历史悠久的艺术之国，从家庭到企业都比较重视环境的美化。一般企业内部设备整洁，工件摆放整齐，车间采光好，工作环境舒适。

② 专业化维修。意大利企业一般不设庞大的维修队伍，仅保留少量的设备维修人员，设备大修理及技术改造都由专门的维修公司来承担。专业化的维修公司有较强的维修力量、手段和经验，可以很好地解决企业的问题。

③ 状态监测与故障诊断水平落后于美、英、德等国。一些现代自动化设备生产厂家已注意在生产设备的同时，配备了随机的监测、监控装置。在大型企业，常规的在线监测技术较多采用。IRVA 钢铁公司就有专门的技术诊断负责人，并与有关研究机构和大学有密切的合作关系。

④ 设备管理的计划、管理、计算机信息及网络系统均发展成熟。

目前，意大利的维修组织也意识到作为现代工业国家，其维修管理体系尚需进一步优化，但其目前的维修管理体制仍有其可借鉴之处。

七、德国的设备管理与维修概述

德国设备管理的基本理论，是建立在寿命周期费用基础上的。20 世纪 60～70 年代在前西德逐渐形成"设备管理"这一说法，其代表人物是经济学家曼纳尔和奥伯霍夫。他们主张从整体性的角度研究设备直接维修费用和故障后果费用（间接维修费），以及寿命周期不同阶段的资本成本（折旧）及生产成本（人工、能源、材料等）。

1. 设备维修管理体系

德国是一个讲求精确化的国家。德国的工业标准对设备管理有明确的定义。德国工业标准DIN31051是设备维护理论的核心。反过来，设备维护理论的标准化，使得设备维护行业有法可依，有章可循，便于企业间的信息交流和协作，给设备维护工作带来了极大的便利。这个标准给维修下的定义是：维持和恢复系统中技术手段的规定状态及确定和评估其实际状态的措施。按照这个标准，设备维护被分为以下三部分。

（1）维护保养　维护保养是最经常、最主要的工作，占日常工作量的75%左右，占设备维护总成本的25%。

因为设备维护保养占维修总成本的比例较大，企业重视程度逐渐增强。德国的企业把设备的日常维护看成与质量管理同等重要。设备维护保养的主要工作是清洁、润滑、紧固、调整等，其中润滑最重要，因而每个企业和部门都严格执行设备的润滑计划。

（2）检查　设备的检查占总工作量的5%左右，占维修总成本的10%左右。

设备检查以设备技术状态监测为主，在这个基础上再执行计划维修体制，这就避免了传统的计划维修体制的维修不足、维修过剩等问题。

（3）维修　主要内容包括设备故障排除、设备技术改造和坏损件的修复。其工作量占总工作量的20%左右，而成本占总成本的65%左右。

2. 维修计划和计算机管理

维修计划是在检查的基础上制定的，首先要制定检查和保养计划。德国人的计划性是世界闻名的。

计算机管理也十分普遍。每天早晨，计算机打印出当天的工作任务：润滑、检查的设备。计算机管理主要应用于维修计划及费用预算的编制、辅助设计、故障统计、生成报表等。正在发展的趋势是利用故障特性分析决策预防维修和改善维修、状态监测和自动诊断系统，研究设备及其部件的可达性、可置换性、安全性和标准化。

第七节　设备管理发展趋势

随着社会进步和技术不断发展，设备管理工作呈现出以下发展趋势。

一、设备管理全员化

设备全员管理就是以提高设备的全效率为目标，建立以设备使用的全过程为对象的设备管理系统，实行全员参加管理的一种设备管理与维修制度。其主要包括以下内容。

1. 设备的全效率

设备的全效率是指从设备的投入到报废，企业为设备耗费了多少资源，从设备那里得到了多少收益，其所得与所费之比。其目的在于以尽可能少的寿命周期费用，使企业做到产量高、质量好、成本低、按期交货、无公害、安全生产。

2. 设备的全系统

① 设备实行全过程管理。这一过程把设备的整个寿命周期（包括规划、设计、制造、

安装、调试、使用、维修、改造直到报废、更新等全部环节）作为管理对象，打破了传统设备管理只集中在设备使用过程的维修管理上的做法。

② 设备采用的维修方法和措施系统化。在设备的研究设计阶段，要认真考虑预防维修，提高设备的可靠性和维修性，尽量减少维修费用。在设备的使用阶段，应采用以设备分类为依据、以点检为基础的预防维修和生产维修。对那些重复性发生故障的部位，应针对故障发生的原因采取改善维修，以防止同类故障的再次发生。这样，就形成了以设备一生作为管理对象的完整的维修体系。

3. 全员参加

全员参加是指发动企业所有与设备有关的人员都来参加设备管理。

① 从企业最高领导到生产操作人员都参加设备管理工作，其组织形式是生产维修小组。

② 将所有与设备规划、设计、制造、使用、维修等有关的部门都组织到设备管理中来，使其分别承担相应的职责。

二、设备管理信息化

设备管理的信息化应该以丰富、发达的全面管理信息为基础，通过先进的计算机和通信设备及网络技术设备，充分利用社会信息服务体系和信息服务业务为设备管理服务。

设备管理信息化趋势的实质是对设备实施全面的信息管理，其主要表现在以下三个方面。

(1) 设备投资评价的信息化　企业在投资决策时，一定要进行全面的技术经济评估。设备管理的信息化为设备的投资评估提供了一种高效可靠的途径。通过设备管理信息系统的数据库，可以获得投资决策所需的统计信息及技术经济分析信息，为设备投资提供全面、客观的依据，从而保证设备投资决策的科学化。

(2) 设备经济效益和社会效益评估的信息化　设备信息系统的构建，可以积累设备使用的有关经济效益和社会效益评价的信息，利用计算机能够在短时间内对大量信息进行处理，提高设备效益评价的效率，为设备的有效运行提供科学的监控手段。

(3) 设备使用的信息化　信息化管理使得记录设备使用的各种信息更加容易和全面。这些使用信息可以通过设备制造商的客户关系管理反馈给设备制造厂家，提高机器设备的实用性、经济性和可靠性。同时设备使用者通过对这些信息的分享和交流，可以强化设备的管理和使用。

三、设备管理社会化和市场化

1. 设备管理的社会化

设备管理社会化是指适应社会化大生产的客观规律，按照市场经济发展的客观要求，组织设备运行各环节的行业化服务，形成全社会的设备管理服务网络，使企业设备运行过程所需要的各种服务由自给转变为社会提供的过程。

设备管理的社会化是以组建中心城市（或地区）的各专业化服务中心为主体，小城市的其他系统形成全方位的全社会服务网络。其主要内容为：①设备制造企业的售后服务体系；②设备维修与改造专业化服务中心；③备品配件服务中心；④设备润滑技术服务中心；⑤设备交易中心；⑥设备诊断技术服务中心；⑦设备技术信息中心；⑧设备工程教育培训中心。

2. 设备管理的市场化

设备管理市场化是指通过建立完善的设备要素市场，为全社会设备管理提供规范化、标准化的交易场所，以最经济合理的方式为全社会设备资源的优化配置和有效运行提供保障，促使设备管理由企业自我服务向市场提供服务转化。

设备管理市场化包括设备维修市场、备品配件市场、设备租赁市场、设备调剂市场和设备技术信息市场等。

四、设备由定期维修转向预知维修

设备的预知维修管理是企业设备科学管理的发展方向，为减少设备故障、降低设备维修成本、防止生产设备的意外损坏，通过状态监测技术和故障诊断技术，可以在设备正常运行的情况下进行设备整体维修和保养。

设备状态监测技术是指通过监测设备或生产系统的温度、压力、流量、振动、噪声、润滑油黏度、消耗量等各种参数，与设备生产厂家提供的标准数据相比较，分析设备运行的好坏，对设备故障做早期预测、分析诊断与排除，将设备事故消灭在"萌芽"状态，降低设备故障停机时间，提高设备运行可靠性，延长设备运行周期。设备故障诊断技术是一种通过了解和掌握设备在使用过程中的状态，确定其整体或局部是否正常，在早期发现故障及其原因，并预测故障发展趋势的技术。

预知维修的发展是和设备管理的信息化、设备状态监测技术与故障诊断技术的发展密切相关的。预知维修所需的大量信息是由设备管理信息系统提供的，通过对设备进行状态监测，得到关于设备或生产系统的温度、压力、流量、振动、噪声、润滑油黏度、消耗量等各种参数，并由专家对各种参数进行分析，进而实现对设备的预知维修。

随着科学技术与生产的发展，机械设备工作强度不断增大，生产效率、自动化程度不断提高，设备越来越复杂，各部分的关联也更加密切，往往某处微小故障就会引发连锁反应，导致整个设备乃至与设备有关的环境遭受灾难性的毁坏，不仅造成巨大的经济损失，而且会危及人身安全，后果极为严重。采用设备状态监测技术和故障诊断技术，就可以事先发现故障，避免发生较大的经济损失和事故。

通过预知维修降低事故率，使设备在最佳状态下正常运转，这是保证生产按预定计划完成的必要条件，也是提高企业经济效益的有效途径。

 思考题

1-1 简述设备及设备管理的基本概念。
1-2 什么是动设备，什么是静设备？
1-3 国家标准的代号和编号是如何设定的？
1-4 设备标准的定义是什么？
1-5 设备管理的作用与意义是什么？
1-6 设备管理的主要目的是什么？
1-7 设备管理的基本原则是什么？
1-8 设备管理的主要任务是什么？
1-9 后勤工程学的定义是什么？
1-10 全员生产维修的定义是什么？

第二章

设备的前期管理

设备前期管理是指从设备需求提出直至设备采购、安装调试、验收投入使用的管理。它包含设备需求策划、设备采购评审、设备招标、签订技术协议和合同、设备到厂检验、设备安装、设备调试、设备终验收、设备移交等过程,又称为设备的规划工程。它对设备技术水平和设备投资技术经济效果具有重要作用。固定资产中,设备投资占绝大部分,一般在70%左右。

前期管理阶段决定了企业装备的技术水平和系统功能,可影响企业的生产效率和产品质量;前期管理阶段决定了装备的适用性、可靠性和维修性,影响企业装备效能的发挥和可利用率的提升;前期管理阶段决定了设备全部寿命周期费用的绝大部分,可影响企业的产品成本。由此可见,设备前期管理不仅决定了企业技术装备素质,关系着企业战略目标的实现,也决定了投资效益的实现。因此,设备前期管理水平,不仅体现了企业设备管理整体水平,也影响了企业经济效益。

第一节 设备前期管理的重要性

设备前期管理是指设备从规划到投产阶段的过程管理,是设备管理中的重要环节。它对提高装备技术水平和投资技术经济效果具有决定性的作用。

设备的前期管理,对于企业能否"保持设备完好,不断改善和提高企业技术装备水平,充分发挥设备效能,取得良好的投资效益"起着至关重要的作用,其重要性在于以下几方面。

① 投资阶段决定了几乎设备全部寿命周期费用的90%,也影响着企业产品成本。

② 投资阶段决定了企业装备的技术水平和系统功能,也影响着企业生产效益和产品质量。

③ 投资阶段决定了设备的适用性、可靠性和维修性,也影响企业装备效能的发挥和可利用率。

④ 设备寿命周期费用应与寿命周期收入综合起来评估选择设备。

总之，设备的前期管理，不仅决定了企业技术装备的素质，关系着战略目标的实现，同时也决定了费用效率和投资效益。

设备前期管理与后期管理构成了完整的设备寿命周期管理循环系统，如图 2-1 所示。

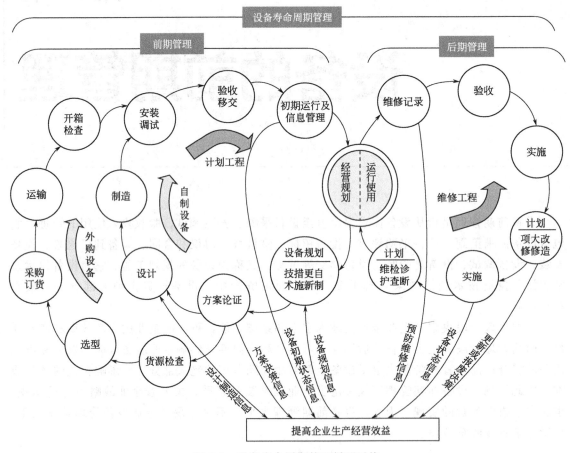

图 2-1　设备寿命周期管理循环系统

第二节　设备前期管理工作内容与分工

设备前期管理工作的内容包括设备规划、购置、安装、正式转入固定资产。设备部门参与的工作是：设备规划方案的调研、制定、论证和决策；设备市场调查和信息的收集、整理、分析；设备投资计划的编制、费用预算、实施程序；设备采购；设备安装、调试运转；设备使用初期管理；设备投资效果分析、评价。大体应做好以下工作内容。

① 首先要做好设备的规划和选型，加强可行性的论证，不但要考虑设备的功能必须满足产品产量和质量的需要，而且要充分考虑设备的可靠性和维修性要求。

② 购置进口设备时，除了认真做好选型外，应同时索取、购买必要的维修资料和备件。

③ 在设备到货时，应及早做好安装、试车的准备工作。

④ 进口设备到货后，应及时开箱检验和安装调试，如发现数量短缺和质量问题，应在索赔期内提出索赔。

⑤ 企业应组织设备管理和使用人员参加自制设备的设计方案审查、检验和技术鉴定，设备验收时应有完整的技术资料。

⑥ 设备制造厂与用户之间应建立设备使用信息反馈制度，通过改进设计，不断提高产品质量，改善可靠性和维修性。

设备前期管理程序一般包括规划阶段、实施阶段、总结评价阶段，如图 2-2 及图 2-3 所示。

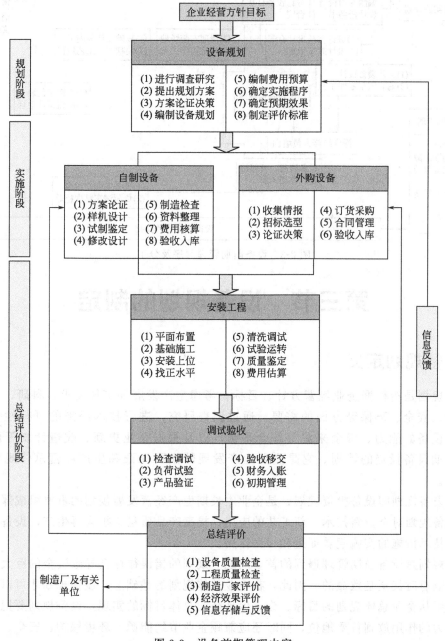

图 2-2 设备前期管理内容

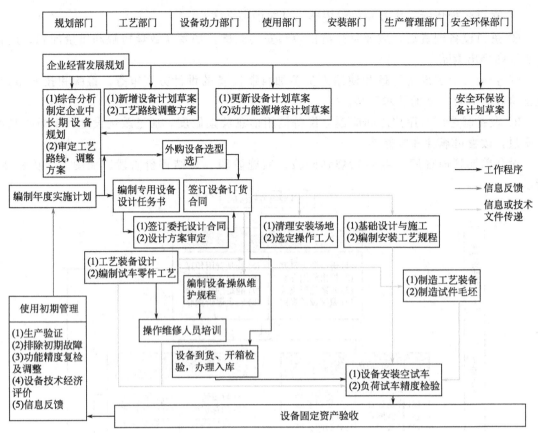

图 2-3 设备前期管理程序及分工

第三节 设备规划的制定

一、设备规划定义

设备规划是指根据企业经营方针、目标，考虑生产发展和市场需求、科研、新产品开发、节能、安全、环保等方面的需要，通过调查研究，进行技术经济的可行性分析，并结合现有设备的能力、资金来源等综合平衡，以及根据企业更新、改造计划等而制定的企业中长期设备投资的计划。它是企业生产发展的重要保证和生产经营总体规划的重要组成部分。

企业设备规划即设备投资规划，是企业中长期生产经营发展规划的重要组成部分。制定和执行设备规划对企业新技术、新工艺的应用，提高产品质量，扩大再生产，设备更新计划以及其他技术措施的实施起着促进和保证作用。

设备规划是设备前期管理遇到的首要问题。规划的错误往往会导致资金的巨大浪费，对企业的影响有时甚至是致命的。因此，在企业总体规划的基础上，设备规划才可以进行。设备规划要服从企业总体规划的目标。为了保证企业总体目标的实现，设备规划要把设备对企业竞争能力的作用放到首要地位，同时还应兼顾企业节约能源、环境保护、安全、资金能力等各方面的因素进行统筹平衡。

二、设备规划的依据

① 提高企业竞争能力的需要。
② 设备有形磨损和无形磨损的实际。
③ 安全、环保、节能、增容等要求。
④ 大型改造或设备引进后的配套设施需求。
⑤ 可能筹集的资金及还贷能力的综合考虑。

三、设备规划的内容

设备规划包括设备管理工作规划和新设备设置规划两个方面。
① 设备管理工作规划是指提高设备管理水平的中、长期（三年或五年）计划和年度计划。
② 新设备设置规划是指新设备设置、更新和改造规划。
设备规划是企业开发和生产经营总体规划的重要组成部分。

四、设备规划的可行性分析

设备规划可行性研究的内容一般应包括以下几点。

（1）确定设备规划项目的目的、任务和要求　广泛地与决策者及相关人员对话，分析研究规划的由来、背景及重要性和规划可能涉及的组织及个人；明确规划的目标、任务和要求，初步描述规划项目的评价指标、约束条件及方案等。

（2）规划项目技术经济方案论述　论述规划项目与产品的关系，包括产品的年产量、质量和总生产能力等，以及生产是否平衡问题；提出规划设备的基本规格，包括设备的功能、精度、性能、生产效率、技术水平、能源消耗指标、安全环保条件和对工艺需要的满足程度等技术性内容；提出因此而导致的设备管理体制、人员结构、辅助设施（车间、车库、备件库供水、采暖和供电等）建设方案实施意见；进行投资、成本和利润的估算，确定资金来源，预计投资回收期、销售收入及预测投资效果等。

（3）环保与能源的评价　在论述设备购置规划与实施意见时，要同时包含对实施规划而带来的环境治理（包括对空气和水质污染、噪声污染等）和能源消耗方面问题的影响因素分析与对策的论述。

（4）实施条件的评述　设备规划的实施方案意见，应对设备市场（国内和国际）调查分析、价格类比、设备运输与安装场所等方面的条件进行综合性论述。

（5）总结　总结阶段必须形成设备规划可行性论证报告，内容应包括以下几个。
① 规划制定的目的、背景、条件和任务，明确提出规划研究范围。
② 对所制定的设备规划的结论性的整体技术经济评价。
③ 在设备规划实施周期内可能会遇到企业经济效果、国家经济（或贸易）政策调整、金融或商品（燃料或建材等原材料）市场情况变化，以及规划分析论证时未估计到的诸多影响因素，都要进行恰当分析。
④ 对规划中设备资金使用、实施进度控制和各主管部门间的协调配合等重要问题提出明确意见。

五、设备规划的制定

（1）编制设备规划的依据　编制设备规划的主要依据有：生产经营发展的要求；设备的技术状况；国家政策（节能、节材）的要求；国家劳动安全和环境保护法规的要求；国内外新型设备发展和科技信息；可筹集用于设备投资的资金。

（2）设备规划的编制程序　设备规划就是按上述依据，通过初步的技术经济分析来确定设备改造、更新和新增规划的项目及进度计划。设备规划的编制，应在厂级领导的领导下，由设备管理部门负责，自上而下地进行编制，编制程序如下。

首先，由设备使用部门、工艺部门和设备管理部门根据企业经营发展规划的要求，提出设备规划的项目申请表。对设备规划项目必须进行初步的经济分析，从几个可行方案中选出最佳方案。

其次，由规划部门汇总各部门的项目申请表，进行综合平衡，提出企业经济效益和社会效益最佳的设备规划草案，送交计划、设计、工业、质量、设备、环保、财务、劳动、教育、生产等部门会审。

最后，由规划部门根据会审意见修改规划草案，编制设备规划，经主管副厂长或总工程师审查后报厂长批准。

第四节　外购设备的选型与购置

一、设备的选型和购置

外购设备的选型，是指通过技术上与经济上的分析、评价和比较，从可以满足相同需要的多种型号、规格的设备中选购最佳者的决策。应注意的因素有以下几个。

① 设备生产率。一般表现为功率、行程、速率等一系列技术参数。

② 设备可靠性。这里是指精度保持性以及零件的耐用性、安全可靠性。

③ 节能性。这是指能源利用的性能。

④ 维修性。维修性也称可修性、易修性。

⑤ 耐用性。耐用性是指设备在使用过程中所经历的自然寿命期。在选择设备时，也要考虑到技术进步形成的精神磨损。

⑥ 易于准备程度。设备的辅助时间（如调整时间）多，会减少设备运转时间，所以应当选择准备工作简便的设备。

⑦ 互换性。新设备的型号应尽可能与现有设备相同或相似。

⑧ 成套性。这是指设备要配套。设备的配套包括单机配套、机组配套和项目配套。

⑨ 安全性和环境保护性。这是选择设备不可忽视的因素，要坚持防止人身安全事故的发生，控制设备的噪声和排放有害物质对环境的污染，选用安全性和环境保护性好的设备。

二、设备选型的基本原则

（1）生产上适用　所选购的设备应与本企业扩大生产规模或开发新产品等需求相适应。

（2）技术上先进　在满足生产需要的前提下，要求其性能指标保持先进水平，以利于提高产品质量和延长产品技术寿命。

(3) 经济上合理　即要求设备价格合理，在使用过程中能耗、维护费用低，并且回收期较短。

三、设备选型考虑的主要因素

1. 设备的主要参数选择

(1) 生产率　设备的生产率一般用设备单位时间（分、时、班、年）的产品产量来表示。
(2) 工艺性　机器设备最基本的一条是要符合产品工艺的技术要求。

2. 设备的可靠性和维修性

(1) 设备的可靠性　它是保持和提高设备生产率的前提条件。
(2) 设备的维修性　选择设备时，对设备的维修性可从以下几方面衡量。
① 设备的技术图纸、资料齐全，便于维修人员了解设备结构，易于拆装、检查。
② 结构设计合理。设备结构的总体布局应符合可达性原则，各零部件和结构应易于接近，便于检查与维修。
③ 结构的简单性。
④ 标准化、组合化原则。设备尽可能采用标准零部件和元器件，容易被拆成几个独立的部件、装置和组件，并且不需要特殊手段即可装配成整机。
⑤ 结构先进。设备尽量采用参数自动调整、磨损自动补偿和预防措施自动化原理来设计。
⑥ 状态监测与故障诊断能力。
⑦ 提供特殊工具和仪器、适量的备件或有方便的供应渠道。
此外，要有良好的售后服务质量，维修技术要求尽量符合设备所在区域情况。

3. 设备的安全性和操作性

(1) 设备的安全性　设备应具有必要的安全防护设计与装置，以避免带来人、机事故和经济损失。
(2) 设备的操作性　总的要求是方便、可靠、安全，符合人机工程学原理。通常要考虑的主要事项如下。
① 操作机构及其所设位置应符合劳动保护法规要求，适合一般体形的操作者的要求。
② 充分考虑操作者的生理限度，不能使其在法定的操作时间内承受超过体能限度的操作力、活动节奏、动作速度、耐久力等。
③ 设备及其操作室的设计必须符合有利于减轻劳动者精神疲劳的要求。

4. 设备的环保与节能

设备的能源消耗是指其一次能源或二次能源消耗。在选型时，无论哪种类型的企业，其所选购的设备必须要符合国家《节约能源法》规定的各项标准要求。

5. 设备的经济性

设备选型时要考虑的经济性影响因素主要有：①初期投资；②对产品的适应性；③生产效率；④耐久性；⑤能源与原材料消耗；⑥维护修理费用等。
总之，以设备寿命周期费用为依据衡量设备的经济性，在寿命周期费用合理的基础上追求设备投资的经济效益最高。

四、设备选型的程序

(1) 收集市场信息

(2) 筛选信息资料

(3) 选型决策　对于专用设备和生产线以及价值较高的单台通用设备，一般应采用招标方式。招标可分成以下三种方式。

① 公开招标。包括国际性竞争招标（ICB）和国内竞争性招标（LCB）。

② 邀请招标。即不公开刊登招标广告，设备购买单位根据事先的调查，对国内外有资格的承包商或制造商直接发出投标邀请。

③ 议标。它是非公开、非竞争性招标，由招标人物色几家直接进行合同谈判。一般情况下尽量不采用这种做法。

五、设备的订货、购置

设备选型后的下一步工作是进行订货购置，完成了订货才能实现设备的购置计划。

(1) 订货程序　设备订货的主要步骤包括货源调查、向厂家提出订货要求、制造厂报价、谈判磋商、签订订货合同。

(2) 订货合同　所有订货产品均需签订合同。国外设备订货合同一般应包括下列内容。

① 设备名称、型号、主要规格、订货数量、交货日期、交货地点。

② 设备详细技术参数。

③ 供货范围，包括主机、标准件、特殊附件、随机备件等。

④ 质量验收标准及验收程序。

⑤ 随机供应的技术文件的名称及份数。

⑥ 付款方式、运输方式。

⑦ 卖方提供的技术服务、人员培训、安装调试的技术指导等。

⑧ 有关双方违反合同的罚款和争议的仲裁。

一般多数国内制造厂的订货合同内容包括上述第①、③、④、⑥、⑧条，不如国外详尽，有待完善。当完成了订货就可以去实现设备的购置计划。

(3) 设备的购置　一般来说，对于结构复杂、精度高、大型稀有的通用万能设备，以购置为宜，必要时可引进国外先进设备。

机器设备选购的经济评价方法如下。

① 投资回收期法。投资回收期等于设备投资额除以采用新设备后每年节约额之商，单位为年。

在其他条件相同的情况下，选择投资回收期最短的设备为最优设备。

据经验，回收期低于设备预期使用寿命（指经济寿命）的 1/2 时，此投资方案可取。

② 投资回收率法。投资回收率法由于考虑到设备折旧，所以比回收期法反映的情况要实际些，计算方法是：如果投资回收率≥公司（企业）预定的最小回收率，此方案可行。

③ 现值法。其特点是可把购置设备的各种方案在不同时期内的收益和支出全部转化为现在的价值，对总的结果进行对比。

机器在整个使用期每年都要支出经营费用，现值法是把这种逐年支出折合成现在的一次性支出。

应当指出的是，只有对比方案的使用期相同时，才能够使用现值法。

六、设备的招标采购

1. 设备的招标采购形式

设备的招标采购形式主要有两种,分别为邀请招标与社会招标。

邀请招标又名定向招标,由设备采购方根据订购需要向多家供应方提出招标意向书,邀请设备供货方参与设备采购招标。邀请招标由设备所需企业自行组织。

社会招标又名公开招标,由设备采购方委托具备进行社会招标资质的中介机构,公开向社会各方征求设备供货方广泛参与该项设备的招标活动。社会招标由中介机构组织,设备采购方参与。

2. 设备招标文件的主要内容

设备招标文件的主要内容分为两部分。

一部分是设备采购的必要内容,如标的物名称、供货时间、设备的各项技术要求与参数、运输与包装要求、设备质量与验收标准、付款与结算形式等。

另一部分是进行设备招标采购的必要内容,包括评标定标方法、应标截标时间、开标时间、现场了解标的物情况的方式与联系人、履约保证金、招标机构与联系人等。

3. 设备招标采购的工作步骤

一般设备招标采购的工作步骤如下。

(1) 招标准备

(2) 开标与评标前准备　为体现设备采购招标工作平等、公正、合理、合法和公开的原则,开标方可采用向竞标方公开或在监督机构监督下开标的形式。

(3) 初步评审　主要包括对投标人员资格的审查、报价审查、投标文件中相应招标文件的审查、投标重大偏差审查等内容。确定合格的招标文件和作废的投标文件。

(4) 详细评审　经初步评审合格的招标文件,由评标委员会成员根据招标文件确定的评定标准和方法,对其技术部分和商务部分做进一步评审比较。

(5) 确定推荐的中标候选人或受招标人委托确定中标人　评标委员会推荐的中标候选人一般界定在三个以内(含三个),并标明排列顺序。招标人也可以授权评标委员会直接确定中标人。

(6) 提交评标报告

4. 设备采购评标方法

设备采购评标方法主要采用合理低价评标法、平均报价评标法、两阶段低价评标法以及A+B值评标法等。

(1) 合理低价评标法　包括综合评审合理低价法、经济评审合理低价法和设备安装合理低价法。

① 综合评审合理低价法。采用本方法招标的,其投标文件由技术、经济两部分组成。技术、经济两部分的分值一般以经济分值比例占多数(60%~80%),具体比例可根据设备特点适当调整。

② 经济评审合理低价法。本方法适用于标准产品,只需进行经济评标而不需进行技术评标。经济评标内容与综合评审合理低价法的经济评标内容相同,实际上是综合评审合理低价法的部分应用。

③ 设备安装合理低价法。本方法适用于设备采购含有安装范围。除了按综合评审合理

低价法外，需特别增加设备安装评审内容。设备安装合理低价法不设成本价，是设备综合评审合理低价法的补充。

（2）平均报价评标法　采用本方法招标的，要求招标人或其委托的招标代理机构，在招标文件中提供招标项目工程量清单，投标人只需按招标文件提供的工程量清单进行总价与分项目报价。评标办法则按有标底为样本进行评标，无标底的以总报价最低的为样本进行评标。评分应以接近基准价或最低报价作为最高分。

（3）两阶段低价评标法　采用本方法招标的，其投标文件应由技术、经济两部分组成，分别密封。评标委员会认为投标书中设备总价和单项价格的最低报价者为该项目的第一名。

（4）A+B值评标法　采用A+B值评标法的前提条件有两项：一是所有投标单项资格审查均获通过，无论谁中标，招标单项均可接受；二是采购招标单位在发标前确定的到货期，投标单位已进行确认。评标委员会在开标前公布招标参考价，评委用投标浮动系数的方法，分别去掉一个最高数和一个最低数，取平均值，用该平均值和招标参考价计算出投标基准价A；各投标单位的报价去掉一个最高数和一个最低数，用平均法求得平均标价B；然后A、B的平均值作为定标标准值。评标时取最接近而低于定标标准值的两个投标价者为中标候选人。如没有低于定标标准值的中标候选人，则以最接近定标标准值的两个投标价者为中标候选人。

5. 评标评分办法要点

① 采用评分方法进行评标，一般采用百分制计分，分值比例视各项技术或经济要点重要性而进行合理分配。

② 分项评分设置优、良、中、差四档进行分数评定。

③ 评标委员会各委员的评分，采取各自评分的方法。委员之间可进行交流与讨论，但不得相互干扰或采取导向评分，各自评分采用有记名签认评分。组织评分机构计算总评分时，需向评委公布并接受评委抽查。

七、设备的到货验收

1. 设备到货期验收

（1）不允许提前太多的时间到货。

（2）不准延期到货。

业主主持到货期验收，如与制造商发生争端，或在解决实际问题中有分歧或异议时，应遵循以下步骤予以妥善处理：①双方应通过友好协商予以解决；②可邀请双方认可的有关专家协助解决；③申请仲裁解决。

2. 设备完整性验收

（1）订购设备到达口岸（机场、港口、车站）后业主派人员介入所在口岸的到货管理工作，核对到货数量、名称等是否与合同相符，有无因装运和接卸等原因导致的残损及残损情况的现场记录，办理装卸运输部门签证等业务事项。

（2）做好到货现场交接（提货）与设备接卸后的保管工作。

（3）组织开箱检验。

（4）办理索赔。不论国内订购还是国外订购，其索赔工作均要通过商检部门受理经办方有效，同时索赔亦要分清下述情况。

① 设备自身残缺，由制造商或经营商负责赔偿。

② 属于运输过程造成的残损，由承运者负责赔偿。
③ 属保险部门负责范畴，由保险公司负责赔偿。
④ 因交货期拖延而造成的直接与间接损失，由导致拖延交货期的主要责任者负责赔偿。

第五节　自制设备管理

为了适应企业的生产发展，企业往往要自行设计制造一些单工序或多工位的高效慎用设备及非标准设备等。这是企业挖潜革新，走自己武装自己的道路，发挥本身的技术优势——针对性强、周期短、收效快，获得经济效益的好方法。

一、自制设备管理范围

自制设备的管理包括编制计划、方案讨论、样机设计、试制鉴定、质量管理、资料归档、费用核算、验收移交等全部工作。这些工作应由设备动力部门参与或负责，主要工作内容如下。
① 编制设计任务书。
② 审查设计方案。
③ 编制计划与费用预算表。
④ 试制与鉴定样机。
⑤ 质量检查。
⑥ 验收落户（转入固定资产）。
⑦ 技术资料归档。
⑧ 总结评价与信息反馈。

二、自制设备的主要作用

① 更好地为企业生产经营服务，满足工艺上的特殊要求，以提高产品质量、降低成本。
② 培养和锻炼企业技术人员和操作人员的技术水平，提高企业的维修水平。
③ 有效地解决了设计制造与使用相脱节的问题，易于实现设备的一生管理。
④ 有利于设备采用新工艺、新技术和新材料。

三、设备自行设计与制造的原则

《设备管理条例》规定："企业自制设备，应当组织设备管理、维修、使用方面的人员参加设计方案的研究和审查工作，并严格按照设计方案做好设备的制造工作。设备制成后，应当有完整的技术资料。"这一规定应当作为企业自制设备管理的基本要求。

四、自行设计与制造的实施管理

（1）自制设备管理工作的内容
① 编制设计任务书。

② 设计方案审查。
③ 编制计划与费用预算表。
④ 制造质量检查。
⑤ 设备安装与试车。
⑥ 验收移交,并转入固定资产。
⑦ 技术资料归档。
⑧ 总结评价。
⑨ 使用信息反馈。为改进设计和修理、改造提供资料与数据。

(2) 自制设备的管理程序与分工
① 使用或工艺部门根据生产发展提出自制设备申请。
② 设备部门、技术部门组织相关论证,重大项目由企业领导直接决策。
③ 企业主管领导研究决策后批转主管部门(总师室、基改办或设备部门)立项,并确定设计、制造部门。
④ 主管部门组织使用单位、工艺部门研究编制设计任务书,下达工作令号。
⑤ 设计部门提出设计方案及全部图纸资料。
⑥ 设计方案审查一般实行分级管理。
⑦ 设计或制造单位负责编制工艺、工装检具等技术工作。
⑧ 劳动部门核定工时定额,生产部门安排制造计划。
⑨ 制造单位组织制造。设计部门应派设计人员现场处理制造过程中的技术问题。
⑩ 制造完成后由检查部门按设计任务书规定的项目进行检查鉴定。

(3) 自制设备的委托设计与制造管理　不具备能力的企业可以委托外单位设计制造,一般工作程序如下。
① 调查研究。选择设计制造能力强、信誉好、价格合理、对用户负责的承制单位,大型设备可采用招标的方法。
② 提供该设备所要加工的产品图纸或实物,提出工艺、技术、精度、效率及对产品保密等方面的要求,商定设计制造价格。
③ 签订设计制造合同。合同中应明确规定设计制造标准、质量要求、完工日期、制造价格及违约责任,并应经本单位审计、法律部门(人员)审定。
④ 设计工作完成后,组织本单位设备管理、技术、维修、使用人员对设计方案图纸资料进行审查,提出修改意见。
⑤ 制造过程中,可派员到承制单位进行监制,及时发现和处理制造过程中的问题,保证设备制造质量。
⑥ 造价高的大型或成套设备应实行监理制。

(4) 自制设备的验收　自制设备设计、制造的重要环节是质量鉴定和验收工作。企业有关部门参加的自制设备鉴定验收会议,应根据设计任务书和图纸要求所规定的验收标准,对自制设备进行全面的技术、经济鉴定和评价。验收合格,由质量检查部门发给合格证,准许使用部门进行安装试用。经半年的生产验证,能稳定达到产品工艺要求,设计、制造部门将修改后的完整的技术资料移交给设备部门。经设备部门核查,资料与实物相符,并符合固定资产标准者,方可转入企业固定资产进行管理,否则不能转入固定资产。

第六节　国外设备的订货管理

一、进口设备管理的重要意义

进口设备一般价格昂贵，技术复杂，备件供应困难，涉外手续繁杂，并且多数为企业重点关键设备。为了充分发挥进口设备的作用、提高经济效益，加强进口设备管理特别是加强进口设备的前期管理有着十分重要的意义。

二、进口设备的前期管理

进口设备的前期管理包括调研、选型、安装、调试与人员的培训工作，加强这方面的工作将为以后的设备使用与维护奠定基础，特别是对技术人员的培训是这些设备发挥其最佳效能的关键。由于进口设备正朝着大型化、连续化、高速化、精密化、系统化和自动化方向发展，广泛采用计算机、微电子、PLC、CNC、光栅等高新技术，是光、机、电、液等先进技术成果的综合应用，对设备操作人员、工艺技术人员、设备管理与维修人员都有较高的要求。所以选派技术骨干到国外设备制造厂家培训，熟悉、掌握和预验收所引进的设备非常重要。如果培训了一批高素质的员工，那么对进口设备的操作、维修保养、检修就会得心应手，使进口设备发挥出最大效能，同时设法保证这些人员岗位的稳定也非常重要。

三、进口设备原始资料的翻译与档案管理工作

原始资料对于进口设备的管理、维护及人员的培训有着非常重要的作用。每台进口设备的随机资料都要移交到设备资料管理处，并组织人员翻译，在认真筛选后归档，然后分门别类装订成册。同时还要组织专业工程技术人员和出国验收人员一起将译稿进行校对，将不规范的地方都更改过来，并将因外商工作疏漏或有意设障而错漏的控制原理图、故障分析等补齐、更正，这对今后设备维护保养、备件选购等都很重要。

建立健全设备技术档案对进口设备的全寿命管理至关重要。对每台进口设备建立设备台账、卡片与备、配件清单，把设备的使用和故障情况进行认真记录，建立规范的档案制度，就能为以后的管理与维护提供必要的信息，同时能对分析设备运行情况、研究改进进口设备管理与维修对策提供方便。

四、建立进口设备维修制度

我国传统的维修体系是集中维修体系，由设备部门负责全厂的设备维护。这种体系易发生互相推诿现象，不能及时处理出现的问题，影响维修效率。建立机（包括润滑）、电、仪、操作人员四位一体的新维修体系易于解决这一问题。在这种新体系下，机、电、仪、操作人员成立班组，隶属于生产车间领导。这样，由于各工种同属一个部门，形成统一的利益共同体，就迫使各工种对进口设备进行钻研，吃透各技术细节，迅速提高技能水平；能密切配合，在进口设备出现问题时快速判断并迅速解决，把故障停机率降到最低。同时着眼于"强保养，零等候"，以"强保养"为前提，制定和实施以生产者为执行主体的各项管理制度；

以"零等候"为基础,保证进口设备的故障及时处理。

建立以可靠性为中心的维修(RCM)体系,搜集丰富的数据资料,组织设备维修需求的 RCM 分析与改进分析决策,通过优化设备的使用、维修、改进、更新各个环节,以最低的费用实现进口设备的维修与改造。

五、进口设备备品配件管理与国产化工作

备品配件的供应是保证进口设备正常运行的重要环节,但这些备品配件往往国内不易购到,很多还须进口,而进口备品配件存在着很多问题,如价格昂贵、供货周期长等,这也是很多进口设备长期停机的原因。所以做好备品配件的管理与国产化,对于降低成本、保证进口设备正常生产等都有很重要的意义。

(1) 备品配件的计划管理　建立集中管理的备品配件仓库,维修人员与管理人员要互通情况,实行专人专项管理。根据历年的消耗情况,实行"3A 管理",即设备、部件和零件在生产流程、工艺流程及运动方式上承载的负荷多少、运动频率的高低以及影响产品质量程度的大小,按照其重要性、关键性而确定的一种等级排序,最关键的即为 A 类,其次为 B 类,再次为 C 类。据此,可把进口设备分为 A、B、C 三类,然后把部件分为 A、B、C 三类,最后把备品配件分为 A、B、C 三类。这样就划分出从 AAA 到 CCC 共 27 类具有不同关键性等级的备品配件,实现关键的备品备件不短缺,不重要的备品备件零库存,使备品配件管理逐步进入一个规范化、动态的良性循环。

(2) 备品配件国产化途径　对于本企业能够加工制造的,组织攻关组进行研制,充分发挥自己的能力,依靠自己的力量实现备品配件的国产化。对于自己不能制造,而国内其他厂家能制造的,组织人员全面考察这些厂家的产品类型、生产规模、技术力量、生产和质量管理情况等,从中选取合适的厂家进行协作配套。

第七节　设备的借用与租赁

企业内部单位之间设备的借出与借入称为设备的借用。设备租赁指企业之间设备的租入与租出。

对借用的设备,借出单位照提折旧,借入单位按月向借出单位缴纳相应的折旧。借用设备的日常维修、预防性维修及有关考核由借入单位负责。对长期借用的设备,主管部门应办理调动手续和资产转移,以利于资产管理。

对于设备租赁,从性质上看是一种借贷的运行方式;从作用上看,既是一种信贷贸易方式,也是一种筹集资金的手段。作为信贷贸易方式,租赁制是由承租人定期定额交纳租金,取得一个时期甚至整个寿命周期的设备使用权,这与分期付款购买商品颇为相似。作为筹资手段,设备租赁是承租人初期只支付了相当于设备原值一小部分的租金就获得了需要一次投入大量资金才能获得的设备使用权,这又类似于信用贷款,让承租企业借入了发展生产所需的长期资金。

一、设备租赁的特点

① 承租人用租入设备所产生的收入购买设备使用权。

② 在租赁期内,设备所有权属于出租人,使用权属于承租人。

③ 租赁期一般为3~5年，租金按月、季或年平均支付，租金率固定。
④ 租赁期满，承租人一般可以有3种选择：退还、续租、购买该设备。
⑤ 许多国家对经营租赁业务的出租人，在税收方面给予享受加速折旧和投资减税的优惠；对承租人所支付的租金，允许从税前利润中扣除。

二、设备租赁的优越性

① 利用少量资金就能得到急需的设备，加速提高设备的技术水平和增强企业的竞争能力；少花钱，办大事；争取时间，抓住机遇。

② 可以保持资金的流动状态，提高资金利用率。租赁设备一般每年只支付相当于设备原值10%~20%的租金，大幅度减少了企业在固定资产上的投入，使大部分资金仍然流动，从而促进资金周转，防止企业资金呆滞。

③ 可以减少技术落后的风险。当前科学技术发展迅速，设备更新换代的周期大大缩短，企业根据生产需要短期租用设备，需要则租，不用则退。与购置设备长期使用相比，可以减少因技术落后、设备磨损严重带来的风险和经济损失。

④ 可以促进企业加强经济核算，改善设备管理。租赁设备必须按时支付租金，促进企业在租赁之前仔细认证，慎重决策；租用后加强管理，提高利用率，充分发挥设备效能，多创效益，减少损失。

第八节 设备的验收、安装调试与使用初期管理

一、设备开箱检查

按库房管理规定办理设备出库手续。设备开箱检查由设备采购部门、设备主管部门组织安装部门、工具工装及使用部门参加。如系进口设备，应有商检部门人员参加。开箱检查主要内容如下。

① 检查箱号、箱数及外包装情况，如发现问题，做好记录，及时处理。
② 按照装箱单清点核对设备型号、规格、零件、部件、工具、附件、备件以及说明书等技术条件。
③ 检查设备在运输保管过程中有无锈蚀，如有锈蚀及时处理。
④ 凡属未清洗过的滑动面严禁移动，以防磨损。
⑤ 不需要安装的附件、工具、备件等应妥善装箱保管，待设备安装完工后一并移交使用单位。
⑥ 核对设备基础图和电气线路图与设备实际情况是否相符；检查地脚螺钉孔等有关尺寸及地脚螺钉、垫铁是否符合要求；核对电源接线口的位置及有关参数是否与说明书相符。
⑦ 检查后做出详细检查记录，填写设备开箱检查验收单。

二、设备的安装

（1）设备的安装定位　设备安装定位的基本原则是要满足生产工艺的需要及维护、检修、技术安全、工序连接等方面的要求。设备的定位具体要考虑以下因素。

① 适应产品工艺流程及加工条件的需要。
② 保证最短的生产流程。
③ 设备的主体与附属装置的外形尺寸及运动部件的极限位置。
④ 要满足设备安装、工件装夹、维修和安全操作的需要。
⑤ 厂房的跨度、起重设备的高度、门的宽度与高度等。
⑥ 动力供应情况和劳动保护的要求。
⑦ 地基土壤地质情况。
⑧ 平面布置应排列整齐、美观，符合设计资料有关规定。

(2) 设备的安装找平　设备安装找平的目的是保持其稳定性，减轻振动，避免设备变形，防止不合理磨损及保证加工精度等。
① 选定找平基准面的位置。
② 设备的安装水平应符合要求。
③ 安装垫铁的选用应符合说明书和有关设计与设备技术文件对垫铁的规定。
④ 地脚螺钉、螺母和垫圈的规格应符合说明书与设计的要求。

三、设备的试运转与验收

(1) 试运转前的准备工作　设备试运转前应做好以下各项工作。
① 再次擦洗设备，油箱及各润滑部位加足润滑油。
② 手动盘车，各运动部件应轻松灵活。
③ 试运转电气部分。
④ 检查安全装置，保证正确可靠，制动和锁紧机构应调整适当。
⑤ 各操作手柄转动灵活，定位准确并将手柄置于"停止"位置上。
⑥ 试车中需高速运行的部件（如磨床的砂轮），应无裂纹和碰损等缺陷。
⑦ 清理设备部件运动路线上的障碍物。

(2) 空运转试验　试验检查内容如下。
① 各种速度的变速运行情况。由低速至高速逐级进行检查，每级速度运转时间≥2min。
② 各部位轴承温度。在正常润滑情况下，轴承温度不得超过设计规范或说明书规定。
③ 设备各变速箱在运行时的噪声≤85dB，精密设备≤70dB，不应有冲击声。
④ 检查进给系统的平稳性、可靠性。
⑤ 各种自动装置、联锁装置、分度机构及联动装置的动作是否协调、正确。
⑥ 各种保险、换向、限位和自动停车等安全防护装置是否灵敏、可靠。
⑦ 整机连续空运转的时间应符合规定，其运转过程中不应发生故障和停机现象，自动循环的休止时间≤1min。

(3) 设备的负荷试验　设备的负荷试验主要是为了试验设备在一定负荷下的工作能力。

(4) 设备的精度试验　在负荷试验后，按随机技术文件或精度标准进行加工精度试验，应达到出厂精度或合同规定要求。设备运行试验中，要做好以下各项记录，并对整个设备的试运转情况加以评定，得出准确的技术结论。
① 设备几何精度、加工精度检验记录及其他机能试验的记录。
② 设备试运转的情况，包括试车中对故障的排除。
③ 对无法调整及排除的问题，按性质归纳分类：属于设备原设计问题、属于设备制造

质量问题、属于设备安装质量问题、属于调整中的技术问题等。

四、设备的安装验收与移交

（1）设备交验应具备的条件　对于自制设备，应由设备设计单位负责召集组织设备制造、管理、使用等有关部门参加交验工作。

① 有设计任务书（有申请责任者、审核和批准者签名），对设备的技术性能、主要参数、使用要求等明确清楚。

② 设备审批手续齐全，设计达到任务书要求。

③ 制造完工、配套齐全、检验合格，经过3~6月试生产证实性能稳定，生产实用。

④ 设备技术文件（说明书、主要图纸资料等）齐备，具备维修保养条件。

（2）在选择安装地点时应注意的问题

① 环境和设备的相互影响。如重型锻压设备的振动及铁路对附近精密加工设备的影响。

② 按工艺流程合理布置设备，减少零件周转时间与厂内运输费用。

③ 合理的能源供应方式。对于耗电量大的设备应靠近变电站，空气压缩机站应远离仪器仪表控制中心。

④ 企业的发展规划和组织机构。

⑤ 发挥设备最高利用率。

（3）当设备安装完毕时，应由项目负责部门会同有关技术、设备、使用、安装、安全等部门，作安装质量检查、精度检测，并按规定先空载运转，再负荷试车。对于大型装置还必须联动试车、试生产等。经检验合格，由筹建单位办理设备移交手续。填写设备安装移交验收单、设备精度检验记录单、设备运转试验记录单，经参加验收人员共同签字后送移交部门（项目负责部门）、使用部门、设备部门、财务部门各1份。对于关键设备（高精度、大型、重型、稀有）还应有总工程师、主管副厂长参加验收、移交工作，并签字批准。

随机附件应由设备部门负责按照装箱单逐项清点，并填写设备附件工具明细表，它应由使用部门负责保管。随机技术文件明细表填写完后，应交技术档案室存档，还要填写备件入库单，并由备件仓库办理入库手续。

对自制设备鉴定验收后，应算出资产价值并与投资概算进行比较分析，办理移交手续。

五、设备使用初期管理

1. 设备使用初期管理的含义

设备使用初期的管理是指设备正式投产运行后到稳定生产这一初期使用阶段（一般约6个月）的管理。也就是对这一观察期内的设备调整试车、使用、维护、状态监测、故障诊断、操作人员的培训、维修技术信息的收集与处理等全部工作的管理。

加强设备使用初期管理是为了掌握设备运转初期的生产效率、精度、加工质量、性能和故障的跟踪排除，总结和提高初期运转的质量，从而使设备尽早达到正常稳定的良好状态；同时将设备前期设计、制造、安装中所出现的问题作为信息反馈，以便采取改善措施，为今后设备的设计、选型或自制提供依据。

2. 设备使用初期管理的主要内容

（1）设备初期使用中的调整试车，使其达到原设计预期的功能。

（2）操作工人使用维护的技术培训工作。

（3）对设备使用初期的运转状态变化观察、记录和分析处理。

（4）稳定生产、提高设备生产效率方面的改进措施。

（5）开展使用初期的信息管理，制定信息收集程序，做好初期故障的原始记录，填写设备初期使用鉴定书及调试记录等。

（6）使用部门要提供各项原始记录，包括实际开动机时、使用范围、使用条件、零部件损伤和失效记录、早期故障记录及其他原始记录。

（7）对典型故障和零部件失效情况进行研究，提出改善措施和对策。

（8）对设备原设计或制造上的缺陷提出合理化改进建议，采取改善性维修的措施。

（9）对使用初期的费用与效果进行技术经济分析，并做出评价。

（10）对使用初期所收集的信息进行分析处理。

① 属于设计、制造的问题，向设计、制造单位反馈。

② 属于安装、调试的问题，向安装、试车单位反馈。

③ 属于需采取维修对策的问题，向设备维修部门反馈。

思考题

2-1 什么是设备的前期管理？

2-2 设备前期管理的重要性是什么？

2-3 设备规划定义是什么？

2-4 设备选型的基本原则是什么？

2-5 设备选型考虑的主要因素有哪些？

2-6 自制设备的主要作用是什么？

2-7 进口设备管理的重要意义是什么？

2-8 设备租赁的特点有哪些？

2-9 设备开箱检查的项目有哪些？

2-10 设备使用初期管理的含义是什么？

第三章 设备资产管理

设备资产是企业固定资产的主要组成部分,是进行生产的技术物质基础。本章所述设备资产管理,是指企业设备管理部门对属于固定资产的机械、动力设备进行的资产管理。要做好设备资产的管理工作,设备管理部门、使用部门和财会部门必须同心协力、互相配合。设备管理部门负责设备资产的编号、技术改造、调拨出租、清查盘点、报废清理等管理工作。使用部门负责设备资产的正确使用、妥善保管及精心维护等工作。财会部门负责组织制度、固定资产管理方责任制度和相应的凭证审查手续,严格贯彻执行并协助各部门、各单位做好固定资产的核算工作。

第一节 固定资产

固定资产是指企业使用期限超过 1 年的房屋、建筑物、机器、机械、运输工具以及其他与生产、经营有关的设备、器具、工具等。不属于生产、经营主要设备的物品,单位价值在 2000 元以上并且使用年限超过 2 年的,也应当作为固定资产。固定资产是企业的劳动手段,也是企业赖以生产经营的主要资产。从会计的角度划分,固定资产一般被分为生产用固定资产、非生产用固定资产、租出固定资产、未使用固定资产、不需用固定资产、融资租赁固定资产、接受捐赠固定资产等。而作为改变劳动对象的直接承担者的设备,则占据着固定资产的很大比重。因此,设备是固定资产的重要组成部分。

一、固定资产的特点

(1) 固定资产的价值一般比较大,使用时间比较长,能长期地、重复地参加生产过程。
(2) 在生产过程中虽然发生磨损,但是并不改变其本身的实物形态,而是根据其磨损程度,逐步地将其价值转移到产品中去,其价值转移部分回收后形成折旧基金。

固定资金作为固定资产的货币表现,还有以下特点。

① 固定资金的循环期比较长,它不是取决于产品的生产周期,而是取决于固定资产的使用年限。

② 固定资金的价值补偿和实物更新是分别进行的,前者是随着固定资产折旧逐步完成

的；后者是在固定资产不能使用或不宜使用时，用平时积累的折旧基金来实现的。

③ 在购置和建造固定资产时，需要支付相当数量的货币资金。这种投资是一次性的，但投资的回收是通过固定资产折旧分期进行的。

二、固定资产的确认条件

按照国家财政部门的规定，固定资产必须同时具备以下两个条件。

① 使用期限必须在一年以上。包括房屋及建筑物、机械、运输工具以及其他与生产经营有关的设备、器具及工具等。

② 与生产经营无关的设备，但单台价值 2000 元以上（不包括 2000 元）并且使用期限超过两年的物品。

凡不具备固定资产条件的劳动资料，均列为低值易耗品。有些劳动资料具备固定资产的两个条件，但由于更换频繁、性能不够稳定、变动性大、容易损坏或者使用期限不固定等，也可不列为固定资产。固定资产与低值易耗品的具体划分应由行业主管部门组织同类企业制订固定资产目录来确定。列入低值易耗品管理的简易设备，如砂轮机、台钻、手动压床，设备维修管理部门也应建账管理。

三、固定资产的分类

企业固定资产种类繁多，它们在生产中所处地位不同，发挥的作用也不同。为加强管理和便于核算，应对固定资产进行合理分类，以便分别反映和监督其收入、调出、使用、保管等情况，考核分析固定资产的利用情况，为经营管理提供必要的信息。

(1) 按固定资产的所有权分类　固定资产按所有权可分为自有固定资产和租入固定资产。这种分类可确定企业实有的固定资产数额，反映监督租入固定资产情况。

(2) 按固定资产的经济用途分类　固定资产按经济用途可分为生产经营用固定资产和非生产经营用固定资产。

这种分类可反映两者之间的比例及其变化情况，以分析企业固定资产的配置是否合理。

(3) 按固定资产的性能分类　固定资产按性能可分为：房屋、建筑物、动力设备、传导设备、工作机器及设备；工具、模具、仪器及生产用具；运输设备；管理用具；其他固定资产。

这种分类可反映其构成情况，并能将各类固定资产归口，由各职能部门负责管理，便于分类计算折旧率。

(4) 按固定资产使用情况分类　固定资产按使用情况可分为在用固定资产、未使用固定资产和不需用固定资产。

这种分类可反映固定资产使用情况，促使企业将未使用固定资产尽快投入使用，提高固定资产利用率，将不需用固定资产及时处理。

(5) 按固定资产综合分类　在实际工作中，企业的固定资产是按经济用途和使用情况综合分类的。按固定资产的经济用途和使用情况可将企业的固定资产分为七大类。

① 生产经营用固定资产。它是指直接参加企业生产、经营过程或直接服务于生产、经营过程的各种固定资产。例如房屋、建筑物、机器设备、运输工具、管理用具等。

② 非营业用固定资产。它是指不直接服务于生产、经营过程的各种固定资产。例如职工宿舍、学校、幼儿园、食堂、浴室、医院、理发室、职工活动室等方面的固定资产。

③ 租出固定资产。它是指出租给外单位使用的固定资产。这类固定资产，只是将其使用权暂时让渡给承租单位，所有权仍归本企业，由本企业收取租金收入，应视作营业中使用的固定资产，照提折旧。

④ 不需用固定资产。它是指本企业不需用、准备处理的固定资产。

⑤ 未使用固定资产。它是指尚未使用的新增固定资产、调入尚待安装的固定资产、进行改扩建的固定资产以及经批准停止使用的固定资产。由于季节性生产、大修理等而停止使用的固定资产，应作为使用中的固定资产处理。

⑥ 土地。它是指过去已经估价单独入账的土地。因征用土地而支付的补偿费，应计入与土地有关的房屋、建筑物的价值内，不单独作为土地入账。企业取得的土地使用权不作为固定资产管理，应作为无形资产核算。

⑦ 融资租入固定资产。它是指企业以融资租赁方式租入的固定资产。在租赁期内，应视同企业自有固定资产进行管理。

四、固定资产的计价

固定资产计价是指以货币为计量单位来计量固定资产的价值。固定资产计价的正确与否，不仅关系到固定资产的管理和核算，而且也关系到企业的收入与费用是否匹配，经营成果的核算是否真实。固定资产的计价包括两个方面：一是初始计价，是指取得固定资产时成本的确定；二是期末计价，是指固定资产期末价值的确定。

（1）固定资产的原始价值　原始价值也称历史成本、原始成本，它是指企业为取得某项固定资产所支付的全部价款以及使固定资产达到预期工作状态前所发生的一切合理、必要的支出。采用原始价值计价的主要优点在于原始价值具有客观性和可验证性；同时，原始价值可以如实反映企业的固定资产投资规模，是企业计提折旧的依据。因此，原始价值是固定资产的基本计价标准，我国对固定资产的计价采用这种计价方法。

这种计价方法的缺点在于在经济环境和社会物价水平发生变化时，由于货币时间价值的作用和物价水平变动的影响，原始价值与现时价值之间会产生差异，原始价值不能反映固定资产的真实价值。为了弥补这种计价方法的缺陷，企业可以在年度会计报表附注中公布固定资产的现时重置成本。

固定资产的原始价值登记入账后，除发生下列情况外，企业不得任意变动、调整固定资产的账面价值。

① 根据国家规定对固定资产价值重新估价，如产权变动、股份制改造时对固定资产价值进行重估。

② 增加补充设备或改良装置。

③ 将固定资产的一部分拆除。

④ 根据实际价值调整原来的暂估价值。

⑤ 发现原固定资产价值有误。

（2）固定资产的重置完全价值　重置完全价值也称现时重置成本，它是指在当前的生产技术条件下重新购建同样的固定资产所需要的全部支出。按重置完全价值计价可以比较真实地反映固定资产的现时价值，因此，有人主张以重置完全价值代替原始价值作为固定资产的计价依据。但是这种方法缺乏可验证性，具体操作也比较复杂，一般在无法取得固定资产原始价值或需要对报表进行补充说明时采用。如发现盘盈固定资产时，可以用重置完全价值入账。但在这种情况下，重置完全价值一经入账，即成为该固定资产的原始价值。

（3）净值　净值也称折余价值，是指固定资产的原始价值或重置完全价值减去已提折旧后的净额。固定资产净值可以反映企业一定时期固定资产尚未磨损的现有价值和固定资产实际占用的资金数额。将净值与原始价值相比，可反映企业当前固定资产的新旧程度。

（4）增值　增值是指在原有固定资产的基础上进行改建、扩建或技术改造后增加的固定资产价值。增值额为由于改建或技术改造而支付的费用减去过程中发生的变价收入。固定资产大修工程不增加固定资产的价值，但如果与大修同时进行技术改造，则进行技术改造的投资部分，应当计入固定资产的增值。

（5）残值　残值是指固定资产报废时的残余价值，即报废资产拆除后留余的材料、零部件或残体的价值；净残值为残值减去清理费用后的余额。

五、固定资产折旧

固定资产折旧是指固定资产由于损耗而减少的价值。固定资产的损耗分为有形损耗和无形损耗两种。有形损耗指固定资产在使用过程中由于使用和自然力的影响而引起的使用价值和价值上的损耗；无形损耗指由于科学技术进步、劳动生产率的提高而使原有固定资产再使用已不经济或其生产出的产品已失去竞争力而引起的价值损失。

固定资产的再生产过程中，同时存在着两种形式的运动：一是物质运动，它经历着磨损、修理改造和实物更新的连续过程；二是价值运动，它依次经过价值损耗、价值转移和价值补偿的运动过程。固定资产在使用中因磨损而造成的损耗，随着生产的进行逐渐转移到产品成本中去，形成价值的转移；转移的价值通过产品的销售，从销售收入中得到价值补偿。因此，固定资产两种形式的运动是相互储存的。

1. 计算提取折旧的意义

合理地计算折旧，对企业和国家具有以下作用和意义。

① 折旧是为了补偿固定资产的价值损耗。折旧资金为固定资产的适时更新和加速企业的技术改造、促进技术进步提供资金保证。

② 折旧费是产品成本的组成部分。正确计算提取折旧才能真实反映产品成本和企业利润，有利于正确评价企业的经营成果。

③ 折旧是社会补偿基金的组成部分。正确计算折旧可为从社会总产品中合理划分补偿基金和国民收入提供依据，有利于安排国民收入中积累和消费的比例关系，搞好国民经济计算和综合平衡。

2. 确定设备折旧年限的一般原则

正确的设备折旧年限应该既反映设备有形磨损，又反映设备无形磨损，应该与设备的实际损耗基本符合。一般来说，折旧年限应依据固定资产使用的时间、强度、使用环境及条件来确定，并且不同行业、不同类型的设备的折旧年限应是不同的。

① 统计计算历年来报废的各类设备的平均使用年限，分析其发展趋势，并以此作为确定设备折旧年限的参考依据之一。

② 设备制造业采用新技术进行产品换型的周期，也是确定折旧年限的重要参考依据之一。目前，工业发达国家产品换型的周期短，大修设备不如更新设备经济，因此设备折旧年限较短。

③ 对于精密、大型、重型、稀有设备，由于其价值高而一般利用率较低，并且维护保

养较好,故折旧年限应大于一般通用设备。

④ 对于铸造及其他热加工设备,由于其工作条件差,故折旧年限应比冷加工设备短些。

⑤ 对于产品更新换代较快的专用机床,其折旧年限要短,应与产品换型相适应。

⑥ 设备生产负荷的高低、工作环境条件的好坏也影响设备使用年限的长短。

3. 固定资产折旧的范围

计算折旧要明确哪些固定资产应当提取折旧,哪些固定资产不应当提取折旧。具体讲,应计提折旧的固定资产包括以下。

① 房屋和建筑物。

② 机器设备、仪器仪表、运输工具。

③ 以经营租赁方式租出的固定资产。

④ 以融资租赁方式租入的固定资产。

上述第①、②类固定资产,无论是否使用,都会发生有形损耗或无形损耗,故都应计提折旧。对上述第③类固定资产,因所有权仍属于出租方,其原始价值仍在出租方计提折旧的固定资产账面中反映,故应属计提折旧的范围。对上述第④类固定资产,虽然从其法律形式上看,承租方未取得该项资产的所有权,从交易的实质内容看,租赁资产的一切风险和报酬都已转移给承租方,根据实质重于形式的原则,该类资产作为承租方的资产计价入账,故应属计提折旧的范围。

不提折旧的固定资产包括以下。

① 已提足折旧继续使用的固定资产。

② 未提足折旧提前报废的固定资产。

③ 以经营租赁方式租入的固定资产。

④ 在建工程项目交付使用之前的固定资产。

⑤ 按规定单独估价作为固定资产入账的土地。

4. 折旧的计算方法

会计上计算折旧的方法很多,有平均年限法、工作量法、双倍余额递减法、年数总和法等。由于固定资产折旧方法的选用直接影响到企业成本、费用的计算,所以折旧的计提也会影响到当期的收入和纳税。企业应根据具体情况确定所使用的方法,且经选用不得任意变动。

(1) 平均年限法

① 概念:平均年限法又称直线法,是将固定资产的折旧均衡地分摊到各期的一种方法。采用这种方法计算的每期折旧额均是相等的。

② 计算公式:

年折旧额 = (固定资产原值 - 预计净残值)/ 固定资产预计使用年限

或 = [固定资产原值 × (1 - 预计净残值率)]/ 固定资产预计使用年限

月折旧额 = 固定资产年折旧额 /12

例:某企业购入固定资产一台,入账价值 31000 元,预计使用 5 年,预计净残值 1000 元。按平均年限法计提折旧,则该资产年折旧额、月折旧额计算如下:

年折旧额 = (31000 - 1000)/5 = 6000(元)

月折旧额 = 6000/12 = 500(元)

在实际工作中,为了反映固定资产折旧水平和便于固定资产折旧额的计算,通常还计算

固定资产的折旧率。固定资产的折旧率可分为个别折旧率、分类折旧率和综合折旧率三种。以个别折旧率为例,计算公式为

$$某项固定资产年折旧率 = \frac{该项固定资产年折旧额}{该项固定资产原值} \times 100\%$$

$$= \frac{该项固定资产原值 - 预计净残值}{该项固定资产 \times 该项固定资产预计使用年限资产原值} \times 100\%$$

$$= \frac{1 - 预计净残值率}{预计使用年限}$$

某项固定资产月折旧率 = 该项固定资产年折旧率/12

某项固定资产月折旧额 = 该项固定资产原值 × 月折旧率

例:某企业有设备一台,原值 19000 元,预计净残值率为 4%,预计使用 10 年,计算该项固定资产的年折旧率、年折旧额、月折旧率、月折旧额。

$$该项固定资产的年折旧率 = \frac{1-4\%}{10} \times 100\% = 9.6\%$$

该项固定资产的年折旧额 = 19000 × 9.6% = 1824(元)

该项固定资产的月折旧率 = 9.6%/12 = 0.8%

该项固定资产的月折旧额 = 19000 × 0.8% = 152(元)

平均年限法易于理解和简便易行,得到广泛的应用。但也有不足,即它主要考虑固定资产的寿命周期,而不重视使用情况。例如,一台机器若每天使用 1 小时与每天使用 8 小时均按同样的标准计提折旧,显然不太合理。

(2)工作量法

① 概念:工作量法是根据实际工作量计提折旧额的一种方法。这种方法弥补了平均年限法只重使用时间而不考虑使用强度的缺点。

② 计算公式:

每一工作量折旧额 = [固定资产原价 × (1 - 预计净残值率)]/预计总工作量

某项固定资产月折旧额 = 该项固定资产当月工作量 × 每一工作量折旧额

例:某企业的一辆运货卡车的原价为 60000 元,预计总行使里程为 50 万公里,预计净残值率为 5%,本月行使 4000 公里。该辆汽车的月折旧额计算如下:

单位里程折旧额 = [60000 × (1 - 5%)]/500000 = 0.114(元/公里)

本月折旧额 = 4000 × 0.114 = 456(元)

在工作量法下,固定资产单位工作量计提的折旧额是相等的,但在各个使用期限内计提的折旧额会因固定资产实际工作量不同而有所差异。该法主要适用于各个会计期间使用程度不均衡的固定资产。

(3)加速折旧法 加速折旧法也称为快速折旧法或递减折旧法,其特点是在固定资产有效使用年限的前期多提折旧,后期则少提折旧,从而相对加快折旧的速度,以使固定资产成本在有效使用年限中加快得到补偿。

加速折旧的计提方法有多种,常用的有以下两种。

① 双倍余额递减法(注:双倍是指折旧率是直线法的双倍)。双倍余额递减法是在不考虑固定资产残值的情况下,根据每期期初固定资产账面余额和双倍的直线法折旧率计算固定资产折旧的一种方法。计算公式为:

双倍直线年折旧率＝2/预计的折旧年限×100%
年折旧额＝年初固定资产账面净值×双倍直线年折旧率

由于双倍余额递减法不考虑固定资产的净残值因素，在应用这种方法时必须注意不能使固定资产的账面折余价值降低到它的预计净残值以下。因此在固定资产的使用后期，如果发现使用双倍余额递减法计算的折旧额小于采用直线法计算的折旧额，就应该改用直线法计提折旧。为了操作方便，实行双倍余额递减法计提折旧的固定资产，应当在其固定资产折旧年限到期以前两年内，将固定资产净值扣除预计净残值后的余额平均摊销。

② 年数总和法。年数总和法又称合计年限法，是以固定资产的原值减去净残值后的净额为基数，以一个逐年递减的分数为折旧率，计算各年固定资产折旧额的一种方法。这种方法的特点是，计提折旧的基数是固定不变的，折旧率依据固定资产的使用年限来确定，且各年折旧率呈递减趋势，所以计算出的年折旧额也呈递减趋势。

计算时，折旧率的分子代表固定资产尚可使用的年数，分母代表使用年数的逐年数字总和，计算公式如下：

年折旧率＝(预计的使用年限－已使用年限)/年数总和×100%
年数总和＝预计的折旧年限×(预计的折旧年限＋1)/2
月折旧率＝年折旧率÷12
年折旧额＝(固定资产原值－预计净残值)×年折旧率
月折旧额＝(固定资产原值－预计净残值)×月折旧率

第二节 设备的分类

一般企业的设备数量都比较多，由于企业的规模不同，有的企业少则数百台，多则几千台，此外还有几万平方米的建构筑物，数量巨大的管道等。准确地统计企业设备的数量并进行科学的分类，是掌握固定资产构成、分析企业生产能力、明确职责分工、编制设备维修计划、进行维修记录和技术数据统计分析、开展维修经济活动分析的一项基础工作。设备分类方法很多，可根据不同的需要从不同的角度来分类。下面介绍几种主要的分类方法。

一、按编号分类

工业企业使用的设备品种繁多，为便于固定资产管理、生产计划和设备维修管理，设备管理部门对所有生产设备必须按规定的分类进行资产编号，这是设备基础管理工作的一项重要内容。如01—工业锅炉；03—金属切削机床；04—锻压设备；05—锻造设备；06—木工机械；07—起重设备；08—输送及给料设备；10—泵；11—风机；12—气体压缩机；13—气体分离设备；14—冷冻设备；17—表面处理设备；18—焊接及切割设备；19—工业电热设备；20—工业炉窑；21—电力机械设备；22—破碎机械；23—粉碎设备；30—其他设备；44—焊条类设备；51—橡胶类设备；54—印刷设备；90—民品设备；0A—坦克生产专用设备；0C—火炮生产专用设备等。

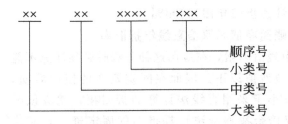
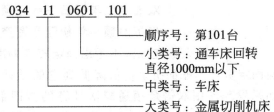

二、按设备维修管理分类

(1) 主要设备　是指固定资产设备中单台设备修理复杂系数大于或等于5的全部设备，对主要设备要建立设备管理档案。

(2) 非主要生产设备　是指复杂系数小于5的直接或间接参加生产过程的设备。

(3) 非生产设备　是指不直接参加生产过程的设备，如学校、后勤、行政部门使用的设备。

(4) 大型设备　使用规格在一定范围内的设备，这些设备都是有严格规定的，只要按规定划分即可。

(5) 关重设备　是生产中的主力军，管好、用好这些设备是保证生产安全运行的关键。关重设备的选择依据生产设备发生故障后和修理停机时间对生产、质量、成本、安全、交货期等方面影响的平均度和造成损失的大小。

选择关重设备的依据如下。

① 关键工序的单一生产设备。
② 负荷高的生产专用设备。
③ 出故障后影响生产面大的设备。
④ 故障频繁影响生产的设备。
⑤ 精加工关键设备。
⑥ 关键工序无代用的设备。
⑦ 修理停机对产量产值影响大的设备。
⑧ 出故障后影响人身安全的设备。
⑨ 备件供应困难的设备。

三、按企业设备分类

由于不同企业生产的产品和装备不同，对设备的分类也不尽相同。现以化工企业为例进行分类。

根据化工设备在生产上的重要程度，可将设备分为主要设备和一般设备两大类，各自又分成两类。

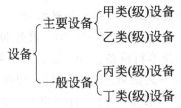

1. 甲类设备

它是工厂的心脏设备。在无备机情况下，一旦出现故障，将引起全厂停产的设备，有的企业称为关键设备,在一个企业中占全部设备的5%～10%。如所有合成氨厂,其关键设备是"炉、机、塔"。"炉"是指煤气炉,是故障频繁、影响生产因素极大的设备,在安全上有爆炸及火灾的危险,检修困难,不易修复。"机"是指氢气、氨气压缩机,因阀片与活塞环的故障率较高,使用寿命很短。"塔"是指合成塔,系高温、高压设备,其中的催化剂须精心维护操作,一旦催化剂中毒,就会影响全局,造成停工、停产。在合成氨工艺设备中,煤气炉是龙头,压缩机是心脏,而合成塔是出产品的关键设备,三者缺一不可。乙烯厂的原料气、乙烯、丙烯压缩机,超高压反应器等,则是乙烯厂的心脏设备。类似这样的设备为甲类设备。

2. 乙类设备

它是工厂的主要生产设备,但有备用设备。其重要性不及主要设备,且对全厂生产和安全影响不严重,其重要程度比甲类设备要差一些。乙类设备占全厂设备的10%左右。

在化工企业中,一般设备的重要性虽不及主要设备,但所占的比重较大,约占90%。

3. 丙类设备

它是运转设备或检修比较频繁的静止设备,如一般反应设备、换热器、机、泵设备等。

4. 丁类设备

这类设备结构比较简单,平时维护工作较少,检修也简单,如高位槽、小型储槽等静止设备。

上述设备类别(等级)的划分,是为了便于管理,只能是相对的,是根据设备在企业经济地位中的重要性来衡量的。一般从事设备管理工作较久的人员,都能从感性认识出发,比较准确地划定其类别,或经过有关设备管理的三结合小组讨论评定分类,报企业生产(或设备)副厂长批准后执行。

5. 根据化工企业生产性质,可将使用设备分为14大类

① 炉类。包括加热炉(箱式、管式、圆筒式)、煤气(油)发生炉、干馏炉、裂解炉、一段转化炉、热载体炉、脱氢炉等。

② 塔类。包括板式塔(即筛板、浮阀、泡罩)、填料塔、焦炭塔、干燥塔、冷却塔、造粒塔等。

③ 反应设备类。包括反应器(釜、塔)、聚合釜、加氨转化炉、二段转化炉、变换炉、氨(甲醇)合成塔、尿素合成塔。

④ 储罐类。包括金属储罐(桁架、无力矩、浮顶)、非金属储罐、球形储罐、气柜、各类容器。

⑤ 换热设备类。包括管壳式换热器、套管式换热器、水浸式换热器、喷淋式换热器、回转(蛇管)式换热器、板式换热器、板翅式换热器、管翅式换热器、废热锅炉等。

⑥ 化工机械类。包括真空过滤机、叶片过滤机、板式过滤机、搅拌机、干燥机、成型机、结晶机、挤条机、振动机、扒料机、包装机等。

⑦ 橡胶与塑料机械类。包括挤压脱水机、膨胀干燥机、水平输送机、振动提升机、螺杆输送机、混炼(捏)机、挤压机、切粒机、压块机、包装机等。

⑧ 化纤机械类。包括抽(纺)丝机、牵伸机、水洗机、柔软处理机、烘干机、卷曲机、卷绕(折叠)机、加捻机、牵切机、切断机、针梳机、打包机等。

⑨ 通用机械类。泵类,包括离心泵、往复泵、比例泵、齿轮泵、真空泵、螺杆泵、旋

涡泵、刮板泵、屏蔽泵。压缩机，包括离心式压缩机、往复式压缩机、螺杆式压缩机、回转（刮板）式压缩机。鼓风机，包括离心式鼓风机、罗茨鼓风机、冰机。

⑩ 动力设备类。包括汽轮机、蒸汽机、内燃机、电动机、直流发电机、交流发电机、变压器、开关柜。

⑪ 仪器、仪表类。包括测量仪表、控制仪表、电子计算机等。

⑫ 机修设备类。机床类，包括车床、铣床、镗床、刨床、插床、钻床（钻孔直径在25mm以上）、齿轮加工机床、动平衡机等。化铁炉（0.5t以上）、炼钢炉（0.5t以上）、热处理炉、锻锤、压力机（或水压机）、卷板机、剪板机、电焊机等。

⑬ 起重运输和施工机械类。起重机，包括桥式起重机、汽车（轮胎）吊车、履带吊车、塔式吊车、龙门吊车、电动葫芦；皮带运输机；辐板车；插车；蒸汽机车；电动机车；内燃机车；汽车，包括载重汽车、三轮卡车、拖车、消防车、救护车；槽车；拖拉机；推土机；挖掘机；球磨机；粉碎机。

⑭ 其他类设备。前面各类中未包括进去的其他设备。

第三节　设备资产的变动管理

设备资产的变动（动态）管理是指由于设备安装验收和移交生产、闲置封存、移装调拨、借用租赁、报废处理等情况引起设备资产的变动，需要处理和掌握而进行的管理。

一、设备的安装验收和移交生产

设备的安装验收和移交生产是设备全过程管理的关键环节之一。设备在安装前，首先应选择设备的安装地点，确定工艺布局。

1. 验收前准备

① 新设备到厂前一周，采购工程师应事先通知设备工程师，设备工程师根据合同技术要求进行开箱检验、安装调试前的准备工作，包括试车料及电、气、水等条件。

② 新设备到厂后，采购工程师应及时派发《设备/备件报检通知单》和对应的合同技术要求复印件给设备文员，设备文员进行设备台账的前期登记后（如采购合同号、设备编号、到厂日期），将《设备/备件报检通知单》《设备初步验收报告》及《设备合格验收报告》交给负责该工序的设备工程师。设备工程师首先填写设备的基本信息。

③ 设备文员将"设备台账前期登记信息"用 E-mail 方式通知使用部门文员，使用部门文员负责在设备上张贴"安装调试"状态标识。

④ 设备工程师会同采购工程师、使用人员、厂家人员等组织开箱，并准备好拍照相机。

2. 到厂开箱检验

根据合同技术要求的规定，主要检验以下项目。

① 检查外包装方式及其完好性。如有损坏，马上拍照取证，并在承运货单上注明破损情况，双方签字。

② 开箱时，尽可能要求厂家人员在场，双方根据合同要求或装箱单清点其中设备、随机辅料、工具、备件以及要求的设备文件资料。如有不符，必须在清单上注明和签字。

③ 清点时，还应检查设备和各部件的完好性。如有损坏，必须在清单上注明和签字，马上拍照取证。

④ 检验结束后，采购工程师马上将异常情况通知厂家人员。

⑤ 开箱检验获取的文件资料、电子资料，设备工程师应及时整理并归档到文控中心，需要使用时再借出或复印。

⑥ 开箱检验工作完成，责任工程师必须编写阶段性总结报告，对该项工作进行总结性描述，该报告最后将作为验收报告的附件。

3. 安装调试

安装调试分为以下三个阶段。

(1) 现场安装

① 设备现场安装必须依据厂家提供的安装指导书或在厂家专业人员的指导下由厂家人员或我方人员进行，其主要工作内容和注意事项如下。

a. 设备就位、水平调整、底座固定。

b. 设备分离部件的组装。

c. 设备运行所需的电源、气源、水源、空调的连接。

d. 设备部件的清洁、润滑、紧固、调整、防腐。

② 设备安装必须符合合同要求，设备工程师应每天做好记录，尤其是与合同不符的部分还需及时与厂家反馈沟通，尽快纠正。

③ 设备安装完成后，试车之前，责任工程师必须编写阶段性总结报告，对该项工作进行总结性描述，该报告最后将作为验收报告的附件。

(2) 空载试车

① 安装完成后，就可以进行空载试车，其主要内容和注意事项如下。

a. 首先确认电源、气源、水源、空调是否供给正常。

b. 按照空载指导书，确认设备能否正常开关机，设备各部分的启动、显示和运行功能是否正常，能否执行设计的动作等。

c. 着重测验合同规定的关键指标（如行程、速度、温度、运行周期等）是否合格。

d. 必要时，做相应的机构调整。

② 空载试车时发现不合格者，设备工程师应及时同厂家沟通，确定整改方案和完成时间。

③ 空载试车完成后，责任工程师必须编写阶段性总结报告，对该项工作进行总结性描述，该报告最后将作为验收报告的附件。

(3) 负载试车

① 空载试车完成后，备好加工原料后就可以开始负载试车，其主要工作内容和注意事项如下。

a. 设备工程师组织准备合同规定的试车考核方案中需要的原料、工装、辅材以及负载试车考核计划。

b. 如果是新型生产设备，设备工程师需出具《工程变更要求 ECR》，通知工艺工程师调整工艺参数。

c. 根据合同规定的试车方案按不同产品、不同规格逐项进行试生产，留取足量的待检产品；用合同约定的检测方法或行业检测标准对成品的关键质量特性和设备的关键性能（如加工精度、合格率、产能等）进行测量、记录、分析和评判。

d. 投料试车时，主要考核设备对来料的适应性和制作产品的符合性，如加工精度、合格率、产能等。

e. 试车同时，还要考核设备的可靠性、可修性和运行经济性。

② 设备工程师必须严格根据合同技术要求有计划、有步骤地进行设备考核，并对负载试车的全过程做好记录和数据收集处理。

③ 负载试车中如有异常，则与厂家友好沟通协商，书面明确下一步的整改措施和解决计划。

④ 负载试车完成后，责任工程师必须编写阶段性总结报告，对该项工作进行总结性描述，该报告最后将作为验收报告的附件。

在安装调试过程中还需注意以下几点。

① 如果安装调试的周期或时限超过合同规定，必须在检验确认单中记录和双方签字，以作为合同付款结算的依据。

② 安装调试期间，设备工程师应该组织专门的设备操作人员和维护人员进行同步培训。

③ 安装调试期间，设备工程师应将设备的状态用标牌"安装调试"表示。

④ 若设备包含需要计量的装置或部件（如温度表、压力表等），需根据具体情况在空载试车或负载试车阶段向计量工程师申请计量确认。由计量工程师提交的计量报告作为设备负载试车检验的附件。有关计量确认的相关要求见《监视和测量装置管理程序》（SP-044）。

⑤ 设备安装调试完毕，空载试车也合格之后，由责任工程师填写《设备初步验收报告》，作为财务付款依据。

4. 商业试生产

（1）负载试车合格后，设备暂时移交给使用部门进行至少1个月的商业试生产。使用部门必须指定专门的设备操作负责人和设备维护负责人，并将商业试生产期间出现的设备问题及时以报修单的形式反馈给设备工程师。

（2）在商业试生产期间设备正常运行，即可办理设备验收手续。若在试运行期间又出现新的问题，设备需要进一步改善时，设备验收手续相应延期办理。

（3）在商业试生产期间，设备工程师对以下性能跟踪确认。

① 负载试车时考核的成品关键质量特性和设备关键性能的稳定性指标是否合格，如加工精度、合格率、产能等。属于批量生产设备的，还要提交一份生产批间隔一周的5个正常批产品的检验合格报告。

② 设备运行无故障率满足合同要求。

③ 设备及其部件无因设计不足导致异常损坏的现象。

④ 评估设备工装夹具等易损易耗件的使用寿命。

⑤ 确认设备选型时还考虑到的其他能力因素合格。

（4）设备验收期间，特别是商业试生产期间厂家人员不在现场的情况下，设备出现零部件异常损坏，设备工程师应保留损坏件实物，保存实物有困难时要拍摄照片，并及时同厂家反馈。

（5）商业试生产考核后，设备工程师必须整理一份设备商业试生产验收合格书，需要设备使用人员和设备维护人员签字确认，才能判定设备试生产是否合格。

（6）如果发现考核指标不合格者，设备工程师应及时同厂家反馈、沟通，确定整改方案和完成时间，然后顺延试生产时间，重新考核。

5. 设备能力综合评估与结论

（1）设备工程师汇总设备考核验收过程各个阶段的检验确认单，跟踪各阶段不符合项已整改完成，确认设备的文件资料、工具、备品已提交充分。

（2）以上情况综合写入《设备合格验收报告》中，并经工艺工程师、设备操作负责人、设备维护负责人签字确认。

（3）设备验收过程各个阶段的检验确认单，卖方代表如果在现场必须签字确认，否则设备工程师负责通过传真、E-mail 等方式尽可能得到卖方的签字认可。

（4）设备工程师负责对设备的综合能力进行评判，得出验收合格与否的结论。若设备最终判定为不合格，必须及时将此结果及不合格原因通知采购工程师，与厂家商定退货或折价处理对策。

（5）设备工程师根据设备的综合能力对其重要性等级进行评定。

6. 设备技术文件转化与培训考核

（1）在设备的商业试生产期间，设备工程师要同步完成以下资料的转化、整理和编写，并对各资料的正确性和适应性负责。

① 编写设备操作指导书。

② 编写设备日常点检和定期维护保养指导书及相关记录表格。

③ 列出设备易损易耗件清单（含名称、型号、品牌、预计使用寿命、报废评判标准等），并协同备件管理工程师录入"设备备件一览表"中。

④ 关键备件、工装的加工图纸（如需外加工的话）、主要检验项目。

⑤ 设备常见故障及排除指南。

（2）设备工程师负责发行编写好的设备操作指导书、设备点检和保养指导书；负责将设备的常见故障及排除指南、设备易损易耗件清单复印件、设备的原版使用说明书复印件各整理一份，交给使用部门设备操作负责人、设备维护负责人。

（3）设备工程师组织设备操作人员和维护人员进行使用与维护的培训和考核，应至少有 2/3 人数考核合格。考核的范围包括对指导书、使用说明书的理解以及实际操作的正确性。

（4）培训考核完成后，设备操作负责人和设备维护负责人在《设备合格验收报告》中签字确认。

（5）设备部经理对设备指导书的转化及培训考核进行监督和审核。

7. 设备移交和固定资产登记

（1）设备工程师将整理好的《设备合格验收报告》先送设备部经理审核，再送副厂长审核，若审核未通过，设备工程师应根据审核人的意见及时整改直至完全符合要求为止。

（2）设备工程师将审核签字后的《设备合格验收报告》和《设备/备件报检通知单》反馈给设备文员。

（3）设备文员向采购工程师核查该设备是否属于海关监管、监管期到何时终止，并记入《设备合格验收报告》中，然后完善设备台账的登记，再将《设备合格验收报告》复印 2 份，原件交给使用部门文员建立设备档案，复印件 1 份交给采购工程师，1 份交给财务人员。

（4）设备使用部门文员会同财务人员到现场对验收设备进行核对，并张贴"设备验收合格证"，将"安装调试"标识更换为"正常状态"；财务人员对该设备进行固定资产登记，并保证固定资产编号与设备编号一致。如果属于海关监管的进口设备，还必须在该设备及其台账上标明"海关监管"标识。从到厂日期算起，满 5 年后监管解除，对应的"海关监管"标识也同步取消，至此，设备移交工作完毕。

(5) 采购工程师到财务部门办理设备固定资产入账登记时,需提供以下完整有效的单据。

① 设备合同。在付第一笔款时即需要一份完整的合同复印件。

② 发票(国内税票或进口设备形式发票原件)。国产设备付尾款前需税票,进口设备需形式发票原件,在付第一笔款时即需要。

③ 报关单。进口设备需报关单,在资产验收入账时需报送到财务部门。

(6) 如果在设备合同中,有质量保证金条款,即设备在正常使用一年或者半年后支付质量保证金,此情况下如设备无异常,应填写附件《设备最终验收合格证书》作为财务付款的依据。

8. 设备改造的验收

参考成套设备验收的基本要求,还必须注意以下几点。

(1) 必须检验改造部分与原有相关设备的配套性。

(2) 必须修改相关设备的技术文件资料。

(3) 设备改造验收时,选用《设备改造初步验收报告》与《设备改造合格验收报告》表格。

(4) 设备改造后的移交和固定资产登记参照7.项执行。

9. 工程项目的验收

(1) 工程设备/材料进厂时,如果合同有规定,甲方必须派代表对工程设备/材料进行交接,检查其品牌规格、质量数量、技术文件是否符合合同要求,双方填写《工程设备/材料交接证书》。该证书送交甲方项目主管审核后,复印2份,1份交采购工程师,1份交财务人员,原件自留。

(2) 工程项目验收时,选用《工程验收报告》。该报告送交甲方项目主管审核后,复印2份,1份交采购工程师,1份交财务人员,原件自留。

10. 移交过渡期的跟踪与辅导

(1) 新型设备正式投入使用后,设备工程师还需根据设备的复杂程度安排1~6个月的过渡期跟踪与辅导。

(2) 过渡期的主要工作包括设备状态跟踪、使用人员和维护人员答疑、局部改善、厂家联络。

11.《设备最终验收合格证书》填写与移交

二、闲置设备的封存与处理

闲置设备就是投入到施工现场,因各种原因停用期限超过规定时间的设备。

(1) 闲置设备的范围

① 该工程项目停止使用三个月以上,而该项目后续工程仍然需要使用的设备。

② 投入工程项目后已完成该项目,而后续工程不会再使用的设备。

③ 完全为未来市场开发投资而未投用的关键设备。

④ 由于其他特殊原因闲置于现场的设备。

(2) 闲置设备的处理　闲置设备应由原设备使用单位向设备管理权属单位(如设备科)说明设备闲置的原因并提出处理申请,设备科在收到使用单位的设备处理申请并审核后,根据设备闲置情况应及时做出如下处理。

① 申请封存。
② 退场。
③ 申请让售。
④ 库存待用或其他。
（3）闲置设备申请封存的条件　设备在符合以下几种情况时应申请封存。
① 设备闲置三个月以上，根据项目工程的情况，在后续的工程中仍然需要使用的设备。
② 设备闲置三个月以上，根据项目工程的情况，在后续的项目中不会再使用，但是在以后的其他项目中会使用的设备。
③ 完成工程项目应退场而未退场，经同意就地看管的设备。
（4）闲置设备申报封存的条件
① 设备科根据原设备使用单位提交的设备闲置申请，结合其部门的设备闲置情况，对符合封存条件的设备填写"设备封存申请表"，上报主管副厂长批示，对设备进行封存。
② 申请时间。每季度申请一次，时间为每个季度末申请下季度需要封存的设备。
③ "设备封存申请表"需申请部门、审核部门、主管副厂长签字审批后方能生效。
④ 设备科与财务部门根据申请部门上报的"设备封存申请表"进行逐台审核，同意封存后，上报主管领导批准，不同意封存的，应给予书面说明，发还申报部门予以其他处理。
⑤ 自管闲置设备的封存。设备科根据本部门的设备闲置情况，对符合封存条件的设备填写"设备封存申请单"，交由主管副总签字后予以封存。
（5）封存设备的管理
① 设备封存前必须进行必要的保养和检修，并要有防尘和防腐蚀措施，放尽燃油和冷却水，拆下电瓶，并按要求进行保养，以保证设备技术性能完好。
② 封存设备应有适当的存放场地，设备要有明显标示。长期封存的设备应有棚库或者遮盖篷布，做好防腐、防火、防潮、防盗等工作。
③ 机组人员应对设备的附属配置、附件、工具进行盘点，做好登记，一并封存。
④ 设备封存期间，应按设备操作规程进行保养，有旋转机构的设备要定期进行盘车，内燃机应定期发动，电器部分要进行吹尘和必要的运转，封存超过一年的设备要进行必要的防腐作业。
⑤ 封存设备要有专人负责，出现问题要追究其相关责任，情节严重的要对设备管理及使用单位和责任人进行经济处罚。
（6）申请让售　设备由于特殊原因长期闲置并且在可预见的未来也不能投入使用可申请让售处理，让售处理必须由设备使用部门领导提报申请由设备科审核后上交主管副厂长，主管副厂长审核后方可按程序进行让售。

三、设备的调拨和移装

设备调拨是指企业相互间的设备调入与调出。双方应按设备分组管理的规定办理申请调拨审批手续，只有在收到主管部门发出的设备调拨通知单后，方可办理交接。设备资产的调拨有无偿调拨与有偿调拨之分。上级主管部门确定为无偿调拨时，调出单位填明调拨设备的资产原值和已提折旧，双方办理转帐和卡片转移手续；确定为有偿调拨时，通过双方协商，经过资产评估合理作价，收款后办理设备出厂手续，调出单位注销资产卡片。调拨设备的同时，所有附件、专用备件、图册及档案资料等，应一并移交调入单位，调入单位应按价付款。凡设备调往外地时，设备拆卸、油封、包装托运等一般由调出单位负责，其费用由调入单位支付。

设备的移装是指设备在工厂内部的调动或安装位置的移动。凡已安装并列入固定资产的设备，车间不得擅自移动和调动，必须有工艺部门、原使用单位、调入单位及设备管理部门会签的设备移装调动审定单和平面布置图，并经分管厂长批准后方可实施。设备动力部门每季初编制设备变动情况报告表，分送财会部门和上级主管部门，作为资产卡片和账目调整的依据。

四、设备报废

设备由于严重的有形损耗或无形损耗，不能继续使用而退役，称为设备报废。设备报废关系到国家和企业固定资产的利用，必须尽量做好"挖潜、革新、改造"工作。在设备确实不能利用，并具有下列条件之一时，企业方可申请报废。

① 已超过规定使用年限的老旧设备，主要结构和零部件已严重磨损，设备效能达不到工艺最低要求，无法修复或无修复改造价值。

② 因意外灾害或重大事故受到严重损坏的设备，无法修复使用。

③ 严重影响环境，继续使用将会污染环境，引发人身安全与危害健康，进行修复改造不经济。

④ 因产品换型、工艺变更而淘汰的专用设备，不宜修改利用。

⑤ 技术改造和更新替换出的旧设备不能利用或调出。

⑥ 按国家能源政策规定应予以淘汰的高耗能设备。

设备的报废需按一定的审批程序进行。报废后的设备，可根据具体情况做如下处理。

① 作价转让给能利用的单位。

② 将可利用的零件拆除留用，不能利用的作为原材料或废料处理。

③ 按规定淘汰的设备不得转让，按第②条处理。

④ 处理回收的残值应列入企业更新改造资金，不得挪作他用。

第四节　设备资产管理的基础资料

设备资产管理的基础资料包括设备资产卡片、设备编号台账、设备清点登记表、设备档案等。

企业的设备管理部门和财会部门均应根据自身管理工作的需要，建立和完善必要的基础资料，并做好资产的变动管理。

一、设备资产卡片

设备资产卡片是设备资产的凭证，在设备验收移交生产时，设备管理部门和财会部门均应建立单台设备的固定资产卡片，登记设备的资产编号、固有技术经济参数及变动记录，并按使用保管单位的顺序建卡片册。随着设备的调动、调拨、新增和报废，卡片位置可以在卡片册内调整补充或抽出注销。

二、设备台账

设备台账是掌握企业设备资产状况，反映企业各种类型设备的拥有量、设备分布及其变动情况的主要依据。它一般有两种编排形式：一种是设备分类编号台账，它以"设备统一分类及编号目录"为依据，按类组代号分页，按资产编号顺序排列，便于新增设备的资产编号和分类分型号统计；另一种是按车间、班组顺序排列编制使用单位的设备台账，这种形式便于生产维修计划管理及年终设备资产清点。以上两种台账汇总，构成企业设备总台账。两种台账可以采用同一表格式样。对精、大、重、稀设备及机械工业关键设备，应另行分别编制台账。

企业于每年年末由财会部门、设备管理部门和使用保管单位组成设备清点小组，对设备资产进行一次现场清点，要求做到账务相符；对实物与台账不符的，应查明原因，提出盈亏报告，进行财务处理。

清点后填写设备清点登记表。

三、设备档案

设备档案是指设备从规划、设计、制造、安装、调试、使用、维修、改造、更新直至报废的全过程中形成的图样、方案说明、凭证和记录等文件资料。它汇集并积累了设备一生的技术状况，为分析、研究设备在使用期间的使用状况、探索磨损规律和检修规律、提高设备管理水平、反馈制造质量和管理质量信息均提供了重要依据。

属于设备档案的资料有：

① 设备计划阶段的调研、经济技术分析、审批文件和资料。
② 设备选型的依据。
③ 设备出厂合格证和检验单。
④ 设备装箱单。
⑤ 设备入库验收单、领用单和开箱验收单等。
⑥ 设备安装质量检验单、试车记录、安装移交验收单及有关记录。
⑦ 设备调动、借用、租赁等申请单和有关记录。
⑧ 设备历次精度检验记录、性能记录和预防性试验记录等。
⑨ 设备历次保养记录、维修卡、大修理内容表和完工验收单。
⑩ 设备故障记录。
⑪ 设备事故报告单及事故修理完工单。
⑫ 设备维修费用记录。
⑬ 设备封存和启用单。
⑭ 设备普查登记表及检查记录表。
⑮ 设备改进、改装、改造申请单及设计任务通知书。

至于设备说明书、设计图样、图册、底图、维护操作规程、典型检修工艺文件等，通常都作为设备的技术资料，由设备资料室保管和复制供应，均不纳入设备档案袋管理。

设备档案资料按每台单机整理，存放在设备档案内，档案编号应与设备编号一致。

设备档案袋由设备动力管理维修部门的设备管理员负责管理，保存在设备档案柜内，按编号顺序排列，定期进行登记和资料入袋工作，要求做到：

① 明确设备档案管理的具体负责人,不得处于无人管理状态。
② 明确纳入设备档案的各项资料的归档路线,包括资料来源、归档时间、交接手续、资料登记等。
③ 明确登记的内容和负责登记的人员。
④ 明确设备档案的借阅管理办法,防止丢失和损坏。
⑤ 明确重点管理设备档案,做到资料齐全,登记及时、正确。

四、设备的库存管理

设备的库存管理包括新设备到货入库管理、闲置设备退库管理、设备出库管理以及设备库房管理等。

1. 新设备到货入库管理

新设备到货入库管理主要掌握以下环节。

(1) 开箱检查　新设备到货三天内,设备验收员必须组织有关人员开箱检查。一般设备由计划员、设备验收员、分管保管员、使用单位机电员会同检查;对于精、大、重、稀设备及国外进口设备,还要有发展规划部的代表、使用单位和生产指挥部门的工程技术人员参加,共同开箱检查清点。开箱后,首先取出装箱单,核对随机带来的各种文件、说明书与图样、工具、附件及备件等数量是否相符;然后察看设备状况,检查有无磕碰损伤、缺少零部件、明显变形、尘沙积水、受潮锈蚀等情况。

(2) 登记入库　根据检查结果,如实填写设备开箱检查入库单,并做好详细记录。

(3) 补充防锈　根据设备防锈状况,对需要经过清洗、重新涂防锈油的部位,由仓库保管员负责完成,并装入原包装箱封好,露天存放时要加盖防雨装置。

(4) 问题查询　开箱检查中发现的问题应及时向上级反映,并向发货单位和运输部门提出查询,联系索赔。进口设备的到岸检查与索赔应按合同及有关规定办理。

(5) 资料保管与到货通知　开箱检查后,库房检查员应将装箱单、随机文件和技术资料等整理好,交库房管理员登记保管,以供有关部门查阅。设备出库时随设备移交给领用单位的设备部门。库房管理员对已入库的设备,应及时向生产指挥部门报送一份设备开箱检查入库单,以便尽早分配出库。

(6) 设备安装　设备到厂时,如使用单位现场已具备安装条件,可将设备直接送到使用单位安装,但入库检查及出库手续必须照办。

2. 闲置设备退库管理

闲置设备必须符合下列条件,经设备管理部门办理退库手续后方可退库。
① 属于企业的不需用设备,而不是待报废的设备。
② 经过检修达到完好要求的设备,需用单位领出后即可使用。
③ 经过清洗除锈达到清洁整齐。
④ 附件及档案资料随机入库。
⑤ 持有生产指挥部门发给的入库保管通知单。

对于退库保管的闲置设备,生产指挥部门及设备仓库均应专设账目,妥善管理,并积极组织调剂处理。对处理有功的单位和人员,企业可按回收资金额提成给予奖励。

3. 设备出库管理

在具备安装条件时，由使用单位办理设备领用出库单，凭出库单从库房领取设备。领出设备时，双方根据设备开箱检查入库单作第二次开箱检查，清点移交。如有缺损，库房应负责追究，采取补救措施。

4. 设备库房管理

对设备库房管理的要求如下。

（1）设备库房存放设备时要做到：按类分区，摆放整齐，横向成线、竖看成行，道路畅通，无积存垃圾杂物，经常保持库容清洁整齐。

（2）库房要做好十防工作：一防火种，二防雨水，三防潮湿，四防锈蚀，五防变形，六防变质，七防盗窃，八防破坏，九防人身事故，十防设备损伤。

（3）库房管理人员要严格执行管理制度，坚持三不收不发，即：设备质量有问题尚未查清且未经主管领导做出决定的，暂不收不发；票据与实物型号、规格、数量不符未经查明的，暂不收不发；设备出入库手续不齐全或不符合要求的，暂不收不发。要做到账卡与实物一致，定期报表准确无误。设备出库开箱后的包装材料要及时收回，分类保管，加以利用。

（4）保管人员按设备的防锈期向生产指挥部门提出防锈计划，以便组织人力进行清洗和涂防锈油。

（5）设备库房按月上报设备出库月报，作为注销库存设备台账的依据。

第五节　机器设备评估

一、机器设备的基本概念

① 资产评估中所说的机器设备，是指构成企业固定资产的机器、设备、仪器、工具、器具等。

② 机器设备的运动形式独特，其实物形态运动，包括选购、验收、安装调试、使用、维修保养、更新改造，直到报废处理等；其价值形态运动，包括初始投资、折旧提取和更新改造资金的使用、大修理资金的提取与使用、报废收回残值等。

③ 机器设备的主要特点表现在两个方面：一是单位价值大，使用寿命长，在单位价值和使用寿命方面均有定量的下限标准；二是价值量分别按不同规则改变。有形磨损主要由使用引起，导致价值随之减少。无形磨损主要由科技进步和社会劳动生产率提高引起，也导致价值随之减少。技术改造则导致价值提高。

二、机器设备评估的范围

机器设备是指利用力学原理组成的、能变换能量或产生有用功的独立或成套装置，其评估范围是：

① 凡属企业列为机器设备进行管理和使用的评估对象，均应纳入机器设备评估的范围。

② 具有机器设备的重要特性，但未列作机器设备进行管理的评估对象，可以作为机器设备进行评估，但应予以专项说明。

③ 房屋建筑物和在建工程中的附属设备等资产，在不重复、不遗漏、评估方法相同、评估结果一致的原则下，可视需要归入机器设备或房屋建筑物的评估范围。

④ 融资租赁的机器设备一般可以作为机器设备进行评估，但应进行专项说明。

三、机器设备评估特点

（1）以技术检测为基础。机械设备虽然可供长期使用，但由于摩擦和自然力的作用，它又处于不断磨损过程中，其磨损程度的大小，因使用、维修保养等状况不同而造成一定的差异；有的机械设备由于使用、维修保养不当，造成过度磨损或提前报废。因此，评定机器设备的实物和价值状况，往往需要通过技术检测的手段来确定其损耗程度。

（2）在一定限额以上的生产资料，在企业生产经营中长期发挥作用，并在企业资产中占有很大的比例。机械设备的规格型号多，情况差异大，为了保证评估的真实性和准确性，一般来说，应逐台、逐件进行评估。对数量多、单位价值相对较低的同类资产，也要在逐件、逐台核实数量的基础上，选择合理的分类方法，分别按不同的要求进行评估。

（3）针对不同设备特性采用不同评估方法。由于作为固定资产的机器设备多次反复地进入生产过程，实物状态与功能都在发生变化，从而影响估价的因素十分复杂。物价、费用、尚可使用年限、成新率、国家经济政策、市场供需情况等均构成评估价值的影响因素。企业机器设备的种类多，各类设备的单项价值、经济寿命、性能等差别较大，因此可采用多种计价方法。应针对不同设备的具体情况，选用不同设备的评估方法，即使是对同一设备，必要时也可选用几种不同方法进行评估，以验证评估结果的准确程度。

四、机器设备评估的工作程序

（1）工作程序
① 清查核实待评估机器设备的数量。
② 划分机器设备类别。
③ 搜集、完善、验证有关的资料和数据。
④ 确定评估的计价标准与评估方法。
⑤ 评定估算，确定评估结果，编制评估报告。

（2）机器设备评估的基本方法　由于机器设备形成的多样性和市场的多变性，针对不同的具体情况可采用不同的评估方法，常用方法如下。

① 重置成本法。它是机器设备评估过程中的基本方法之一，机器设备评估一般应采用此法。基本计算公式为

　　　　评估值＝重置价值－实体性陈旧贬值－经济性陈旧贬值－功能性陈旧贬值
　　　　评估值＝重置价值×成新率

② 现行市价法。当存在与评估对象有同类的二手设备交易市场，或有较多的交易实例时，可以采用现行市价法。基本计算公式为

　　　　评估值＝同类设备市场价格×（1±影响因素的影响程度比例系数）

③ 收益现值法。对于某些能够用于独立经营并获利的机器设备，可以采用收益现值法进行评估。基本计算公式为

　　　　评估值＝未来收益期内各期的收益现值之和

④ 清算价格法。如被评估机器设备为破产企业所拍卖，还可采用清算价格法进行评估。

五、机器设备评估应注意事项

由于机器设备品种多、情况复杂、涉及面广，为确保评估值的准确性，在评估过程中要特别注意以下几点。

① 注意清查核实未进账的机器设备、已折旧摊销完超龄使用的设备、租入和租出的机器设备、建筑附属设备等。

② 注意向操作人员、技术人员、维护人员、设备管理人员调查了解设备的使用情况、维护和修理情况等。对于大型、复杂、高精尖的设备，还应聘请有关专家进行勘察鉴定。

③ 注意向财会人员了解设备的成本构成情况、资金发生情况和使用情况、账面记录情况等。

④ 应根据有利于评估操作和企业调账建账的原则，注意对设备进行合理的分组分类，以确定相应的评估方法和要求。

⑤ 设备评估一般应按项确定评估值。对整条生产线和其他整体设备，可以根据需要视作一项设备进行综合评估，也可细分成多项设备逐项进行评估。

⑥ 在评估设备中对计提完折旧的设备，如能正常使用，仍应正常评估计价。对于因实体性磨损和功能性损耗而确实不能使用或国家法令强制报废的机器设备，应按清理变卖后的净收益额确定评估值，并在评估报告中予以说明。对于待修理设备，可按修复后的状态值再将预计修理费作为负债扣除，并应专项说明。

⑦ 当机器设备数量繁多时应进行分类，将相同或相近设备分别编组，然后在组内进行点面推算，相应确定多台设备的评估值。对于精密、大型和高价等重点设备，仍需逐台进行鉴定和评估。

第六节　设备折旧

一、设备折旧的基本概念

（1）设备折旧的概念　设备管理学中的设备折旧就是固定资产折旧。设备在长期的使用过程中仍然保持它原有的实物形态，但由于不断耗损使它的价值部分地、逐渐地减少。以货币表现的固定资产因耗损而减少的这部分价值在会计核算上称为固定资产折旧。这种逐渐地、部分地耗损而转移到产品成本中去的那部分价值，构成产品成本的一项生产费用，在会计核算上称为折旧费或折旧额。计入产品成本中的固定资产折旧费在产品销售后转化为货币资金，作为固定资产耗损部分价值的补偿。从设备进入生产过程起，它以实物形态存在的那部分减少，而转化为货币资金部分的价值不断增加，到设备报废时，它的价值已全部转化为货币资金，这样，设备就完成了一次循环。

（2）确定设备折旧年限的一般原则

① 折旧年限应与设备的预计生产能力或产量相当。如预计该设备的生产能力强或利用率较高，其损耗就快，折旧年限应较短，才能确保设备正常更新和改造的进程。而利用率较低的设备，其折旧年限可较长。

② 折旧年限应正确反映设备的有形损耗和无形损耗。如折旧年限应与设备使用中发生的有形损耗基本符合，同时必须考虑因新技术的进步而使现有的设备技术水平相对陈旧、市场需求变化使产品过时等无形损耗。

③ 折旧年限必须考虑法律或者类似规定对设备资产使用的限制。

企业应当依据设备资产使用的时间、强度、使用环境及条件，合理确定设备资产的折旧年限。一般来说，不同行业、不同类型的设备的折旧年限应是不同的。

二、计提折旧的方法

企业应根据与固定资产有关的经济利益的预期实现方式，选择固定资产的折旧方法。

（1）年限平均法　年限平均法又称直线法，是将固定资产的应计折旧额均衡地分摊到固定资产预计使用寿命内的一种方法。采用这种方法计算的每期折旧额均是等额的。计算公式如下：

年折旧率＝(1－预计净残值率)/预计使用寿命(年)

月折旧率＝年折旧率/12

月折旧额＝固定资产原价×月折旧率

（2）工作量法　工作量法，是根据实际工作量计提固定资产折旧额的一种方法。计算公式如下：

单位工作量折旧额＝固定资产原价×(1－预计净残值率)/预计总工作量

某项固定资产月折旧额＝该项固定资产当月工作量/单位工作量折旧额

例：甲公司的一台机器设备原价为 680000 元，预计生产产品产量为 2000000 件，预计净残值率为 3％，本月生产产品 34000 件。则该台机器设备的月折旧额计算如下：

单件折旧额＝680000×(1－3％)/2000000＝0.3298(元/件)

月折旧额＝34000×0.3298＝11213.2(元)

（3）双倍余额递减法　双倍余额递减法，是在不考虑固定资产预计净残值的情况下，根据每年年初固定资产净值和双倍的直线法折旧率计算固定资产折旧额的一种方法。应用这种方法计算折旧额时，由于每年年初固定资产净值没有扣除预计净残值，应在其折旧年限到期前两年内，将固定资产的净值扣除预计净残值后的余额平均摊销。计算公式如下：

年折旧率＝2/预计的使用年限

月折旧率＝年折旧率/12

月折旧额＝固定资产年初账面余额×月折旧率

例：乙公司有一台机器设备原价为 600000 元，预计使用寿命为 5 年，预计净残值率为 4％。按双倍余额递减法计算折旧，每年折旧额计算如下：

年折旧率＝2/5＝40％

第一年应提的折旧额＝600000×40％＝240000(元)

第二年应提的折旧额＝(600000－240000)×40％＝144000(元)

第三年应提的折旧额＝(360000－144000)×40％＝86400(元)

从第四年起改按年限平均法(直线法)计提折旧：

第四、五年应提的折旧额＝(129600－600000×4％)/2＝52800(元)

（4）年数总和法　年数总和法又称合计年限法，是将固定资产的原价减去预计净残值后的余额，乘以一个以固定资产尚可使用寿命为分子，以预计使用寿命逐年数字之和为分母的逐年递减的分数计算每年的折旧额。计算公式如下：

年折旧率＝尚可使用寿命/预计使用寿命的年数总和

月折旧率＝年折旧率/12

月折旧额＝(固定资产原价－预计净残值)×月折旧率

例：丁企业在2002年3月购入一项固定资产，该资产原值为300万元，采用年数总和法计提折旧，预计使用年限为5年，预计净残值率为5%，要求计算出2002年和2003年对该项固定资产计提的折旧额。

采用年数总和法计提折旧，需要考虑固定资产的净残值，同时要注意折旧的年限一年与会计期间一年并不相同。

该固定资产在2002年3月购入，固定资产增加的当月不计提折旧，从第二个月开始计提折旧，因此2002年计提折旧的期间是4月到12月，共9个月。

2002年计提的折旧额＝300×(1－5%)×5/15×9/12＝71.25(万元)

2003年计提的折旧额中，1～3月份属于折旧年限第一年的，9～12月份属于折旧年限第二年的，因此对于2003年的折旧额应当分段计算：

1～3月份计提折旧额＝300×(1－5%)×5/15×3/12＝23.75(万元)

4～12月份计提折旧额＝300×(1－5%)×4/15×9/12＝57(万元)

2003年计提折旧额＝23.75＋57＝80.75(万元)

固定资产折旧，按月计提。月份内开始使用的固定资产，当月不提，次月开始计提。月份内减少的固定资产，当月仍计提折旧，从次月起停止计提。提足折旧仍继续使用的固定资产，不再计提折旧。提前报废的固定资产，不补提折旧，其净损失计入营业外支出。已达到预定可使用状态但尚未竣工决算的固定资产，应当按照估计价值确定其成本，并计提折旧；再按实际成本调整原来的暂估价值，但需要调整原已计提的折旧额。

思考题

3-1 固定资产的特点有哪些？

3-2 固定资产应具备什么条件？

3-3 简述固定资产折旧的范围。

3-4 固定资产折旧的计算方法有哪些？

3-5 化工企业使用设备可分为几大类？并简述。

3-6 闲置设备的范围包括哪些？

3-7 设备报废条件有哪些？

3-8 什么是设备资产卡片与台账？

3-9 什么是机器设备？

3-10 什么是设备折旧？

第四章

设备的润滑管理

自从人类将工具发展成机器以来,人们就认识到了运动和摩擦、磨损、润滑的密切关系,但是长期以来,研究工作和实践多数是围绕着表面现象进行的,随着现代化工业的发展,润滑问题显得更为重要了。现代设备向着高精度、高效率、超大型、超小型、高速、重载、节能、可靠性、维修性等方向发展,导致机械中摩擦部分的工况更加严酷,润滑变得极为重要,许多情况下甚至成为尖端技术的关键,如高温、低温、高速、真空、辐射及特殊介质条件下的润滑技术等,润滑再不仅仅是"加油的方法"的问题了。实践证明,盲目地使用润滑材料,光凭经验搞润滑是不行的,必须掌握摩擦、磨损、润滑的本质和规律,加强这方面的科学技术的开发,建立起技术队伍,实行严格科学的管理,才能收到实际效果。同时,还必须将设计、材料、加工、润滑剂、润滑方法等内容综合起来进行研究。

第一节 摩擦与磨损

摩擦是"研究相对运动的相互作用表面的有关理论与实践的科学与技术",着重强调"相对运动表面"和"相互作用"。也可以说,"摩擦学是研究两相对运动表面摩擦、磨损和润滑这三项相互关联的科学与技术的总称"。摩擦是现象,磨损是摩擦的结果,润滑是降低摩擦、减少磨损的重要手段,三者密切联系。据估计,世界上有1/3～1/2的能源消耗在摩擦上,大约有80%的坏损零件是由于磨损报废的。

一、摩擦的分类

摩擦现象普遍存在于自然界中,伴随物体的相对运动就必须产生摩擦。摩擦消耗大量能量,例如汽车发动机中30%的功率、纺织机械中85%的功率耗费在摩擦上。摩擦带来磨损,势必造成机器的可靠性降低,使用寿命缩短。摩擦的研究概括为两方面:一是减少摩擦,以提高机械效率;二是控制摩擦,以保持较稳定的摩擦力。前者的研究占大多数;而后者仅限于某些特殊装置,如摩擦传动、制动器和离合器等。

1. 摩擦的定义

摩擦是抵抗两物体接触面产生相对运动趋向或发生相对运动的现象。也可以说是在两相对运动物体的接触面上产生切向阻力（即摩擦力）的现象。

2. 摩擦的分类

摩擦按照摩擦力是否发生在同一物体内分为内摩擦与外摩擦。内摩擦是物体内部分子间的相对运动，是引起物体内部分子运动的动力学现象。这一概念常用于流体中，流体的黏度大小反映了内摩擦阻力的大小。外摩擦是指两接触物体相对运动时，在实际接触面积上所发生的摩擦现象。

(1) 按运动形式分类

① 滑动摩擦：物体接触表面相对滑动时的摩擦。

② 滚动摩擦：在力矩作用下，物体沿接触表面滚动时的摩擦。

③ 滚滑摩擦：在滚动中伴有滑动的摩擦。

(2) 按运动状态分类

① 静摩擦：两接触物体发生微观滑移但无宏观位移时，接触面之间的摩擦。

② 动摩擦：两接触物体在相对运动时，接触面之间的摩擦。

(3) 按表面润滑状态分类

① 干摩擦：表面无任何润滑剂，但仍然有从周围介质中吸附的气体、水气或其他污染物时的摩擦。

② 边界摩擦：表面上有一层极薄的边界润湿膜的摩擦。

③ 流体摩擦：摩擦表面被湿滑流体分开，发生在流体内部的摩擦。

④ 混合摩擦：摩擦副处于干摩擦与边界摩擦或边界摩擦与流体摩擦混合状态的摩擦。

(4) 按摩擦副的工况分类

① 一般工况下的摩擦　即常见工况（常温、一般载荷、速度≤50m/s）下的摩擦。

② 特殊工况下的摩擦

a. 高速摩擦：在航天、喷射技术、透平等设备中，不少摩擦副的相对滑动速度大于50m/s，有的甚至达到600m/s以上。高速滑动时，摩擦面间的接触时间很短，在瞬间受到强烈的摩擦热，该热量向表面内层传导之前，表面温度足能将金属表层熔化，结果在摩擦表面上形成极薄的熔化层并产生氧化膜。熔化层具有流体动力学特性，加之氧化膜有减摩作用，使摩擦系数急剧降低。无论载荷有多大，当滑动速度很高时，摩擦系数将随滑动速度的增高降到0.02~0.03。

b. 高温摩擦：在航空发动机、原子反应堆、宇航设备和透平设备中，都需要用耐热材料作摩擦副。研究表明，无论采用何种耐热材料，随着温度的升高，摩擦系数下降到最小值后又重新增大，这是因为初始阶段随着温度升高，分子的热运动使剪切阻力减小，摩擦系数随之降低。当温度升高到某一值后，材料的硬度和弹性模量大大降低，造成机械变形，阻力增大，且超过分子键的键能，造成剪切强度的降低，摩擦系数也随之逐渐增大。改善高温下摩擦副性能的最有效途径是研究开发耐高温润滑剂和耐热材料，如制造含有固体润滑剂成分的耐热复合材料。

c. 低温摩擦：一般指温度为-273~0℃条件下的摩擦。在低温下，很多材料失去原有的延性，很难发生塑性变形，因此摩擦系数要比室温下小得多。但低温下材料会变脆，极易坏。因此，材料的塑性是摩擦副在低温下能正常工作的一个极为重要的性能。

d. 真空摩擦：真空度 1.33×10^{-2} Pa 为中等真空，低于 1.33×10^{-2} Pa 为高真空。真空摩擦的基本特点可以概括为：摩擦表面失去氧化膜或其他吸附膜的保护，在金属接触面间易于产生黏着；摩擦系数比空气中高得多，真空度越高摩擦系数越大，在高真空下甚至发生严重的咬卡；真空中没有对流散热，温度升高且难以冷却；真空中蒸发作用加剧，使普通润滑剂的性能大大变差而不适用，油脂蒸发物还会降低设备的可靠性和寿命。

二、摩擦定律简介

第一摩擦定律：摩擦力与两接触体之间的法向载荷成正比。
第二摩擦定律：摩擦系数与两接触体之间的表观接触面积无关。
第三摩擦定律：静摩擦系数大于动摩擦系数。
第四摩擦定律：摩擦系数与接触面间相对滑动速度无关。

三、磨损

磨损伴随摩擦而必然出现，是相互接触的物体在做相对运动时，表层材料不断发生损失的过程。磨损不仅造成材料和能源的耗费，更重要的是将严重影响机器设备的使用寿命和可靠性。对大多数机器而言，磨损比摩擦显得更为重要。实际上，人们对磨损的认识深度远不如摩擦。因此，研究材料的磨损机理，研制良好的耐磨材料和工艺具有重大的经济效益和深远的科学理论意义。

1. 概述

磨损现象虽为人们所熟悉，但由于磨损过程的复杂性，要给磨损下一个严格的定义却相当困难。有关磨损的定义有多种，如我国《机械工程手册》中称"磨损是物体工作表面的物质由于表面相对运动而不断损失的现象"；泰伯（Tabor）则认为"物体表面在相对运动中，由于机械的和化学的过程使材料从表面上除掉就是磨损"；高彩桥教授指出"磨损是由于摩擦力（及与摩擦力有关的介质、温度等）的作用使材料的形状、尺寸、组织、性能发生变化的过程"；邵荷生教授等的磨损定义是"由于机械作用，间或伴有化学或电的作用，物体表面材料在相对运动中不断损耗的现象"。众说纷纭，但究其核心，磨损现象必须包含三方面：一是接触表面上的作用并不局限于机械作用，视工况条件有可能存在其他作用，如电化学作用、热作用或放电作用等；二是接触面间要产生相对运动；三是要出现接触物体表面的材料损失、材料性能的变化。

简言之，磨损是相对运动过程中，两接触物体表面材料产生形变、性能变化，且物质不断损失的现象。

一个机件的磨损过程大致可以分为三个阶段，其典型的磨损过程如图 4-1 所示。

（1）跑合磨损阶段　由于机件加工后的表面总具有一定的粗糙度，在运转初期，摩擦副的实际接触面积小，单位面积上的实际载荷大，因此磨损速度较快，而且在不断变化。但随着跑合的进行，如果摩擦副配偶材料及加工工艺选用得当，润滑良好，则由于实际接触面积不断地增大，磨损速度在达到某一定值后即转入稳定磨损阶段。

（2）稳定磨损阶段　在这个阶段内，机件以平稳而缓慢的速度在磨损，它标志着摩擦条件保持相对恒定不变，这个阶段的长短就代表了机件使用寿命的长短。

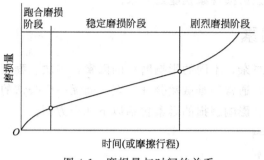

图 4-1 磨损量与时间的关系

(3) 剧烈磨损阶段　经过稳定磨损阶段后，机件的表面遭到破坏，摩擦副间的间隙增大，引起额外的动载荷，出现噪声和振动，这样就不能保证良好的润滑状态，摩擦副的温升急剧增大，磨损速度也急剧增大。这时就必须停机，更换零件。

2. 磨损的分类

关于磨损的分类，大致可以概括为两种：一种是根据磨损结果着重对磨损表面外观进行描述，分为点蚀磨损、胶合磨损、擦伤磨损等；另一种则是根据磨损机理分类，分为黏着磨损、磨料磨损、疲劳磨损、冲蚀磨损及腐蚀磨损。

3. 磨损机理

(1) 黏着磨损　当摩擦表面的不平度凸峰在相互作用的各点处发生"冷焊"后，在相对滑动时，材料从一个表面转移到另一个表面，便形成了黏着磨损。这种被转移的材料，有时也会再附着到原来的表面上去，出现逆转移，或脱离所黏附的表面而形成游离颗粒。严重的黏着磨损可造成摩擦副的卡死。这种磨损是金属摩擦副之间最普遍的一种磨损形式。

(2) 磨料磨损　从外部进入摩擦表面的游离硬颗粒（如空气中的尘土或磨损造成的金属颗粒）或硬的不平度凸峰尖在较软材料的表面犁刨出很多沟纹，被移去的材料一部分流入到沟纹的两旁，一部分则形成一连串的碎片脱落下来成为新的游离颗粒，这样的微切削过程就称为磨料磨损。

(3) 疲劳磨损　在做滑动或滚-滑运动的高副（如凸轮、齿轮、轴承等）受到反复作用的接触应力，当载荷重复作用达到一定的循环次数后，就会在零件工作表面或表面下一定深度处形成疲劳裂纹，随着裂纹的扩展与相互连接，就造成许多微粒从零件工作表面上脱落下来，致使表面上出现许多月牙形浅坑，这就称为疲劳磨损，也称疲劳点蚀或简称点蚀。

(4) 冲蚀磨损　当一束含有硬质微粒的流体冲击到固体表面上时就会造成冲蚀磨损。如利用高压空气输送型砂或高压水输送碎矿石的管道所产生的磨损就是如此。现在，由于燃气涡轮机的叶片、火箭发动机的尾喷管这样一些部位的破坏，更加引起人们对这种磨损的特别注意。

(5) 腐蚀磨损　摩擦副受到空气中的酸或润滑油/燃油中残存的少量无机酸及水分的化学作用或电化学作用，在相互运动中造成表面材料的损失，称为腐蚀磨损。腐蚀可以在没有摩擦的条件下形成。但是，当化学反应的产物（如空气中的氧与铁所形成的红褐色 Fe_2O_3 以及灰黑色的 Fe_3O_4）被随后的相对运动所清除，接着金属表面又受到腐蚀，形成新的化学产物，如此反复进行，腐蚀磨损现象就蔓延开来。

四、影响磨损的因素

影响磨损的因素多而复杂，不同的影响磨损的因素，主次、程度均各不相同。但往往又是相互影响、相互制约着，通常很难截然分开。至今尚无一个公认的数学模型从理论上来阐明或描述影响磨损的规律。影响磨损的因素包括以下几个方面。

（1）载荷对磨损的影响
（2）速度对磨损的影响
（3）温度对磨损的影响
（4）材料对磨损的影响
① 材料的硬脆性与塑性对磨损的影响。
② 互溶性对磨损的影响。
③ 材料的晶体结构对磨损的影响。
④ 材料的表面处理对磨损的影响。
⑤ 表面粗糙度对磨损的影响。
⑥ 润滑对磨损的影响。
⑦ 周围环境对磨损的影响。
⑧ 机械零件副的结构特点及运动性质对磨损的影响。

五、减少磨损的途径

（1）合理润滑　尽量保证液体润滑，采用合适的润滑材料和正确的润滑方法，采用润滑添加剂，注意密封。

（2）正确选择材料　这是提高耐磨性的关键。例如对于抗疲劳磨损，则要求钢材质量好，控制钢中有害杂质。采用抗疲劳的合金材料，如采用铜铬钼合金铸铁制作气门挺杆，采用球墨铸铁制作凸轮等，可使其寿命大大延长。

（3）表面处理　为了改善零件表面的耐磨性，可采用多种表面处理方法，如采用滚压加工表面强化处理，各种化学表面处理，塑性涂层，喷钼、镀铬、等离子喷涂等。

（4）合理的结构设计　正确合理的结构设计是减少磨损和提高耐磨性的有效途径。结构要有利于摩擦副间表面保护膜的形成和恢复、压力的均匀分布、摩擦热的散逸、磨屑的排出以及防止外界磨粒、灰尘的进入等。在结构设计中，可以应用置换原理，即允许系统中一个零件磨损以保护另一个重要的零件；也可以使用转移原理，即允许摩擦副中另一个零件快速磨损而保护较贵重的零件。

（5）改善工件条件　尽量避免过大的载荷、过高的运动速度和工作温度，创造良好的环境条件。

（6）提高修复质量　提高机械加工质量、修复质量、装配质量以及安装质量是防止和减少磨损的有效措施。

（7）正确地使用和维护　要加强科学管理和人员培训，严格遵守操作规程和其他有关规章制度。机械设备使用初期要正确地进行磨合，要尽量采用先进的监控和测试技术。

第二节　设备润滑管理的意义、目的和任务

一、润滑管理的意义

设备润滑是防止和延缓零件磨损和其他形式失效的重要手段之一。润滑管理是设备工程的重要内容之一。加强设备的润滑管理工作，并把它建立在科学管理的基础上，对保证企业的均衡生产、保持设备完好并充分发挥设备效能、减少设备事故和故障、提高企业经济效益和社会经济效益都有着极其重要的意义。

润滑在机械传动和设备保养中均起着重要作用，润滑能影响到设备性能、精度和寿命。对企业的在用设备，按技术规范的要求，正确选用各类润滑材料，并按规定的润滑时间、部位、数量进行润滑，以降低摩擦、减少磨损，从而保证设备的正常运行、延长设备寿命、降低能耗、防治污染，达到提高经济效益的目的。因此，搞好设备的润滑工作是企业设备管理中不可忽视的环节。

将具有润滑性能的物质施入机器中做相对运动的零件的接触表面上，以减少接触表面的摩擦、降低磨损的技术方式，称为设备润滑。施入机器零件摩擦表面上的润滑剂，能够牢牢地吸附在摩擦表面上，并形成一种润滑油膜。这种油膜与零件的摩擦表面结合得很强，因而两个摩擦表面能够被润滑剂有效地隔开。这样，零件间接触表面的摩擦就变为润滑剂本身的分子间的摩擦，从而起到减少摩擦、降低磨损的作用。由此可以看出，润滑与摩擦、磨损有着密切关系。人们把研究相互作用的表面做相对运动时所产生的摩擦、磨损和进行润滑这三个方面有机地结合起来，统称为摩擦学。摩擦学由英国的乔斯特博士首先提出来，已成为近年来发展最快的新兴学科之一。

润滑的作用一般可归结为控制摩擦、降低磨损、降温冷却、防止摩擦面锈蚀、冲洗作用、密封作用、减振作用（阻尼振动）等。润滑的这些作用是互相依存、互相影响的。如不能有效地减少摩擦和降低磨损，就会产生大量的摩擦热，迅速破坏摩擦表面和润滑介质本身，这就是摩擦副短时缺油会出现润滑故障的原因。

润滑的主要任务就是同摩擦的危害作斗争。搞好设备润滑工作就能保证：
① 维持设备的正常运转，防止事故的发生，降低维修费用，节省资源。
② 减小摩擦阻力，改善摩擦条件，提高传动效率，节约能源。
③ 降低机件磨损，延长设备的使用寿命。
④ 减少腐蚀，减轻振动，降低温度，防止拉伤和咬合，提高设备的可靠性。
合理润滑的基本要求如下。
① 根据摩擦副的工作条件和作用性质，选用适当的润滑材料。
② 根据摩擦副的工作条件和作用性质，确定正确的润滑方式和润滑方法，设计合理的润滑装置和润滑系统。
③ 严格保持润滑剂和润滑部位的清洁。
④ 保证供给适量的润滑剂，防止缺油及漏油。
⑤ 适时清洗换油，既保证润滑又要节省润滑材料。

二、润滑管理的目的和任务

控制设备摩擦、降低和消除设备磨损的一系列技术方法和组织方法,称为设备润滑管理,其目的如下。

① 给设备以正确润滑,降低和消除设备磨损,延长设备使用寿命。
② 保证设备正常运转,防止发生设备事故和降低设备性能。
③ 减小摩擦阻力,降低动能消耗。
④ 提高设备的生产效率和产品加工精度,保证企业获得良好的经济效益。
⑤ 合理润滑,节约用油,避免浪费。

润滑管理的基本任务如下。

① 建立设备润滑管理制度和工作细则,拟定润滑工作人员的职责。
② 搜集润滑技术、管理资料,建立润滑技术档案,编制润滑卡片,指导操作工和专职润滑工搞好润滑工作。
③ 核定单台设备润滑材料及其消耗定额,及时编制润滑材料计划。
④ 检查润滑材料的采购质量,做好润滑材料进库、保管、发放的管理工作。
⑤ 编制设备定期换油计划,并做好废油的回收、利用工作。
⑥ 检查设备润滑情况,及时解决存在的问题,更换缺损的润滑元件、装置、加油工具和用具,改进润滑方法。
⑦ 采取积极措施,防止和治理设备漏油。
⑧ 做好有关人员的技术培训工作,提高润滑技术水平。
⑨ 贯彻润滑的"五定"原则,总结推广和学习应用先进的润滑技术和经验,以实现科学管理。

第三节　设备润滑管理的组织和制度

一、润滑管理组织

1. 组织机构

为了保证润滑管理工作的正常开展,企业润滑管理组织机构应根据企业规模和设备润滑工作的需要,合理地设置各级润滑管理组织,配备适当的人员,这是搞好设备润滑的重要环节和组织保证。润滑管理的组织形式目前主要有两种,即集中管理形式和分散管理形式(在转换企业经营机制过程中,根据设备管理的需要,企业可以统筹考虑润滑组织的设置)。

(1) 集中管理形式　就是在企业设备动力部门下设润滑站和润滑油再生组,直接管理全厂各车间的设备润滑工作,如图 4-2 所示。这种管理形式的优点是:有利于合理使用劳动力,有利于提高润滑人员的专业化程度、工作效率和工作质量,有利于推广先进的润滑技术。这种管理形式的缺点是与生产的配合较差。所以,这种管理形式主要用于中小型企业。

(2) 分散管理形式　就是在设备动力部门建立润滑总站,下设润滑油配制组、切削液配制组和废油回收再生组,负责全厂的润滑油、切削液和废油再生。车间都设有润滑站,负责车间设备润滑工作,如图 4-3 所示。这种管理形式的优点是能充分调动车间积极性,有利于生产配合;其缺点是技术力量分散,容易忽视设备润滑工作。分散管理形式主要用于大型企业。

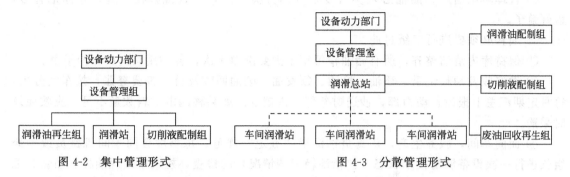

图 4-2　集中管理形式　　　　　　　　图 4-3　分散管理形式

2. 润滑管理人员的配备

对于大中型企业,在设备动力部门要配备主管润滑工作的工程技术人员。对于小型企业,应在设备动力部门内设专(兼)职润滑技术人员。润滑技术人员的数量可根据企业设备复杂系数总额来确定。表 4-1 是按修理复杂系数确定人员配备。

表 4-1　润滑技术人员配备

设备类别	机械修理复杂系数(F_j)	应配人数
金属切削设备	800~1000	1
铸锻设备	600~800	1
冲剪设备	700~900	1
起重运输设备	500~700	1

根据开展润滑油工况检测和废油再生利用的需要,大中型企业应配备油料化验室和化验员,设有废油处理站的应有专人管理。

润滑技术人员应受过中专以上机械或摩擦润滑工程专业的教育,能够正确选用润滑材料,掌握有关润滑新材料的信息,并具备操作一般油的分析和监测仪器、判定油品的优劣程度的能力,不断改进润滑管理工作。

润滑工是技术工种,技术人员除掌握润滑工应有的技术知识外,还应有二级以上维修钳工的技能。要完成清洗、换油、添油工作,经常检查设备润滑状态,做好各种润滑工具的管理,还应协助做好各项润滑管理业务、定期抽样送检等工作。

二、润滑管理制度

1. 润滑材料的入库制度

① 供销部门根据设备动力部门提出的润滑材料申请计划,按要求时间及牌号及时采购进厂。

② 润滑材料进厂后由化验部门对油品主要质量指标进行检验,合格方可发用。采用代用油品必须经设备动力部门同意。

③ 润滑材料入库之后应妥善保管以防混杂或变质,所有油桶都应盖好。不得露天堆放,在库内也不得敞口存放。

④ 润滑材料库存两年以上者,须由化验部门重新化验,合格者发给合格证,不合格者

不得使用。

2. 润滑总站和车间分站管理制度

① 管理本站油库，油桶必须实行专桶专用分类存放，严禁混杂在一起，并标记牌号，盖好盖子。

② 油料必须要进行三级过滤。

③ 保持库内清洁整齐，所有储油箱每年至少要洗净1次，各种用具应放在柜子里。

④ 做好收发油料记录，添油、换油、领发油、废油回收及再生都要登账，按车间分类，每月定期汇总上报设备动力部，抄送财务部、供销部。如某种润滑材料数量不足，应敦促及时采购。

⑤ 面向车间，服务生产，认真贯彻润滑"五定"规范。每季度会同车间机械员或维修组长进行一次设备润滑技术状态（包括油箱清洁情况）的检查，检查中发现油杯、油盒、毛线、毛毡缺损者要做好记录及时改进，协助车间做好防漏治漏工作。

⑥ 做好配制切削冷却液和废油回收工作，有条件的单位可搞废油再生。再生油应进行试验，合格者方可使用（再生油一般用于表面润滑，乳化液应进行稳定性和防锈作用试验）。

⑦ 油库建筑设施、工业管理及各种机械电气设施都必须符合有关安全规程，严格遵守安全防火制度。

⑧ 润滑站内人员都要严格遵守润滑管理各项制度，认真履行岗位职责制，积极推广先进的润滑技术与润滑管理经验。

⑨ 管好润滑器具，设备操作者领用油枪油壶要记账，妥善保管，破损者以旧换新，不得丢失。

3. 设备的清洗换油制度

① 设备清洗换油计划在集中管理的小型企业，由润滑技术员负责编制；在分级管理的大中型企业，由车间机械员负责。

② 设备的清洗换油计划，应尽量与一级、二级保养及大、中修理计划结合进行。根据油箱清洁普查结果，确定本季（月）换油计划。

大油箱在换油前可进行检验，如油质良好则可延长使用时间。换油周期可参阅表4-2。

表4-2 二班制生产设备油箱换油周期表

油箱的容量/kg	换油周期/月		添油到规定油标线的间隔期/天
	正常使用	有磨料、灰尘或其他污物	
10以下	7~8	5~6	10~15
10~50	8~10	6~7	20~25
超过50	10~12	7~8	35
对于滚动轴承	10~12	7~8	10~15

③ 换油工作一般以润滑工为主，操作者必须配合。对于精、大、稀设备，维修钳工参加，车间机械员验收。每次换油后做好记录，发现问题及时处理。换下的废油及洗涤煤油注意回收，防止溅落在地上。

4. 切削冷却液的管理制度

① 切削冷却液的配制一般由设备动力部门润滑站负责，也可由车间润滑工负责，做好

及时供应工作。

② 切削冷却液应经检验，质量不合格或储存腐败的冷却液不得使用。

③ 必须严格遵守冷却液配制工艺规程，保证切削冷却液质量良好，防止机床锈蚀。

5. 废油回收及再生制度

① 根据勤俭节约的原则，企业应将废旧油料回收再生使用，防止浪费。

② 在油箱换油时，应将废油送往润滑站进行回收。废油回收率达到油箱容量85%~95%。

③ 废油回收及再生工作应严格按下列要求进行。

a. 不同种类的废油，应分别回收保管。

b. 废旧程度不同的或混有冷却液的废油，应分别回收保管，以利于再生。

c. 废洗油和其他废油应分别回收，不得混在一起。

d. 废旧的专用油及精密机床润滑油，应单独回收。

e. 储存废油的油桶要盖好，防止灰沙及水混入油内。

f. 废油桶应有明显的标志，仅作储存废油专用，不应与新油桶混用。

g. 废油回收及再生场地要清洁整齐。做好防火安全工作，做好收发记录，按车间每月定期汇总上报。

三、润滑工作各级责任制

1. 润滑技术员的职责

① 组织全厂设备润滑管理工作，拟定各项管理制度及有关人员的职责范围，经领导批准公布并贯彻执行。

② 制定每台设备润滑材料和擦拭材料消耗定额。根据设备开动计划，提出全年、季度、月份的需用申请计划交供销部门及时采购。

③ 会同厂有关试验部门对油品质量进行试验，对发现的问题提出解决措施。

④ 编制全厂设备润滑图表和有关润滑技术资料供润滑工、操作者和维修人员使用。

⑤ 指导车间维修工和润滑工处理有关设备润滑技术问题，并组织业务学习。

⑥ 对润滑系统和给油装置有缺陷的设备，向车间提出改进意见，通知设备负责人，有权停止继续使用。

⑦ 根据加工工艺要求和规定，提出切削冷却液的种类、配方和制作方法。

⑧ 编制切削冷却液配制工艺，指导废油回收和再生。

⑨ 熟悉国内外有关设备润滑管理经验和先进技术资料，提出有关设备润滑方面的合理化建议，不断改进工作，并及时总结经验加以推广。

⑩ 组织新润滑材料、新工具、新润滑装置的试验、鉴定、推广工作，对精、大、稀设备润滑材料代用提供意见。

2. 润滑工职责

① 熟悉所管各种设备的润滑情况和所需的油质油量要求。

② 贯彻执行设备润滑的"五定"管理制度，认真执行油料三级过滤规定。

③ 检查设备油箱的油位，1~2个星期检查加油一次，经常保持油箱达到规定的油面。

④ 按设备换油计划（或一、二级保养计划）在维修钳工、操作工人的配合下，负责设

备的清洗换油，保证油箱的清洗质量。

⑤ 管好润滑站油库，保持适当的储备量（一般为月耗量的1/2），贯彻油库管理制度。

⑥ 按照油料消耗定额，每天上班前给机床工人发放油料（可采用双油壶制或送油到车间）。

⑦ 配合车间机械员每季度一次检查设备技术状况和油箱洁净情况，将发现的问题填写在润滑记录本中，及时修理改进。

⑧ 监督设备操作者正确润滑保养设备，对不遵守润滑图表规定的加油者应提出劝告或报告机械员处理。

⑨ 按规定数量回收废油，遵守有关废油回收再生的规定和切削冷却液配制规定。

⑩ 在设备动力部门的指导下，进行新润滑材料的试验和润滑器具的改进工作，做好试验记录。

四、设备润滑的"五定"管理和"三过滤"

1. 设备润滑管理简介

设备润滑管理的目的是：防止机械设备的摩擦副异常磨损，防止润滑油（脂）、液压油泄漏和摩擦副间进入杂质，从而防止机械设备工作可靠性下降和发生润滑事故，以提高生产率、降低运转费用和维修费用。设备润滑管理的目标包括以下几个。

① 确定方针，建立制度规范。

② 建立组织，明确职责。

③ 按照润滑"五定"实施润滑。

④ 管好润滑材料，实施"三过滤"。

⑤ 治理漏油，做好润滑状态管理。

⑥ 开展设备状态换油，预防故障，保障运行。

⑦ 废油回收，保护环境，增效降耗。

⑧ 推广应用新技术、新材料、新装置。

⑨ 专业培训，提高润滑技术水平。

设备润滑的"五定"管理和"三过滤"是把日常润滑技术管理工作规范化、制度化，保证做好润滑工作的有效方法，也是我国润滑工作的经验总结，企业应当认真组织、切实做好。

2. 润滑"五定"管理的内容

设备润滑"五定"，即对设备润滑工作实行定人、定点、定期、定质与定量的管理，这种管理方法总结了企业设备润滑管理工作的实践经验，将润滑工作的主要活动规范化与制度化，但这"五定"也不是设备润滑管理的全部内容。随着管理发展，这"五定"也在相互转化，如原"定时"概念带有定时换油意思，现在简易化验设备相继建立，由定时换油发展为按质换油，因此"五定"的概念不是一成不变的。现阶段各企业润滑管理发展水平不一，目前对企业还有一定的积极意义，只要把润滑"五定"切实应用到生产实践中去，不但可以使设备的精度、性能和寿命得以稳定和延长，而且可以保证生产正常进行，因此要有足够的认识。

（1）定人　按润滑图表上的规定分工，分别由操作工、维修工和润滑工负责加油、添油、清洗换油，并规定负责抽样送检的人员。

（2）定点　根据润滑图表上指定的部位、润滑点、检查点（油标窥视孔）进行加油、添油、换油，检查液面高度及供油情况。

（3）定期　按润滑卡片上规定的时间间隔进行加油，并按规定的时间间隔进行抽样化验，视其结果确定清洗换油或循环过滤，确定下次抽样化验的时间，这是做好润滑工作的重要环节。

（4）定质　确定润滑部位所需油料的品种、牌号及质量要求，所加油质必须经化验合格。采用代用材料或掺配代用，要有科学依据。润滑装置、器具要完整清洁，防止污染油料。

（5）定量　按规定的数量对润滑部位进行日常润滑，实行耗油定额管理，要做好添油、加油和清洗换油的工作。

设备部门应编制润滑"五定"管理规范表，具体规定哪台设备、哪个部位、用什么油、加油（换油）周期多长、用什么加油装置、由谁负责等。随着科学技术的发展和经验的积累，在实践中还要进一步充实和完善"五定"管理。

3. "三过滤"

"三过滤"亦称三级过滤，是为了减少油中的杂质含量、防止尘屑等杂质随油进入设备而采取的措施。"三过滤"包括入库过滤、发放过滤和加油过滤，其含义如下。

（1）入库过滤　油液经运输入库、泵入油罐储存时要经过过滤。

（2）发放过滤　油液发放注入润滑容器时要经过过滤。

（3）加油过滤　油液加入设备储油部位时要经过过滤。

第四节　设备润滑图表及常用表式

设备润滑图表是指导设备正确润滑的重要基础技术资料。它基于润滑"五定"，兼用图文显示出"五定"的具体内容，清晰明了。

一、设备润滑图表与常用表式

1. 编制设备润滑图表的目的

编制设备润滑图表可使设备管理部门对设备润滑的管理规范化、制度化，使润滑工、生产班组操作工、维修人员、管理技术人员对每台设备的"五定"内容一目了然，易使设备润滑工作真正落到实处。

2. 设备润滑图表的来源与表现形式

设备润滑图表一般来源于设备说明书，也可以根据有关资料自行编制。设备润滑图表大体有以下三种表现形式。

① 绘制图样，标记序号，集中在表格中说明。

② 绘制图样，构成几条框线，在图样四周把注油期或油质相同的绘制在框中，框上注明注油期，并用符号表示各注油点、油质，对符号亦有简要说明。

③ 用注油工具标出注油点或加油点，标明符号并集中说明。

不管采用哪种表现形式，都应正确、集中、全面；标示明显，文字简要，记忆方便；标题栏、润滑表的填写应做到有根据。

3. 编制润滑图表的内容

① 润滑油品种，主要油箱、分油器等的注油程度（或用油标、油量说明）。
② 润滑点（加油点、注油点）、油标、油窗、放油孔、过滤器。
③ 液压泵所在位置及润滑工具。
④ 注油期、换油期和过滤器清洗期。
⑤ 注油形式和注油工具。
⑥ 适用本厂实际的润滑分工。

4. 编制润滑图表的注意事项

(1) 选择正确的图表形式　一般说来，中小型设备以"框式"就能看出每班注一次油或多次油的那些油孔；通过几个表示符号，又能很明显地看出所用油质。因此，国内外均以这种表现形式逐渐取代集中在表格中说明的形式。对于润滑点极少，但有一部分是自动润滑的磨床等设备，一般不必采用"框式"法来表现。然而，对于自动润滑的设备，仍应标注经常检查字样。由于大型机床所用的油品较多，部分亦可勾起"框线"，但为了全面地说明要求，亦可采取集中说明的形式。如果要表明润滑工具，也可在引线上标出简单图样，如图4-4所示。

某厂	设备名称	车床	润滑图表	设备编号
机动处	设备型号	CA615		

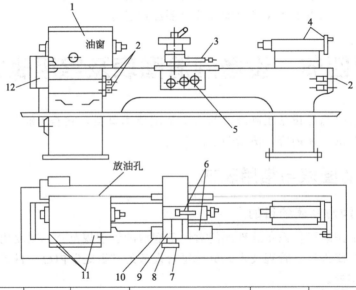

序号	润滑部位	润滑点数	润滑方式	润滑油种类	润滑周期	设备润滑		润滑负责人
						储油量	日耗量	
1	变速箱	1	齿轮激溅	L-AN46 全损耗系统用油	8个月			润滑工
2	丝杠与光杠轴承	1	压力油壶	L-AN46 全损耗系统用油	每班一次			操作者
3	小刀架丝杠	3	压力油壶	L-AN46 全损耗系统用油	每班一次			操作者
4	尾座套筒	2	压力油壶	L-AN46 全损耗系统用油	每班一次			操作者
5	接合器轴承	4	压力油壶	L-AN46 全损耗系统用油	每班一次			操作者
6	纵向进给导轨	1	压力油壶	L-AN46 全损耗系统用油	每班一次			操作者

序号	润滑部位	润滑点数	润滑方式	润滑油种类	润滑周期	设备润滑		润滑负责人
						储油量	日耗量	
7	纵向进给手轮	1	压力油壶	L-AN46 全损耗系统用油	每班一次			操作者
8	横向进给丝杠	2	压力油壶	L-AN46 全损耗系统用油	每班一次			操作者
9	横向进给导轨	2	压力油壶	L-AN46 全损耗系统用油	每班一次			操作者
10	溜板箱机构	2	压力油壶	L-AN46 全损耗系统用油	每班一次			操作者
11	纵向进给丝杠		压力油壶	2号钠基脂	一日一次			操作者
12	交换齿轮	1	压力油壶	L-AN46 全损耗系统用油	每班一次			操作者

图 4-4 设备润滑图表

（2）选择好设备视图　润滑图表大多是采用外观来显示的，所以在能表现全部润滑点的情况下，能用一个视图的就不用两个视图，首先取润滑点较多的视图，其他润滑点可采取部分视图来表示。

二、设备润滑管理用表

① 设备换油卡片如表 4-3 所示。它由润滑管理技术人员编制，润滑工记录。

② 月清洗换油实施计划表如表 4-4 所示。此表由润滑管理技术人员或计划员编制，下达维修组，由润滑工实施。

表 4-3　设备换油卡片

设备名称：　　型号规格：　　资产编号：　　制造厂：　　所在车间：

润滑部位													
润滑油脂牌号													
消耗定额/kg													
换油周期/月													
润滑记录	日期	油量/kg	日期	油量/kg	日期	油量/kg	日期	油量/kg	日期	油量/kg	日期	油量/kg	

表 4-4　月清洗换油实施计划表

年　　月

序号	设备编号	设备名称	型号规格	储油部位	用油牌号	代用油品	换油量/kg	清洗材料		工时/h		执行人	验收签字	备注
								名称	数量	计划	实际			

③ 年度设备清洗换油计划表如表 4-5 所示。此表由润滑管理技术人员或计划员编制，下达维修组，由润滑工实施。

表 4-5 年度设备清洗换油计划表

车间名称：　　共　页　　第　页

序号	设备名称	型号规格	资产编号	换油周期/月	换油计划/月												备注
					1	2	3	4	5	6	7	8	9	10	11	12	

设备动力科长：　　　　　润滑技术员：　　　　　车间机械员：

④ 年、月换油台次、换油量和维护用油量统计表如表 4-6 所示。此表按厂、车间汇总统计，其作用是提供油的总需用量，平衡年换油计划，用来做分析对比。

⑤ 润滑材料需用申请表如表 4-7 所示。此表由润滑管理技术组或润滑管理技术人员负责汇总编制，供分厂、车间报送用油计划时使用。

⑥ 年、季度设备用油和回收综合统计表如表 4-8 所示。此表是综合统计表，既可供与计划比较用，又可供编制下一年度需要计划时参考。

表 4-6 年、月换油台次、换油量和维护用油量统计表

月份	换油台次		换油量/kg		维护用量/kg		用油量合计		备注
	按年计划	实际	按年计划	实际	按年计划	实际	按年计划	实际	
1									
2									
3									
4									
5									
6									
7									
8									
9									
10									
11									
12									
全年									

表 4-7　润滑材料需用申请表

申请单位　　　　年度　　　　　　共　页　　第　页

品号	油品名称	牌号	单位	需用量/kg					单价/元	总金额/元	备注
				全年	一季	二季	三季	四季			

批准　　审查　　制表　　年　月　日

表 4-8　年、季度设备用油和回收综合统计表　　　　　　　　单位：kg

季度 \ 油品名称 \ 牌号							废油回收量/kg	备注
一								
二								
三								
四								
全年								

第五节　润滑装置的要求和防漏治漏

将润滑剂按规定要求送往各润滑点的方法称为润滑方式。为实现润滑剂按确定润滑方式供给而采用的各种零部件及设备统称为润滑装置。

在选定润滑材料后，就需要用适当的方法和装置将润滑材料送到润滑部位，其输送、分配、检查、调节的方法及所采用的装置是设计和改善维修中保障设备可靠性和维修性的重要环节。其设计要求是：保护润滑的质量及可靠性；合适的耗油量及经济性；注意冷却作用；注意装置的标准化、通用化；合适的维护工作量等。

一、润滑方式

润滑方式是对设备润滑部位进行润滑时所采用的方法。应该说，润滑的方式是多种多样的，并且到目前为止还没有统一的分类方法。例如，有些是按供给润滑剂的种类来分类的，有些是按所采用的润滑装置来分类的，有些是按被润滑的零件来分类的，还有些是按供给的润滑剂是否连续来分类的，如图 4-5 所示。

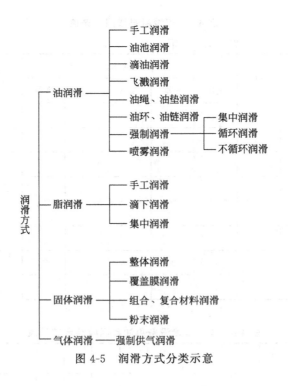

图 4-5 润滑方式分类示意

二、润滑装置

1. 油润滑装置

（1）手工润滑装置　手工润滑装置简单，使用方便，在需润滑部位开加油孔即可用油壶、油枪进行加油。该润滑一般用于低速、轻负荷的简易小型机械，如各种计算器、小型电动机和缝纫机等。

（2）滴油润滑装置　如滴油式油杯，依靠润滑油的自重向润滑部位滴油，构造简单，使用方便。其缺点是给油量不易控制，机械的振动、温度的变化和液面的高低都会改变滴油量。

（3）油池润滑装置　油池润滑是将需润滑的部件设置在密封的箱体中，使需要润滑的零件的一部分浸在油池的润滑油中。采用油池润滑的零件有齿轮、滚动轴承和滑动式止推轴承、链轮、凸轮、钢丝绳等。油池润滑的优点是自动可靠，给油充足；缺点是润滑油的内摩擦损失较大，且引起发热，油池中可能积聚冷凝水。

（4）飞溅润滑装置　利用高速旋转的零件或依靠附加的零件将油池中的油溅散成飞沫向摩擦部件供油，优点是结构简单可靠。

（5）油绳、油垫润滑装置　将油绳、毡垫或泡沫塑料等浸在油中，利用毛细管的虹吸作用进行供油。油绳和油垫本身可起到过滤的作用，能使润滑油保持清洁而且是连续均匀的；其缺点是油量不易调节，还要注意油绳不能与运动表面接触，以免被卷入摩擦面间。该润滑适用于中低速机械。

（6）油环、油链润滑装置　只用于水平轴，如风扇、电机、机床主轴的润滑，方法简单，依靠套在轴上的油环或油链把润滑油从油池中带到轴上流向润滑部位。油环润滑适用于转速为 50～3000r/min 的水平轴。油链润滑最适用于低速机械，不适用于高速机械。

（7）强制润滑装置　强制送油润滑分为不循环润滑、循环润滑、集中润滑。强制送油润滑是用泵将润滑油压送到润滑部位，润滑效果、冷却效果好，易控制供油量大小，可靠，广泛用于大型、重载、高速、精密、自动化的各种机械设备中。

① 不循环润滑。经过摩擦表面的油不再循环使用，用于需油量较少的各种设备的润滑点。

② 循环润滑。油泵从油池把油压送到各运动副进行润滑，经过润滑后的油回流进入机身油池循环使用。

③ 集中润滑。由一个中心油箱向数十个或更多的润滑部位供油，用于有大量润滑点的机械设备甚至整个车间或工厂。可手工操作，也可在调整好的时间自动配送适量的润滑油。

（8）喷雾润滑装置　利用压缩空气将润滑油雾化，再经喷嘴喷射到所润滑表面。由于压缩空气和油雾一起被送到润滑部位，因此有较好的冷却效果；而且也由于压缩空气具有一定的压力，可以防止摩擦表面被灰尘所污染。其缺点是排出的空气中含有油雾粒子，造成污染。喷雾润滑用于高速滚动轴承及封闭的齿轮、链条等。

油润滑方式的特点是：油的流动性较好，冷却效果佳，易于过滤除去杂质，可用于所有速度范围的润滑，使用寿命较长，容易更换，油可以循环使用，但密封比较困难。

2. 脂润滑装置

① 手工润滑装置。利用脂枪把润滑脂从注油孔注入或者直接手工填入润滑部位，属于压力润滑方法，用于高速运转而又不需要经常补充润滑脂的部位。

② 滴下润滑装置。将润滑脂装在脂杯里向润滑部位滴下进行润滑。脂杯分为受热式和压力式。

③ 集中润滑装置。由脂泵将脂罐里的润滑脂输送到各管道，再经分配阀将润滑脂定时定量地分送到各润滑点去，用于润滑点很多的车间或工厂。

与润滑油相比，润滑脂的流动性、冷却效果都较差，杂质也不易除去，因此润滑脂多用于中低速机械。

3. 固体润滑装置

固体润滑剂通常有四种类型，即整体润滑剂、覆盖膜润滑剂、组合/复合材料润滑剂和粉末润滑剂。如果固体润滑剂以粉末形式混在润滑油或润滑脂中，则润滑装置可采用相应的油润滑装置、脂润滑装置。如果采用覆盖膜润滑剂、组合/复合材料润滑剂或整体润滑剂，则不需要借助任何润滑装置来实现润滑作用。

4. 气体润滑装置

气体润滑装置一般是一种强制供气润滑系统。例如气体轴承系统，其整个润滑系统由空气压缩机、减压阀、空气过滤器和管道等组成。

总之，在润滑工作中，对润滑方法及其装置的选择必须从机械设备的实际情况出发，即设备的结构、摩擦副的运动形式、速度、载荷、精密程度和工作环境等条件来综合考虑。

三、漏油的治理

设备漏油的治理是设备管理及维修工作中的主要任务之一。设备漏油不仅浪费大量油料，而且污染环境、增加润滑保养工作量，严重时甚至造成设备事故而影响生产。因此，治理漏油是改善设备技术状态的重要措施之一。设备漏油的防治是一项涉及面广、技术性强的工作，尤其是近年来密封技术有了很大发展，随着许多密封新材料、新元件、新装置、新工艺的出现，既给漏油治理提供了条件，也对密封技术提出了更高的要求，所以要加强其研究和应用以及人员的配备。漏油的治理除少数可在维护保养中解决外，多数需要结合计划检修才能进行，严重漏油设备必须预先制定好治理方案。

1. 漏油及其分级

对单台设备而言，设备无漏油的标准应达到下列要求。

① 油不得滴落到地面上，机床外部密封处不得有渗油现象（外部活动连接处虽有轻微的渗油，但不流到地面上。当天清扫时可以擦掉者，可不算渗油）。

② 机床内部允许有些渗油，但不得渗入电气箱内和传动带上。

③ 冷却液不得与润滑系统或液压系统的油液混合，也不得漏入滑动导轨面上。

④ 漏油的处数，不得超过该机床可能造成漏油部位的5%。

设备漏油一般分为渗油、滴油、流油三种。

① 渗油。对于固定连接的部位，每30min滴一滴油者为渗油。对活动连接的部位，每5min滴一滴油者为渗油。

② 滴油。每2~3min滴一滴油者为滴油。

③ 流油。每1min滴五滴以上者为流油。

设备漏油程度等级又分为严重漏油、漏油和轻微漏油三等。

2. 漏油防治的途径

造成漏油的因素是多方面的，有先天性的，如设计不当，加工工艺、密封件和装配工艺中的质量问题；也有后天性的，如使用中的零件，尤其是密封件失效、维修中修复或装配不当等。由于零部件结构形式多种多样，密封部位、密封结构、零部件材料的千差万别，因此治漏的方法也就各不相同。应针对设备泄漏的因素，从预防入手，防治结合，"对症下药"进行综合性治理。治理漏油的主要途径有以下几种。

(1) 封堵　封堵主要是应用密封技术来堵住界面泄漏的通道，这是最常见的泄漏防治方法。

(2) 疏导　疏导的方法主要是使结合面处不积存油，设计时要设回油槽、回油孔、挡油板等疏导方法防漏。

(3) 均压　存在压力差是设备泄漏的重要原因之一。因此，可以采用均压措施来防治漏油。如机床的箱体因存在压力差漏油时，可在箱体上部开出气孔，造成均压以防止漏油。

(4) 阻尼　流体在泄漏通道中流动时，会遇到各种阻力，因此可将通道做成犬牙交错的各式沟槽，人为地加大泄漏的路程，加大液流的阻力。如果阻力和压差平衡，则可达到不漏（如迷宫油封属于此类）的目的。

(5) 抛甩　截流抛甩是许多设备上常用的方法，如减速器安装轴承处开有截油沟，使润滑油不会沿轴向外流；有的设备上装有甩油环，利用离心力作用阻止介质沿轴向泄漏。

(6) 接漏　有的部位漏油难以避免，除采用其他方法减少泄漏量外，可增设接油盘、接油杯，或流入油池，或定时清理。

(7) 管理　加强漏油和治漏的管理十分重要，制定防治漏油的计划，配备必要的技术力量，将治理工作列入计划修理中，落实在岗位责任制中。在维护和修理中加强质量管理，做到合理拆卸和装配，以不致破坏配合性质和密封装置。加强设备泄漏防治工作骨干的培训工作和普及防治泄漏的知识。

四、设备治漏计划

设备管理人员和润滑技术人员对漏油设备要做到详细调查，对漏油部位和原因登记制表，并根据漏油的严重程度，安排治漏计划和实施方案。

治理漏油、实施治漏方案不仅是设备维修管理工作的一项任务，也是节能、降耗的内容之一。治漏工作应抓好查、治、管三个环节。

① 查。查看现象、寻找漏点、分析原因、制定规划、提出措施。

② 治。采用堵、封、接、修、焊、改、换等方法，针对实际问题治理漏油。

③ 管。加强管理，巩固查、治效果。在加强管理方面，应结合做好有关工作。比如：建立健全润滑管理制度和责任制，严格执行油料供应和废油回收利用制度，建立健全合理的原始记录并做好统计工作，建立润滑站，配备专职人员，加强巡检并制定耗油标准。

一些企业在润滑管理中总结出了治理漏油的十种方法，即勤、找、改、换、缠、回、配、引、垫、焊的设备治漏十字法。

① 勤。勤查、勤问、勤治。

② 找。仔细寻找漏油部位和原因。

③ 改。更改不合理的结构和装置。

④ 换。及时更换失效的密封件和其他润滑元件。

⑤ 缠。在油管接头处缠密封带、密封线等。

⑥ 回。增加或者扩大回油孔，使回油畅通，不致外溢。

⑦ 配。对密封圈及槽沟结合面做到正确选配。

⑧ 引。在外溢、外漏处加装引油管、断油槽、挡油板等。

⑨ 垫。在结合面加专用纸垫或涂密封胶。

⑩ 焊。焊补漏油油孔、油眼。

此外，做好密封工作对防止和减少漏油也会起到积极作用。

 思考题

4-1 减少设备磨损的途径有哪些？

4-2 润滑管理的意义是什么？

4-3 简述润滑管理的目的和任务。

4-4 要认真做好设备的润滑管理工作，应建立哪些管理制度？

4-5 设备润滑的"五定管理"和"三过滤"具体内容是什么？

4-6 什么是润滑，润滑方式有哪些？

第五章

设备的状态管理

企业设备是为满足某种生产对象的工艺要求或为完成工程项目的预计功能而配备的。所谓设备的状态是指在用设备所具有的性能、精度、生产效率、安全、环境保护和能源消耗等技术状态。设备的技术性能及其状态如何，体现着它在生产经营活动中存在的价值和对生产的保证程度。

设备在使用过程中，由于生产性质、加工对象、工作条件及环境条件等因素对设备的作用，致使设备在设计制造时所确定的工作性能或技术状态将不断降低或劣化。一般地说，设备在实际使用中经常处于三种技术状态：第一种状态是完好的技术状态，即设备性能处于正常可用的状态；第二种状态是故障状态，即设备的主要性能已丧失的状态；第三种状态是处于上述两者之间，即设备已出现异常、缺陷，但尚未发生故障，这种状态有时称为故障前状态。为了延缓设备劣化过程的发展，预防和减少故障的发生，使设备处于良好的技术状态，除需具有熟练技术的工人正确操作、合理使用设备外，还要对设备进行清扫、维护、润滑、检查、调整、更换零部件、状态检测和诊断等基础工作，同时还应制定操作规程与管理制度并贯彻执行，做好检查、维修记录，积累各项原始数据，进行统计分析，探索故障的发生规律，以采取有效措施控制故障的发生，保持设备的状态良好。

设备技术状态管理就是指通过对在用设备（包括封存设备）的日常检查、定期检查（包括性能和精度检查）、润滑、维护、调整、日常维修、状态监测和诊断等活动所取得的技术状态信息进行统计、整理和分析，及时判断设备的精度、性能、效率等的变化，尽早发现或预测设备的功能失效和故障，适时采取维修或更换对策，以保证设备处于良好技术状态所进行的监督、控制等工作。以状态为基础的维修体制常称为状态维修或视情维修，这种维修体制是随着故障诊断技术的进步而发展起来的，这种新的维修方式从20世纪70年代起许多先进工业国家竞相采用，我国从1983年起已正式将开展设备诊断工作的要求纳入《国营工业交通企业设备管理试行条例》中。条例中明确提出："要根据生产需要，逐步采用现代故障诊断和状态监测技术，发展以状态监测技术为基础的预防维修体制，从而把设备诊断技术工作正式列入企业管理法规中。"

第一节　设备状态管理的目的和内容

一、推广设备诊断技术的意义

设备故障诊断技术是 20 世纪 70 年代以来，随着计算机和电子技术的飞跃发展，促进工业生产现代化和机器设备的大型化、连续化、高速化、自动化，从而迅速发展起来的一门新技术，也是一门以高等数学、物理、化学、电子技术、机电设备失效学为基础的新兴学科。它是现代化设备维修技术的重要组成部分，并且正在日益成为设备维修管理工作现代化的一个重要标志。

设备故障诊断技术对确保机械设备的安全、提高产品质量、节约维修费用以及防止环境污染均起到重要作用。因此，在生产中运用现代设备故障诊断技术，可给企业带来巨大的经济效益。虽然这一技术的经济意义是多方面的，但归纳起来可以集中体现在两个方面，即维修费用和突发故障的减少。

（1）关于维修费用方面

在人类生产发展史上，设备维修体制的发展经历了从不定期到定期又到不定期这样几个阶段，它反映了如何获得经济效益的事实。

事后维修方式对发生事故难以预料，并往往会造成设备的严重损坏，既不安全又延长了检修时间，修理费用反而增加。

计划维修是建立在设备故障率的统计分析基础上的，其检修期远远小于最短故障期，因此可以保证不会出现设备损坏的严重故障，但是往往要使还能运行一段时间的设备停下检修，既减少了产量又增加了维修费用，造成所谓"过剩维修"。这对于现代化大型连续生产企业，其不合理性是明显的。这种"过剩维修"所造成的经济损失可从辽化的统计予以说明，由于该公司过去按规定每年必须停车大修一次，致使生产要少收入利润 4000 万元左右，大修耗资 4270 万元，总计为 8270 万元，而国外同类企业每 3～4 年才维修一次，相比之下，过剩维修的损失是极其可观的。

而以状态监测为基础的预知维修，是不规定检修周期，但是要定期或连续地对设备进行状态监测，并根据状态监测和故障诊断的结果，查明设备有无劣化或故障征兆，再安排在必要时进行修理。轴承振动监测仪能在设备失效前检测和诊断出所存在的故障，并可较准确地估计出连续运行的可靠时间，因而设备使用寿命最长，意外停机事故最少，还有因过剩维修受到控制，从而减少了备件消耗和维修工作量，也可防止因检修而出现的人为故障，从而最终使维修费用最低。

根据美国国家统计局提供的资料，1980 年美国工业设备维修花掉 2460 亿美元，其中约 750 亿美元是由于过剩维修而造成的浪费，约占当年美国税收的 1/10。当世界其他各国认识到设备故障诊断技术的重要作用，并在企业中实行状态监测维修后，也同样取得了很大的经济效益。例如，英国政府对 2000 家工厂进行调查的结果表明，设备管理采用故障诊断技术后，每年可节约维修费用 3.5 亿镑，而用于诊断技术的投资费用为 0.5 亿镑，直接收益为 2.5 亿镑，诊断技术投资与获利之比为 1：5，某些工厂投资和获利之比高达 1：17。

(2) 关于突发故障方面

无论国内还是国外，在生产发展中都发生过一系列惊人的重大设备事故，给企业带来了极大的经济损失甚至政治影响。

1979年美国三里岛核电站发生重大泄漏事故，由于系统误判断，开关误操作，堆芯严重损坏，放射性物质外流，从而造成几十亿美元的经济损失，并因公害引起居民示威，迫使国会出面调解。

1984年在印度博帕尔市，由美国联合炭化公司经办的博帕尔农药厂发生了甲基异氰酸酯压力失控，从出现裂纹的安全阀泄漏出来，造成了两千人死亡及二十几万人中毒受害，最后迫使该市搬迁。

1986年苏联基辅市切尔诺贝利核电站第四号机组发生事故，导致堆芯毁坏，部分放射性物质放入大气，厂房因爆炸和大火而部分倒塌。这是由于违章操作，应急系统失效，最终造成了四号机长期埋葬以及严重的国际影响。

以上几个典型案例都说明了由于一些单位缺乏对设备诊断的足够认识，因而措施不力，不能早期发现故障并使之得到控制，最终导致事故爆发。

这种情况近年来在国内也同样存在。例如众所周知的大连某石油厂爆炸事故、河南某钢厂的电缆失火事故以及大同某电厂二号机组的飞车事故等，虽然不像1979年吉林某液化气站球罐破裂事故造成死32人，伤残50多人，直接损失600多万元，成为1979年世界四大事故之一，但是也造成了很大的经济损失和生产影响。另外，据我国对年产30万吨合成氨和48万吨尿素化肥厂五大透平压缩机组的初步调查结果表明，仅1977年和1978年的不完全统计，机械故障高达100多次，经济损失几亿元，相当于另办一个新厂的年产量收益。

如果以上这些单位认真推广和应用设备故障诊断技术，使用轴向位移监控仪充分掌握设备运行现状，及时找出存在故障的部位和原因，以及科学地进行趋势分析，果断地采取有效措施，就完全可能及时防止重大设备事故的发生，也能将其危害限制在一定的范围内。

据资料报道，美国的PEKRUL发电厂在IMEKO第三届国际会上介绍，该厂装机容量为100万千瓦，电费为0.015美元/（千瓦·时），年生产值为1亿美元，事故停机损失为15万美元/年，该厂共有50个部位要监测，共需投资20万美元，监测费用为1.5万美元/年。根据可靠性计算，整个系统可能有14次事故停机，而决定采用诊断技术后有50%的事故能被检查出来，又有20%是假警报，每次事故停机平均需要3天时间检修，则该诊断系统能节约的费用 B 为

$$B = 0.5 \times 0.5 \times 14 \times 3 \times 150000 \times (1-0.2) = 1260000 (美元/年)$$

而诊断所需成本 A 则为

$$A = (200000/10 \text{ 年折旧}) + 15000 = 35000 (美元/年)$$

则经济效益系数 C 为

$$C = B/A = 1260000/35000 = 36$$

在我国虽然开展设备诊断的时间不长，但也取得了一些显著的效果。例如辽化从法国、意大利、德国引进的大型机组，在试车初期发生多起振动故障，并先后损坏三个离心压缩机转子，不能投入运行，后经故障诊断和振动分析，最终解决了问题。又如铁路系统曾发生大量的燃轴事故，影响了铁路运输，后来运用红外技术，从1979—1986年共

发现和防止了车辆燃轴事故达291万起。1986年与1978年相比，这类事故减少了90%，按经济效益计算等于每年为铁路增加车辆43万次，相当于增加运输收入2亿多元。

以上事实说明：开展和应用设备故障诊断技术对保证生产发展、防止设备事故有显著效果。

二、设备状态监测及诊断技术的定义

设备诊断技术是指设备的状态监测和故障诊断两个方面。

(1) 设备状态监测技术　它是利用人的感官、简单工具或仪器，对设备工作中的温度、压力、转速、振幅、声音、工作性能的变化进行观察和测定的一种技术。

随着设备的运转速度、复杂程度、连续自动化程度的提高，依靠人的感觉器官和经验进行监测愈发困难。20世纪70年代后期，开始应用了电子、红外、数字显示等技术和先进工具仪器监测设备状态，用数字技术处理各种信号、给出定量信息，为分析、研究、识别和判定设备故障的诊断工作打下基础。

(2) 设备故障诊断技术　在设备运行中或基本不拆卸的情况下，掌握设备运行状况，判定产生故障的原因、部位并且预测、预报设备未来状态的一种技术，称为故障诊断技术。从这个定义可知，设备故障诊断技术不仅可了解设备的现状、故障及其原因，而且还可预测未来。以上定义是1983年中国机械工程学会设备维修分会根据国外经验和国内现状提出的。

三、设备诊断技术的作用和目的

(1) 设备诊断技术的作用　设备诊断技术在设备综合管理中具有重要的作用，表现如下。

① 它可以监测设备状态，发现异常状况，防止突发故障和事故的发生，建立维护标准，开展预知维修和改善性维修。

② 较科学地确定设备维修间隔期和内容。

③ 预测零件寿命，做好备件生产和管理。

④ 根据故障诊断信息，评价设备先天质量，为改进设备的设计、制造、安装工作和提高换代产品的质量提供依据。

(2) 设备诊断技术的目的　采用设备诊断技术至少可以达到以下目的。

① 保障设备安全，防止突发故障。

② 保障设备精度，提高产品质量。

③ 实施状态维修，节约维修费用。

④ 避免设备事故造成的环境污染。

⑤ 给企业带来大的经济效益。

在我国推广设备诊断技术的积极意义是，有利于实行现代设备管理、进行维修体制改革、克服"过剩维修"及"维修不足"，从而达到设备寿命周期费用最经济和设备综合效率最高的目标。

四、设备诊断工作的开展

（1）设备诊断工作与设备综合管理的关系　设备诊断不仅仅是对故障的识别和鉴定，它对设备定量测定的各种信息数据的科学分析和预测，必须与设备寿命周期全过程联系起来，如果只抓住某一特定时间和环节的故障和异常，很难做出对症诊断。要根据设备综合管理的理论把设备一生作为诊断技术应用的范围。对于设备诊断工作，不能只把一般的技术综合起来，必须发挥全系统的作用，把企业全部有关技术力量组织起来，把过去收集的数据储存起来，对故障和异常做出诊断，做好设备一生各个环节的管理工作。

（2）设备寿命周期各阶段的诊断工作

① 规划、设计制造阶段。可定量测定应力，根据异常和偏差改进设计，为提高可靠性对设备制造进行故障诊断，防止和克服潜在的缺点，保证制造质量。

② 安装、调整试运转阶段。可定量测量安装质量、精度，减小施工误差。

可进行设备的试运转，克服凭经验和定性判断带来的失误，全面掌握设计、制造及安装质量，为使用期状态监测及故障诊断、预防维修和改善维修提供科学依据。

③ 使用、维修阶段。利用各种监测装置对设备需要检测的部位进行检测，可迅速地查找故障，并掌握设备应力状态、故障原因、劣化程度、发展趋向，从而采取相应措施彻底解决。

根据诊断，确定修理范围和方法，检查修理质量，发现人为故障并排除，提高工作效率。

依据劣化趋势范围和程度，预测和确定检查修理周期、修理类别，制定修理改造计划，计算备件定额，确定制造、订货周期等。

④ 老化、更新、报废阶段。可以定量地测定设备性能、强度、劣化的实际状况，因此可正确地确定更新、报废的设备和时间。

（3）设备诊断工作开展步骤

① 全面弄清企业生产设备的状况，包括性能、结构、工作能力、工作条件、使用状态、重点程度等。

② 确定企业需要监测和诊断的设备，如重点关键设备、故障停机对生产影响大且损失大的设备。根据急需程度和人力物力条件，先在少数机台上试点，总结经验后逐渐推广。

③ 确定需监测设备的监测点、测定参数和基准值及监测周期。

④ 根据监测及诊断的内容，确定监测方式与结构，选择合适的方法和仪器。

⑤ 建立组织机构和人工、计算机系统，制定记录表报、管理程序及责任制等。

⑥ 培训人员，使操作人员及专门人员不同程度地了解设备性能、结构、监测技术、故障分析及信号处理技术，监测仪器的使用、维护保养等。

⑦ 不断总结开展状态监测、故障诊断工作的实践经验，巩固成果，摸索各类零部件的故障规律、机理。进行可靠性、维修性研究，为设计部门提高设备的可靠性、维修性方面的设计水平，不断提高我国技术装备的质量提供科学依据，为不断提高设备诊断技术水平和拓宽其应用范围提供依据。

五、设备诊断技术的发展

对设备的故障诊断，实际上自有工业生产以来就已存在。早期人们依据对设备的触摸，对声音、振动等状态特征的感受，凭借工匠的经验，可以判断某些故障的存在，并提出修复的措施。例如有经验的工人常利用听棒来判断旋转机械轴承及转子的状态。但是故障诊断技术作为一门学科，则是20世纪60年代以后才发展起来的。

对设备故障诊断技术的发展情况，已有不少文献进行了回顾和综述。最早开展故障诊断技术研究的是美国。美国于1961年开始执行阿波罗计划后出现了一系列设备故障，促使1967年在美国宇航局倡导下，由美国海军研究室主持美国机械故障预防小组，积极从事故障诊断技术的研究和开发。美国机械工程师学会领导下的锅炉压力容器监测中心对锅炉压力容器和管道等设备的诊断技术作了大量研究，制定了一系列有关静态设备设计、制造、试验和故障诊断及预防的标准规程，推行了设备的声发射诊断技术。其他如超低温水泵和空压机监测技术，用于军用机械的轴与轴承诊断技术，润滑油分析诊断技术等都在国际上具有特色。在航空运输方面，美国在可靠性维修管理的基础上，大规模地对飞机进行状态监测，发展了应用计算机的飞行器数据综合系统，利用大量飞行中的信息来分析飞机各部位的故障原因并能发出消除故障的命令。这些技术已普遍用于波音这一类巨型客机，大大提高了飞机的安全性。据统计，世界班机的每亿公里旅客的死亡率从20世纪60年代的0.6降到70年代的0.2左右。在旋转机械故障诊断方面，首推美国西屋公司，从1976年开始研制，到1990年已发展成网络化的汽轮发电机组智能化故障诊断专家系统，其三套人工智能软件（汽轮机、发电机、水化学）共有诊断规则近一万条，已对西屋公司所生产机组的安全运行发挥了巨大的作用，取得了很大的经济效益。

在20世纪60年代末70年代初，英国机械保健中心开始诊断技术的开发研究。1982年曼彻斯特大学成立了沃福森工业维修公司，开展了咨询、制定规划、合作研究、业务诊断、研制诊断仪器、研制监测装置、开发信号处理技术、教育培训、故障分析、应力分析等业务活动。在核发电方面，英国原子能机构下设一个系统可靠性服务站从事诊断技术的研究，包括利用噪声分析对炉体进行监测，以及对锅炉、压力容器、管道的无损检测等，起到了英国故障数据中心的作用。在钢铁和电力工业方面，英国也有相应机构提供诊断技术服务。设备诊断技术在欧洲其他一些国家也有很大进展，它们在广度上虽不大，但都在某一方面具有特色或占领先地位，如瑞典的SPM轴承监测技术、挪威的船舶诊断技术、丹麦的振动和声发射技术等。

如果说美国在航空、核工业以及军事部门的诊断技术占领先地位，那么日本在某些民用工业，如钢铁、化工、铁路等部门发展得很快，占有某种优势。它们密切注视世界性动向，积极引进消化最新技术，努力发展自己的诊断技术，研制自己的诊断仪器。例如1970年英国提出了设备综合工程学后，日本设备工程师协会紧接着在1971年开始发展自己的全员生产维修，并每年向欧美派遣"设备综合工程学调查团"，了解诊断技术的开发研究工作，经过6年努力于1976年基本达到实用阶段。日本机械维修学会、计测自动控制学会、电气学会、机械学会也相继设立了自己的专门研究机构。国立研究机构中，机械技术研究所和船舶技术研究所重点研究机械基础件的诊断技术。东京大学、东京工业大学、京都大学、早稻田大学等高等学校着重基础性理论研究。其他民办企业，如三菱重工、川崎重工、日立制作所、东京芝浦电气等以企业内部工作为中心开展应用水平较高的实用项目。例如三菱重工在旋转机械故障诊断方面开展了系统的工作，它所研制的"机械保健系统"在汽轮发电机组故障监测和诊断方面已起到了有效的作用。

我国于1983年由国家经委发布了《国营工业交通设备管理试行条例》。1987年国务院正式颁布的《全民所有制工业交通企业设备管理条例》规定，"企业应当积极采用先进的设备管理方法和维修技术，采用以设备状态监测为基础的设备维修方法"。其后，冶金、机械、核工业等部门还分别提出了具体实施要求，使我国故障诊断技术的研究和应用在全国普遍展开。自1985年以来，由中国设备管理协会设备诊断技术委员会、中国振动工程学会机械故障诊断分会和中国机械工程学会设备维修分会分别组织的全国性故障诊断学术会议已先后召开几十次，极大地推动了我国故障诊断技术的发展。现在全国已有数十个单位开展设备故障诊断技术的研究工作。全国各行业都很重视在关键设备上装备故障诊断系统，特别是智能化的故障诊断专家系统，其中突出的有电力系统、石化系统、冶金系统以及高科技产业中的核动力电站、航空部门和载人航天工程等。工作比较集中的是大型旋转机械故障诊断系统，已经开发了20种以上的机组故障诊断系统和十余种可用来做现场简易故障诊断的便携式现场数据采集器。一些高等院校已培养了一批以设备故障诊断技术为选题的硕士研究生和博士研究生。我国的故障诊断事业正在蓬勃发展，将在我国经济建设中发挥越来越大的作用。

随着互联网（Internet）和内联网（Intranet）技术的普及与应用，目前国内外许多大型企业设备管理工作已向网络化发展，设备状态监测和诊断网络化发展的时代已经到来。通过网络实现实时地监测设备的运行状态，提前发现故障，提前干预处理，保证设备运行的可靠性。

例如，基于网络的旋转设备故障诊断系统采用传感器群对工业设备进行监测，将设备数据采集系统采集的数据，通过有线或无线与故障诊断监测系统、企业设备（资产）管理系统连接，使企业管理层实时获取设备运行状态信息，有利于更科学地对设备维护维修进行决策。通过网络对设备集群实施在线状态监测与故障诊断，可以更大范围地提供专家支援、网上会诊，实现远程故障诊断，为设备状态评估分析提供数据支持；预测设备故障原因和部位，综合专家们在知识和经验上的优势，从而提高设备故障诊断水平，保证旋转设备运行的可靠性。

第二节　设备的检查

一、设备的检查及其分类

设备的检查就是对设备运行情况、工作性能、磨损程度进行检查和检验，通过检查可以全面掌握设备技术状况的变化、劣化程度和磨损情况，针对检查发现的问题，改进设备维修工作，提高维修质量和缩短维修时间。

（1）按检查时间的间隔分类

① 日常检查。日常检查是操作工人每天对设备进行的检查。

② 定期检查。定期检查是在操作工人参加下，由专职维修工人按计划定期对设备进行的检查。定期检查的周期：已作规定的按规定进行；未作规定的，一般每季度检查一次，最

少半年检查一次。

（2）按技术功能分类

① 机能检查。机能检查是对设备的各项机能的检查和测定，可检查是否漏油、防尘密封性以及零件耐高温、高压、高速的性能等。

② 精度检查。精度检查是对设备的实际加工精度进行检查和测定，以便确定设备黏度的劣化程度。这也是一种计划检查，由维修人员或设备检查员进行，主要检查设备的精度情况，作为精度调整的依据。有些企业在精度检查中，测定精度指数，作为制定设备大修、项修、更新、改造计划的依据。

二、设备的点检

1. 设备点检的概念

设备点检管理，是利用人的感官和简单的仪表工具或精密检测设备和仪器，按照预先制定的技术标准，定人、定点、定量、定标、定路线、定周期、定方法、定检查记录，施行全过程对运行设备进行动态检查。它是及时掌握设备运行状态、指导设备状态检修的一种严肃的科学管理方法。

设备点检制就是以点检为核心的全员生产维修管理体制。它是通过各级点检人员的感官或检测仪表工具，按照标准定期地对设备进行检查，掌握设备故障的初期信息，找出设备的异常状况，发现隐患，以便及时采取对策，将故障消灭在萌芽状态的一种管理方法。它与传统的设备管理模式相比，无论在组织体制方面还是在工作程序和思维方式等方面，都有本质的区别。

2. 点检的分类

点检按周期和业务范围可分为日常点检、专业点检和精密点检。日常点检是在设备运行中由操作人员完成的，其对象是所有设备，目的是保证设备每日正常运转，不发生故障。专业点检和精密点检由各分厂专业点检人员完成。专业点检测定重点设备的劣化程度，确定设备性能，对设备调整修理，以保证设备达到规定的性能。精密点检的对象不定，一般是主要生产流程中的关键设备，对问题作精细的调查、测定、分析，保证设备达到规定的性能和精度。

3. 点检管理的特点

（1）实行全员管理　全员设备管理是点检工作的基础，是点检制的基本特征。没有生产工人参加的日常点检活动，就不能称之为点检制。

（2）专职点检员按区域分工进行管理　现代化设备管理所必需的机械、电气、仪表三个专业，按工作量大小实行区域分工，这是点检制的实体、点检制的核心和点检活动的主题。

（3）点检员是管理者　点检制的精髓是管理职能重心的下移，把对设备管理的全部职能按区域分工的原则落实到点检员。

（4）点检是一整套科学的管理工程　点检是按照严密的规程标准体系进行管理的。没有点检标准，就不能科学地进行点检，这是点检的科学依据。

（5）点检是动态管理　点检制把传统的静态管理方法推进到动态管理方法，点检中发现的问题要根据经济性、可能性，通过日修、定修、年修计划加以处理，减小了大、中、小修的盲目性，把问题解决在最佳时期的动态管理中。

4. 点检制的工作平台

（1）以厂为单位，形成既相互独立又相互制约的三方，即点检方、操作方、检修方，将设备管理的重心下移。

① 点检方。二级单位成立点检机构称为点检方，点检机构可按区域分工成立若干点检作业区。点检作业区设立点检作业长和专职点检员，对设备实行专业点检。管理者和员工由机动部门、原生产车间主管设备的领导及设备技术员根据需要重组。装备能源部门组建设备检测室，作为精密点检方，同时承担关键设备的状态检测和故障诊断，又对工厂点检的实施情况进行管理。

② 操作方。生产车间称为操作方，负责正确操作设备、按要求定时开展日常点检、进行设备的日常维护和调整，同时监督专职点检员开展专业点检，参与设备检修的验收。生产车间不再设立专职设备领导、专（兼）职点检员岗位，原来对设备专业点检、检修的职能随之划出。

③ 检修方。以分厂为单位实行检修力量集中管理，整合或新成立检修车间称为检修方，形成专业化区域检修。管理者和员工由原检修车间以及原生产车间电、钳、管、焊等检修班组员工根据需要重组。

（2）点检方是现场设备管理的核心，它不仅承担设备专业点检的任务，还监督指导着操作方的日常点检工作，并通过适当的方式向检修方安排设备检修任务并监督实施。

5. 点检标准

在点检标准中，根据各部位的结构特点，详细地规定点检位置、点检项目、点检周期、点检方法、点检分工及判定基准。因此，点检标准要做到定点、定项、定法、定期、定人、定标，如表5-1所示。

在点检标准中，详细规定了点检作业的基本事项，使所有的检查点都做到了"五定"。点检标准包括通用标准和专用标准两类。

（1）点检标准的作用　点检标准是对设备进行预防性检查的依据，是编制点检计划的基础。

（2）点检标准的编制依据

① 维修技术标准。

② 设备使用说明书和有关技术资料、图纸。

③ 同类设备的实际资料。

④ 实际经验。

（3）点检标准的主要内容　点检标准以表格的形式对点检对象设备进行了"五定"。点检标准的主要内容包括：点检部位、点检项目、点检内容；点检方法、设备点检状态；点检结果的判断基准；点检周期；点检分工。

① 点检部位与项目。设备可能发生故障和劣化并且需按点检管理的地方，其大分类为"部位"，小分类为"项目"。

② 点检内容。点检内容主要包括十大要素。

机械设备的点检十大要素：压力、温度、流量、泄漏、异声、振动、给油脂状况、磨损或腐蚀、裂纹或折损、变形或松弛。

表 5-1 设备点检及交接班记录

车间			班组																															操作者	
机床型号			机床名称																															机床编号	
序号	点检内容													日期及点检记录																					
		1	2	3	4	5	6	7	8	9	10	11	12	13	14	15	16	17	18	19	20	21	22	23	24	25	26	27	28	29	30	31			
1	机床无油污、灰尘、杂物																																			
2	各操纵按钮齐全,无异常																																			
3	各指示仪表正常																																			
4	油箱、油位正常																																			
5	电机运转正常无异常声音																																			
6	油泵运转正常无异常声音																																			
7	热板升温正常																																			
8	温度表指示正确																																			
9	油路畅通,无渗漏																																			
10	工位、器具摆放整齐																																			
11	产品摆放整齐、标识齐全																																			
交接班记录(签名)																																		设备报修情况记录	
说明	1.点检在交换班正式生产前进行。 2.正常打"√",不正常打"×",并报告领班或机修工修理、休息或停机。 3.交接班记录由接班人签名或领班签名,发现异常,不能交接班,应立即通知领班。 4.本卡每月一张,月底交领班检查,签字后交生产部。 5.设备运转时间(h),按实际运转时间填写,在交接班前填写。																																			
每班设备运转时间/h																																			

电气设备的点检十大要素：温度、湿度、灰尘、绝缘、异声、异味、氧化、连接松动、电流、电压。

③ 点检方法。包括：

a.用视、听、触、味、嗅觉为基本方法的"五感点检法"。

b.借助于简单的仪器、工具进行测量。

c.用专用仪器进行精密点检测量。

④ 点检状态。包括：

a.静态点检（设备停止时）。

b.动态点检（设备运转时）。

⑤ 点检判定基准。包括：

a.定性基准。

b.定量基准。

⑥ 点检周期。依据设备作业率、使用条件、工作环境、润滑状况、对生产影响的程度、其他同类厂的使用实际和设备制造厂家的推荐值等先初设一个点检周期值，以后随着生产情况的改变和实际经验的积累逐步进行修正，使其逐渐趋向合理。

⑦ 点检分工。分为以下几项。

a.操作点检。

b.运行点检。

c.专业点检。

6. 日常点检

（1）日常点检的作用

① 通过日常点检检查，及时发现设备的异常现象，消除隐患，防止设备劣化的扩大和延伸。

② 通过日常点检维护，保证设备经常处于最佳状态下工作，延缓设备的劣化。

（2）日常点检活动的基本工作　包括检查、清扫、给油脂、紧固、调整、整理和整顿、简单维修和更换。

（3）岗位日常点检的实施要点

① 关键是严格执行日常点检程序。

② 依据日常点检标准和科学的点检路线，按点检表的项目逐项检查，逐项确认。

③ 使岗位操作人员熟悉点检标准和掌握点检技能，并增强责任心，成为具有较高素质的"技术型"和"管理型"的生产工人。

④ 专业点检员应结合实际制订点检表，并与操作人员一起研究如何点检。

7. 专业点检

（1）专业点检的主要内容　包括以下几项。

① 设备的非解体定期检查。

② 设备解体检查。

③ 劣化倾向检查。

④ 设备的精度测试及系统的精度检查、调整。

⑤ 油品的定期成分分析及更换、添加。

⑥ 零部件更换及劣化部位的修复。
(2) 点检工作的七事一贯制
① 点检实施。
② 设备状况情报收集整理及问题分析。
③ 定修、日修、年修计划编制。
④ 维修备件材料计划的制订及准备。
⑤ 定修、日修、年修工程委托及管理。
⑥ 工程验收及试运转。
⑦ 点检及定修的数据汇总和实际分析。

8. 精密点检

精密点检是指利用精密仪器或在线监测等方式对在线、离线设备进行综合检查测试与诊断，测定设备的某些物理量，及时掌握设备及零部件的运行状态和缺陷状况，定量地确定设备的技术状况和劣化程度及劣化趋势，以判断其修理和调整的必要性。精密点检的常用方法如下。
① 无损检测技术。
② 振动和噪声诊断技术。
③ 油液监测分析技术。
④ 温度监测技术。
⑤ 应力应变监测技术。
⑥ 表面不解体检测技术。
⑦ 电气设备检测技术。

9. 开展点检制的意义

① 设备点检制是适应设备大型化、连续化、智能化发展现状的一种科学的设备管理方法。从生产设备的特点分析，设备具有大型化、连续化、智能化等现代化设备的特征且关键设备备用水平低的特点（如供电整流设备、溶出发电机组等），必须配之现代化的管理。设备点检制非常适合对氧化铝、电解等主要产品生产流程的设备进行管理。

② 开展"点检制"能保证设备系统安全稳定运行。突发性故障一方面严重影响生产，甚至可能会造成人员伤亡，造成财产的巨大损失；另一方面，事故的处理方案一般比较复杂、难度较大，处理时间长，处理费用高。有时若事故在设备方面的原因查找不对，可能会引发二次事故，造成更大的损失。随着现代技术和点检仪器的发展，可以通过科学的方法找出设备缺陷和异常状态，发现隐患，及时采取对策，把故障消灭在萌芽状态，保证设备系统安全稳定运行。

③ 开展"点检制"可以延长设备使用寿命。采用现代化的技术和点检仪器可以取得大量具有科学性、正确性、准时性、有效性的原始数据，通过对这些数据进行分析，可以发现设备的运行状况，把握设备状态变化规律，从而实现预知性维修，降低设备的故障和事故停机率，通过资料积累提出合理的零部件维修、更换计划，不断总结经验，完善技术标准，保持设备性能的高度稳定，这些都大大延长了设备的使用寿命。根据美国电工协会的统计报告，通过开展设备点检工作，一般可以提高设备使用寿命1~10倍。

④ 开展"点检制"可以实现设备"零故障"。由于很多工业企业是流程工业，设备"零

故障、零缺陷"在企业中得到了广泛认可。设备管理、操作和维护人员可以通过设备点检，实时掌握设备运行状态，及时消除设备的不良运行状态，使设备长期、安全高效运行，从而实现设备"零故障、零缺陷"这一先进的管理理念。

⑤ 开展"点检制"可以降低维修费用。通过点检，可以及时掌握设备的运行规律，将设备维修安排在最佳的时间，防止过剩维修和维修不足，降低维修费用。另外，通过设备点检，可以准确把握设备可能发生的故障点和故障类型，从而采用正确的方法进行维修，而且用先进的方法和仪器进行维修，可以缩短维修时间，降低维修人员的劳动强度，降低维修费用。

⑥ 开展"点检制"可以大大减少备件的库存量和流动资金。由于延长了设备使用寿命，消耗的备件量大大减少，从而大大减少用于购买备件的流动资金。同时，由于可以预知设备的使用寿命和正确的检修时间，备件可以在受控状态下采购，避免备件采购的盲目性而挤占流动资金。

⑦ 开展"点检制"可以大大提高员工的综合素质。由于"点检制"对员工素质要求比较高，促进员工提高自己的业务能力，加强学习；反过来，员工业务能力的提高更有利于提高设备的管理水平。

第三节 设备的状态监测

一、设备状态监测的概念

对运转中的设备整体或其零部件的技术状态进行检查鉴定，以判断其运转是否正常，有无异常与劣化征兆，或对异常情况进行追踪，预测其劣化趋势，确定其劣化及磨损程度等，这种活动就称为状态监测。状态监测的目的在于掌握设备发生故障之前的异常征兆与劣化信息，以便事前采取针对性措施控制和防止故障的发生，从而减少故障停机时间与停机损失，降低维修费用和提高设备有效利用率。

对于在使用状态下的设备进行不停机或在线监测，能够确切掌握设备的实际特性，有助于判定需要修复或更换的零部件和元器件，充分利用设备和零部件的潜力，避免过剩维修，节约维修费用，减少停机损失。特别是对自动线和流水式生产线或复杂的关键设备来说，意义更为突出。

二、设备状态监测与定期检查的区别

设备的定期检查是针对实施预防维修的生产设备在一定时期内所进行的较为全面的一般性检查，间隔时间较长（多在半年以上），检查方法多靠主观感觉与经验，目的在于保持设备的规定性能和正常运转。而状态监测是以关键的重要的设备（如生产联动线，精密、大型、稀有设备，动力设备等）为主要对象，监测范围较定期检查小，要使用专门的检测仪器针对事先确定的监测点进行间断或连续的监测检查，目的在于定量地掌握设备的异常征兆和劣化的动态参数，判断设备的技术状态及损伤部位和原因，以采取相应的维修措施。

设备状态监测是设备诊断技术的具体实施，是一种掌握设备动态特性的检查技术。它包括了各种主要的非破坏性检查技术，如振动理论、噪声控制、振动监测、应力监测、腐蚀监测、泄漏监测、温度监测、磨粒测试（铁谱技术）、光谱分析及其他各种物理监测技术等。

设备状态监测是实施设备状态维修的基础，根据设备检查与状态监测结果，确定设备的维修方式。所以，实行设备状态监测与状态维修的优点如下。

① 减少因机械故障引起的灾害。
② 增加设备运转时间。
③ 减少维修时间。
④ 提高生产效率。
⑤ 提高产品和服务质量。

设备技术状态是否正常、有无异常征兆或故障出现，可根据监测所取得的设备动态参数（温度、振动、应力等）与缺陷状况，与标准状态进行对照加以鉴别。表 5-2 列出了判断设备状态的一般标准。

表 5-2 判断设备状态的一般标准

设备状态	部件			设备性能
	应力	性能	缺陷状态	
正常	在允许值内	满足规定	微小缺陷	满足规定
异常	超过允许值	部分降低	缺陷扩大（如噪声、振动增大）	接近规定，一部分降低
故障	达到破坏值	达不到规定	破损	达不到规定

三、设备状态监测的分类与工作内容

(1) 设备状态监测按监测的对象和状态量划分，可分为以下两个方面。

① 机器设备的状态监测。指监测设备的运行状态，如监测设备的振动、温度、油压、油质劣化、泄漏等情况。

② 生产过程的状态监测。指监测由几个因素构成的生产过程的状态，如监测产品质量、流量、成分、温度或工艺参数等。

上述两方面的状态监测是相互关联的。例如生产过程发生异常，将会发现设备的异常或导致设备的故障；反之，往往由于设备运行状态发生异常，出现生产过程的异常。

(2) 设备状态监测按监测手段划分，可分为以下两种类型。

① 主观型状态监测。即由设备维修或监测人员凭感官感觉和技术经验对设备的技术状态进行检查和判断。这是目前在设备状态监测中使用较为普及的一种监测方法。由于这种方法依靠的是人的主观感觉和经验、技能，要准确做出判断难度较大，因此必须重视对监测维修人员的技术培训，编制各种检查指导书，绘制不同状态的比较图，以提高主观监测的可靠程度。

② 客观型状态监测。即由设备维修或监测人员利用各种监测器械和仪表，直接对设备的关键部位进行定期、间断或连续监测，以获得设备技术状态（如磨损、温度、振动、噪声、压力等）变化的图像、参数等确切信息。这是一种能精确测定劣化数据和故障信息的方法。

当系统地实施状态监测时，应尽可能采用客观监测法。在一般情况下，使用一些简易方法是可以达到客观监测的效果的。但是，为能在不停机和不拆卸设备的情况下取得精确的监测参数和信息,就需要购买一些专门的监测仪器和装置,其中有些仪器装置的价格比较昂贵。因此,在选择监测方法时,必须从技术与经济两个方面进行综合考虑,既要能不停机地迅速取得正确可靠的信息,又必须经济合理。这就要将购买仪器装置所需费用同故障停机造成的总损失加以比较,来确定应当选择何种监测方法。一般地说,对以下四种设备应考虑采用客观监测方法:发生故障时对整个系统影响大的设备,特别是自动化流水生产线和联动设备;必须确保安全性能的设备,如动能设备;价格昂贵的精密、大型、重型、稀有设备;故障停机修理费用高及停机损失大的设备。

四、设备状态监测的方法及应用

根据不同的监测项目采用不同的方法和仪器如表 5-3 所示。

表 5-3　状态监测内容与技术

内容	监测技术	应用
直接监测	① 通过人的感官直接观察,根据经验判断状态 ② 借用简单工具、仪器,如千分表、水准仪、光学仪、表面检查仪等	需要有丰富的经验,目前在企业中仍被广泛采用
温度监测	接触型:采用温度计、热电偶、测温贴片、测温笔、热敏涂料直接接触物体表面进行测量 非接触型:采用较先进的红外点温仪和红外热像仪、红外扫描仪等遥控检测不易接近的炉窑等	用于设备运行中发热异常的监测
振动检测、噪声监测	可采用固定式检测设备进行连续监测或采用便携式仪器监测 冲击脉冲法制造的各种小型测量仪、脉冲测量仪、测振仪 用噪声计、声级计测量噪声,从而判断工作机件的磨损和故障	振动和噪声是应用最多的诊断信息,先是强度测定,确认有异常时再作定量分析,如振动量级、频率和模式等
油液分析	铁谱分析仪(用于有磁性的零件)、光谱分析仪等	用以监测零件磨损,磨损微粒可在润滑油中找到,检查和分析油液中的残余物形状、大小、成分,判断磨损状态机理和严重程度,有效掌握零件磨损状况
泄漏监测	简易监测:用肥皂水、氨水测一般管道、氯气管道的泄漏 仪器监测:氧气浓度计、超声泄漏探测仪等	泄漏消耗能量、污染环境,由泄漏可能导致二次爆炸事故。要求用泄漏监测仪协助有经验的操作人员去检查管道上的微小泄漏点
裂纹检测	渗透液检查、磁性探伤法(磁性材料)、超声波法、电阻法。X 射线法检测可查大面积裂伤。声发射技术、涡流监测法可查裂缝、硬度及杂质	疲劳裂缝可导致重大事故,测量不同性质材料的裂纹应采用不同的方法
腐蚀监测	腐蚀检查仪	

在不同企业的不同设备上,是否需要进行状态监测,采用何种方法和仪器进行这项工作,必须要综合考虑生产的需要、效果、投资及技术力量的配备等。

五、设备的在线监测

在线监测是直接安装在生产线上,通过软测量技术实时监测、实时反馈,以此来更好地指导生产,减少不必要的浪费。

过程工业常常伴随着物理化学反应、生化反应、相变过程及物质和能量的转移和传递,往往是一个十分复杂的工业大系统，其本身就存在大量的不确定性和非线性因素；通常伴随着十分苛刻的生产条件或环境，如高温、高压、低温、真空、高粉尘和高湿度，有时甚至存在易燃、易爆或有毒物质，生产的安全性要求较高；强调生产过程的实时性、整体性，各生产装置间存在复杂的耦合、制约关系，要求从全局协调，以求整个生产装置运行平稳、高效。这种种复杂特性使得在工业过程中很难建立起准确的数学模型。

近年来，随着科学技术的迅猛发展和市场竞争的日益激烈，为了保证产品的质量和经济效益，先进控制和优化控制纷纷被应用于工业过程中。然而，不管是在先进控制策略的应用过程中还是对产品质量的直接控制过程中，一个最棘手的问题就是难以对产品的质量变量进行在线实时测量。受工艺、技术或者经济的限制，一些重要的过程参数和质量指标难以甚至无法通过硬件传感器在线监测。目前，生产过程中通常采用定时离线分析的方法，即每几小时采样一次，送化验室进行人工分析，然后根据分析值来指导生产。由于时间滞后长，因此远远不能满足在线控制的要求。

在线监测技术正是为了解决这类变量的实时测量和控制问题而逐渐发展起来的。在线监测技术源于推理控制中的推理估计器，即采集某些容易测量的变量（也称二次变量或辅助变量），并构造一个以这些易测变量为输入的数学模型来估计难测的主要变量（也称主导变量），从而为过程控制、质量控制、过程管理与决策等提供支持，也为进一步实现质量控制和过程优化奠定基础。在线监测技术已是现代流程工业和过程控制领域的关键技术之一，它将极大地推动在线质量控制和各种先进控制策略的实施，使生产过程控制得更加理想，像浓度、黏度、分子量、转化率、比值、液位等质量参数都可以实现在线监测。

第四节 故障诊断技术

设备故障诊断是一种给设备"看病"的技术，是了解和掌握设备在使用过程中的状态，确定其整体或局部是正常或异常，早期发现故障及其原因并能预报故障发展趋势的技术。随着科学技术与生产的发展，设备工作强度不断增大，生产效率、自动化程度越来越高；同时设备更加复杂，各部分的关联更加密切，从而往往某处微小故障就引发连锁反应，导致整个设备乃至与设备有关的环境遭受灾难性的毁坏，这不仅会造成巨大的经济损失，而且会危及人身安全，后果极为严重。因此，设备诊断技术日益发挥重要作用，它可使设备无故障、工作可靠，发挥最大效益；保证设备在将有故障或已有故障时能及时诊断出来，正确地加以维修，以减少维修时间、提高维修质量、节约维修费用。

一、故障诊断技术的发展

第一阶段。最初是依靠现场获取设备运行时的感观状态（如异常振动、异常噪声、异常温度、润滑油液中是否含有磨削物等）并凭经验或多位专家的分析研究，确定可能存在何种故障或故障隐患。

第二阶段。依靠测量仪器测量设备的某些关键部位，以获取参数（如频率、振幅、速度、加速度、温度等）并记录下来，通过计算出某些固有参数与测量参数进行对比，确定故障点或故障隐患点，或者通过对某些参数多次测量的数值进行比较，依据其劣化趋势确定其工作状态（是否出现故障或故障隐患）。

第三阶段。状态监测与故障诊断技术发展到计算机时代，一些专用的状态监测仪器（如数据采集器）不仅可以测量、记录现场参数，还能进行一些简单的数据分析处理，还可将数据采集器上的参数通过通信线传入计算机，以便做出综合分析，显示出相关的图谱，如倍频谱图、倒频谱图、时域频谱图、幅值图等，并可通过计算机上的专家系统对所测的数据进行综合评价（如设备是否该修理或还可使用多长时间后应修理）。

第四阶段。研究工作从监测诊断系统的开发研制进入到诊断方法的研究；监测诊断手段由振动工艺参数的监测扩大到油液、扭矩、功率甚至能量损耗的监测诊断；研究对象由旋转机械扩展到发动机、工程施工机械以及生产线；时空范围由当地监测诊断扩大到异地监测，即监测诊断网络。

二、设备故障诊断的内容

设备故障诊断与一般监测、监控系统的区别主要在于系统的软件方面，它不仅能监测设备运行的参数，而且能根据监测参数内容进行评价，分析设备的故障类型与原因。它是将监测、控制、评价融为一体的系统。安装的软件和主要功能是：①信号采集和处理软件，采集合适的信号样本，对其进行各种分析处理，提取和凝聚故障特征信息，提高诊断的灵敏度和可靠度。②故障诊断和状态评价软件，对信号分析处理结果进行比较、判断，依据一定的判别规则得出诊断结论，或是由系统自动地诊断出状态的水平和各种故障存在的倾向性及严重性，或是帮助工程技术人员结合其他条件全面做出判断决策。

对于设备的诊断，一是防患于未然，早期诊断；二是诊断故障，采取措施。其主要包括以下内容。

① 正确选择与测取设备有关状态的特征信号。所测取的信号应该包含设备有关状态的信息。例如，诊断桁架有无裂纹不能靠测取桁架各点温度信号，而测取桁架的振动信号则可达到目的，因为振动信号中包含了结构有无裂纹的信息，这种信号即称为特征信号。

② 正确地从特征信号中提取设备有关状态的有用信息（征兆）。从特征信号直接判明故障的有无一般是比较难的。例如，从结构的振动信号一般难以直接判明结构有无裂纹，还需根据振动理论、信号分析理论、控制理论等提供的理论与方法，加上试验，对特征信号加以处理，提取有用的信息（称为征兆），才有可能判明设备的有关状态。征兆信息包括结构的物理参数（如质量、刚度等）、结构的模态参数（如固有频率、模态阻尼等）、设备的工作特性（如耗油率、工作转速、功率等）、信号统计特性及其他特征量。

③ 根据征兆进行设备的状态诊断，识别设备的状态。可采用多种模式识别理论与方法对征兆加以处理，构成判别准则，进行状态的识别与分类。状态诊断是设备诊断的重点，而特征信号与征兆的获取正确与否是进行正确的状态诊断的前提。征兆既用于由外表现象推断内部状态（此时可称为症候），又用于由现在现象推断未来状态（此时可称为预兆）。状态诊断既包括诊断设备将发生何故障（此即早期诊断），也包括诊断设备已发生何故障（此即故障诊断）。

④ 根据征兆与状态分析故障位置、类型、性质、原因与趋势等。例如，故障树分析结果可断定次一级的故障；如轴承烧坏是故障，其原因是输油管不输油，不输油是因油管堵塞，后者就属于次一级的故障。同理，有关的状态诊断方法也可用于状态分析。

⑤ 根据状态分析做出决策，干预设备及其工作进程，以保证设备安全可靠、高效地发挥其应有功能，达到设备诊断的目的。所谓干预和自动干预，包括调整、修理、控制、自诊

断等。

三、设备故障诊断方法

故障是设备的异常状态，根据检测设备异常状态信息的方法不同，形成了各种设备故障诊断方法。

(1) 利用振动进行设备诊断　任何机械在输入能量转化为有用功的过程中，均会产生振动，振动的强弱及变化和故障有关。机械设备的振动往往会影响其工作精度，加剧设备的磨损，加速疲劳破坏；而随着磨损的增加和疲劳损伤的加重，机械设备的振动将更加剧烈，如此恶性循环，直至设备发生故障、破坏。异常振动主要有以下几种。

① 受迫振动。物体在持续的交变力作用下的振动，如对中不良、不平衡等。

② 自激振动。由于自身激发产生的振动。因为具有反馈循环效应，小的干扰波可能造成系统的强烈振动。

③ 参变振动。由于机械结构参数周期性变化而引起的振动，如转子结构不对称等。

设备发生故障时，常表现为振动频率的变化，通过检测振动的频率、转数、速度、加速度、位移量、相位等参数并进行分析，从中可以找出产生振动变化的原因。

由于设备系统的复杂性，故障的随机性、隐蔽性，影响设备运行状态的因素的多元性，使设备的检测和诊断很难做到准确无误。所以在诊断复杂设备系统的故障时，应从多个角度收集信息，除了振动数据外，还要参照其他信息，如工艺参数、润滑等。

主要测振仪器包括：位移型涡流式轴振动仪，主要用于在线监测高速大型设备；速度型传感器振动仪，主要用于测量低频轴承座、壳体振动；加速度型传感器振动仪，用于各类中高频振动。

(2) 超声波诊断法　超声波通过裂纹时反射发生异常，从而可确定裂纹情况。超声波监测技术是利用材料本身或内部缺陷对超声波传播的影响来探测材料内部及其表面缺陷的大小、形式及分布情况。其主要优点是检测速度快、灵敏度高、仪器轻巧、操作方便，对人体无损害，因此比较广泛地应用于机器部件内部缺陷的检测诊断。

(3) 声发射诊断法　物体内部发生变形、裂纹时，将有部分能量以声、光、热的形式释放出来，通过分析辐射出的声能便可知道裂纹的情况，是一种无损检测方法。物体在状态改变时自动发出声音的现象为声发射，其实质是物体受到外力或内力作用产生变形或断裂时，以弹性波形式释放能量的一种现象。由于声发射提供了材料状态变化的有关信息，所以可用于设备的状态监测和故障诊断。根据材料的微观变形和开裂以及裂纹的发生和发展过程所产生声发射的特点及强度来推知声发射源目前的状态（存在、位置、严重程度），而且可知道它形成的历史，并预报其发展趋势。声发射诊断法具体有以下特点。

① 声发射监测可以获得有关缺陷的动态信息。结构或部件在受力情况下，利用声发射进行监测，可以知道缺陷的产生、运动及发展状态，并根据缺陷的严重程度进行实时报告。而超声波探伤只能检测过去的状态，属静态情况下的探伤。

② 声发射监测不受材料位置的限制。材料的任何部位只要有声发射，就可以进行检测并确定声源的位置。

③ 声发射监测只接收由材料本身所发射的超声波，而超声波监测须把超声波发射到材料中，并接收从缺陷反射回来的超声波。

④ 灵敏度高。结构缺陷在萌生之初就有声发射现象，而超声波、X射线等方法必须发

展到一定程度之后才能检测到。

⑤ 不受材料限制，因为声发射现象普遍存在于金属、塑料、陶瓷、木材、混凝土及复合材料等物体中，因此得到广泛应用。

由于声发射诊断法能连续监视结构内部损伤的全过程，因此得到了广泛应用。声发射技术首先在航空工业部门应用获得成功，随后推广到其他工业部门，许多飞机失事主要是由于结构损伤引起的。结构在最终破裂之前，往往有明显的初始损伤或裂纹。因此，在飞机上安装声发射监视系统，飞行员可以尽早地察觉到初始损伤的存在，或观察到初始损伤或裂纹扩展的情况，推断危险情况的到来，从而采取必要的措施，避免空中飞行事故的发生。对于石油化工反应罐、锅炉、蓄热器以及高压容器与管道，由于容器壁厚的增加以及高强度材料的采用，造成突然爆破事故不断发生。其原因除了工作压力高、高强度材料断裂韧性值降低等以外，结构中潜在的缺陷（或裂纹）是事故诱发的因素。因此寻找结构中的潜在缺陷，并评定缺陷的有害程度，是声发射技术应用于压力容器结构的主要内容。声发射技术还可预测结构的寿命，以便在突然爆炸事故到来之前做出决断，停止使用，避免事故的发生。在钢铁工业中，可应用声发射技术来合理制定高炉修复计划，正确、及时地确定修复部位，以便充分利用设备，缩短修复时间或者合理地设计、布置高炉内部的结构，提高主炉的使用寿命指标等。在煤炭、地质部门，可应用声发射技术来判断微地震的性质及发生的部位，进行矿井安全性的预测等。在土木工程中，应用于结构应力松弛现象的诊断、隧道塌方的预测、大型桥梁疲劳损伤程度的评估等。在机械行业中，利用声发射提供的信息，可找出设备部件初始损伤的存在以及监视损伤的发展，确定损伤程度，制定出维修或更换的时间。在焊接工艺中，用声发射技术来监测焊接过程中裂纹的产生及扩展，以及进行焊接结构完整性的评估等。

（4）红外线诊断法　通过测定设备辐射出的红外线，确定温度分布（如加热管的温度分布），以确定设备是否有异常。红外线探测器可分为热探测器和光子探测器两类，前者根据入射红外线的热效应引起探测器材料某一性质变化而实现探测目的；后者则根据入射光子流引起物质电学性质的变化而达到探测目的。

红外线测温技术已广泛应用于设备运行过程各阶段的状态监测与诊断，主要包括以下。

① 在新设备刚刚安装完毕并开始验收时，用以发现制造和安装的问题。

② 在设备运行过程中和维修之前，用以判断和识别有故障或需特别注意的地方，以便有针对性地安排维修计划和备件、材料供应计划。

③ 在设备检修后开始运行时，用以评价检修质量并做好原始记录，以便在以后的设备运行中为掌握设备的劣化趋势提供依据。

（5）磁粉探伤　铁磁性材料在磁场中被磁化时，材料表面或近表面存在的缺陷或组织状态变化会使磁导率发生变化，即磁阻增大，使得磁路中的磁通相应发生畸变，从而在材料表面的缺陷处形成漏磁场。

当采用微细的磁性介质（磁粉）铺撒在材料表面时，这些磁粉会被漏磁场吸附聚集，从而显示出缺陷所在，这种方法就是"磁粉探伤"技术。

如果不是使用磁粉，而是直接使用特殊的测磁装置（例如磁带、检测线圈、磁敏元件等）探查并记录漏磁通的存在来达到检测目的，则称为"漏磁检测"技术。

（6）涡流探伤　基于电磁感应原理，当把通有交变电流的线圈（励磁线圈）靠近导电物体时，线圈产生的交变磁场会在导电体中感应出涡电流，该涡电流的分布及大小除了与励磁条件有关外，还与导电体本身的电导率、磁导率、导电体的形状与尺寸、导电体与励磁线圈间的距离、导电体表面或近表面缺陷的存在或组织变化等都有密切关系。

涡电流本身也要产生交变磁场，通过检测其交变磁场的变化，可以达到对导电体检测的目的。因此，利用涡流探伤技术，可以检测导电体的表面和近表面缺陷、涂镀层厚度、热处理质量（如淬火透入深度、硬化层厚度、硬度等）以及材料牌号分选等。

(7) 超声波探伤　一般把频率在 200kHz～25MHz 范围的声波称为超声波。它是一种机械振动波，它能透入物体内部并可以在物体中传播。利用超声波在物体中的多种传播特性，例如反射与折射、衍射与散射、衰减、谐振以及声速等的变化，可以测知许多物体的尺寸、表面与内部缺陷、组织变化等，因此是应用最广泛的一种重要的无损检测技术。例如用于医疗上的超声诊断（如B超）、海洋学中的声呐、鱼群探测、海底形貌探测、海洋深测、地质构造探测，工业材料及制品上的缺陷探测、硬度测量、测厚、显微组织评价、混凝土构件检测、陶瓷土坯的湿度测定、气体介质特性分析、密度测定等。

(8) 射线检测技术　用X射线、γ射线、β射线以及中子射线、高能射线等放射线穿透物质时，由于吸收与散射、电子生成等特性与物质的密度结构相关，或者产生电离等现象，从而能够显示物质内部的缺陷或组织结构。常见的有采用照相或屏幕显示、电视显示等方法将物质内部情况显示为可见图像以进行分析判断。例如工业上用于检查铸件、焊缝等的"射线照相检测"或"工业X射线电视"，医学界用于检查人体的"X射线透视或照相"及"CT"等。

(9) 计算机监测诊断　随着计算机的发展，研制计算机监测诊断系统日益受到重视，建立智能监测与诊断系统是一个发展趋势。当有大量设备需要监测和诊断时，或者关键设备需要连续不断地监视时，频繁地进行数据采集、分析和比较是十分繁重的工作，这时用计算机进行自动监测和诊断可节省大量的人力和物力，并能保证诊断结果的客观性和准确性。

计算机监测诊断系统有多种类型，根据监测的范围可分为整个工厂、关键设备、关键设备的重要部件等不同水平的系统。

计算机监测诊断系统按所采用的技术可分为简易自动诊断、精密自动诊断、诊断的专家系统。

① 简易自动诊断通常采用某些简单的特征参数，如信号的均方根值、峰值系数等，与标准参考状态的值进行比较，能判断故障的有无，但不能判断是何种故障。因所用监测技术和设备简单，操作容易掌握，价格便宜，因而得到广泛应用。

② 精密自动诊断要综合采用各种诊断技术，对简易诊断（初诊）认为有异常的设备作进一步的诊断，以确定故障的类型和部位，并预测故障的发展，要求由专门技术人员操作，在给出诊断结果、解释、处理对策等方面，通常需要有丰富经验的人员参与。

③ 诊断的专家系统与一般的精密自动诊断不同，它是一种基于人工智能的计算机诊断系统。它能模拟故障诊断专家的思维方式，运用已有的故障诊断技术知识和专家经验，对收集到的设备信息进行推理做出判断，并能不断修改、补充知识以完善专家系统的性能，这对于复杂系统的诊断是十分有效的，是设备故障诊断的发展方向。

系统按工作方式不同，分为计算机监测系统和定期监测诊断系统。在实际应用中究竟采用何种监测诊断系统，取决于对工厂设备关键性的分析以及经济分析。

(10) 故障诊断专家系统　专家系统是由数据和一系列分析软件构成的软件系统。

在组成中，综合数据库用于存放系统运行过程中所需要和产生的所有信息，包括问题的描述、中间结果、解题过程的记录信息，如监测系统状态的测量数据，用于实时监测系统正常与否。知识库存放专家的知识与经验，它通常有两方面的内容：一是针对具体的系统而言，包括系统的结构，系统经常出现的故障现象，每个故障现象的原因，各原因引起故障现象的可能性大小，判断故障是否发生的充分条件与必要条件等；二是针对系统中一般的设备仪器故障诊断的专家经验。基于这两方面内容，知识库还包含有系统规则，这些规则大多是关于具体系统或通用设备有关因果关系的逻辑规则，所以知识库是专家系统的核心内容。

解释程序负责回答用户提出的各种问题，包括与系统运行有关的问题和与运行无关的有关系统自身的一些问题，是实现系统透明性的主要部件，可以解释各种诊断结果的推理实现过程，并能解释索取各种信息的必要性等。知识获取程序负责管理知识库中的知识，包括根据需要修改、删除或添加知识及由此引起的一切必要的改动，维持知识库的一致性和完整性。知识获取是实现系统灵活性的主要部件，它使领域专家可以修改知识库而不必了解知识库中知识表示方法的组织结构等问题，这可大大提高系统的可扩充性。推理机实际上是负责推理分析的程序段，它依据一定的原理从已有的事实推出结论，它在数据库和知识库的基础上，综合运用各种规则进行一系列推理来尽快寻找故障源。

人机接口负责把用户输入的信息转换为系统的内部表示形式，然后把这些内部表示送到相应的部分去处理。系统输出的信息包括以下三个方面。

① 故障监测。当系统的主要功能指标偏离了期望的目标范围时，就认为系统发生了故障。该阶段的目的在于监测系统的主要功能指标（如果功能指标不便直接测量，可代之以其他具有同等效果的征兆），当主要功能发生异常时，按其程度分别给出早期警报乃至强迫系统停机等处置。

② 故障分析。根据检测到的信息和其他补充测试的辅助信息寻找出故障源。对于不同的要求，故障源可以是零件、部件甚至是子系统。然后，根据这些信息就故障对系统性能指标的影响程度做出估计，综合给出故障等级。

③ 决策处理。包括两个方面的内容：一方面当系统出现与故障有关的征兆时，通过综合分析，对设备状态的发展趋势做出预测；另一方面当系统出现故障时，根据故障等级的评价，对系统做出修改操作和控制或者停机维修的决策。

第五节　设备事故

一、设备事故的定义

凡交工验收后正式投产运行的设备，在生产使用过程中发生设备零部件的损坏造成生产突然中断，或由于本单位设备直接原因造成能源供应中断而使生产突然中断，因设备故障原因造成大的环境污染，因直接设备故障造成人身伤害，称为设备事故。

二、设备事故的分类

设备事故的分类一般采取以下两种方法。

1. 按设备事故造成的经济损失分类

（1）特大设备事故

① 设备事故的修复费在 100 万元及以上者。

② 因设备事故造成特大环境污染和安全事故。

（2）重大设备事故　凡达到下列条件之一者为重大设备事故。

① 设备事故的修复费（设备损坏严重无法修复的以该设备或更新同类设备的现值计算）在 20 万元及以上者。

② 主要生产设备（A 类）因发生事故使生产系统停机 24h 及以上者。

③ 凡因设备事故而直接引起爆炸、建筑物倒塌或人身中毒、重伤、死亡者。

④ 凡造成主要生产设备（包括起重、运输）瘫痪而无修复价值，或经修复达不到原有技术性能，降低精度及产品质量与产量、品种减少等情节严重的设备事故。

⑤ 凡因设备事故而直接引起重大环境污染和安全事故。

（3）一般设备事故　凡达到下列条件之一者为一般设备事故。

① 设备事故的修复费在 3 万元及以上、20 万元（不含 20 万元）以下者。

② 主要生产设备发生设备事故使炼钢生产系统停机 4h 以上（含 4h）、24h（不含 24h）以下者。

③ 任何正式投产设备虽未使炼钢停产，但影响公司 B 类设备单机运行 24h 以上者。

④ 凡因设备事故而直接引起一般环境污染和安全事故。

（4）设备故障　凡因设备原因停产 5min 以上、4h 以下者。

这里只列举了事故分类的损失价值范围。因为各个部门、各个行业规定的损失价值相差很大，如电子工业与钢铁工业规定的损失价值就十分不同，各企业可根据国家安全部门的法规和参照相关的行业标准加以规定。

2. 按设备事故的责任分类

（1）责任事故　凡属个人原因，例如违反操作规程和安全法规、擅离工作岗位、修理维护不良等原因，致使设备损坏、生产停顿，称为责任事故。

（2）质量事故　凡因设备设计、制造、安装、更换零配件或检修等原因造成的设备事故。

（3）自然事故　由于自然灾害等不可抗拒的原因而造成的设备事故。

设备事故的分类只是一般原则，只有经过对事故认真的调查分析才能确定事故的损失价值、原因及责任。

三、设备事故分析及处理

1. 设备事故分析

设备发生事故后，要立即切断电源，保持现场，采取应急措施，防止损失扩大。按设备分级管理的有关规定上报，并及时组织有关人员根据"三不放过"的原则（设备事故原因分析不清不放过、设备事故责任者与群众未受到教育不放过、没有防范措施不放过），进行调查分析，严肃处理，从中吸取经验教训。一般设备事故由设备事故单位负责人组织有关人员，在设备管理部门参加下分析事故原因。如设备事故性质具有典型教育意义，由设备管理部门组织全厂设备人员、安全员和有关人员参加现场会共同分析，使员工都受教育。重大及特大设备事故由企业主管设备副厂长（总工程师）主持，组织设备、安全、技术部门和事故有关人员进行分析，必要时还可组织设备事故调查组，吸收相近专业的技术人员参加，分析设备事故原因，制定防范措施，提出处理意见。

(1) 设备事故分析的基本要求

① 要重视并及时进行分析。分析工作进行得越早、原始数据越多，分析设备事故原因和提出防范措施的根据就越充分，要保存好分析的原始数据。

② 不要破坏发生设备事故的现场，不移动或接触事故部位的表面，以免发生其他情况。

③ 要严格查看设备事故现场，进行详细记录和照相。

④ 如需拆卸发生设备事故部件，要避免使部件再产生新的伤痕或变形等。

⑤ 分析设备事故时，除注意发生事故的部位外，还要详细了解周围环境，多走访有关人员，以便掌握真实情况。

⑥ 分析设备事故不能凭主观臆测做出结论，要根据调查情况与测定数据进行仔细分析、判断。

(2) 认真做好设备事故的抢修工作，把损失控制在最低程度

① 在分析出设备事故原因的前提下，积极组织抢修，减少换件，尽可能地减少修复费用。

② 设备事故抢修需外车间协作加工的，必须优先安排，不得拖延，物资部门应优先供应检修事故用料，尽可能地减少停修天数。

(3) 做好设备事故的上报工作

① 发生设备事故单位，应在事故发生后 3 天内认真填写设备事故报告单，报送设备管理部门。一般设备事故报告单由设备管理部门签署处理意见，重大设备事故及特大设备事故由厂主管领导批示后报上级主管部门。

② 设备事故经过分析、处理并将设备修复后，应按规定填写维修记录，由车间设备技师（机械员）负责计算实际损失填入设备事故报告损失栏内，报送设备管理部门。

③ 企业发生的各种设备事故，设备管理部门应每季统计上报。重大、特大事故应在季报表内附上事故概况与处理结果。

(4) 认真做好设备事故的原始记录　设备事故报告记录应包括以下内容。

① 设备编号、名称、型号、规格及设备事故概况。

② 设备事故发生的前后经过及责任者。

③ 设备损坏情况及发生原因，分析处理结果。重大、特大事故应有现场照片。

④ 发生事故的设备进行修复前后，均应对其主要精度、性能进行测试；设备事故的一切原始记录和有关资料，均应存入设备档案。凡属设备设计、制造质量的事故，应将出现的问题反馈到原设计、制造单位。

2. 设备事故处理

国务院发布的《全民所有制工业交通企业设备管理条例》第三十八条规定"对玩忽职守、违章指挥，违反设备操作、使用、维护、检修规程，造成设备事故和经济损失的职工，由其所在单位根据情节轻重，分别追究经济责任和行政责任；构成犯罪的，由司法机关依法追究刑事责任"。

设备事故发生后，必须遵循"三不放过"原则进行处理，任何设备事故都要查清原因和责任，对事故责任者按情节轻重、责任大小、认错态度分别给予批评教育、行政处分或经济处罚，触犯刑律的要依法制裁，并制定防范措施。

对设备事故隐瞒不报或弄虚作假的单位和个人应加重处罚，并追究领导责任。

对于设备和动能供应过程中发生的未遂事故应同样给予高度重视，本着"三不放过"的原则，分析原因和危害，从中吸取教训，采取必要措施，防止类似事故的发生。

四、设备事故损失计算

评价设备事故对社会经济和企业生产的影响,是分析安全效益、指导安全决策的重要基础性工作。为了能对设备事故做出科学、合理的评价,首先要解决设备事故经济损失的计算问题。

(1) 停产和修理时间的计算

停产时间:从设备损坏停工时起到修复后投入使用时为止。

修理时间:从动工修理起到全部修完交付生产使用时为止。

(2) 修理费用的计算　修理费用系指设备事故修理所花费用,其计算方法为

$$\text{修理费} = \text{修理材料费} + \text{备件费} + \text{工具辅材费} + \text{工时费}$$

(3) 停产损失费用的计算　设备因事故停机造成工厂生产的损失,其计算方法为

$$\text{停产损失费} = \text{停机小时} \times \text{每小时生产成本费用}$$

(4) 事故损失费用的计算　由于事故迫使设备停产和修理而造成的费用损失,其计算方法为

$$\text{事故损失费} = \text{停产损失费} + \text{修理费}$$

五、设备事故的防范措施

① 所有设备操作人员必须经过技术培训,经考核合格后方可上岗操作,公司及相关单位要有计划地对设备操作人员进行岗位技能培训教育,努力提高员工的技术素质。

② 各单位要严格执行岗位责任制;设备操作、使用、维修、保养、润滑、检修规程等各项规章制度是防范设备事故的措施和手段,必须要认真贯彻落实。

③ 认真做好计划检修,及时处理设备的缺陷,消除设备隐患;定额储备易损备件,保证设备正常运转;对主要设备(A类)的关键部件,必须做到有备无患。

④ 对主要设备要开展状态监测和故障诊断工作,定期检查设备的机电保护装置和防火、防爆、防雷电等设施,做到齐全、灵敏、可靠。

思考题

5-1　什么是设备技术状态管理?

5-2　简述设备状态管理的目的和内容。

5-3　什么是设备状态监测及诊断技术?

5-4　设备诊断技术作用和目的是什么?

5-5　设备检查的内容和分类有哪些?

5-6　什么是设备的点检制度?它的基本含义是什么?

5-7　设备状态监测与定期检查的区别是什么?

5-8　设备状态监测的方法有哪些?

5-9　设备故障诊断内容包括哪些?

5-10　设备事故的防范措施有哪些?

第六章

备件管理

第一节 备件管理概述

一、备件及备件管理

在维护和修理设备时,用来更换已磨损到不能使用或损坏零件的新制件和修复件称为配件。为了缩短设备修理停歇时间,事先组织采购、制造和储备一定数量的配件作为备件。备件是设备修理的主要物质基础,及时供应备件,可以缩短修理时间、减少损失。供应质量优良的备件,可以保证修理质量和修理周期,提高设备的可靠性。

备件管理是指备件的计划、生产、订货、供应、储备的组织与管理,它是设备维修资源管理的主要组成部分。

备件管理活动中,只有科学合理地储备与供应备件,才能使设备的维修任务完成得既经济又能保证进度。否则,如果备件储备过多,会造成积压,增加库房面积,增加保管费用,影响企业流动资金周转,增加产品成本;如果备件储备过少,就会影响备件的及时供应,耽误设备的修理进度,延长停歇时间,使企业的生产活动和经济效益遭受损失。因此,做到合理储备,是备件管理工作的主要研究内容。

二、备件的范围

① 所有的维修用配套件,例如滚动轴承、传动带、链条、密封元件等。
② 设备结构中传递主要负荷、负荷较重、结构又较薄弱的零件。
③ 保持设备精度的主要运动件。
④ 特殊、稀有、精密设备的一切更换件。
⑤ 因设备结构不良而产生不正常损坏或经常发生事故的零件。
⑥ 设备或备件本身因受热、受压、受冲击、受摩擦、受反复载荷而易损坏的一切零部件。

库存备件应与设备、低值易耗品、材料、工具等区分开来。但少数物资也难以准确划分，各企业的划分范围也不相同，只能在方便管理和领用的前提下根据企业的实际情况确定。

三、备件的分类

备件的种类多，一般按下列方法分类。

(1) 按零件类别分类

① 机械零件。指构成某一型号设备的专用机械构件。

② 配套零件。指标准化的、通用于各种设备的由专业生产厂家生产的零件，如滚动轴承、液压元件、电气元件、密封件等。

(2) 按零件来源分类

① 自制备件。企业自行设计、测绘、制造的零件，基本上属于机械零件范畴。

② 外购备件。企业对外订货采购的备件，一般配套零件均系外购备件。由于企业自制能力的限制和出于经济性的考虑，许多企业的机械零件如高精度齿轮、机床主轴、摩擦片等也是外购的。

(3) 按零件使用特性（或在库时间）分类

① 常备件。指经常使用的（即使用频率高）、设备停工损失大和单价比较便宜的需经常保持一定储备量的零件，如易损件、消耗量大的配套零件、关键设备的保险储备件等。

② 非常备件。使用频率低、停工损失小和单价昂贵的零件，按其筹备的方式可分为：计划购入件——根据修理计划，预先购入作短期储备的零件；随时购入件——修前随时购入，或制造后立即使用的零件。

(4) 按备件精度和制造复杂程度分类

① 关键件。一般指原机械部规定的 7 类关键件，包括Ⅰ级精度（近似新 6 级精度）以上的齿轮、精密蜗轮副、精密镗杆（或主轴）、精密内圆磨具、2m 或 2m 以上的丝杠和螺旋伞齿轮。

② 一般件。上述关键件以外的其他机械备件。

四、备件管理的目标和任务

1. 备件管理的目标

备件管理的目的是用最少的备件资金、合理的库存储备保证设备维修的需要，不断提高设备的可靠性、维修性和经济性，并做到以下几点。

① 把设备突发故障所造成的停工损失减小到最低限度。

② 把设备计划修理的停歇时间和修理费用降低到最低限度。

③ 把备件库的储备资金压缩到合理供应的最低水平。

2. 备件管理工作的任务

备件管理工作的任务主要有以下几个方面。

① 及时有效地向维修人员提供合格的备件。为此必须建立相应的备件管理机构和必要的设施，并科学合理地确定备件的储备品种、储备形式和储备定额，做好备件供应保管工作。

② 重点做好关键设备维修所需备件的供应工作。企业的关键设备对产品的产量和质量影响很大。因此，备件管理工作的重点首先是满足关键设备对维修备件的需要，保证关键设备的正常运行，尽量减少停机损失。

③ 做好备件使用情况的信息收集和反馈工作。备件管理和维修人员要不断收集备件使用中的质量、经济信息，并及时反馈给备件技术人员，以便改进和提高备件的性能。

④ 在保证备件供应的前提下，尽可能减少备件的资金占用量。备件管理人员应努力做好备件的计划、生产、采购、供应、保管等工作，压缩备件储备资金，降低备件管理成本。

五、备件管理的工作内容

备件管理工作的内容按性质可分为以下几项。

(1) 备件的技术管理　备件的技术管理是备件管理工作的基础，主要包括：备件图样的收集、测绘和备件图册的编制工作；各类备件统计卡片和储备定额等基础资料的设计、编制工作。

(2) 备件的计划管理　备件的计划管理是指从编制备件计划到备件入库这一阶段的工作，主要包括：年月自制备件计划，外购件年度及分批计划，铸、锻毛坯件需要量申请、制造计划，备件零星采购和加工计划，备件修复计划的编制和组织实施工作。

(3) 备件的库房管理　备件的库房管理是指从备件入库到发出这一阶段的工作，主要包括：备件入库检查、维护保养、登记上卡、上架存放；备件的收发及库房的清洁与安全；订货点与库存量的控制；备件消耗量、资金占用额和周转率的统计分析和控制；备件质量信息的收集等。

(4) 备件的经济管理　备件的经济管理是指备件的经济核算与统计分析工作，主要包括：备件库存资金的核定、出入库账目的管理、备件成本的审定、备件各项经济指标的统计分析等。经济管理应贯穿于备件管理的全过程，同时应根据各项经济指标的统计分析结果来衡量检查备件管理工作的质量和水平。

第二节　备件的技术管理

备件的技术管理工作应主要由备件技术人员完成，其工作内容为编制、积累备件管理的基础资料。通过这些资料的积累、补充和完善，掌握备件的需求，预测备件的消耗量，确定比较合理的备件储备定额、储备形式，为备件的生产、采购、库存提供科学、合理的依据。

一、备件的储备原则

① 使用期限不超过设备修理间隔期的全部易损零件。
② 使用期限大于修理间隔期，但同类型设备多的零件。
③ 生产周期长的大型、复杂的锻铸零件。
④ 需要协作制造的零件和需外购的标准件。
⑤ 重、专、精、动设备和关键设备的重要配件。

二、备件的储备形式

由于企业的生产规模及生产管理体制、备件性质及库存条件不同,备件的储备形式也将有所不同。各企业应按自身的实际情况和条件,灵活选择适合自己的备件储备形式。

(1) 成品储备　这是最常见、最普遍的储备形式。对于那些已定型的备件,可制成(或外购)成品进行储备,使用和装配时不需再进行加工,如齿轮、摩擦片、花键轴等。少数配合件也可将尺寸分级制成可配合的成品,如汽缸套、活塞等,这类备件通常具有互换性。

(2) 半成品储备　部分备件配合尺寸需在修理时才能确定,因此这部分备件的某些配合尺寸应留出一定的修理余量,以便修理时进行尺寸链的补偿,如箱体的主轴孔、大型轴类的轴颈等。有的毛坯先进行一次粗加工,以便检查毛坯有无铸造缺陷,避免在经加工后发现毛坯有质量问题而陷入被动,这类的零件也适合于半成品储备。

(3) 毛坯储备　为缩短停机修理时间,对于某些零件机械加工工作量不大,但又难以事先确定加工尺寸,必须在使用前按配合件的修理尺寸来确定加工尺寸的,可以按毛坯形式加以储备,如曲轴、带轮等。

(4) 成对(套)储备　有些零件的配合精度很高,在制造时成对(套)加工,在修理时也要求成对(套)更换,以保证备件的传动和配合精度。这样的零件适合于成对(套)储备,例如高精度的丝杠副、分度蜗轮副、弧齿锥齿轮副、高速齿轮副等。

(5) 部件(总成)储备　为了便于快速修理,很多流程工业企业的流水生产线上的设备的主要部件、数量较多的同型号设备上的某些部件、标准化通用部件、制造工艺复杂且技术条件要求高而由原制造厂及市场上以部件或总成形式供货的部件,都是采用部件(总成)储备的形式,例如减速器、油泵、液压泵、各种电气总成等。修理中更换下来的部件,经修复合格后,仍可以作为部件储备。需要注意的是,由于部件(总成)储备时多数情况下占用的资金也较多,企业需要平衡储备数量和停机损失之间的关系,以达到成本最优化的目的。

上述的各种储备形式,都是为了使备件储备能最经济、最有效地为设备维修服务。企业在选择时应该充分考虑本企业的生产技术条件和零件本身在加工、使用、检查中的某些特点。

三、备件仓库设立

在现代工业企业中,备件仓库的机械化与自动化得到很大发展。采用机械装置来完成物料的存取,如仓库内部装有起重机、叉式升降机(叉车)、输送带、多层货架、简易电梯、内部可移式货架等多种多样的装置;整个仓库采用电子装置控制;库存管理例如备件的存取地点、库存量等的显示,都可以通过计算机系统来实现。

仓库的规模、层次和地点由企业规模和生产特点决定。我国很多企业生产规模较大,厂房设备分布在 $2\sim 3 km^2$ 的范围内,厂级仓库离设备现场比较远。为了方便设备抢修、减少故障停机时间,设备检修人员应就近在车间和工段班组储备一些急用备件。这样,便形成了分级仓库和分级库存。

比如某钢铁集团就由三个厂级备件仓库构成一级仓库,四个车间级备件仓库构成二级仓库,由工段班组存储的少量备件构成三级仓库。而且还向下建立机旁储备,向上实行零库存储备。机旁储备是指在设备旁边储备该机专用的备件。零库存储备是指某些备件不用本厂仓库来储备。

(1) 厂级仓库主要储备的备件
① 属于设备计划检修用的备件。

② 属于全厂通用备件。
③ 属于设备故障或事故抢修用的必备件。
④ 体积较大而下级仓库不便存放的备件。
⑤ 保管技术要求较高的备件。
⑥ 较贵重的备件。

(2) 车间级仓库主要储备的备件
① 该车间所辖范围内的通用备件。
② 属于该车间所用设备的专用备件。
③ 属于设备故障或事故抢修用的急用备件。
④ 本车间修旧利废、回收的备件。

一般情况下,可以利用废弃的厂房、站所或富余的办公室等建筑物进行适当改造后作为车间级仓库(如果不是必需,可不考虑为车间专门投资建仓库)。作为二级仓库,一般不需要储备太多的备件,只设兼职库管员即可,是否安排值夜班可根据需要而定。备件消耗后,本车间负责即时销账。

(3) 工段班组级仓库主要储备的备件
① 属于设备故障或事故抢修用的急用备件。
② 体积较小、携带方便的备件。
③ 价格较便宜的备件。
④ 属于自己工段班组的常用备件。

对于工段班组级仓库,要优先考虑储备消耗周期较短的备件品种,个别品种的库存数量宜少不宜多。工段班组不设专职库管员,不设专用仓库,仅在设备维护工人值班室设置一些备件箱即可。备件使用后工段班组要及时负责销账,并补充库存。

(4) 机旁主要储备的备件
① 能够在机旁找到安全的符合储备条件场所的备件。
② 该备件损坏会立即造成设备停产的备件。
③ 不易丢失的备件。
④ 体积或重量较大、不易运输的备件。
⑤ 在设备下次计划检修之前可能需要更换的备件。

通过计算机备件管理系统,可以实现备件的统一管理和调配,仓库的分级管理将为维修工作带来便利。但是,分级库存也加大了管理上的难度,很多企业由于缺乏管理,这些二级或三级仓库常常变成了堆积场,常年不用的备件占用了大量资金。

四、备件的储备定额

1. 备件储备定额的内容

编制备件储备定额的原则是:既要保证设备完好,备件储备合理,又要防止积压,尽可能节约资金。储备定额一般包括经常储备定额、保险储备定额和季节性储备定额三个部分。

(1) 经常储备定额　经常储备定额是指在前后两批备件进厂的供应间隔期内,保证生产进行所必需的储备数量。其计算公式为

　　经常储备定额=(进件间隔天数+备件准备天数)×日平均需要量

式中，进件间隔天数是指前后两批备件进厂时间的间隔天数；备件准备天数是指某些备件在使用前需要经过的准备时间。

(2) 保险储备定额　保险储备定额是指为了预防在备件供应中可能发生的误期到货等不正常情况，保证生产建设继续进行所必需的储备数量。其计算公式为

保险储备定额＝保险储备天数×日平均需要量

式中，保险储备天数一般是按上年实际到货平均误期天数决定的。

(3) 季节性储备定额　季节性储备定额是指某种受季节性影响的备件所必需的储备数量。其计算公式为

季节性储备定额＝季节性储备天数×日平均需要量

2. 备件储备定额的分类

(1) 按照储备单位可分为：以实物表示的备件储备数量定额；以货币表示的备件储备资金定额；以时间概念表示的备件储备或周转天数定额。这三种定额是相互关联的，可以分别计算，进行综合考虑和应用，并进行相关分析。

(2) 按储备定额的综合程度可分为单件储备定额、分类储备定额和综合储备定额。

(3) 按物资储备的不同作用可分为经常储备定额、保险储备定额和季节性储备定额。

3. 备件储备定额的计算

(1) 备件储备量的确定　其计算公式如下：

$$Q = K \times \frac{E \times Z}{C}$$

式中　Q——储备量；

　　　K——系数，应根据企业的设备管理与维修水平、备件制造能力及制造水平、地区供应及协作条件等确定，条件好的数值较小，反之亦然，取值范围一般为 1.1～1.4；

　　　E——备件拥有量，指本企业所有生产设备上所装同一种备件的数量（其中自制备件的拥有量＝单台设备装有的相同自制备件数×同型设备台数，外购备件的拥有量＝设备备件卡或说明书等资料中统计的单台数字×同型设备台数）；

　　　Z——供应周期，对于自制备件是指从提出申请到成品入库所需的时间，对于外购备件则是指从提出申请至货入库所需的时间；

　　　C——同种单个备件从开始使用到不能使用为止的平均寿命时间，以月计算。

(2) 自制备件最大、最小储备量和订货点的确定　其计算公式如下：

$$D_{\max} = KMG$$
$$D_{\min} = KMZ$$
$$D_{ij} = D_{\min} + MZ$$

式中　M——按月计算的备件消耗量；

　　　Z——按月计算的备件供应周期；

　　　G——按月计算的最经济的加工循环期。

最经济的加工循环期即为从第一次生产某种备件到第二次生产同一种备件最经济的时间。

(3) 外购备件储备定额的确定　外购备件储备定额的计算公式如下：

$$Q = KMZ$$

式中　Q——外购备件的合理储备定额；
　　　M——外购备件的月平均消耗量；
　　　Z——供应周期（一年订货一次为 12；半年一次为 6；一季一次为 3；进口备件为 24）；
　　　K——系数（一般取 1.1～1.4）。

4. 备件储备定额的确定

（1）确定备件储备定额的依据　经常储备哪些备件取决于备件本身的周期寿命，而确定物资储备多少（即储备定额），取决于备件的消耗量、本企业的维修能力和物资供应周期。确定备件储备定额时，应以满足设备维修需要、保证生产和不积压备件资金、缩短储备周期为原则。因此，备件平均使用寿命（C）、供应周期（Z）及备件拥有量（E）是确定备件储备定额的主要依据，表现物资储备定额的计算公式为

$$物资储备定额(D) = 系数(K) \times 备件消耗量(M) \times 供应周期(Z)$$

式中　备件消耗量（M）——指在一定时间内同种备件的实际消耗件数，可用一个大修周期的实际平均消耗量来代替理论上的消耗量；
　　　供应周期（Z）——对自制备件是指从提出申请到成品入库所需的时间，对外购备件则是指从提出申请至到货入库的时间；
　　　系数（K）——一般取值为 1～1.5，根据企业的设备管理与维修水平、备件制造能力及制造水平、地区供应及协作条件等确定，条件好的用小数，条件差的用大数。

（2）确定备件储备定额应考虑的其他因素
① 设备使用连续性的影响。
② 设备加工对象的影响。
③ 关键设备的备件、不易购得的备件及有订货点的特殊备件，可适当加大储备定额。

5. 合理的备件储备定额

一个经济合理的备件储备定额，必须同时满足以下三个条件。
① 满足维修的需要。
② 具有应对意外变故的能力（在经常使用的储存量之外，还要有一定的安全储存量，以应对突发故障和随机故障）。
③ 不超量储备，以免积压资金。

第三节　备件的计划管理

备件的计划管理是备品配件的一项全面、综合性的管理工作，它是根据企业检修计划以及技术措施、设备改造等项目计划编制的。备件计划按计划期的长短，可分为年计划、季计划和月计划；按内容，可分为综合计划、需用计划、订货计划、大修专用备件计划以及备件资金计划等；按备件的类别和供应渠道，可分为工矿备件计划、专用备件计划、外协备件计划、自制备件计划、汽车备件计划、大型铸锻备件计划和国外订货备件计划等。

完整准确的备品配件计划，不仅是企业生产、技术、财务计划的一个组成部分，也是设备检修、保证企业正常生产的一个重要条件。

一、编制备件计划的依据

（1）年度设备修理需要的零件，以年度设备修理计划和修前编制的更换件明细表为依据，由承担维修单位提前3~6月提出申请计划。

（2）各类零件统计汇总表　包括：① 备件库存量；② 库存备件领用、入库动态表；③ 备件最低储备的补缺件。由备件库根据现有的储备量及储备定额，按规定时间及时申报。

（3）定期维护和日常维护用备件　由车间设备员根据设备运转和备件状况提前三个月提出制造计划。

（4）本企业的年度生产计划及机修车间、备件生产车间的生产能力、材料供应等情况分析。

（5）本企业备件历史消耗记录和设备开动率。

（6）设备在大修、项修及定期维护时，临时发现需要更换的零件，以及已制成和购置的零件不适用或损坏的急件。

（7）本地区备件生产、协作供应情况。

二、年度综合计划

年度综合计划是以企业年度生产、技术、财务计划为依据编制的综合性专业计划，主要包括以下内容。

（1）备件需用计划　备件需用计划是最基本的计划，反映着各车间、各种设备一年之内需用的全部备件，是编制其他有关备件计划的依据。主要内容有：生产在用设备维修、预修需用备件；技术、安全、环保等措施项目需用备件；设备改造需用备件；自制更新设备需用备件。

（2）备件订货计划　备件订货计划是以备件需用计划为依据编制的。

（3）年度停车大修专用备件计划　年度停车大修专用备件计划是针对企业一年一度全厂性停车大修特别编制的一种备件计划，是专用性质的一次性耗用计划。

（4）备件资金计划　备件资金计划是反映各类备件需用资金，以预计在一定时间内库存占用资金上升、下降指标的计划。有时也根据财务部门的要求编制临时单项或积压、超储、处理资金指标等计划。

三、备件计划的编制

编制备件计划是将备件工作从提出需用到备件落实消耗的全部业务活动，有目的地统筹安排，把备件管理各方面的工作有机地组织起来，确保维修和生产。

（1）备件需用计划的编制　目前编制备件需用计划的方法有以下三种。

① 方法一：以备件储备定额和消耗定额为依据。凡储备定额规定应有的储备而实际没有的，或者库存数不足储备定额的，加上按消耗定额计算出在订货周期内的备件消耗数编入备件需用计划，再加上没有定额或不包括在定额内的那部分，如技措专用件，设备改造专用件，安措、环保等所需备件计划。

② 方法二：以车间年度设备大、中、小修计划为依据，适当参考备件储备定额、库存账面消耗量等，加上年内设备改造、技措等备件需用计划，由备件主管部门加以综合、平衡、核对，由此产生一个较全面的年度备件需用计划。

③ 方法三：无完整的储备定额和消耗定额，备件工作又多头分散，以致部分备件编入计划，另一部分则不编入计划，客观上形成了"需要就是计划"的局面。

(2) 备件订货计划的编制　根据备件需用计划中的单项数量，减去到库部分，减去合同期货（包括在途的）数量，再减去修旧利废部分，得出备件订货总计划数，然后根据不同的渠道制订出分类订货计划，所以备件订货计划是分类计划的汇总。它虽然来源于备件需用计划，但不同于备件需用计划。

(3) 年度停车大修专用备件计划的编制　编制好年度停车大修专用备件计划，对于确保检修顺利进行、减少流动资金的占用等都是十分重要的。年度停车大修专用备件是专为大修准备的，属于一次性消耗备件，因此不属正常储备范围。原则上应按计划100%地消耗掉，如果消耗不掉，应从大修专用资金冲销或专储。

(4) 备件资金计划的编制　编制备件资金计划的依据是：备件合同，车间计划检修项目和技措、安措、设备改造等计划。备件资金计划可促使定额内流动资金用好、管好，并为财务部门编制计划提供备件资金依据。

四、外购件的订购形式

凡制造厂可以供应的备件或由专业工厂生产的备件，一般都应申请外购或订货。根据物资的供应情况，外购件的申请订购一般可分为集中订货、就地供应、直接订货三种形式。

(1) 集中订货　对国家统配物资，各厂应根据备件申请计划，按规定的订货时间，参加订货会议。在签订的合同上要详细注明主机型号、出厂日期、出厂编号、备件名称、备件件号、备件订货量、备件质量要求和交货日期等。

(2) 就地供应　一些通用件大部分由企业根据备件计划在市场上或通过机电公司进行采购，但应随时了解市场供应动态，以免发生由于这类备件供应不及时而影响生产正常进行的现象。

(3) 直接订货　对于一些专业性较强的备件和不参加集中订货会议的备件，可直接与生产厂家联系，函购或上门订货，其订货手续与集中订货相同。对于一些周期性生产的备件、以销定产的专机备件和主机厂已定为淘汰机型的精密关键件，应特别注意及时订购，避免疏忽漏报。

五、备件计划的审核、执行、修订与调整和检查

(1) 备件计划的审核　凡编制出的各种备件计划都需进行审核，这是备件计划批准生效的必备手续。其审核主要是指领导审核。

(2) 备件计划的执行　备件计划一旦经过审核、批准，就必须严格执行。要使所有备件计划都得到落实。

(3) 备件计划的修订与调整　由于对实际情况掌握不全或设备检修计划的变动等，都会造成备件计划的修订和调整，亦属正常的工作范围。

(4) 备件计划的检查　对备件计划还要经常检查其执行情况，对计划本身或在执行过程

中出现的问题要及时处理。

六、备件的统计与分析

备件的统计是备件计划管理中的一个重要组成部分,是人们认识研究备件管理客观规律的有力手段。通过对统计数字的积累与综合分析,对于修订储备与消耗定额、改进备件的计划管理都能起指导作用。

(1) 备件统计工作　首先根据上级部门对备件的统计要求和本企业的管理要求建立起一套统计制度,对备件的各种统计范围和备件仓库的统计工作做出具体的规定。要指定专职或兼职统计人员,且人员要稳定。兼职人员要给其一定的时间做统计工作。要注意原始资料和原始数据的积累,为统计工作提供可靠资料。

为全面、准确、及时地反映各种备件的收入、发出、结存、数量、质量、资金等情况,要做好月、季、年统计。按上级部门要求,及时、准确地填报各类备件统计报表。为企业统计部门提供统计数据。如按件、吨、元统计备件的月进出、结存,备件计划完成情况(包括资金计划、自制计划)等。为领导和备件管理人员提供第一手资料,作为企业经济活动分析和改进备件管理工作的依据。

(2) 统计资料的分析　对于统计资料的积累与科学分析,不仅可以找出备件工作的一些客观规律,也可以看出它和其他工作的内在联系,从而积累经验以指导今后的工作实践,提高管理水平。分析备件统计资料时要注意以下几点。

① 通过备件收入、发出情况的分析比较,排除非正常性消耗,看储备与消耗定额是否符合实际。

② 通过对库存资金的分析,查找上升和下降的原因,分析比较,看资金使用是否合理。

③ 利用历年消耗量、储备量和占用资金的数字分析比较,找出磨损规律和计划管理的客观规律。

④ 对备件各个时期到货情况进行分析,看备件工作对设备检修工作的配合,以协调两者的关系,通过各种数据的分析,改进备件管理工作。

第四节　备件的库存管理

备件的库存管理是一项复杂而细致的工作,是备件管理工作的重要组成部分。制造或采购的备件,入库建账后应当按照程序和有关制度认真保存、精心维护,保证备件库存质量。通过对库存备件的发放、使用动态信息的统计、分析,可以摸清备品配件使用期间的消耗规律,逐步修正储备定额,合理储备备件。同时,在及时处理备件积压、加速资金周转方面,也有重要作用。

一、备件库的建立

为适应备件管理工作的要求,应根据生产设备原值建立备件库。一般要求生产设备原值在 100 万元以上(不含 100 万元)的企业,应单独建立备件库,在设备管理部门领导下做好对备件的储备、保管、领用等工作。对生产设备原值在 100 万元以下的企业,可不单独建立备件库,由厂仓库兼管,但备件的存放、账卡必须分开,同时应按期将各类备件的储备量、领用数上报设备管理部门。

二、备件库的作用及任务

备件的库存管理是提供备件资料来源的一项复杂而细致的管理工作。通过实际消耗的积累,可逐步弄清备件的消耗规律,修正储备定额,使之既无积压,又能保证维修需要。库管人员应根据备件卡,将消耗至订货点储备量的备件及时提报资料,以便编制自制或外购备件申请计划,补充库存。除此之外,备件库还在处理备件积压、加速资金周转方面发挥重要作用。备件库的任务如下。

① 认真做好入库备件的验收工作,妥善保管、精心维护,使其在库存期间无丢失、无损坏、无变质。

② 账目清楚,账、卡、物相符,入库签账,出库记账,做到日清月结。

③ 正确地统计备件出入库情况,按照规定的表格、时间要求填写报表,以便及时提供信息。

④ 按照备件储备的定额资料,提出备件订货补充库存明细,为编制备件计划、生产计划、订货计划提供依据。

⑤ 协助备件工程技术人员处理积压,降低库存,加速资金周转。

⑥ 做好以旧换新、修旧利废工作,以节约材料。

三、备件库的组织形式与要求

(1) 备件库的组织形式　由于企业的生产规模、管理机构的设置、生产方式以及企业拥有备件的品种、数量的不同,地区备件供应情况的不同,备件库的组织形式也应有所不同。机械行业企业内部大致可分为综合备件库、机械备件库、电气备件库和毛坯备件库等。

① 综合备件库　综合备件库将所有维修用的备件如机床备件、电气备件、液压元件、橡胶密封件及动力设备用备件都集中统一管理,避免了分库存放,对统一备件计划较为有利。过去,采用这种形式的企业较多,有大型企业,也有中小型企业。但由于备件品种较多,合管起来易与企业的生产供应部门分工不清,容易造成相互扯皮和重复储备现象。

② 机械备件库　机械备件库只管机械备件(齿轮、轴、丝杠等机械零件),其形式较为单纯,便于管理。但修理中经常需更换的轴承、密封件、电器等零件,维修人员需到供应部门领取。

③ 电气备件库　电气备件库储备全厂设备维修用的电工产品、电器电子元件等,储备的品种视具体情况而定。多数企业一般不单独设电气备件库,而由厂生产部门管理。

④ 毛坯备件库　毛坯备件库主要储备复杂铸件、锻件及其他有色金属毛坯件,目的是缩短备件的加工周期,以适应修理的需要。如果只有少数毛坯备件,一般可不设毛坯备件库,而由材料库兼管。

总之,备件库的组织形式应根据企业的特点和客观实际情况适当选择设置。

(2) 备件库的要求　备件库的建设应符合备件的储备特点。要求备件库具备以下条件。

① 备件库的结构应高于一般材料库房的标准，要求干燥、防腐蚀、通风、明亮、无灰尘、有防火设施。

② 备件库的建造面积一般应达到每个修理复杂系数（包括机械、电气）$0.02\sim0.04m^2$。

③ 配备有存放各种备件的专用货架和一般的计量检验工具，如磅秤、卡尺、钢尺、拆箱工具等。

④ 配备有存放文件、账卡、备件图册、备件订货目录等资料的橱柜。

⑤ 配备有简单运输工具（如脚踏三轮车等）以及防锈去污的物料（如器皿、棉纱、机油、防锈油、电炉等）。

四、备件库存的管理

(1) 备件入库管理　入库备件必须逐件进行核对与验收。

① 入库备件必须符合申请计划和生产计划规定的数量、品种、规格；计划外的零件须经设备科长和备件管理员批准方能入库。

② 要查验入库零件的合格证明，自制备件必须由检验员检验后填写合格单，外购件必须附有合格证，并在入库前对外观等质量进行适当抽验。

③ 备件入库必须由入库人填写入库单，并经保管员核查，方可入库。

④ 挂上标签或卡片，并按用途（使用对象）分类存放，方便查找。

(2) 备件保管管理

① 入库备件要由库管人员保存好、维护好，做到不丢失、不损坏、不变形、不变质、账目清楚。

② 备件管理要做到规格清、数量清、材质清，库容和码放整齐，账、卡、物三一致。备件由区、架、层、号四定位。

③ 备件入库上架时要做好定期涂油、防锈保养和检查工作。

④ 定期进行盘点，随时向有关人员反映备件动态。

(3) 备件发放管理

① 备件的领用一般实行以旧换新，由领用人填写领用单，注明用途、名称、数量，发放备件须凭领料单。对不同的备件，企业要拟定相应的领用办法和审批手续。

② 对大修、中修中需要预先领用的备件，应根据批准的备件清单领用，在大修、中修结束时一次性结算，并将所有旧料如数交库。

③ 备件发出后要及时登记、销账、减卡。领出备件要办理相应的财务手续。

④ 支援外厂的备件须经过设备管理部门负责人批准后方可办理出库手续。

(4) 处理备件管理　符合下列条件的备件，应及时处理。报废或调出备件必须按要求办理手续。

① 由各种原因造成本企业已不需要的备件，要及时按要求加以销售和处理。

② 对备件废品查明其废弃原因，提出防范措施和处理意见，并报请主管领导审批处理。

第五节 备件的经济管理

备件的经济管理是指备件的经济核算与统计分析工作，主要包括备件库存资金的核定、出入库账目的管理、备件成本的审定、备件各项经济指标的统计分析等。备件的经济管理应贯穿于备件管理的全过程，同时应根据各项经济指标的统计分析结果来衡量备件管理工作的质量和水平。

一、备件资金的来源和占用范围

备件资金来源于企业的流动资金，各企业按照一定的核算方法确定，并有规定的储备资金限额。因此，备件的储备资金只能由属于备件范围的内摊物资占用。

二、备件资金的核定方法

备件储备资金的核定，原则上应与企业的规模、生产实际情况相联系。影响备件储备资金的因素较多，目前还没有一个合理、通用的核定方法，因而缺乏可比性。核定企业备件储备资金定额的方法一般有以下几种。

① 按备件卡上规定的储备定额核算。这种方法的合理程度取决于备件卡的准确性和科学性，缺乏企业间的可比性。

② 按照设备原购置总值的 2%～3% 估算。这种方法只要知道设备固定资产原值就可算出备件储备资金，计算简单，也便于企业间比较，但核定的资金指标偏于笼统，与企业设备运转中的情况联系较差。

③ 按照典型设备推算确定。这种方法计算简单，但准确性差，设备和备件储备品种较少的小型企业可采用这种方法，并在实践中逐步修订完善。

④ 根据上年度的备件储备金额，结合上年度的备件消耗金额及本年度的设备维修计划，由企业自行确定本年度的储备资金定额。

⑤ 用本年度的备件消耗金额乘以预计的资金周转期，加以适当修正后确定下年度的备件储备金额。

上述④、⑤两种方法一般为具有一定管理水平、一定规模和生产较为稳定的企业采用，否则，误差较大会影响企业的生产和设备管理工作。

三、备件经济管理考核指标

（1）备件储备资金定额　它是企业财务部门给设备管理部门规定的备件库存资金限额（确定方法见前述）。

（2）备件资金周转期　减少备件资金的占用和加速周转具有很大的经济意义，也是反映企业和供应备件公司备件管理水平的重要经济指标，其计算公式为

$$备件资金周转期(年) = \frac{年平均库存金额}{年消耗金额}$$

备件资金周转期应在一年左右，周转期应不断压缩。若周转期过长造成占用资金多，企

业需对备件多的品种和数量进行分析、修正。

(3) 备件库存资金周转率　它用来衡量库存备件占用资金实际用于满足设备维修需要的效率，其计算公式为

$$备件库存资金周转率 = \frac{年备件消耗总额}{年平均库存金额} \times 100\%$$

(4) 资金占用率　它用来衡量备件储备占用资金的合理度，以便控制备件储备的资金占用量，其计算公式为

$$资金占用率 = \frac{备件储备资金总额}{设备原购置总值} \times 100\%$$

(5) 资金周转加速率　其计算公式为

资金周转加速率 =（上期资金周转率 — 本期资金周转率）/ 上期资金周转率 × 100%

为了反映考核年度备件技术经济指标的动态，备件库每年都应填报年度备件库主要技术动态表，以便总结经验，找出差距，改进工作。

第六节　备件管理的现代化

一、ABC 管理法在备件管理中的应用

(1) ABC 管理法的基本原理　ABC 管理法源于帕累托曲线。经济学家帕累托在研究财富的社会分配时得出一个重要结论：80% 的财富掌握在 20% 人的手中，即"关键的少数和次要的多数"规律。这一普遍规律存在于社会的各个领域，称为帕累托现象。

一般来说，企业的库存物资种类繁多，每个品种的价格不同，且库存数量也不等。有的物资品种不多但价值很高，而有的物资品种很多但价值不高。由于企业的资源有限，因此在进行存货控制时，要求企业将注意力集中在比较重要的库存物资上。依据库存物资的重要程度分别管理，这就是 ABC 管理法的思想。

(2) ABC 分类的标准和步骤　分类管理就是将库存物资按品种和占用资金分为特别重要的库存（A 类）、一般重要的库存（B 类）和不重要的库存（C 类）三个等级，然后针对不同等级分别进行管理与控制。分类的标准是库存物资所占总库存资金的比例和所占总库存物资品种数目的比例。

这在库存上暗示着相对比较少的库存物资有可能具有相当大的影响或价值。对这些少数品种物资管理的好坏就成为企业经营成败的关键。因此，需要在实施库存管理时对各类物资分出主次，并根据不同情况分别对待，突出重点。

(3) ABC 管理法在备件管理中的应用　备件的 ABC 管理法，是物资管理中 ABC 分类控制在备件管理中的应用。它是根据备件的品种规格、占用资金和各类备件库存时间、价格差异等因素，采用必要的分类原则而实行的库存管理办法。

① A 类备件。其在企业的全部备件中品种少，占全部品种的 10%～15%，但占用的资金数额大，一般占用备件全部资金的 80% 左右。对于 A 类备件必须来回控制，利用储备理论确定适当的储备量，尽量缩短订货周期、增加采购次数，以加速备件储备资金的周转。

② B 类备件。其品种比 A 类备件多，占全部品种的 20%～30%，占用的资金比 A 类

少，一般占用备件资金的15%左右。对B类备件的储备可适当控制，根据维修的需要，可适当延长订货周期、减少采购次数，做到两者兼顾。

③ C类备件。其品种很多，占全部品种的60%～65%，但占用的资金很少，一般仅占备件全部资金的5%左右。对C类备件，根据维修的需要，储备量可大一些，订货周期可长一些。

究竟什么备件储备多少，科学的方法是按储备理论进行计算。以上ABC分类法，仅作为一种备件的分类方法，以确定备件管理重点。在通常情况下，应把主要工作放在A类和B类备件的管理上。

二、计算机备件管理信息系统

传统的备件采购和备件仓库管理模式转换为以数据库技术为基础的计算机管理模式，将人、机、物的需求、活动和运作进行系统分析、设计和管理，以实现现代高效、科学、合理的备件信息管理，既确保备件的正常供应，又科学安排备件库存，减少资金库存占用，同时降低采购成本，提高企业的经济效益。

将计算机应用于备件管理，不仅可建立企业备件总台账，从而减轻日常记录、统计、报表的工作量，更重要的是可以查询并及时提供备件储备量和资金变动等信息，为备件计划管理、技术管理和经济管理提供可靠的依据，在保证供应的前提下实现备件的经济合理储备。

(1) 建立计算机备件管理信息系统应注意的问题

① 在系统设计时，必须站在设备综合管理的高度，将备件管理信息系统视为设备综合管理信息系统的子系统之一，并考虑与设备资产管理系统、故障管理系统、维修管理信息系统的协调，具体程序中名称符号的统一，数据共享等因素。

② 应着眼于备件动态管理，备件明细表中的项目应全面考虑动态管理的需要，如ABC管理法应用、各类备件使用规律、经济合理的备件储备量研究、缩短备件资金周围的途径等。

(2) 建立计算机辅助备件管理信息系统的准备工作

① 加强备件管理基础工作，建立备件"五定"管理、四定位、五五码放等，健全并编制备件管理的各种统计报表、卡片、单据等，以便科学、准确、全面地收集各种信息数据并输入计算机。

② 对所有备件进行编号，每种备件都有两个编号——流水编号和计算机识别号。

a. 备件的流水编号按备件入账的先后顺序进行编号。每种备件的流水编号是唯一的，一个流水编号代表一种备件。

b. 备件的计算机识别号中含有"使用部门信息""所属设备信息""备件图号或件号信息"等，供计算机对备件进行统计、分类、汇总、排序使用。

③ 在领料单据中增加一项备件流水编号，供领用时填写。

(3) 计算机辅助备件管理的主要功能

① 备件管理信息的计算机查询、输出。

② 调用备件管理数据库的数据，打印下列报表：备件库存总台账；备件进出库台账；备件标签；按设备顺序编制的《备件名称与流水编号对照表》，供维修人员、备件管理人员、备件库保管员使用，以方便备件的识别、自制、订购、管理、领用；给财务部门的经济指标报表；季度分类统计报表；计划月报表；备件加工计划月报表；备件采购计划月报表；备件

库存月报表。这些报表由于全部调用备件管理数据库的数据打印，杜绝了人工抄写生产的数据错误，实现账、签、物统一。

③ 计算机辅助备件管理还能计算下列内容：旧账结算清理；计算消耗金额；计算平均储备金额；计算储备资金周期。

思考题

6-1 备件及备件管理的含义是什么？
6-2 备件是如何分类的？
6-3 备件管理的目标和任务是什么？
6-4 简述备件的范围。
6-5 备件管理的工作内容包括哪些？
6-6 备件的储备原则是什么？
6-7 备件的储备定额包括哪些？
6-8 编制备件计划的依据是什么？
6-9 备件库的作用及任务是什么？
6-10 ABC 管理法的基本原理是什么？

第七章

设备法兰完整性管理（基础篇）

设备法兰是为了满足生产工艺的要求，或者制造、运输、安装、检修的方便而采用的一组带有均布螺栓连接孔的圆盘形状的一种可拆的密封连接形式。它是大多数工业领域中广泛和大量应用的可拆连接形式，尤其是在化工、石油、冶金、动力等过程工业的承压容器和管道装置中。

法兰连接点一旦发生泄漏，轻则造成能源、物料流失，加重企业负担（因为每一滴泄漏介质都是有成本的），重则引发环境污染、火灾、爆炸、中毒、人身伤亡等恶性事故，使装置停产或报废。据统计，法兰泄漏占全部泄漏事故的 30% 左右。因此，强化法兰的完整性管理是流程工业安全生产必由之路，势在必行。

第一节　概　　述

法兰密封形式一般是依靠其连接螺栓所产生的紧固力，作用在刚性的法兰盘上，再传递给安装在法兰密封面上的各种固体垫片或液体垫片达到足够的工作密封比压，来阻止被密封流体介质的外泄，属于强制密封范畴。法兰结构示意图如图 7-1 所示。

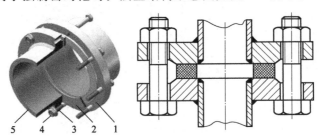

图 7-1　法兰结构示意图
1—法兰；2—垫片；3—螺栓；4—螺母；5—管道/容器

法兰是实现管子与管子相互连接的管道元件,也是实现设备进出口与管子连接的管道元件,也可以是设备与设备实现连接的容器元件。用在管道上的可以称为管道法兰,用在设备上的可以称为设备法兰。但应当指出的是管道本身也属于设备范畴。比如我国的承压类设备就是指锅炉、压力容器和压力管道这三类设备的总称。

法兰连接或法兰接头,一般是指由法兰、密封件(主要是垫片一类)、紧固件(螺栓、螺母和垫圈)、与法兰相连的接管或容器连接组成的一个可拆的密封组合件。

将法兰与垫片接触面处的微观尺寸放大,可以看到表面是凹凸不平的,这就是流体泄漏的通道,如图7-2(a)所示。

将连接法兰的螺栓拧紧,螺栓力通过法兰压紧面作用到垫片上,当垫片单位面积上所受的压紧力达到某一数值时,垫片将产生弹性或者屈服变形,垫片本身被压实,同时填满上、下压紧面处原有的凹凸不平,堵塞流体泄漏通道,形成初始密封条件,如图7-2(b)所示。

阻止流体介质外泄所形成的初始密封条件,即垫片单位面积上受到的压紧力,称为预紧密封比压。

当密封部位通入流体压力介质后,螺栓被拉伸,法兰压紧面沿着彼此分离的方向移动,垫片的压缩量减小,预紧密封比压下降;另外,垫片发生回弹,补偿压紧面的分离,保持一定的密封比压,如图7-2(c)所示。垫片上的这种回弹能力,可弥补螺栓和压紧面的微小位移,而使得预紧密封比压只下降到不小于某一值(这个比压值称为工作密封比压)时,则在此状态下,法兰压紧面之间能够保持良好的密封性能。

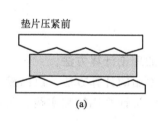 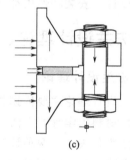

图 7-2 法兰密封机理示意图

反之,如果垫片的回弹能力不足,预紧密封比压下降到工作密封比压以下,甚至压紧密封面之间重新出现缝隙,无法堵塞泄漏通道,则无法达到密封的目的。

"设备法兰完整性管理"就是要保证法兰工作面上的工作密封比压的完整性。

广义的法兰完整性管理是从设计开始,直到法兰退役全过程的管理,包括对法兰连接节点中的法兰、垫片、螺栓(含螺栓反作用力垫圈等的使用)三要素进行强度评估、刚度评估、密封性能评估、最大螺栓安装载荷确定,施工人员专业培训与合格认证,施工规范执行、流程控制与监理、数据管理等定量化的科学管理,是实现以零泄漏为目的的一项综合性措施。其目的就是确保法兰连接节点始终处于无泄漏的服役状态,保证连续化生产企业安全、稳定、长周期运行。狭义的法兰完整性管理可以理解为螺栓定力矩紧固技术的有效应用,其突出特点是挖掘螺栓的全部潜力,使螺栓的紧固力充分有效地作用在密封垫片上,获得法兰连接的最佳效果。

由于法兰的设计或选型、垫片的选型、螺栓的选型都是由设计部门依据相关的国家现行标准(国标或行标)来完成的,已经实现了标准化。但更重要的关键环节是法兰的安装与维护。重点是通过螺栓紧固力的科学控制与管理，在垫片上获得均匀、可靠的工作密封比压，实现密封不漏的量化管理。

实现法兰完整性管理不能理解为只是法兰螺栓扭矩管理，而是应上升为法兰完整性管理体系的运作，是人、机、料、法、环的全面体系管理的结晶。重要的一环是有经过专业培训的管理人员和训练有素的作业人员的保证。同时还应当认识到，目前我国的法兰完整性管理在基础理论、技术水平、检验标准和工器具等方面，还处于引进和模仿阶段，与国际先进水平相比还存在一定的差距。

法兰连接看似简单，只有三个元件，但理论基础还是相当深奥的，还存在着不同的体系和标准，并非每个人都能深入理解和实际应用。因此，应当首先掌握一定的法兰、垫片、螺栓，甚至垫圈的基础知识。

第二节　法　　兰

法兰一词来自英文 flange 一词音译，其使用有 200 年以上的历史。它是法兰连接结构中实现压紧垫片，形成密封结构而提供强度和刚度保证的金属构件，俗称法兰盘或凸缘盘。

由于法兰连接有较好的强度和紧密性，形成强制密封结构，而且可选用的公称尺寸范围十分广泛，在设备和管道上都能应用，故法兰连接的应用相当广泛。而且无论国外和国内，法兰的设计、安装和使用都已经实现了标准化。

一、法兰设计理论、标准体系

1. 法兰设计理论

法兰设计理论主要依据材料力学、塑性力学、弹性力学的理论计算方法。

（1）材料力学计算方法　材料力学计算方法是一种较为原始的计算方法，以巴赫法及札哈林科法为代表。这两种计算方法计算模型过于简化，通过大量计算比较和实践表明，结果是偏于危险，目前已不采用。

（2）塑性极限强度理论计算方法　前西德的 AD 规范、英国的 BS 1500—58 法及苏联的 PTM 42—62 法都属于塑性极限强度理论的计算方法。

（3）弹性分析计算方法　主要代表有铁摩辛柯法、华特氏法、龟田法等。其中华特氏法相继为美、英、法、日等国规范所采用。

2. 国际管法兰标准体系

（1）国际管法兰标准体系　国际管法兰标准主要有两个体系，即以德国 DIN（包括前苏联）为代表的欧洲管法兰体系和以美国 ANSI 为代表的美洲管法兰体系，且两者是不能互换的管法兰体系。除此之外，还有日本 JIS 管法兰体系，但仅用于公用工程领域，而且在国际上影响较小。

最具代表性的国际管法兰标准是 ASME B16.5《管法兰和法兰管件（NPS1/2～NPS24）》和 ASME B16.47《大直径钢法兰（NPS26～NPS60）》。

欧标和美标管法兰标准的差异如下。

① 除前苏联 ГОСТ 标准外，都是以英制管为对象。

② 德国与美国两大体系的管法兰公称压力等级基本上是不同的，相互交叉但也有重复。

③ 两个体系的管法兰连接尺寸完全不同，无法互配。

④ 两个体系的管法兰以压力等级来区分最为合适，即欧洲体系为 0.25、0.6、1.0、1.6、2.5、4.0、6.3、10.0、16.0、25.0、32.0、40.0（MPa），美洲体系为 1.0、2.0、5.0、11.0、15.0、26.0、42.0（MPa）。

(2) 我国管法兰标准体系　我国的法兰设计及分析方法，多参照国外相应标准而制定。1958 年，化工部的 HG 5003～5028—1958"管法兰标准"是我国制定的第一套法兰标准。随后又由化工部、一机部联合制定了 TH 3009—1959"设备法兰标准"及一机部制定的 JB 75—1959 等"法兰标准"。目前我国的标准体系的理论基础为"华特氏法"，即弹性理论。

① 国家法兰标准体系简介。1988 年我国出台的国家标准 GB 9112～9125—1988《钢制管法兰》标准，采纳了 ISO/DIS 7005—I 这个国际标准草案的原则。目前我国现行的国家标准是 GB/T 9112～9124—2010《钢制管法兰》系列标准，该标准是 GB/T 9112～9131—2000《钢制管法兰》综合标准的修订版。其中 GB/T 9124.1—2019《钢制管法兰　第 1 部分：PN 系列》、GB/T 9124.2—2019《钢制管法兰　第 2 部分：Class 系列》为最新版本。

② 机械行业法兰标准简介。现行国家机械行业 JB/T 74～86—2015《钢制管路法兰》标准是 JB/T 74～86.2—1994《管路法兰》修订版。

③ 化工行业法兰标准简介。现行国家化工行业 HG/T 20592～0635—2009《钢制管法兰》标准是 HG 20592～20635—1997《钢制管法兰》修订版。

④ 石化行业法兰标准简介。现行国家石化行业 SH/T 3406—2013《石油化工钢制管法兰》标准是在 SH 3406—1996《石油化工钢制管法兰》基础上修订的。

标准使用注意事项如下。

① 尽管国内外法兰标准之间存在一致性和互换性，但使用者应了解各标准中共性的内容和特殊的规定，这样才能灵活使用标准，在生产、设计工作中充分体现标准法兰的互换性和一致性。

② 我国法兰标准不论是国家标准还是行业标准，不外乎欧洲法兰体系和（或）美洲法兰体系。这两大体系的法兰尺寸、压力温度等级均没有互换性和可比性。工程设计中应确定主要选用体系，对于非大型、复杂的管道工程，建议选用单一的法兰体系。

③ 与法兰连接的管子的外径尺寸（俗称接管外径）是选择法兰标准的主要参数，也是保障法兰与工程中采购的钢管连接匹配的重要尺寸。

二、法兰的类型

法兰的分类方法有多种。法兰根据应用可分为容器法兰或管道法兰等，根据制造材料可分为钢法兰、铸铁法兰、有色金属法兰、搪玻璃法兰和塑料法兰等，根据密封面的宽窄可分为宽面法兰和窄面法兰，根据几何形状可分为圆形法兰、矩形法兰、椭圆形法兰和长圆形法兰等，根据法兰与容器和管道的连接方式分为焊接法兰和非焊接法兰两大类。

焊接法兰又分为平焊法兰、（带颈）对焊法兰、承插焊法兰和整体法兰等。根据法兰形式不同，平焊法兰可细分为板式平焊法兰和带颈平焊法兰。

非焊接法兰则分为松（活）套法兰、螺纹法兰和法兰盖等。而松套法兰又细分为平焊环松套法兰和对焊环松套法兰，其松套法兰有板式和带颈的。螺纹法兰可再分为板式螺纹法兰和带颈螺纹法兰等。

（1）板式平焊法兰　法兰与设备或管道采用平面角焊缝的形式连成一整体。板式平焊法兰在操作时受力状态差，易发生形变，仅适用于低压场合，如图7-3所示。

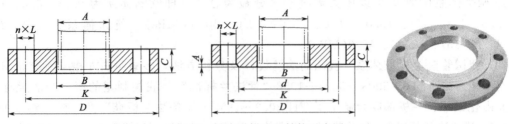

图7-3　板式平焊法兰结构示意图

板式平焊法兰（化工标准HG 20592、国家标准GB/T 9119、机械标准JB/T 81）取材方便、制造简单、成本低、使用广泛，但刚性较差，因此不得用于有供热、易燃、易爆和较高真空度要求的化工工艺配管系统和高度、极度危害的场合。其密封面形式有平面和突面。

（2）带颈平焊法兰　它在板式平焊法兰基础上增加了一段厚壁的短节法兰颈，增强了法兰的刚度，改善了法兰的承载能力。

带颈平焊法兰属于国标法兰标准体系。它是国标法兰（又称GB法兰）的其中一种表现形式，是设备或管道上常用的法兰之一，适用于中低压场合，如图7-4所示。

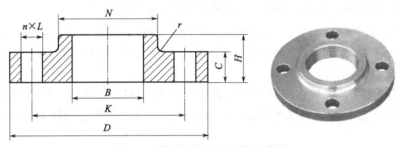

图7-4　带颈平焊法兰结构示意图

带颈平焊法兰与带颈对焊法兰相比，颈部高度较低，所以法兰的生产采用滚轧或模锻工艺，比高颈法兰简单，在引进的石油化工装置中普遍使用。带颈平焊法兰采用角焊或部分焊透填角焊缝的结构，现场安装较方便，对施工单位可省略焊缝拍片探伤的工序，所以较受欢迎。但带颈平焊法兰不应用于有频繁的大幅度温度变化的管道系统。

（3）带颈对焊法兰　带颈对焊法兰又称高颈法兰，与管子之间采用的是对焊连接，焊接时产生的应力集中小，能承受较高的压力。它适用于压力、温度较高和管子直径较大的场合，如图7-5所示。

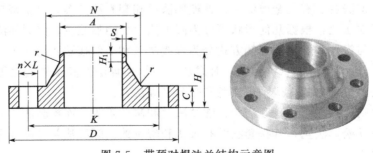

图7-5　带颈对焊法兰结构示意图

（4）承插焊法兰　带颈承插焊钢制管法兰与带颈平焊钢制管法兰的特点与应用场合基本相同，如图 7-6 所示。

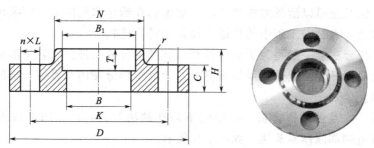

图 7-6　承插焊法兰结构示意图

承插焊法兰是一端与钢管焊接，而另一端用螺栓连接的法兰。

密封面形式：突面（RF）、凹凸面（MFM）、榫槽面（TG）、环连接面（RJ）。

应用范围：锅炉压力容器、石油、化工、造船、制药、冶金、机械、冲压弯头、食品等行业承插焊法兰常用于 PN 不大于 10.0MPa、DN 不大于 40 的管道中。

（5）螺纹法兰　螺纹法兰的特点是法兰与管壁通过螺纹进行连接，两者之间既有一定连接，又不完全形成一个整体。这种法兰对管壁产生的附加应力较小，如图 7-7 所示。

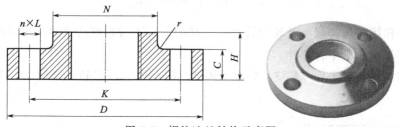

图 7-7　螺纹法兰结构示意图

螺纹法兰是将法兰的内孔加工成管螺纹，并和带螺纹的管子配套实现连接，是一种非焊接法兰。和平焊法兰或对焊法兰相比，螺纹法兰具有安装、维修方便的特点，可在一些现场不允许焊接的管线上使用。如合金钢法兰有足够的强度，但不易焊接，或焊接性能差，亦可选择螺纹法兰。但在管道温度变化急剧或温度高于 260℃ 且低于 −45℃ 的条件下，不建议使用螺纹法兰，以免发生泄漏。

（6）对焊环松套法兰　对焊环松套法兰主要适用于具有腐蚀性介质的管道系统，如图 7-8

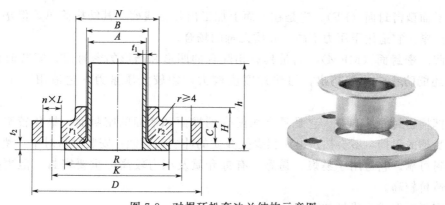

图 7-8　对焊环松套法兰结构示意图

所示。法兰和对焊环可以采用不同的材料,所以能节省不锈钢的用量,降低法兰成本,提高使用性能。

对焊环松套法兰是可以活动的法兰片,一般配套在给排水配件上,厂家出厂时伸缩节两端就各有一片法兰,直接与工程中的管道、设备用螺栓连接。

使用对焊环松套法兰一般是为了节省材料,其结构分成两部分,管子部分一端和管道连接,另一端做成对焊环。法兰采用低等级材料,而管子部分使用和管道一样的材料,可达到节省材料的目的。

(7) 法兰盖　法兰盖又称盲板,是中间不带孔的法兰。它的作用是封闭管路或隔断管路,主要用于管道端部或作封头用,如图7-9所示。

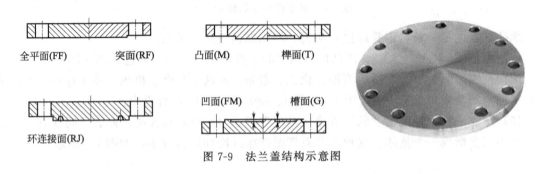

图7-9　法兰盖结构示意图

法兰盖的作用与焊接封头及丝扣管帽是一样的,只不过盲板法兰和丝扣管帽可以随时拆卸下来,而焊接封头则不行。

法兰盖密封面有全平面(FF)、突面(RF)、凹凸面(MFM)、榫槽面(TG)、环连接面(RJ)。

三、法兰密封面形式

法兰的密封性能与法兰压紧密封垫片的密封面形式有直接的关系。法兰密封面形式主要根据工艺条件(温度、压力、流体介质的性质)、密封口径以及准备采用的垫片情况进行选择。法兰密封面的几何尺寸和表面加工的质量要求必须与相应的垫片相配合。目前有全平面(FF)、突面(RF)、凸面(M)、凹面(F)、榫面(T)、槽面(G)、环连接面(RJ),一般凹凸面(MFM)、榫槽面(TG)、环连接面(RJ)都是配对使用,如图7-10所示。

(1) 平面型密封面(FF)　它是在平面上加工出几道浅槽,其结构简单,但垫片难以固定,不易压紧。它适用于压力不高、介质无毒的场合。

(2) 凹凸密封面(MFM)　它是具有相配合的凹形和凸形的密封面,安装时便于对中和固定,还能防止垫片被挤出;但垫片宽度较大,须较大压紧力。它适用于压力稍高的场合。

(3) 榫槽密封面(TG)　它是具有相配合的榫面和槽面的密封面,垫片较窄,放在槽内,由于受槽的阻挡,不会被挤出;很少受介质的冲刷和腐蚀;安装时易对中,垫片受力均匀,故密封可靠。它适用于易燃、易爆、有毒介质及压力较高的重要密封,但更换垫片困难,法兰造价较高。

法兰密封面形式及代号如表7-1所示。

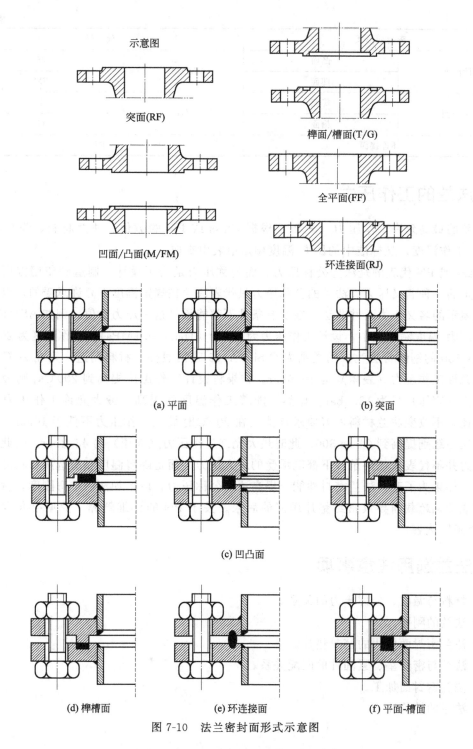

图 7-10　法兰密封面形式示意图

表 7-1　法兰密封面形式及代号

密封面形式	代　号
平面	FF
突面	RF

续表

密封面形式		代　号	
凹凸面	凸面	MFM	M
	凹面		FM
榫槽面	榫面	TG	T
	槽面		G
环连接面		RJ	

四、法兰的工作压力

法兰的最高允许工作压力（表压）根据 Class 或 PN 的数值、法兰材料、设计温度或（最大）工作温度，从标准中的压力-温度额定值表中查取。

Class 或 PN 代表的是法兰公称压力。而公称压力是为了设计、制造和使用方便，而人为地规定的一种名义压力。法兰的公称压力只代表法兰在规定温度下允许承受的，以压力等级方式表示的名义压力，并非法兰在所有条件下都能承受这一压力数值。例如 ASME B16.5 给出的压力-温度额定表中，设计工作压力为 16bar（1bar=0.1MPa）、工作温度为 20℃、选用 Class 150 的钢制管法兰，用类别为 C-Si（A105 碳钢锻件）材料制造，则在 20℃时法兰的最大允许工作压力（表压）为 19.6bar。如果将设计工作温度提高到 200℃，则最大允许工作压力（表压）只为 13.8bar。显然，随着工作温度的提高，最大允许工作压力相应减小。因此，不改变法兰材料，若要求该法兰在 200℃时最大工作压力不低于 16bar，则需要将法兰压力级别提高到 Class 300，此时最大允许工作压力（表压）为 43.8bar。因此，法兰公称压力并不代表在任何条件下都能承受的最大压力，而是随着温度和所选用材料的不同有所变化。如果为了改善法兰密封性能，提高法兰公称压力，以增加法兰抗弯刚度，就要留意可能造成螺栓超载而导致密封垫片压溃的后果。关于 PN 的详细解释，参见第九章第三节"压力管道"内容。

五、法兰选用注意事项

① 材料与温度、公称压力的关系。
② 法兰的刚性。
③ 法兰密封面使用的密封垫片。
④ 法兰与密封垫、紧固件的匹配关系。
⑤ 法兰密封面加工。
⑥ 法兰的性价比。

第三节　垫　　片

垫片是设备和管道法兰防止泄漏而实现密封不可缺少的组成件之一。垫片密封通常是指由管道的连接件和垫片组成的一种静密封结构形式，并且已经实现了标准化设计和使用。

一、垫片密封原理

垫片的密封原理是依靠外力压紧使垫片材料产生弹性或塑性变形，从而填满密封面上微小的凹凸不平，切断泄漏通道，实现密封的目的。

垫片所能承受的外力是有限度的。如果压紧力不足，则无法实现填满密封面上微小的凹凸不平及切断泄漏通道的目的；而压紧力太大，往往又会使垫片产生过大的压缩变形甚至破坏。

为了有效实现垫片的密封效果，必须保证表征垫片的两个重要参数：最小有效压紧力设计值 Y 和垫片系数 m。

1. 最小有效压紧力设计值 Y

设垫片的受压面积为 A_g，则垫片所受的平均预紧压力 σ_{go} 为

$$\sigma_{go} = \frac{F_0}{A_g} \tag{7-1}$$

此时管道内无压力，如图 7-11(a) 所示。

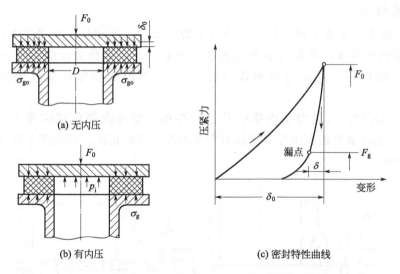

(a) 无内压

(b) 有内压

(c) 密封特性曲线

图 7-11　垫片工作时变形情况示意图

若管道内压为 p_i，总压力为 $\frac{\pi}{4}D^2 p_i$，方向与 F_0 相反。在此压力作用下，垫片被放松回弹，回弹量为 δ，垫片上的压紧应力减小为

$$\sigma_g = \frac{F_0 - (\pi D^2)\frac{p_i}{4}}{A_g} \tag{7-2}$$

式中，D 为压紧力的作用直径。通过试验，可以得出密封垫片的密封特性曲线，如图 7-11 所示。压紧后的垫片放松到一定程度时即出现泄漏，在密封特性曲线上反映这一点的是 σ_c。也就是说，垫片密封所需的最小压紧应力为 σ_c。σ_c 对应于一定的内压 p_{ic}，当预压紧应力小于 σ_c 时，垫片不能做到有效的密封，所以 σ_c 是垫片密封与未密封的分界点，也称

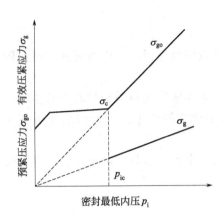

图 7-12 垫片的密封特性曲线

为"漏点",是压紧程度的最低极限。

垫片工作时,首先在外加压紧力 F_0 的作用下形成初始压缩量为 δ_0。

在图 7-12 的下方是内压作用下的有效压紧应力曲线。σ_c 对应的点就是最小有效压紧应力,它是一个极限值,在应用时应加以一定量的安全系数。把加过安全系数的最小有效压紧应力作为选用和计算密封垫片时的设计值,简称 Y 值。

Y 值是密封垫片的固有值,只与密封垫片本身的材料、形状有关,而与介质的种类及内压的大小无关。通常密封垫片生产厂都在样本或产品说明书中给出 Y 的推荐值,或者各部门根据长期使用经验规定出标准值。

密封垫片的最小有效压紧应力设计值 Y 并没有反映管道内介质工作压力的影响,因而作为选用密封垫片的准则是不完善的,还需引用另一个重要参数——垫片系数 m。

2. 垫片系数 m

管道内压的影响主要表现在使压紧垫片的螺栓伸长,因而法兰面之间的间隙增大,使预紧状态下的垫片回弹,垫片的变形量减小。因此,在最小预紧压应力 σ_c 的作用下,垫片能封住一定的内压(σ_c 所对应的横坐标点),但当内压超过此值时垫片就不能做到密封。

当管道无内压时,预紧力是由螺栓拧紧产生的,螺栓内部形成拉应力。设总拉力为 F_{bo},而垫片受到压紧力的大小与螺栓拉力大小相等、方向相反。在数值上有 $F_{go}=F_{bo}$,如图 7-13(a) 所示。

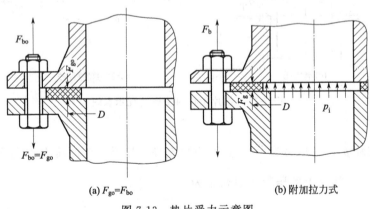

(a) $F_{go}=F_{bo}$ (b) 附加拉力式

图 7-13 垫片受力示意图

内压作用后使法兰分离,于是对螺栓附加了一个拉力,如图 7-13(b) 所示。其值为

$$\frac{\pi}{4}D^2 p_i \tag{7-3}$$

式中 D——垫片的有效直径。

当垫片开始发生泄漏时,垫片的有效压紧应力与内压之比 m 称为"垫片系数",即

$$m=\frac{\sigma_g}{p_i} \tag{7-4}$$

垫片系数 m 与垫片的种类、尺寸、形状、环境温度、介质压力以及法兰密封面的表面粗糙度等因素有关。表7-2为几种密封垫片的试验数据。

垫片系数 m 是设计、选择密封垫片的重要参数，是保证密封的必要条件是

$$\sigma_g \geqslant m p_i \tag{7-5}$$

实际上，在设计密封垫片时，密封垫片的最小有效压紧应力设计值 Y 和垫片系数 m 必须同时满足，即应符合下面条件

$$A_g = \frac{A_e p_i}{Y - m p_i} \tag{7-6}$$

式中，A_e 为有效承压面积。这里 A_e 和 p_i 在使用条件下是给定的，垫片系数 m、最小有效压紧应力设计值 Y 可以在密封垫片产品样本中查到。表7-2中给出几种垫片的 m 值，可利用式(7-6)计算出垫片的相应尺寸。

表 7-2　垫片系数 m 试验值（介质为水）

垫片种类	预紧压应力 σ_{go}/MPa	泄漏开始时压力 p_i/MPa	有效压紧应力 σ_g/MPa	垫片系数 $m=\sigma_g/p_i$
橡胶垫片 试样尺寸： $\phi75mm \times \phi61mm \times 1.6mm$	5.40 7.18 15.0	1.5 2.5 5.0	2.46 3.27 4.80	1.64 1.63 0.96
石棉橡胶板 试样尺寸： $\phi75mm \times \phi61mm \times 1.6mm$	2.09 4.26 10.0 20.0	0.3 0.7 3.3 8.0	1.52 2.93 4.97 7.20	5.10 4.20 1.65 0.91
纸垫片 试样尺寸： $\phi75mm \times \phi61mm \times 1.6mm$	2.09 2.42 3.96	0.6 0.7 1.2	0.92 1.06 1.62	1.53 1.51 1.35
缠绕垫垫片 试样尺寸： $\phi60mm \times \phi48mm \times 5mm$	10.0 20.0 30.0 40.0 50.0 60.0	0.5 0.6 1.1 2.3 6.4 10.0	9.1 18.9 28.0 35.0 38.7 42.3	18.2 31.6 25.5 12.0 6.2 4.2

二、垫片的种类

垫片的种类繁多，按使用材料和结构大致可分为以下三大类。

(1) 非金属垫片　包括橡胶、石棉橡胶板、柔性石墨、聚四氟乙烯等垫片，其截面形状皆为矩形。

(2) 金属复合型垫片　包括各种金属包垫、金属缠绕垫。

（3）金属垫片　包括金属平垫、波形垫、环形垫、齿形垫、透镜垫、三角垫、双锥环、C形环、中空O形环等。

按照密封分类的原则，上述垫片中的第一、第二和第三类中的金属平垫、波形垫、环形垫、齿形垫、透镜垫属于强制型密封，而其余则为半自紧或自紧式密封。

三、垫片的选用

正确选用密封垫片是保证管道工程无泄漏之关键。对于同一种工况，一般有若干种垫片可供选择。必须根据介质的物性、压力、温度和设备大小、操作条件、连续运转周期等情况，合理地选择垫片。

1. 垫片的性能要求

① 材料致密性好，不易泄漏介质。
② 垫片材料表面较软、硬度小，易形成初始密封条件。
③ 垫片材料应具有一定的力学强度，不易被压溃。
④ 良好的压缩性和回弹性，永久变形小。
⑤ 高温下不软化、不分解，低温下不硬化、不脆裂。
⑥ 广泛的化学适应性，符合环保要求。
⑦ 不与容器介质发生反应，不污染容器介质，较好的耐流体冲刷性。
⑧ 加工制造方便、价格便宜、容易安装和拆卸。

2. 垫片的选用原则

(1) 选用或订购垫片时应了解以下数据。
① 相配法兰的密封面形式和尺寸。
② 法兰及垫片公称尺寸。
③ 法兰及垫片公称压力。
④ 流体介质的温度。
⑤ 流体介质的理化性质。

(2) 选用垫片时还应考虑以下因素。
① 有良好的压缩及回弹性能，能适应温度和压力的波动。
② 有良好的可塑性，能与法兰密封面很好地贴合。
③ 对有应力腐蚀开裂倾向的某些金属（如奥氏体不锈耐酸钢）法兰，应保证垫片材料不含会引起各种腐蚀的超量杂质，如控制垫片氯离子含量以防对法兰腐蚀。
④ 不污染介质（指密封介质是饮用水、血浆、药品、食品、啤酒等）。
⑤ 对密封高度毒性的化学品，要求垫片应具有更大的安全性；对于输送易燃液体的管道系统，要求垫片用于法兰上的最高使用压力和最高使用温度在限制范围内。
⑥ 低温时不易硬化，收缩量小；高温时不易软化，抗蠕变性能好。
⑦ 加工性能好，安装及压紧方便。
⑧ 不黏结法兰密封面，拆卸容易。

3. 标准垫片的选用

常用标准垫片的选用原则如表7-3所示。

表 7-3　常用标准垫片的选用原则

垫片形式		垫片材料	使用条件		适用密封面形式	用途
			PN	$t/℃$		
非金属平垫片	石棉橡胶垫片	XB 200	≤1.5	≤200	全平面 突面 凹凸面 榫槽面	用于水、蒸汽、空气、氨（气态或液态）及惰性气体
		XB 350	≤4.0	≤350		
		XB 450	≤6.0	≤450		
	耐油石棉橡胶垫片	NY 150	≤1.5	≤150	全平面 突面 凹凸面 榫槽面	用于油品、液化石油气、溶剂等介质。对于汽油及航空汽油不适用
		NY 250	≤2.5	≤250		
		NY 400	≤4.0	≤400		
	非石棉纤维橡胶垫片	有机纤维增强	≤14	370（连续 205）	全平面 突面 凹凸面 榫槽面	视黏结剂（SBR、NBR、CR 及 EPDM 等）而定
		无机纤维增强	≤14	425（连续 290）		
	聚四氟乙烯包覆垫片	包覆层：聚四氟乙烯 嵌入层：石棉橡胶板	≤5.0	≤150	全平面 突面	用于各种腐蚀性介质及有清洁要求的介质
金属复合垫片	缠绕式垫片	填充带材料	≤26.0	特制石棉 ≤500	突面 凹凸面 榫槽面	用于各种液体及气体介质。若用于氢氟酸介质，应采用石墨带配蒙乃尔合金钢带材料
				聚四氟乙烯 −200～260		
				柔性石墨 ≤600（对于非氧化性介质：≤800）		
	金属冲齿板柔性石墨复合垫片	芯板材料	≤6.3	低碳钢 ≤450	突面 凹凸面 榫槽面	用于蒸汽及各种腐蚀性介质 不适用于有洁净要求的管线
				0Cr19Ni9 ≤650		
	金属包覆垫片	包覆层材料	≤11.0	纯铝板 L3 ≤200	突面	用于蒸汽、煤气、油品、汽油、溶剂及一般工艺介质
				纯铜板 T3 ≤300		
				低碳钢 ≤400		
				不锈钢 ≤500		
	金属波齿复合垫片	齿形环和覆盖层材料	≤26.0	10 或 08/柔性石墨 ≤450	突面 凹凸面 榫槽面	用于中高压管道
				0Cr13/柔性石墨 ≤540		
				0Cr19Ni9/柔性石墨 ≤650		

续表

垫片形式		垫片材料	使用条件		适用密封面形式	用途
			PN	$t/℃$		
金属垫片	环形垫片	08 或 10	≤42.0	≤450	环连接面	用于高温、高压管道
		0Cr13		≤540		
		0Cr19Ni9		≤600		
		00Cr17Ni14Mo2		≤600		
	齿形垫片	08 或 10	≤16.0	≤450	突面 凹凸面	用于高温、高压管道
		0Cr13		≤540		
		0Cr19Ni9		≤600		
		0Cr17Ni12Mo2		≤600		
	透镜垫	20	≤32.0	-50~200	锥形面	用于高压及含氢、含酸介质的密封
		18Cr3MoWVA		≤400		
		1Cr18Ni9Ti		-50~200（含酸介质）		

四、非金属垫片

非金属材料制成的平垫片，在垫片品种中占有很大的比重。

1. 管法兰用非金属平垫片（GB/T 9126—2008）

非金属平垫片是指用非金属密封材料加工制作的垫片。非金属材料中有石棉橡胶密封板、聚四氟乙烯、橡胶等。近几年来又出现了非石棉纤维橡胶密封板作为垫片的材料。

（1）适用范围 管法兰用非金属平垫片适用于公称压力 PN0.25～PN5.0 的平面、突面、凹凸面和榫槽面法兰密封。

（2）标记 标记方式如下：

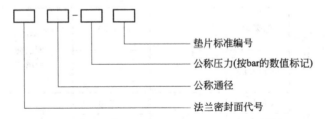

例如公称尺寸 50mm、公称压力 1.0MPa 的平面管法兰用非金属平垫片的标记为：

非金属平垫 FF DN50-PN10 GB/T 9126—2008

（3）垫片结构图 PN0.25、PN0.6、PN1.0、PN1.6 和 PN2.0 的全平面密封（代号为 FF）管法兰用非金属平垫片结构图如图 7-14 所示。

2. 管法兰用非金属聚四氟乙烯包覆垫片（GB/T 13404—2008）

聚四氟乙烯包覆垫片是一种非金属复合型软垫片，一般由包封皮及嵌入物两部分组成。包封皮主要起抗腐蚀作用，通常由聚四氟乙烯材料制成。嵌入物（填料）为带或不带金属加强筋的非金属材料，通常由石棉橡胶板制成。

（1）适用范围 聚四氟乙烯包覆垫片主要适用于全平面及突面钢制管法兰连接，适用

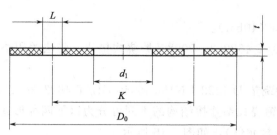

图 7-14 全平面密封管法兰用非金属平垫片结构图

公称压力为 0.6～5.0MPa、工作温度为 0～150℃ 的腐蚀介质或对清洁度有较高要求的介质。

（2）标记　例如公称尺寸 50mm、公称压力 1.0MPa 的剖切型聚四氟乙烯包覆垫片的标记为：

$$S\text{-}50\text{-}1.0 \text{ GB/T } 13404\text{—}2008$$

（3）垫片结构图　管法兰用非金属聚四氟乙烯包覆垫片结构图如图 7-15 所示。

图 7-15　非金属聚四氟乙烯包覆垫片结构图

五、金属复合垫片

非金属材料制成的垫片虽具有很好的柔软性、压缩性和螺栓载荷低等优点，但耐高温、高压性能均不如金属垫片，所以结合金属材料强度高、回弹性好、能承受高温的特点，制成具有两者组合结构的垫片，即金属复合垫片或半金属垫片。

1. 金属缠绕式垫片（GB/T 4622.1—2009）

金属缠绕式垫片是由金属带和非金属带螺旋复合绕制而成的一种半金属平垫片。

（1）标记　标记方式如下：

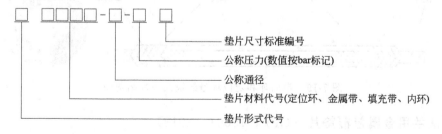

垫片形式：带内环和定位环型。

垫片材料：定位环材料为低碳钢、金属带材料为 0Cr18Ni9、填充带材料为柔性石墨、内环材料为 0Cr18Ni9。

公称通径：150mm。

公称压力：4.0MPa（40bar）。

垫片尺寸标准：GB/T 4622.2—2008《缠绕式垫片　管法兰用垫片尺寸》。

标记为：

　　　　　　　缠绕垫 D 1222-DN150-PN40 GB/T 4622.2—2008

（2）垫片结构图　缠绕式垫片按结构的不同可分为以下四种形式。

① 基本型（又称密封元件），如图7-16所示。

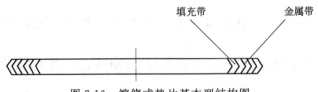

图7-16　缠绕式垫片基本型结构图

② 带内环型（带有内环和密封元件的组合），如图7-17所示。

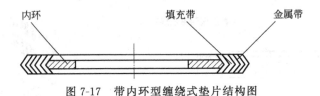

图7-17　带内环型缠绕式垫片结构图

③ 带定位环型［带有定位环（外环）和密封元件的组合］，如图7-18所示。

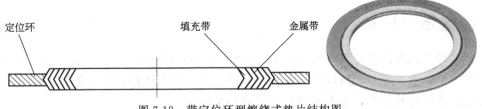

图7-18　带定位环型缠绕式垫片结构图

④ 带内环和定位环型（带有内环、定位环和密封元件的组合），如图7-19所示。

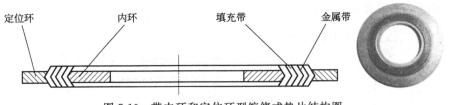

图7-19　带内环和定位环型缠绕式垫片结构图

2. 管法兰用金属包覆垫片（GB/T 15601—2013）

金属包覆垫片是以非金属材料为芯材，切成所需的形状，外面包以厚度为0.25~0.5mm的金属薄板组成的一种复合垫片。根据包覆状态，一般分为平面型包覆和波纹型包覆两种。

金属薄板可根据材料的弹塑性、耐热性和耐腐蚀性选取，其材料主要有黄铜、铝、软钢、不锈钢、钛和蒙乃尔合金等；作为包覆垫片中的芯材，一般有石棉板或石棉橡胶板、聚四氟乙烯、柔性石墨板材以及碳纤维或陶瓷纤维等。

（1）标记　例如公称尺寸 50mm、公称压力 2.0MPa 的波纹型金属包覆垫片的标记为：
C-50-2.0 GB/T 15601—2013

（2）垫片结构图

① 平面型。平面型金属包覆垫片结构图如图 7-20 所示。

② 波纹型。波纹型金属包覆垫片结构图如图 7-21 所示。

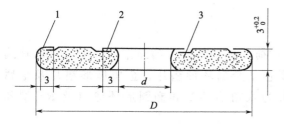 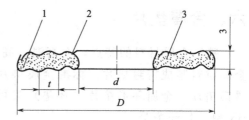

图 7-20　平面型金属包覆垫片结构图　　　　图 7-21　波纹型金属包覆垫片结构图
1—垫片外壳；2—垫片盖；3—填充材料　　　　1—垫片外壳；2—垫片盖；3—填充材料

3. 柔性石墨金属波齿复合垫片（GB/T 19066.2—2020）

由柔性石墨做成的金属波齿复合垫片是在机械加工成波齿状的金属板两面覆上柔性石墨的一种复合垫片。这种垫片既有金属的强度，又有波纹弹性的特点，耐受的最高温度为 650℃、最大压力可达 26.0MPa，适用于公称压力 26.0MPa 以下的突面、凹凸面及榫槽面带颈对焊钢制管法兰、压力容器法兰、阀门及换热器等管道和设备的密封。

（1）标记　垫片形式：带定位环型；金属骨架材料：0Cr18Ni9；公称尺寸：150mm；公称压力：4.0MPa（40bar）；垫片尺寸标准：GB/T 19066.2—200。其标记为：

波齿垫　B3-DN150-PN40　GB/T 19066.2—200

（2）垫片结构图

① 基本型柔性石墨金属波齿复合垫片结构图如图 7-22 所示。

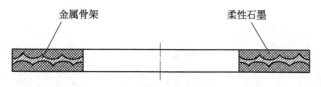

图 7-22　基本型柔性石墨金属波齿复合垫片结构图

② 带定位环型石墨金属波齿复合垫片结构图如图 7-23 所示。

图 7-23　带定位环型石墨金属波齿复合垫片结构图

③ 带隔条型石墨金属波齿复合垫片结构图如图 7-24 所示。

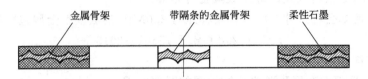

图 7-24　带隔条型石墨金属波齿复合垫片结构图

六、金属垫片

基于金属材料的特点，在高温、高压及载荷变化频繁等苛刻操作条件下，可以首选金属材料制成密封垫片。标准金属垫片主要包括金属环形垫片、金属齿形垫片及金属透镜垫片。金属环形垫片（环垫）又可细分为八角形环垫和椭圆形环垫以及 RX 型和 BX 型自紧环垫等。

1. 钢制管法兰用金属环形垫片（GB/T 9128—2003）

金属环形垫片是用金属材料加工成截面形状为八角形或椭圆形的实体金属垫片，具有径向自紧密封作用。故金属环形垫片是靠垫片与法兰梯形槽的内外侧面（主要是外侧面）接触，并通过压紧而形成密封的。

八角形环垫与法兰槽相配，主要表现为面接触。同椭圆形环垫相比，虽然不易与法兰槽达到密合，但却能再次使用，并且因截面由直线构成，容易加工。椭圆形环垫与法兰槽是线接触，密封性较好，但加工精度要求高，因而增加了制造成本，同时椭圆形环垫不能重复使用。

金属环形垫片适用的公称压力为 2.0～42.0MPa。

（1）标记　例如环号为 20、材料为 0Cr19Ni9 的八角形金属环形垫片的标记为：

八角垫　R.20-0Cr19Ni9　GB/T 9128—2013

（2）垫片结构图　金属环形垫片按截面形状分为八角形和椭圆形两种结构，如图 7-25 所示。

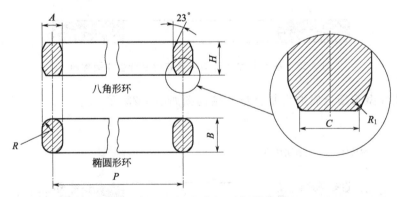

$R=A/2$；$R_1=1.6mm(A\leq22.3mm)$；$R_1=2.4mm(A>22.3mm)$。

图 7-25　金属环形垫片结构图

2. 金属齿形垫片 (JB/T 88—2014)

金属齿形垫片也是一种实体金属垫片,垫片的剖切面呈锯齿形,齿距 $t=1.5\sim2$mm,齿高 $h=0.65\sim0.85$mm,齿顶宽度 $C=0.2\sim0.3$mm。在密封面上车削若干个同心圆,其齿数为 7~16,视垫片的规格大小而定。金属齿形垫片的结构形式有基本型、带外环型、带内环型及带内外环型四种,比较常见的结构为基本型。由于金属齿形垫片密封表面接触区的 V 形筋形成许多具有压差的空间线接触,所以密封可靠,使用周期长。和一般金属垫片相比,这种垫片需要的压紧力较小。金属齿形垫片的缺点是,在每次更换垫片时,都要对两法兰密封面进行加工,因而费时费力。另外,垫片使用后容易在法兰密封面上留下压痕,故一般用于较少拆卸的部位。金属齿形垫片适用的公称压力为 1.6~25.0MPa。

(1) 标记 例如公称尺寸 100mm、公称压力 6.3MPa、材料为 0Cr19Ni9 的凹凸面管法兰用金属齿形垫片的标记为:

齿形垫 100-63 0Cr19Ni9 JB/T 88—2014

(2) 垫片结构图 公称压力为 4.0MPa、6.3MPa、10.0MPa 及 16.0MPa 的凹凸面管法兰用金属齿形垫片如图 7-26 所示。

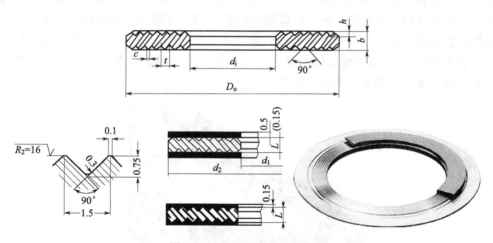

图 7-26 金属齿形垫片结构图

3. 金属透镜垫片 (JB/T 2776—2010)

在高压管道连接中,广泛使用透镜垫片密封结构。透镜垫片的密封面均为球面,与管道的锥形密封面相接触,初始状态为一环线。在预紧力作用下,透镜垫片在接触处产生塑性变形,环线状变成环带状,密封性能较好。由于接触面是由球面和斜面自然形成的,垫片易对中。透镜垫片密封属于强制密封,密封面为球面与锥面相接触,易出现压痕,零件的互换性较差。此外,透镜垫片制造成本较高,加工也较困难。

我国通用机械行业现行角式高压阀门端法兰,采用透镜垫片密封,其适用公称压力为 16.0~32.0MPa,公称尺寸为 3~200mm,使用温度为 −30~200℃。

(1) 标记 例如外径 50mm、内径 39mm 的透镜垫片的标记为:

透镜垫 50×39 JB/T 2776—2010

(2) 垫片结构图 透镜垫片结构图如图 7-27 所示。

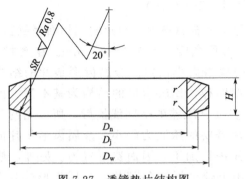

图 7-27 透镜垫片结构图

第四节　紧固件

螺纹是在圆柱（或圆锥）表面上沿螺旋线形成的具有相同剖面（三角形、梯形、锯齿形等）的连续凸起和沟槽。螺纹在管道工程中应用很多。加工在外表面的螺纹称为外螺纹，加工在内表面的螺纹称为内螺纹。内、外螺纹旋合在一起，可起到连接及密封等作用。

据传在公元前 3 世纪，古希腊著名科学家阿基米德（约公元前 287～公元前 212）发明了"阿基米德螺旋"，这就是螺纹的前身，如图 7-28 所示。这是人类历史上第一个螺丝状装置。因此，阿基米德被称为"螺丝之父"。

图 7-28　阿基米德螺旋示意图

一、螺纹的形成及种类

1. 螺纹的形成

各种螺纹都是根据螺旋线原理加工而成的。

（1）外螺纹的形成　在车床上加工外螺纹情况如图 7-29(a) 所示。工件等速旋转，车刀沿轴线方向等速移动，刀尖即形成螺旋线运动。车刀刀刃形状不同，在工件表面切去部分的截面形状也不同，因而形成各种不同的螺纹。

（2）内螺纹的形成　先钻底孔，然后加工内螺纹情况如图 7-29(b) 所示。

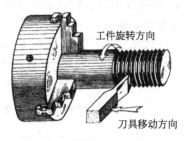 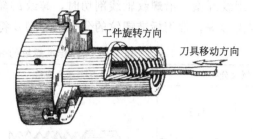

(a) 车外螺纹　　　　　　　　　　　　(b) 车内螺纹

图 7-29　螺纹加工示意图

2. 螺纹的种类

按照螺纹的用途，大体可分为以下四大类。

① 连接和紧固用螺纹。

② 管用螺纹。

③ 传动螺纹。

④ 专门用螺纹，包括石油行业螺纹、气瓶螺纹、灯泡螺纹和自行车螺纹。

3. 紧固件术语

（1）紧固件　紧固件是将两个或两个以上的零件（或构件）紧固连接成为一个整体时，所采用的一类机械零件的总称。备注：螺丝是紧固件的俗称。

（2）螺栓　螺栓是指由头部和螺杆（带有外螺纹的圆柱体）两部分组成的一类紧固件。它需与螺母配合，用于紧固连接两个带有通孔的零件。这种连接形式称为螺栓连接。如把螺母从螺栓上旋下，可使这两个零件分开，故螺栓连接属于可拆卸连接。

（3）螺柱　螺柱是指两端均有螺纹的圆柱形紧固件。它的一端必须旋入带有内螺纹孔的零件中，另一端穿过带有通孔的零件中，然后旋上螺母，可使这两个零件紧固连接成一个整体。这种连接形式称为螺柱连接，也属于可拆卸连接，主要用于被连接零件之一厚度较大、要求结构紧凑，或因拆卸频繁，不宜采用螺栓连接的场合。

（4）螺钉　螺钉是利用物体的斜面圆形旋转和摩擦力的物理学和数学原理，通过顺时针旋进紧固器物机件的紧固件。螺钉按用途可以分为三类：机器螺钉、紧定螺钉和特殊用途螺钉。

（5）螺母（俗称螺帽）　螺母带有内螺纹孔，形状一般为六角柱形，少数呈四方柱形或圆柱形，配合螺栓、螺柱或机器螺钉，用于紧固连接两个零件，使之成为一个整体。

4. 螺纹标准

螺纹表示法属于机械制图范畴，其国家标准是 GB/T 4459.1—1995《机械制图　螺纹及螺纹紧固件表示法》，等效采用国际标准 ISO 6410—1993。

二、螺纹术语

螺纹要素包括牙型、螺纹直径（大径、中径和小径）、线数、螺距（或导程）、旋向等。在金属结构工程中的内、外螺纹成对使用时，上述要素必须一致，两者才能旋合在一起。

(1) 螺纹牙型　沿螺纹轴线剖切时，螺纹的轮廓形状称为牙型。螺纹的牙型有三角形、梯形、锯齿形等。常用标准螺纹的分类、牙型及符号如表 7-4 所示。

表 7-4　常用标准螺纹的分类、牙型及符号

螺纹分类			牙型及牙型角	特征代号	说明
连接螺纹	普通螺纹	粗牙	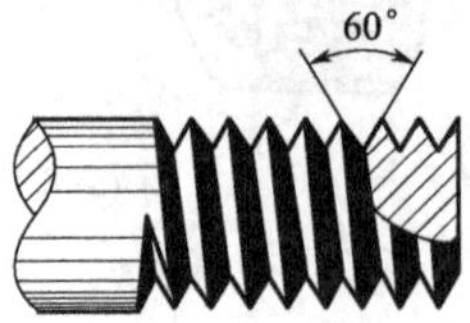 60°	M	用于一般零件连接
		细牙			与粗牙螺纹大径相同时，螺距小，小径大，强度高，多用于精密零件、薄壁零件
	管螺纹	非螺纹密封	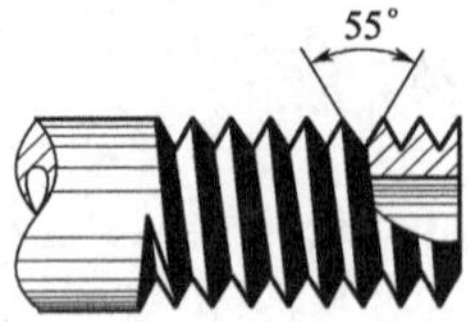 55°	G	用于非螺纹密封的低压管路的连接
		用螺纹密封	圆锥外螺纹　55°	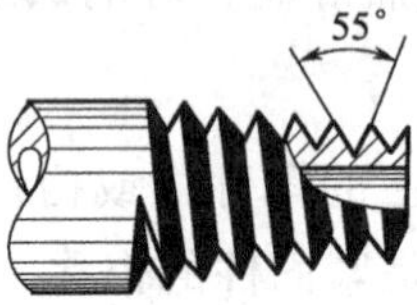 R	用于螺纹密封的中高压管路的连接
			圆锥内螺纹　55°	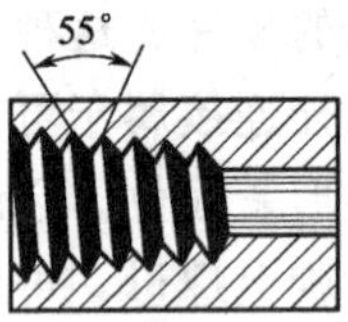 R_c	
			圆柱内螺纹　55°	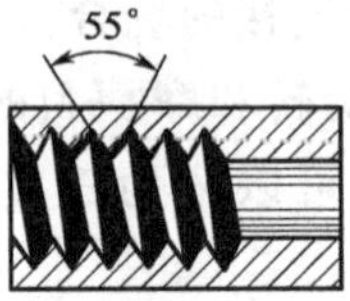 R_p	
传动螺纹	梯形螺纹		30°	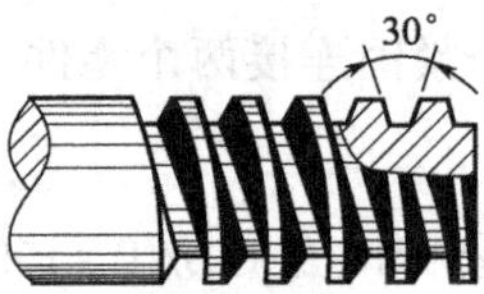 Tr	可双向传递运动及动力，常用于承受双向力的丝杠传动
	锯齿形螺纹		3° 30°	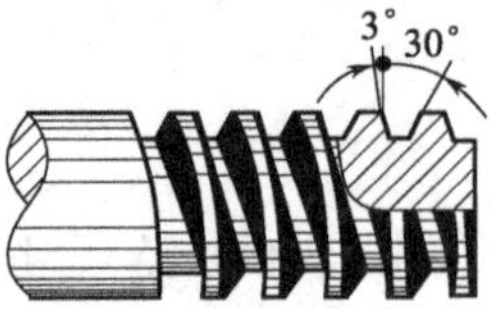 B	只能传递单向动力

(2) 牙顶　在螺纹凸起部分的顶端，连接相邻两个侧面的那部分螺纹表面，如图 7-30

所示。

(3) 牙底 在螺纹沟槽的底部,连接相邻两个侧面的那部分螺纹表面,如图 7-30 所示。

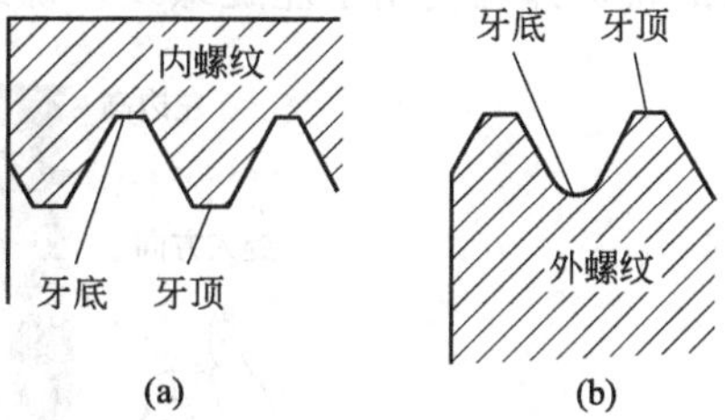

(4) 大径 与外螺纹牙顶或内螺纹牙底相重合的假想圆柱面的直径。

(5) 小径 与外螺纹牙底或内螺纹牙顶相重合的假想圆柱面的直径。

图 7-30 螺纹牙顶、牙底示意图

(6) 中径 一个假想圆柱的直径,该圆柱的母线通过牙型上沟槽和凸起宽度相等的地方。

(7) 公称直径 代表螺纹尺寸的直径,一般指螺纹大径的基本尺寸。

(8) 顶径 与外螺纹或内螺纹牙顶相重合的假想圆柱的直径,指外螺纹大径或内螺纹小径,如图 7-31 所示。

(9) 底径 与外螺纹或内螺纹牙底相重合的假想圆柱的直径,指外螺纹小径或内螺纹大径,如图 7-31 所示。

(10) 螺距 相邻两牙在中径线上对应两点的轴向距离,用 P 表示,如图 7-32 所示。

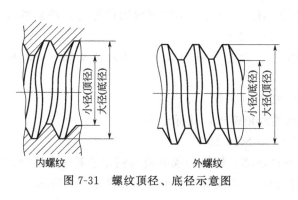

图 7-31 螺纹顶径、底径示意图 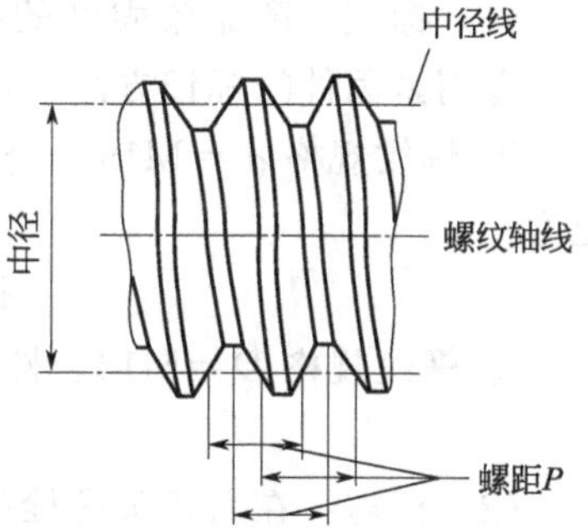　　图 7-32 螺纹螺距示意图

(11) 导程 同一条螺旋线上相邻两牙在中径线上对应两点间的轴向距离,如图 7-33 所示。当为单线螺纹时,导程与螺距相等。当为多线螺纹(是由几个牙型同时形成的)时,导程是螺距的倍数,例如双线螺纹的导程为螺距的两倍。

(12) 螺纹旋合长度 两个相互配合的螺纹,沿螺纹轴线方向相互旋合部分的长度,如图 7-34 所示。

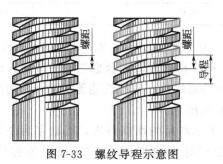

图 7-33 螺纹导程示意图

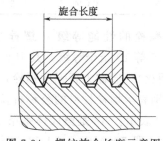

图 7-34 螺纹旋合长度示意图

(13) 螺纹旋向 分为左旋螺纹和右旋螺纹两种。绝大多数的螺纹都是右旋螺纹,极少

数的特殊部位使用了左旋螺纹。螺纹旋向判断方法示意图如图 7-35 所示。

图 7-35　螺纹旋向判断方法示意图

三、国标管法兰用紧固件

紧固件目前在国内外已经实现标准设计和管理，它适用于钢法兰、铸铁法兰、铜合金及复合法兰等不同材料的管法兰连接。

1. 标记与标志

(1) 标记　商品紧固件的标记方法应符合 GB/T 1237—2000《紧固件标记方法》的规定，专用紧固件的标记方法也应参照 GB/T 1237—2000。

① 螺纹规格 $d=M16$、公称长度 $l=80mm$、性能等级为 8.8 级的六角头螺栓，其标记为：

螺栓　GB/T 5782 M16×80 8.8

② 螺纹规格 $D=M16$、性能等级为 10 级的六角螺母，其标记为：

螺母 GB/T 6170 M16 10

(2) 标志　在六角头螺栓的头部顶面、螺柱顶部、螺母的顶面应用钢印或其他方法标志其性能等级或材料牌号的标志代号以及紧固件制造者识别标志，如表 7-5 及表 7-6 所示。

表 7-5　性能等级标志代号

性能等级	5.6	8.8	A2-50	A2-70	A4-70	5	8
标志代号	5.6	8.8	A2-50	A2-70	A4-70	5	8

表 7-6　材料牌号标志代号

材料牌号	30CrMoA	35CrMoA	25Cr2MoVA	0Cr18Ni9	0Cr17Ni12Mo2
标志代号	30CM	35CM	25CMV	304	316

(3) 螺栓的性能等级　螺栓性能等级分为 3.6、4.6、4.8、5.6、6.8、8.8、9.8、10.9、12.9 等 10 余个等级。其中 8.8 级及以上螺栓材质为低碳合金钢或中碳钢并经热处理（淬火、回火），通称为高强度螺栓，其余通称为普通螺栓。螺栓性能等级标号由两部分数字组成，分别表示螺栓材料的公称抗拉强度值和屈强比值。

A2-50 表示：A2 是奥氏体钢第二组别，50 表示产品的性能等级，其数字为公称抗拉强度的 1/10，即 500MPa。A4-70 表示：A4 是奥氏体钢第四组别，70 表示公称抗拉强度为 700MPa。

螺母的性能等级分为 7 个等级，从 4 到 12。数字粗略表示螺母保证能承受的最小应力的1/100，如8表示公称抗拉强度为800MPa。

例如性能等级为4.6级的螺栓，其含义如下。

① 螺栓材质公称抗拉强度达400MPa。

② 螺栓材质的屈强比值为0.6。

③ 螺栓材质的公称屈服强度达400MPa×0.6＝240MPa。

2. 型式与尺寸

(1) 六角头螺栓

① 管法兰用六角头螺栓的型式与尺寸按GB/T 5782（粗牙）和GB/T 5785（细牙）的规定。螺栓末端应倒角。六角头螺栓结构示意图如图7-36所示。

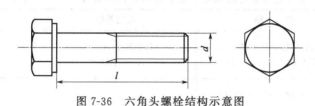

图7-36 六角头螺栓结构示意图

② 管法兰用六角头螺栓的规格及性能参数如表7-7所示。

表7-7 六角头螺栓的规格及性能参数

性能参数		3.6	4.6	4.8	5.6	5.8	6.8	8.8 $d \leqslant 16$	8.8 $d > 16$	9.8	10.9	12.9
公称抗拉强度 /(N/mm^2)		300	400		500		600	800		900	1000	1200
屈服点 屈服强度 /(N/mm^2)	公称	180	240	320	300	400	480	640	640	720	900	1080
	max	190	240	340	300	420	480	640	660	720	940	1100
伸长率/%	min	25	22	—	20			12	12	10	9	8
洛氏硬度 (HR)	HRB			95			99.5			—		
	HRC		—					32	34	37	39	44
	HRB	52	67	71	79	82	89			—		
	HRB			—				22	23	28	32	39

螺栓性能等级的含义是国际通用的标准，相同性能等级的螺栓，不管其材料和产地的区别，其性能是相同的。六角头螺栓性能等级示意图如图7-37所示。

(2) 等长双头螺柱

① 管法兰用等长双头螺柱的型式与尺寸按GB/T 901的规定，但螺柱两端应采用倒角端。螺纹规格M36以上（包括M36）的螺柱应采用细牙螺纹，螺纹的基本尺寸按GB/T 196的规定，公差按GB/T 197中6g的规定。螺柱末端

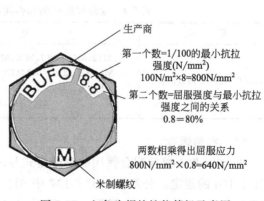

图7-37 六角头螺栓性能等级示意图

倒角按 GB/T 2 的规定,其余技术要求按 GB/T 901 的规定。等长双头螺柱结构示意图如图 7-38 所示。

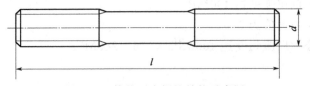

图 7-38　等长双头螺柱结构示意图

② 等长双头螺柱的规格、性能等级和材料牌号如表 7-8 所示。

表 7-8　等长双头螺柱的规格、性能等级和材料牌号（GB/T 9125—2010）

标　　准	规　　格	性能等级	材料牌号
GB/T 901 (商品紧固件)	M12、M14、M16、M20、 M24、M27、M30、M33	5.6、8.8、A2-50、 A2-70、A4-70	—
GB/T 9125 (专用紧固件)	M36×3、M39×3、M42×3、 M45×3、M48×3、M52×4、 M56×4、M64×4、M70×4、 M76×4、M82×4、M90×4	—	35、35CrMoA、25Cr2MoVA、 0Cr18Ni9、0Cr17Ni12Mo2

注：GB/T 9125.1—2020《钢制管法兰连接用紧固件　第 1 部分：PN 系列》、GB/T 9125.2—2020《钢制管法兰连接用紧固件　第 2 部分：Class 系列》为目前最新版本。

(3) 全螺纹螺柱

① 螺纹规格 M36 以上（包括 M36）的螺柱应采用细牙螺纹,螺纹的基本尺寸按 GB/T 196 的规定,公差按 GB/T 197 中 6g 的规定,其余技术要求按 GB/T 901 的规定。全螺纹螺柱结构示意图如图 7-39 所示。

图 7-39　全螺纹螺柱结构示意图

② 全螺纹螺柱的规格和材料牌号如表 7-9 所示。

表 7-9　全螺纹螺柱的规格和材料牌号（GB/T 9125—2010）

标　　准	规　　格	材料牌号
GB/T 9125(专用紧固件)	M12、M14、M16、M20、M24、M27、M30、M33、 M36×3、M39×3、M42×3、M45×3、M48×3、 M52×4、M56×4、M64×4、M70×4、M76×4、 M82×4、M90×4	35、35CrMoA、25Cr2MoVA、 0Cr18Ni9、0Cr17Ni12Mo2

(4) 六角螺母

① 与六角头螺栓配合使用的螺母型式与尺寸按 GB/T 6170 的规定,螺纹的基本尺寸按 GB/T 196 的规定,公差按 GB/T 197 中 6H 的规定,其他技术要求按 GB/T 6170 的规定。螺母结构示意图如图 7-40 及图 7-41 所示。管法兰用大六角螺母尺寸如表 7-10 所示。

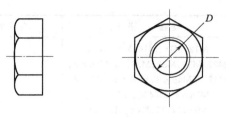

图 7-40 六角螺母结构示意图

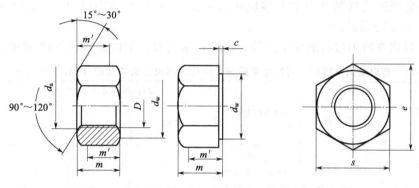

图 7-41 大六角螺母结构示意图

表 7-10 管法兰用大六角螺母尺寸（GB/T 9125—2010） 单位：mm

D		M12	M14	M16	M20	M24	M27	M30	M33	M36×3	M39×3
d_a	max	13	15.1	17.3	21.6	25.9	29.1	32.4	35.6	38.9	42.1
	min	12	14	16	20	24	27	30	33	36	39
d_w	min	19.2	21.1	24.9	31.4	38.0	42.8	46.5	50.8	55.8	60.1
e	min	22.78	25.94	29.56	37.29	45.2	50.85	55.37	60.26	65.86	70.67
m	max	12.3	14.3	17.1	20.7	24.2	27.6	30.7	33.5	36.5	39.5
	min	11.87	13.6	16.4	19.4	22.9	26.3	29.1	31.9	34.9	37.9
m'	min	9.5	10.9	13.1	15.5	18.5	21.0	23.3	25.5	27.9	30.3
c	max	0.8	0.8	0.8	0.8	0.8	0.8	0.8	0.8	0.8	0.8
	min	0.4	0.4	0.4	0.4	0.4	0.4	0.4	0.4	0.4	0.4
s	max	21	24	27	34	41	46	50	55	60	65
	min	20.1	23.16	26.16	33	40	45	49	53.8	58.8	63.1

② 螺母的规格、性能等级（商品紧固件）和材料牌号（专用紧固件）如表 7-11 所示。

表 7-11 螺母的规格、性能等级和材料牌号（GB/T 9125—2010）

标　准	规　格	性能等级	材料牌号
GB/T 6170 A 级和 B 级 （商品紧固件）	M10、M12、M14、M16、M20、 M24、M27、M30、M33	5、8、10 A2-50(D≤M24) A2-70(D≤M24) A4-70(D≤M24)	—

第七章　设备法兰完整性管理（基础篇）

续表

标准	规格	性能等级	材料牌号
GB/T 9125 （专用紧固件）	M12、M14、M16、M20、M24、M27、M30、M33、M36×3、M39×3、M42×3、M45×3、M48×3、M52×4、M56×4、M64×4、M70×4、M76×4、M82×4、M90×4	—	35、30CrMo、0Cr18Ni9、0Cr17Ni12Mo2

3. 紧固件的材料及力学性能

① 商品紧固件的材料及力学性能应符合 GB/T 3098.1、GB/T 3098.2、GB/T 3098.4 和 GB/T 3098.6 的规定。

② 专用紧固件所用材料的化学成分、热处理制度及力学性能如表 7-12 所示。

表 7-12 专用紧固件所用材料的化学成分、热处理制度及力学性能（GB/T 9125—2010）

材料牌号	化学成分 （执行标准）	热处理制度	力学性能（不小于）				硬度 （HB）
			规格	σ_b	σ_s	δ_5	
				MPa		%	
30CrMoA	GB/T 3077	调质 （回火≥550℃）	—	—	—	—	234～285
35CrMoA	GB/T 3077	调质 （回火≥550℃）	＜M24	835	735	13	269～321
			≥M24～M76	805	685	13	234～285
			＞M76	735	590	13	234～285
25Cr2MoVA	GB/T 3077	调质 （回火≥550℃）	≤M48	835	735	15	269～321
			＞M48	805	685	15	245～277
0Cr18Ni9	GB/T 1220	固溶	—	520	206	40	≤187
0Cr17Ni12Mo2	GB/T 1220	固溶	—	520	206	40	≤187

4. 紧固件的使用条件

(1) 商品六角头螺栓的使用条件应符合下列要求。

① PN 不大于 2.0MPa（20bar）。

② 非剧烈循环场合。

③ 配用非金属软垫片。

④ 介质为非易燃、易爆及有毒害性的场合。

(2) 商品双头螺栓及螺母的使用条件应符合下列要求。

① PN 不大于 5.0MPa（50bar）。

② 非剧烈循环场合。

(3) 除上述条件外，应选用专用螺柱（双头螺柱或全螺纹螺柱）和专用螺母。

缠绕式垫片、金属包覆垫片、齿组合垫片、金属环垫等金属垫片或半金属垫片应使用 35CrMoA、25Cr2MoVA 等高强度螺柱（双头螺柱或全螺纹螺柱）。

(4) 在高温、剧烈循环场合或 PN≥15.0MPa 的高压工况下，应选用全螺纹螺柱。

5. 紧固件适用的压力、温度范围

紧固件适用的压力、温度范围如表 7-13 及表 7-14 所示。

表 7-13　商品紧固件适用的压力、温度范围（GB/T 9125—2010）

螺栓、螺柱的型式（标准号）	产品等级	规格	性能等级（商品紧固件）	公称压力 PN /MPa(bar)	工作温度 /℃
六角头螺栓（GB/T 5782 粗牙）（GB/T 5785 细牙）	A级、B级	M10~M33 M36×3~M56×4	5.6、8.8	≤2.0(20)	>-20~+250
			A2-50		-196~+600
			A2-70		-196~+600
			A4-70		-196~+600
双头螺柱（GB/T 901 商品紧固件）	B级	M10~M33 M36×3~M56×4	8.8	≤5.8(50)	>-20~+250
			A2-50		-196~+600
			A2-70		-196~+600
			A4-70		-196~+600

表 7-14　专用紧固件适用的压力、温度范围（GB/T 9125—2010）

螺柱的型式（标准号）	产品等级	规格	材料牌号	公称压力 PN /MPa(bar)	工作温度/℃
双头螺柱（GB/T 9125）	B级	M10~M33 M36×3~M90×4	35CrMoA	≤11.0(110)	-100~+500
			25Cr2MoVA		>-20~+550
			0Cr19Ni9		-196~+600
			0Cr17Ni12Mo2		-196~+600
全螺纹螺柱（GB/T 9125）	—	M10~M33 M36×3~M90×4	35CrMoA	≤42.0(420)	-100~+500
			25Cr2MoVA		>-20~+550
			0Cr19Ni9		-196~+600
			0Cr17Ni12Mo2		-196~+600

6. 紧固件的选配

螺栓、螺柱与螺母选配如表 7-15 所示。

表 7-15　螺栓、螺柱与螺母选配（GB/T 9125—2010）

类别	规格	螺栓、螺柱 型式及产品等级（标准号）	螺栓、螺柱 性能等级或材料牌号	螺母 型式及产品等级（标准号）	螺母 性能等级或材料牌号	公称压力 PN /MPa(bar)	工作温度 /℃
商品	M10~M33 M36×3~ M56×3	六角头螺栓 A级和B级（GB/T 5782、GB/T 5785）	5.6、8.8	Ⅰ型六角螺母 A级和B级（GB/T 6170、GB/T 6171）	5.8	≤2.0(20)	>-20~+250
			A2-50 A2-70 A4-70		A2-50 A2-70 A4-70		-196~+600
	M10~M33 M36×3~ M90×4	双头螺柱（GB/T 901）（GB/T 5785 细牙）	8.8	Ⅰ型六角螺母 A级和B级（GB/T 6170、GB/T 6171）	8	≤5.0(50)	>-20~+250
			A2-70 A4-70		A2-70 A4-70		-196~+600

第七章　设备法兰完整性管理（基础篇）

续表

类别	规格	螺栓、螺柱 型式及产品等级（标准号）	螺栓、螺柱 性能等级或材料牌号	螺母 型式及产品等级（标准号）	螺母 性能等级或材料牌号	公称压力 PN /MPa(bar)	工作温度 /℃
专用	M10～M33 M36×3～ M90×4	双头螺柱 (GB/T 9125)	35CrMoA	六角螺母 (GB/T 9125)	30CrMo	≤11.0(110)	−100～+500
			25Cr2MoVA		0Cr19Ni9		>−20～+250
			0Cr19Ni9		0Cr17Ni12Mo2		−196～+600
			0Cr17Ni12Mo2				
专用	M10～M33 M36×3～ M90×4	全螺纹螺柱 (GB/T 9125)	35CrMoA	六角螺母 (GB/T 9125)	30CrMo	≤42.0(420)	−100～+500
			25Cr2MoVA		0Cr19Ni9		>−20～+250
			0Cr19Ni9		0Cr17Ni12Mo2		−196～+600
			0Cr17Ni12Mo2				

7. 紧固件设计选用注意事项

① 材料的高温蠕变。
② 螺栓长度与材料的热膨胀系数。
③ 螺栓、螺母的安装空间。
④ 紧固件的预紧和拆卸方式。
⑤ 紧固件使用过程中的安全监测方法。
⑥ 紧固件使用过程中防氧化和腐蚀的措施。
⑦ 紧固件防止氢脆的要求。
⑧ 紧固件现场安装的工艺措施。

四、米制外六角头螺栓、内六角头螺栓与扳手尺寸选择

米制外六角头螺栓与套筒扳手对边尺寸对照表如表 7-16 所示。

米制内六角头螺栓与内六角扳手尺寸对照表如表 7-17 所示。

表 7-16 米制外六角头螺栓与套筒扳手对边尺寸对照表　　单位：mm

螺栓尺寸	扳手对边尺寸	螺栓尺寸	扳手对边尺寸	螺栓尺寸	扳手对边尺寸
M3	5.5	M18	27	M42	65
M4	7	M20	30	M45	70
M5	8	M22	34	M48	75
M6	10	M24	36	M52	80
M8	13(14)	M27	41	M56	85
M10	16(17)	M30	46	M60	90
M12	18(19)	M33	50	M64	95
M14	21(22)	M36	55		
M16	24	M39	60		

表 7-17　米制内六角头螺栓与内六角扳手尺寸对照表　　　　　　　单位：mm

螺栓尺寸	扳手尺寸	螺栓尺寸	扳手尺寸	螺栓尺寸	扳手尺寸
M3	2.5	M10	8	M20	17
M4	3	M12	10	M22	17
M5	4	M14	12	M24	19
M6	5	M16	14	M27	19
M8	6	M18	14		

五、新式螺母简介

1. 机械式拉伸螺母

机械式拉伸螺母的工作原理是采用双螺纹来实现螺栓安装。它由外部转动套、内部螺纹套和花键垫圈三部分组成。当外部转动套转动（蓝色箭头）时，与内部螺纹套相结合的螺栓杆被轴向拉伸一起向上移动（红色箭头），如图 7-42 所示。当外部转动套转动时，反作用力点与内部螺纹套顶部花键相结合使内部螺纹套成为一个反作用力支点。底部的花键垫圈与内部螺纹套底部的花键在圆周方向紧密结合，防止内部螺纹套转动跟转。

机械式拉伸螺母在螺栓拉伸过程中不需要外部反作用力支点；旋转外部转动套时，螺栓只受到纯粹的拉伸载荷；100%消除螺牙的咬牙现象及法兰损坏；更高的螺栓载荷精度，更高的可靠性。

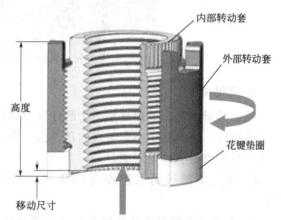

图 7-42　机械式拉伸螺母结构示意图

机械式拉伸螺母的特点如下。
① 螺杆穿透式的设计可用于任何栽丝螺栓的应用工况。
② 高强度的外部转动套设计降低部件的应力。
③ 长程式外部转动套不需要更大尺寸的套筒驱动器。
④ 标准驱动器适用于所有机具。
⑤ 可用于低温、常温、中温及高温各种温度范围。
⑥ 可设计制作成各种螺牙规格。

发电厂汽轮机中分面螺栓的紧固一直采用预紧后加热螺栓转动螺母角度的方式来控制螺栓的伸长量。由于缸体螺栓规格较大，并且螺纹通常采用细牙距，为了防止螺栓紧固时产生螺纹咬牙，一直以来发电厂检修时采用的紧固工艺都是先对螺栓施加一个比较小的扭矩消除缸体闭合的间隙，然后对螺栓加热至一定的温度使其膨胀，再以控制螺母转动角度的方式旋紧螺母，用以控制螺栓的伸长量，即螺栓的预紧力。螺栓加热转动螺母以后，为了获得精确的伸长量，通常需要等螺栓冷却以后再测量其伸长量。

采用机械式拉伸螺母后，自身会形成一个独立的力循环系统，在全负载情况下拉伸螺母的内圈与原设备的螺栓杆间不会发生相对的转动，因此螺栓的螺牙表面不会产生任何擦伤。

在紧固过程中不需要加热；不需要反作用力支点，不会产生偏载，螺栓不跟转，同步紧固对缸体两边的螺栓同时进行紧固，保证缸体平行闭合，最终使每个螺栓获得要求精度范围内的精确、均匀的螺栓伸长量，即螺栓载荷。机械式拉伸螺母现场应用照片如图7-43所示。

图7-43　机械式拉伸螺母现场应用照片

2. 顶推螺母

顶推螺母的工作原理是在一个圆柱形螺母的外边缘处，设置多个顶推螺钉，逐个旋紧每个顶推螺钉，从而获得一个很大的顶推力，将法兰螺栓紧固。它由硬化垫圈、手动旋合螺母主体和顶推螺钉三部分组成。

① 硬化垫圈起到保护设备的作用，并且提供了一个坚硬平整的表面供顶推螺钉"推挤"。

② 手动旋合螺母主体在已有螺栓或者螺柱上并压在垫圈上（螺母主体通常为圆形）。

③ 使用普通手动工具，将顶推螺钉旋进螺母主体并将连接件用纯张力锁紧。

顶推螺母结构示意图如图7-44所示。

图7-44　顶推螺母结构示意图

顶推螺母的特点（图7-45）如下。

① 纯张紧式拧紧可以在同规格的螺栓上产生更高的预紧载荷。

② 更高预紧载荷的能力保证了螺栓接头不会意外松动，另外可以缩短昂贵设备的维修周期。

③ 可控的、精确的、一致的螺栓预紧力，减少了泄漏或相邻紧固件的载荷不均匀性。

④ 主螺栓第一道螺纹最大应力降低了 50%，增加了螺栓连接的疲劳寿命，并且可重复使用。

⑤ 所需扭矩小，可十分方便检查连接接头的紧密性。

⑥ 安装拆卸方便、用时短，可在狭小的空间内安装。

⑦ 纯张力紧固消除了用扭矩紧固法通常产生的螺纹咬合。

⑧ 易于拆卸。

六、螺栓紧固技术

螺纹的工作原理：围绕一个圆筒外边缘，以极小的倾角沿倾斜平面蜿蜒而上，将直线运动转变为沿斜面的旋转运动，从而实现用较小的力移动、转动物件的目的。因此，螺纹是斜面的变种，是一个省力不省功的机械装置。螺母的工作原理就是采用螺母和螺栓之间的斜面摩擦力来进行自锁。

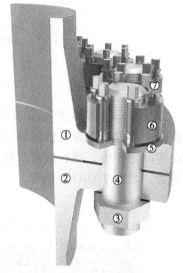

图 7-45　顶推螺母特点示意图
①—上法兰；②—下法兰；③—六角螺母；
④—主螺栓；**顶推螺母组件**　⑤—硬质平垫；
⑥—圆螺母；⑦—顶推螺钉

1. 螺栓连接受力分析

（1）螺栓扭矩　当用扳手旋转螺母时，使螺母转动的力偶或力矩称为扭矩，用符号 M 表示。螺栓旋转扭矩示意图如图 7-46 所示。

$$M = FL \tag{7-7}$$

式中　M——扭矩，$N \cdot m$；
　　　F——作用力，N；
　　　L——力臂，m。

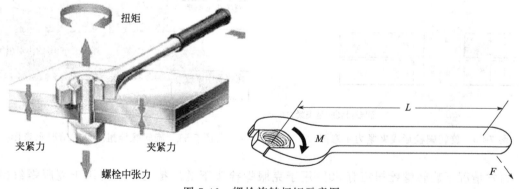

图 7-46　螺栓旋转扭矩示意图

（2）螺栓工作原理　在材料的弹性范围内，螺栓就像一根弹簧，将其拉伸放松后，它将恢复到原始长度；如果被拉伸到材料的屈服强度以上，接近材料的强度极限点，放松后，弹簧将无法恢复到原始长度，而发生永久变形，如图 7-47 所示。

（3）螺栓夹紧力的产生　螺栓在扳手作用下，会使两个受力零件逐步靠近，最终锁紧为

图 7-47　螺栓工作原理示意图

一体，其受力示意图如图 7-48 所示。

使两个零件锁紧为一体的轴向力，称为夹紧力。

在实际工作中，螺栓连接后的两个受力零件可以承受剪切力，如图 7-49(a) 所示，或承受拉伸力，如图 7-49(b) 所示。

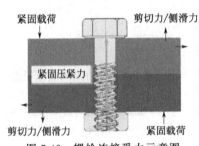

图 7-48　螺栓连接受力示意图

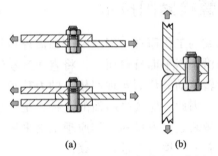

图 7-49　承受剪切力及拉伸力示意图

螺栓连接所想要获得的是夹紧力。这个夹紧力是通过旋转扳手产生的扭矩来实现的，但人们所能够测量到的只有这个扭矩，而夹紧力则无法准确测量到，如图 7-50 所示。经过实践分析和验证后可知，这个扭矩只有大约 10% 形成了夹紧力，其余 90% 的扭矩都用于克服了摩擦力，如图 7-51 所示。

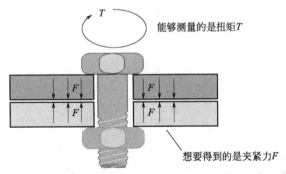

图 7-50　旋转螺栓形成夹紧力示意图

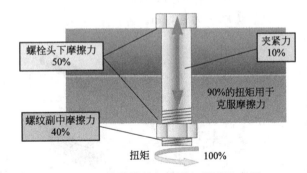

图 7-51　旋转螺栓扭矩分解情况示意图

通常情况下旋转螺栓扭矩有 50% 用于克服螺栓头下的摩擦力，40% 用于克服螺纹副中的摩擦力，只有 10% 形成了有效的夹紧力，如图 7-51 所示。

如果在螺栓头下加入润滑油脂，则螺栓头下的摩擦力可以降为 45%，而有效的夹紧力可提升为 15%；如果在螺纹副中加入润滑油脂，则螺纹副中的摩擦力可以降为 30%，而有效的夹紧力可提升到 20%，如图 7-52 所示。

如果在螺纹副中有杂质，则螺纹副中的摩擦力增加到 45%，而有效的夹紧力会降为 5%。

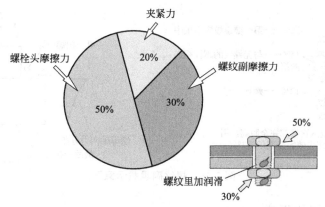

图 7-52　螺纹副中加入润滑油脂后夹紧力分布图

各种因素对法兰螺栓夹紧力的影响示意图如图 7-53 所示。

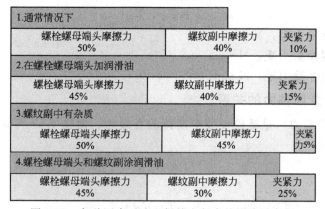

图 7-53　各种因素对法兰螺栓夹紧力的影响示意图

如果螺栓产生了严重的锈蚀，则螺纹副中的摩擦力可能会增加到 50%，而有效的夹紧力可能接近于零，如图 7-54 所示。

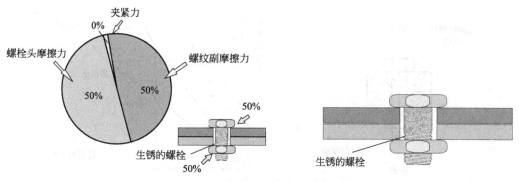

图 7-54　螺栓锈蚀夹紧力分布图

在普通螺栓连接中，各圈螺纹承担的载荷不同，螺纹牙的变形也不同，从传力算起前三圈螺纹承担主要载荷，尤其第一圈螺纹牙变形最大，受力也最大。以后各圈螺纹递减，螺纹旋合圈数越多，受力不均匀程度也越显著，如图 7-55 所示。

第七章　设备法兰完整性管理（基础篇）

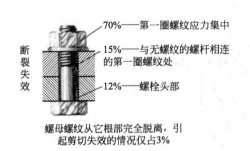 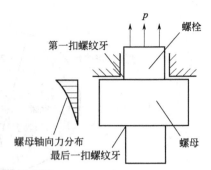

图 7-55　螺纹副承载示意图

2. 螺栓拧紧力矩的组成

螺栓拧紧力矩由支撑面摩擦力矩 T_W 和螺纹副摩擦力矩 T_S 两部分组成，轴向力所产生的力矩为零（图 7-56），并可由式(7-8) 表示：

$$T = T_S + T_W \tag{7-8}$$

式中　T——螺栓拧紧力矩，N·m；

T_S——螺纹副摩擦力矩，N·m；

T_W——支撑面摩擦力矩，N·m。

3. 拧紧力矩和紧固轴力的关系

紧固轴力 F（预紧力）是螺栓安装中期待的有效力。由图 7-57 可知，在虚线下方的弹性区域内有

$$T = KFd$$

则有

$$F = T/(Kd) \tag{7-9}$$

式中　F——紧固轴力，N；

d——螺栓公称直径，mm；

K——扭矩系数（与支撑面粗糙度、润滑情况、螺纹副精度和润滑情况等有关）。

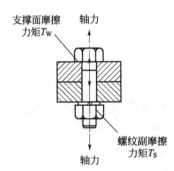 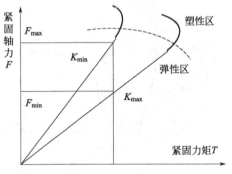

图 7-56　螺栓拧紧力矩的组成示意图　　　图 7-57　拧紧力矩与紧固轴力关系曲线

4. 影响预紧力（夹紧力）的因素

由图 7-53 可知，影响预紧力（夹紧力）的因素是扭矩系数 K，而 K 与摩擦系数有关，在采用同一扭矩紧固时：

① 摩擦系数上升，K 值变大，则预紧力 F 不足。

② 摩擦系数下降，K 值变小，则预紧力 F 增大，可导致螺纹连接破坏失效。

螺纹的摩擦性能主要取决于螺栓材质、制造精度、表面处理、实际装配工艺条件等，如图 7-58 所示。

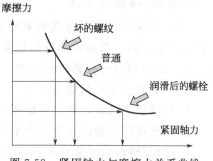

图 7-58　紧固轴力与摩擦力关系曲线

5. 紧固件拧紧的实质

控制螺纹紧固轴力（预紧力），保证被连接件所需的夹紧力。夹紧力需适中：

① 夹紧力过小，被连接件容易松动。

② 夹紧力过大，被连接件容易损伤，同时也容易造成螺纹件的损坏。

螺纹连接的可靠性主要取决于螺栓的轴向夹紧力，夹紧力通常只能通过控制拧紧扭矩或转角来实现。其中：

① 轴向预紧力下限值：由连接结构的功能决定，此值必须保证被连接件在工作过程中始终可靠贴合。

② 轴向预紧力上限值：由螺栓（螺母）和被连接件的强度决定，此值必须保证螺栓及被连接件在预紧和服役过程中不发生破坏（如螺栓拉长、拧断、脱扣、被连接件压陷/破裂等）。

6. 螺栓预紧的重要性

螺栓预紧力不适当的严重后果如下。

① 螺纹连接零件的静力损坏。例如螺栓拧得过紧，可能会导致螺栓被拧断，被连接件可能被压碎、咬粘、扭曲或断裂，也可能螺纹牙被剪断而脱扣。

② 对于法兰密封接头，螺栓预紧力过大会造成垫片被压溃而丧失回弹性能；螺栓预紧力过小，无法形成初始密封条件。

③ 被连接件滑移、分离或紧固件松脱。

④ 螺栓疲劳破坏而失效。

⑤ 增大设备与成本。

7. 扭矩紧固法

扭矩紧固法就是在拧紧时达到规定扭矩后，拧紧过程立即停止。

扭矩紧固法是根据螺纹拧紧扭矩与螺栓所受轴向预紧力之间的关系在生产中发展起来的，是应用最广泛的一种扭矩控制方法。根据其所采用的动力源，拧紧工具通常有液压扭矩扳手、气动扭矩扳手、锂电池扳手及手动力矩扳手。

扭矩紧固法优点：控制目标直观，测量容易，操作过程简便，控制程序简单，拧紧工具价格便宜，是最常用和最容易接受的方法。

扭矩紧固法缺点：拧紧质量（轴向预紧力）受螺纹件摩擦系数的影响大，螺栓摩擦系数很低时，螺栓将拧至其塑性变形区甚至将其拧断。为安全起见，扭矩紧固法设计的预紧力只在螺栓屈服强度的 50%～70%，因此螺栓利用率不高。

8. 扭矩/转角紧固法

扭矩/转角紧固法就是在拧紧时达到规定的贴合扭矩后，再转动螺纹件达到规定角度。在弹性变形区内，若螺栓弹性模量恒定，预紧力仅与螺栓伸长量有关，而伸长量与转角度数成正比。如果螺纹件拧紧转动360°，螺栓受力部分伸长一个螺距。

扭矩/转角控制法优点如下。

① 拧紧质量稳定，螺纹件摩擦系数对拧紧质量的影响小。

② 螺栓可拧至塑性变形区而不致拧断，设计预紧力可取螺栓屈服强度的80%。

③ 扭矩/转角紧固法对起点和终点进行控制和监测，对过程中的干扰因素不敏感，所以非常可靠、实用。

扭矩/转角紧固法缺点如下。

① 需测量扭矩和角度两个参数，对连接件质量要求高，需实验室测试以找出扭矩率和屈服点以及合适的角度，不适用于短螺栓，对螺栓塑性差及反复使用的场合应考虑其适用性。

② 拧紧工具价格昂贵（是扭矩法拧紧工具的10倍），操作不方便。

这种方法基于一定的角位移使螺栓产生一定的轴向伸长及连接件的被压缩，结果产生一定的压紧力。应用这种方法时，首先拧到一个不大的力矩，其目的在于把螺栓或螺母拧到密封面上，并克服初始时的表面不均匀程度。然后从此点再拧到一定的转角，以获得所需的压紧力。使用转角法，一般应控制在塑性区。

9. 屈服点紧固法

又称扭矩斜率法（也称弹性极限法或倾斜度拧紧法），是通过检测拧紧扭矩随角度变化曲线的斜率，将螺纹件拧紧至屈服点的方法。在拧紧过程中计算机随时计算扭矩转角曲线的斜率。当斜率明显下降时，说明已经到达屈服点，系统则停止拧紧。采用这种方法，压紧力的精度由螺栓材料的屈服极限来决定。

屈服点紧固法优点：精度较高，将螺栓拧至其屈服点，最大限度地发挥了螺纹件强度所具有的潜力。

屈服点紧固法缺点：控制系统复杂，对螺栓的材料、结构和热处理要求很高。

10. 螺栓伸长法

螺栓伸长法是在拧紧过程中或拧紧结束后，测量螺栓的伸长量，利用预紧力与螺栓的伸长量关系，控制螺栓轴向预紧力的一种方法。

螺栓伸长法优点：螺栓伸长量只与应力有关，可以排除摩擦系数、接触变形、螺栓杆无扭转和侧向偏载力、被连接件变形等可变因素的影响，可获得很高的控制精度。

螺栓伸长法缺点：测量螺栓伸长量较为困难。

各种紧固方法比较如表7-18所示。

表7-18 各种紧固方法比较

控制方法	预紧力误差	材料利用率	对连接件要求	设备复杂情况	设备价格	应用场合
扭矩紧固法	±40%	40%~60%	K值离散型小	简单	便宜	要求一般
弹性区扭矩/转角紧固法	±15%	70%~80%	K值离散型小	较复杂	较贵	要求较高
塑性区扭矩/转角紧固法	±15%	100%	K值离散型小	较复杂	较贵	要求较高
屈服点紧固法	±3.5%	100%	K值离散型小	复杂	很贵	要求很高

11. 法兰盖螺栓受力情况

管道中压力流体介质通过时，密封垫片受到向外的推力，而两片法兰受到推力则很小，如图 7-59(a) 所示；压力流体到达法兰盖时，流体将对法兰盖端面产生很大的推力 T，密封垫片同样受到向外的推力，如图 7-59(b) 所示。

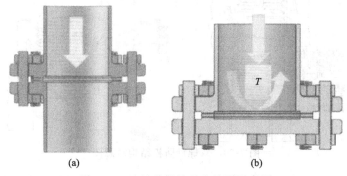

图 7-59　法兰盖螺栓受力情况示意图

法兰盖受到的流体推力 T 最终施加到法兰螺栓副上，T 值的大小取决于流体压力和管道直径，所以法兰盖螺栓副所需紧固力要远大于管道法兰螺栓副的紧固力，而且法兰盖比管道法兰容易发生泄漏事故。

七、螺栓防松技术

螺纹连接是最常用的连接方式，但在高速运转、振动强烈的火车、汽车、飞机等大型机械设备中，因为螺纹连接的松动松脱而发生的恶性事故不胜枚举，因此螺纹防松是工程技术领域长期以来研究的重要课题。

1. 螺栓防松原理

（1）摩擦防松　摩擦防松是在螺纹副之间产生一个不随外力变化的正压力，以阻止螺纹副相对转动的摩擦力。这种正压力可通过轴向或同时两向压紧螺纹副来实现，如采用弹性垫圈、双螺母、自锁螺母和尼龙嵌件锁紧螺母等。

（2）机械防松　用止动件直接限制螺纹副的相对转动，如采用开口销、串联钢丝和止动垫圈等。这种方式造成拆卸不方便。

（3）铆冲防松　在拧紧后采用冲点、焊接、粘接等方法，使螺纹副失去运动副特性而连接成为不可拆连接。这种方式的缺点是栓杆只能使用一次，且拆卸十分困难，必须破坏螺纹副方可拆卸。

（4）结构防松　是利用螺纹副自身结构，即唐氏螺纹防松方式。前三类防松方式是依靠第三者力来防松，主要是指摩擦力。而结构防松不依靠第三者力，仅依靠自身结构。结构防松方式是目前最先进和效果最好的防松方式，但不为大部分人所知。

2. 螺栓防松方法

（1）双螺母防松　也称对顶螺母防松。当两个对顶螺母拧紧后，两个对顶螺母之间始终存在相互作用的压力，两螺母中有任何一个要转动，都需要克服旋合螺纹之间的摩擦力。即使外载荷发生变化，对顶螺母之间的压力也一直存在，因此可以起到防松作用，如图 7-60

所示。应当注意的是：用一厚一薄两个螺母防松时，薄螺母应该放在下面。

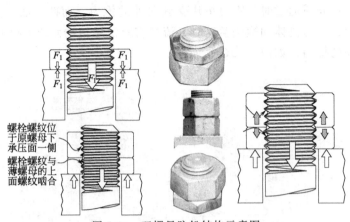

图 7-60 双螺母防松结构示意图

（2）自锁螺母防松 自锁螺母一般是靠摩擦力，其原理是通过压花齿压入钣金的预置孔里，一般预置孔的孔径略小于压铆螺母。运用螺母与锁紧机构相连，当拧紧螺母时，锁紧机构锁住螺栓螺纹。

① 内嵌尼龙自锁螺母，如图 7-61 所示。

② 变形螺纹防松螺母防松，如图 7-62 所示。

这是利用楔形原理的产物，即在螺母与螺栓之间揳入楔子以发挥防止松动的作用。变形螺纹防松螺母由两个螺母组成，一个是凸形的，另一个是凹形的。凸形螺母 1 带有一个偏心凸台和一个形状为正圆形的凹形螺母 2，它们通过楔形原理机械地产生横向于螺栓轴的强大锁定效果，将螺栓和螺母完全熔合在一起，以保护紧固件免受一切振动和冲击。

图 7-61 内嵌尼龙自锁螺母结构示意图

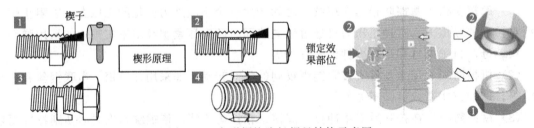

图 7-62 变形螺纹防松螺母结构示意图

（3）螺纹锁固胶防松 螺纹锁固胶是由（甲基）丙烯酸酯、引发剂、助促进剂、稳定剂（阻聚剂）、染料和填料等按一定比例配合在一起所组成的胶黏剂，使用方法如图 7-63 所示。

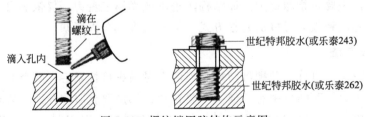

图 7-63 螺纹锁固胶结构示意图

(4) 开口销防松　螺母拧紧后,把开口销插入螺母槽与螺栓尾部孔内,并将开口销尾部扳开,防止螺母与螺栓的相对转动,如图 7-64 所示。

(5) 内开槽螺母防松　开槽螺母与螺杆带孔螺栓和开口销配合使用,以防止螺栓与螺母相对转动,如图 7-65 所示。

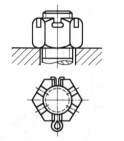

图 7-64　开口销结构示意图

图 7-65　内开槽螺母结构示意图

(6) 串联钢丝防松　串联钢丝防松是将钢丝穿入螺栓头部的孔内(图 7-66),将各螺栓串联起来,起到相互牵制的作用。这种防松方式非常可靠,但拆卸比较麻烦。

图 7-66　串联钢丝防松结构示意图

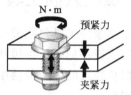

图 7-67　预紧结构示意图

(7) 预紧防松　高强度螺栓连接一般是不需要额外施加防松措施的,因为高强度螺栓一般都要求施加一个比较大的预紧力,这么大的预紧力使螺母与被连接件之间产生强大的压力,这种压力会产生阻止螺母转动的摩擦扭矩,因此螺母不会松脱,如图 7-67 所示。

(8) 止动垫片防松　螺母拧紧后,将单耳或双耳止动垫圈分别向螺母和被连接件的侧面折弯贴紧,即可将螺母锁住。若两个螺栓需要双联锁紧时,可采用双联制动垫圈,使两个螺母相互制动,如图 7-68 所示。

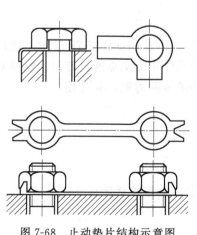

图 7-68　止动垫片结构示意图

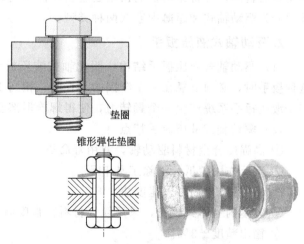

图 7-69　弹簧垫圈结构示意图

第七章　设备法兰完整性管理(基础篇)

（9）弹簧垫圈防松　开口弹簧垫圈结构示意图如图 7-69 所示。

（10）双叠自锁垫圈防松　双叠自锁垫圈结构示意图如图 7-70 所示。

（11）铆接防松　在紧固好螺栓后，用冲点铆接的方法使螺栓（或螺钉）螺母之间产生局部变形，阻止其相互松转，如图 7-71 所示。

图 7-70　双叠自锁垫圈结构示意图

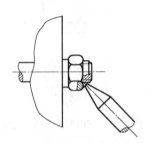

图 7-71　螺栓铆接防松示意图

八、螺栓紧固工具

螺栓紧固工具包括液压扳手和液压泵源。

液压扳手把螺栓拆锁从传统的定性概念（松与紧）转化为现代的定量概念（扭矩多少），将人们从繁重的体力劳动中解放出来。其最主要的优点是力矩均匀准确、速度快、劳动强度低、安全。

1. 液压扳手工作原理

液压扳手由工作头、电动液压泵、双高压油管和高强度套筒组成。电动液压泵通过双高压油管将动力源传给液压扳手。更具体地说，电动液压泵启动后通过电动机转动带动油泵运动产生压力，通过双高压油管将液压油输送到液压扳手后部的油缸中，打入高压液压油，在液压油的推力作用下推动活塞向前滑动，活塞杆的顶端推动驱动架绕着固定在壳体上的支点转动。驱动架上装有棘爪，棘爪推动棘轮转动，棘轮和驱动轴以花键形式连接，从而推动了驱动轴的转动，再将驱动轴的扭矩通过套筒传递到螺栓副上，即可实现紧固螺栓目的。液压扳手分为驱动轴式和超薄中空式两种类型。

2. 驱动轴式液压扳手

（1）驱动轴式液压扳手结构　驱动轴式液压扳手内部结构示意图如图 7-72 所示。使用这种扳手时，必须支靠在一个牢固的支点上，相当于外部的反作用力支点通过套筒和螺母对整个液压扳手系统产生一个翻转力，使得螺栓根部受到额外的偏载力矩，易受损。

（2）驱动轴式液压扳手特点

① 高强度合金材料驱动轴，使用寿命长。

② 无反作用棘爪，消除工具卡死。

③ 每行程转动 27°，速度快。

④ 紧凑的一体式机身，采用航天材料，强度高，重量轻，扭矩重量比高。

⑤ 输出精度±3%。

⑥ 细小的鼻部半径，易于在窄小空间操作。

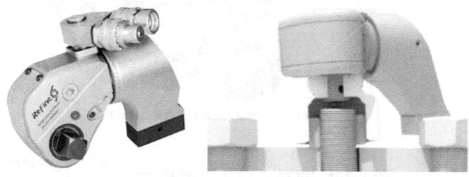

图 7-72 驱动轴式液压扳手内部结构示意图

⑦ 特殊表面防腐处理,适合在恶劣环境下使用。

(3) 驱动轴式液压扳手使用方法

① 勿用手推拉压力油软管。飞溅的液压油可能溅到皮肤上,导致严重的伤害。如果液压油溅到皮肤上,应立即看医生。

② 勿向未连接起来的半个快速接头打压。

③ 当操作和维护液压扳手时,始终佩戴护目镜。

④ 操作工具时,始终穿戴安全帽、手套和工作服。

3. 中空式液压扳手

(1) 中空式液压扳手结构　中空式液压扳手内部结构示意图及其系统结构示意图如图 7-73、图 7-74 所示。

(2) 中空式液压扳手特点

① 采用超高强度轻金属,薄型设计,双作用,高速,大转角。

② 卡接式,互换插件,不需特殊工具,扭矩重复精度高达±3％。

③ 360°×360°的旋转软管接头,适合紧凑场合方便定位。

④ 扳手件强度设计充分,整体反作用力臂,较少的活动部件,耐用、可靠。

⑤ 可扩展的米制、英制六角插件和套筒,可实现一个动力头配备多个插件同时使用。

(3) 中空式液压扳手使用方法

① 连接泵站。将泵的高压出口（A）与液压扳手的高压进口（H）、泵的低压出口（B）

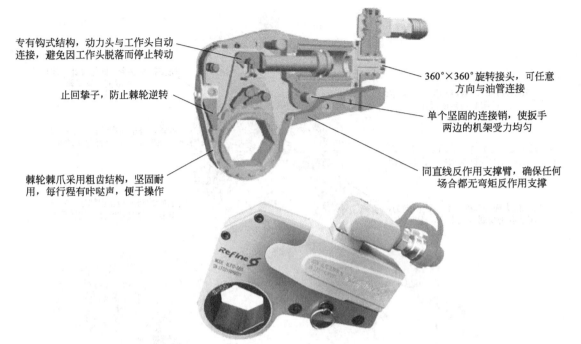

图 7-73 中空式液压扳手内部结构示意图

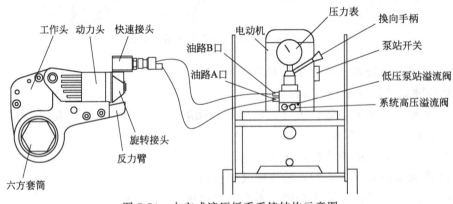

图 7-74 中空式液压扳手系统结构示意图

与液压扳手的低压进口（L）分别用高压油管连接起来。连接时油管上的快速接头应插到底。

② 仔细检查油管接头是否连接可靠，泵中是否有油。

③ 将泵的电源插头插入电源。警告：严禁无油运转！

④ 将扳手置于空地上，并使换向手柄置于 O 位置。打开泵站电源开关，启动泵站，检查电动机是否运转正常。

⑤ 将换向手柄旋至 A 位置（逆时针），扳手开始运转，待活塞杆运动到极限位置时再将换向手柄置于 B 位置（顺时针），如此反复几次，使扳手空转动数次，观察扳手转向，确定是拆松运动还是锁紧运动。无异常时，才能将扳手放至套筒上。

⑥ 确定实际需要的锁紧力矩大小。可根据自身设备的设计要求确定锁紧力矩。

⑦ 确定泵站压力设定值。根据所需的力矩值及所用扳手型号来设定泵站压力。泵站压力设定方法：将换向手柄旋至 A 位置，启动扳手，观察压力表，当活塞杆运动到极限位置时，压力表指针由"0"急速上升。与此同时，调节泵站上的高压溢流阀旋钮（顺时针调节，压力升高；逆时针调节，压力下降），直至压力表指针指向所需压力，待压力表指针稳定后，拧紧高压溢流阀旋钮的锁紧螺母。

⑧ 锁紧螺母。将扳手套在要锁紧的螺母上，使扳手上内六方孔与螺母外六方良好配合。然后找好反作用支点靠稳。开始锁紧，将换向手柄旋至 A 位置（逆时针），扳手开始运转，待活塞杆运动到极限位置时，再将换向手柄置于 B 位置（顺时针），如此反复，使扳手转动数次，直至将螺母锁紧不动为止，如图 7-75 所示。然后将扳手取下，如图 7-76 所示。

中空式液压扳手安装示意图如图 7-77 所示。图中反作用力臂应靠紧螺母，手指放在此处会被夹伤。

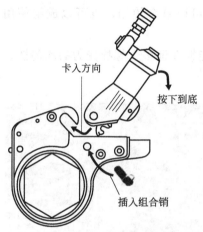

图 7-75 中空式液压扳手系统结构示意图（锁紧状态）

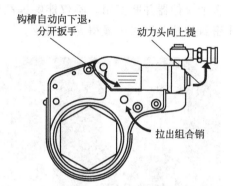

图 7-76 中空式液压扳手结构示意图（拆松状态）

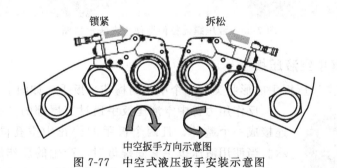

图 7-77 中空式液压扳手安装示意图

4. 液压螺栓拉伸器

螺栓拉伸方式是利用液压油缸直接对螺栓端头施加外力，将螺栓拉伸到所需长度，然后用手轻轻将螺母拧紧，使施加的载荷得以保留，如图 7-78 所示。

(1) 液压螺栓拉伸器工作原理 动力源输出的高压油经高压软管输送至活塞缸，在压力作用下活塞缸中的活塞上移，带动拉伸螺母向上移动。拉伸螺母与工作螺栓螺纹连接，从而拉长工作螺栓，使螺栓伸长达到所要求的变形量，其变形控制在弹性变形范围之内，然后进行预紧或拆卸作业。最后通过液力或者机械回位的方式使工作螺栓恢复原来的形状，完成作业。液压螺栓拉伸器结构示意图如图 7-79 所示。

图 7-78　液压螺栓拉伸器

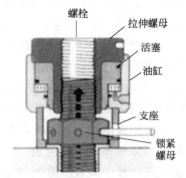
图 7-79　液压螺栓拉伸器结构示意图

（2）液压螺栓拉伸器使用方式　液压螺栓拉伸器可以单个使用，也可以成组使用，如图 7-80 所示。

多个拉伸器并联使用，不仅能够提高效率，而且能够保证多个螺栓受力的均匀性。这在高压密封的法兰连接中显得尤为重要。

图 7-80　液压螺栓拉伸器使用方法示意图

5. 反作用力臂中空液压扳手

反作用力臂中空液压扳手的形状类似一个中空的梅花呆扳手，如图 7-81 所示。

图 7-81　反作用力臂中空液压扳手

反作用力臂中空液压扳手通过其尾部的销孔与中空液压扳手连接成一个整体，且两个扳手的梅花中空孔同心，如图 7-82 所示。当使用液压扳手紧固螺母时，产生的反作用力由反作用力臂中空液压扳手传递到"反作用力垫圈"与法兰的接触面上，由刚性法兰本身来承受紧固螺母时反作用力，如图 7-83 所示。因而无须外部的支点来抵抗螺杆反转，由此也就消除了偏载，如图 7-84 所示。使用"反作用力臂"可使扭矩系数 K 值很小且保持恒定，从而使螺栓预紧力更大、更一致。

偏载的产生是由于液压扳手本身无法支撑其旋转螺栓副产生的反作用力，必须把反作用力支撑到其他可靠的支点上，从而产生偏载，使螺栓同时承受纵向拉伸力和承受横向弯曲力，从而切断螺栓头部或造成工具损坏。前面提到的扭矩扳手，在使用时就必须有一个可靠的支点，通常就是相邻的螺栓，使用时必须引起重视。

图 7-82　反作用力臂中空液压扳手系统

图 7-83　反作用力臂与反作用力垫圈相互作用示意图

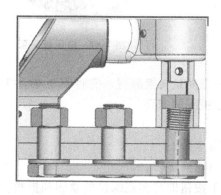
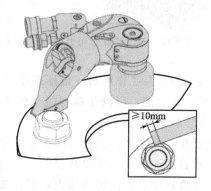

图 7-84　外部支点螺栓偏载示意图

当将反作用力垫圈与专用的反作用力臂共同使用时，可将液压扳手产生的反作用力支撑到垫圈上，且受力方向与螺母旋动方向相反，从而达到了同心拧紧的目的。而传统的紧固螺栓，需要两把扳手，一把用于紧固（液压扳手），另一把用于防止螺栓跟转，如图 7-85 所示。

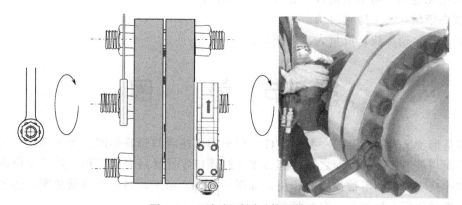

图 7-85　两把扳手同时使用情况

一种新型的反作用力臂中空液压扳手如图 7-86 所示。

6. 液压扳手泵

液压扳手泵（图 7-87）是一台手持式压力校验泵，主要进行校验工作，用液体作压力介质，自带微调控制，临时关闭管线压力，通过软管和可旋转的接头将标准压力指示仪或压力计连接到待校表上，随泵所带的接头螺纹可适配大部分的待校表，此时它作为一个和各种压力指示表相连的便携式压力比较器，来完成压力校验，泵带有过压保护功能。

图 7-86 新型的反作用力臂中空液压扳手

图 7-87 液压扳手泵

（1）液压扳手泵工作原理　液压扳手泵是一种能量转换装置，它将驱动电动机的机械能转换为油液的压力能，以满足执行机构驱动液压扳手的需要。

（2）液压扳手泵特点

① 速度快，效率高，比普通两级泵效率提高至少50%。
② 手动自动一体式，可以在手柄上进行自由切换旋转。
③ 自动模块操作，设定好压力，只需按一下按钮即可实现螺栓的紧固和拆松。
④ 外置式电动机启动开关，方便远程操作。
⑤ 采用专用的集成电路板可以实现1min无操作自动停机，停机后自动实现泄压，电动机超载保护。
⑥ 外置大功率散热器，可以确保长时间连续不间断工作。
⑦ 特制调压阀，长时间连续不间断工作，压力稳定。
⑧ 采用无电刷大功率电动机，免维护，寿命长。
⑨ 能在带压状态下随时启动。
⑩ 重量轻，速度快，流量大，效率高。

第五节　垫　　圈

垫圈是形状呈扁圆环形的一类紧固件，可分为平垫圈与弹簧垫圈。置于螺栓、螺钉或螺母的支撑面与被连接零件表面之间，起着增大被连接零件接触表面面积、降低单位面积压力和保护被连接零件表面不被损坏的作用，如图7-88(a)所示；另一类弹簧垫圈，还能起着阻止螺母回松的作用，如图7-88(b)所示。

一、垫圈的工作原理

以平垫圈为例，平垫圈在螺栓连接中的作用：在螺栓需要经常拆卸的场合，为了保护被连接件的表面不被划伤，一般需要在螺母或螺栓头位置放置平垫圈，避免划伤被连接件的表

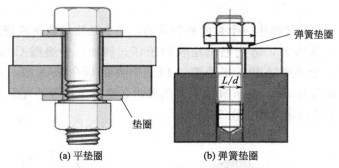

图 7-88 平垫圈和弹簧垫圈结构示意图

面。在一些摩擦系数要求比较精准的连接处，比如高强度预应力螺栓都是需要螺母端放置平垫圈的，因为这种情况下螺栓、螺母、垫圈都是由同一厂家提供的，螺栓生产厂家需要对螺母和垫圈进行相应的处理，以保证螺母与垫圈间的摩擦系数保持一致性。当螺栓强度比较高、被连接件的许用压应力比较低时，为了降低被连接件承压面的压应力，一般需要增加平垫圈。

螺栓连接中，螺栓头或螺母承压面的压力传递是呈喇叭形逐渐扩大的，承压面越大，压应力就越小。

垫圈工作原理是：以增大承压面积为手段，有效降低被连接件接触面的压应力，实现螺栓连接的完整性，如图 7-89 所示。

不需要加垫圈的场合如下。

① 剪应力螺栓连接一般不需要加垫圈，首先螺栓不需要太大的预紧力，工作中也不承受轴向力。在这种情况下，螺栓孔一般都比较小，螺母或螺栓头承压面一般都比较大，不需要降低压应力，被连接件都可以承受，如图 7-90 所示。

② 当用法兰面螺母或螺栓时，是不需要加垫圈的，法兰面螺母承压面足够大。

③ 自锁螺母无须加垫圈。

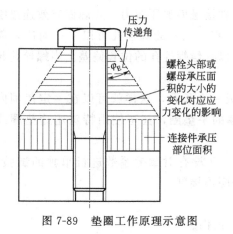

图 7-89 垫圈工作原理示意图　　图 7-90 剪应力螺栓连接示意图

二、垫圈的种类

垫片的种类繁多，按功能可分为平垫圈、弹簧垫圈和特殊用途垫圈三大类。

1. 平垫圈

平垫圈一般用在被连接件中一个是质地较软的，一个是质地较硬或较脆的，其主要作用是增大接触面积，分散压力，防止把质地软的压坏。例如：平垫圈-C级、大垫圈-A和C级、特大垫圈-C级、小垫圈-A级、平垫圈-A级、平垫圈-倒角型-A级、钢结构用高强度垫圈等。其中C级垫圈没有$Ra\,3.2\mu m$和去毛刺的要求，适用于中等装配系列；而A级垫圈适用于精装配系列。平垫圈示意图如图7-91所示。

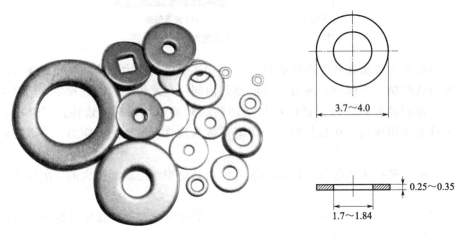

图7-91 平垫圈示意图

（1）平垫圈的作用

① 将平垫圈放在螺母和螺栓头部位置，可有效防止连接部分的表面被刮擦。

② 当螺栓强度较高且连接部分的允许压缩应力较低时，为了减小被连接件的压力面的压缩应力，一般需要增加平垫圈。

③ 螺栓连接时，螺栓头或螺母承压面的压力传递是呈喇叭形逐渐扩大的，承压面越大，压应力就越小，因此增加平垫圈可以减小连接零件接触面的压应力，并确保有效连接螺栓。

④ 在特定情况下，为了确保两个零件连接，零件之间的螺栓孔可以一一对应，需要增加螺栓孔的直径，或者需要增加螺栓孔的数量，以补偿螺栓孔的位置偏差。当螺栓孔超出标准要求时，必须添加平垫圈。

⑤ 有时为了方便安装和调整，将螺栓孔制成一个长孔，这样就可以在一定范围内调节零件的安装位置。当使用长孔时，必须使用更厚的平垫圈，甚至使用特殊用途垫圈或更多垫圈。

⑥ 在一些摩擦系数要求比较精准的连接处，又没有对摩擦系数进行单独的试验要求，比如风电螺栓连接中，一般采用螺栓、螺母、垫圈连接副。

（2）平垫圈的优点

① 通过增大接触面积，可以保护零部件不受损伤。

② 通过增大接触面积，减小螺母与设备之间的压力，从而起到保护作用。

（3）平垫圈的缺点

① 平垫圈无法起到抗振的作用。

② 平垫圈也没有防松的作用。

2. 弹簧垫圈

弹簧垫圈具有结构简单、使用方便且成本低廉的特点，它广泛用于装配现场，通常与螺栓或螺母结合使用。螺栓或螺母拧紧后，弹簧垫圈给螺母一个弹力，抵紧螺母，使其不易脱落。弹簧的基本作用是在螺母拧紧之后给螺母一个力，增大螺母和螺栓之间的摩擦力，起到防松的作用。弹簧垫圈可分为标准型弹簧垫圈、轻型弹簧垫圈、重型弹簧垫圈等，弹簧垫圈示意图如图 7-92 所示。

图 7-92　弹簧垫圈示意图

（1）弹簧垫圈的作用
① 当螺栓的夹紧长度较短时，螺栓应力松弛更明显，并且弹簧垫圈可弥补压力松弛。
② 在动态负载条件下，高强度螺栓连接弹簧垫圈几乎没有防松效果，并且还会引起螺栓夹紧力的快速衰减，因此有必要减少在高强度螺栓连接中使用弹簧垫圈。
（2）弹簧垫圈的优点
① 具有良好的防松效果。
② 具有较好的抗振效果。
③ 制造成本低。
④ 安装很方便。
（3）弹簧垫圈的缺点　弹簧垫圈受材质、工艺的影响较大，如果材料不行、热处理没有把握好或者其他工艺没有做到位，很容易发生裂开的现象，因此一定要选择可靠的生产商。

在实际使用过程中，由于平垫圈和弹簧垫圈的侧重点不同，在很多场合两者是相互配合、一起使用的，这样同时起到保护零部件、防止螺母松动、减少振动的作用。

3. 特殊用途垫圈

特殊用途垫圈包括球面垫圈、锥面垫圈、工字钢用方斜垫圈、槽钢用方斜垫圈、内齿锁紧垫圈、内锯齿锁紧垫圈、外齿锁紧垫圈、外锯齿锁紧垫圈、单耳止动垫圈、双耳止动垫圈、外舌止动垫圈、圆螺母用止动垫圈等。

三、常用垫圈

1. 平垫圈 A 级

平垫圈 A 级结构示意图如图 7-93 所示。其现行国家标准为 GB/T 97.1—2002《平垫圈 A 级》。

GB/T 97.1—2002《平垫圈 A 级》规定了公称规格（螺纹大径）为 1.6～64mm、标准

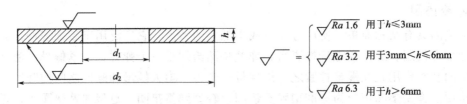

图 7-93 平垫圈 A 级结构示意图

系列、硬度等级为 200HV 和 300HV 级的平垫圈。

(1) 硬度等级为 200HV 级的垫圈适用于：

① 性能等级至 8.8 级、产品等级为 A 和 B 级的六角头螺栓和螺钉。

② 性能等级至 8 级、产品等级为 A 和 B 级的六角螺母。

③ 不锈钢及类似化学成分的六角头螺栓、螺钉和六角螺母。

④ 表面淬硬的自挤螺钉。

(2) 硬度等级为 300HV 级的垫圈适用于：

① 性能等级至 10.9 级、产品等级为 A 和 B 级的六角头螺栓和螺钉。

② 性能等级至 10 级、产品等级为 A 和 B 级的六角螺母。

2. 平垫圈 C 级

平垫圈 C 级结构示意图如图 7-94 所示。其现行国家标准为 GB/T 95—2002《平垫圈 C 级》。

GB/T 95—2002《平垫圈 C 级》规定了公称规格（螺纹大径）为 1.6～64mm、标准系列、硬度等级为 100HV 级的 C 级平垫圈。

硬度等级为 100HV 级的垫圈适用于：

① 性能等级至 6.8 级、产品等级为 C 级的六角头螺栓和螺钉。

② 性能等级至 6 级、产品等级为 C 级的六角螺母。

③ 表面淬硬的自挤螺钉。

3. 球面垫圈

球面垫圈结构示意图如图 7-95 所示。其现行国家标准为：GB 849—88《球面垫圈》。

GB 849—88《球面垫圈》规定规格为 6～64mm 的球面垫圈。

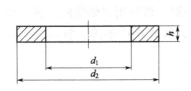

图 7-94 平垫圈 C 级结构示意图

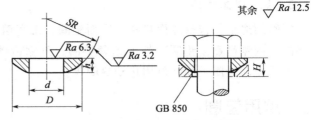

图 7-95 球面垫圈结构示意图

4. 标准型弹簧垫圈

标准型弹簧垫圈结构示意图如图 7-96 所示。其现行国家标准为 GB 93—87《标准型弹簧垫圈》。

GB 93—87《标准型弹簧垫圈》规定规格为 2～48mm 的标准型弹簧垫圈。

5. 波形弹簧垫圈

波形弹簧垫圈结构示意图如图 7-97 所示。其现行国家标准为 GB 7246—87《波形弹簧垫圈》。

GB 7246—87《波形弹簧垫圈》规定规格为 3～30mm 的波形弹簧垫圈，可应用于右旋螺纹和左旋螺纹。

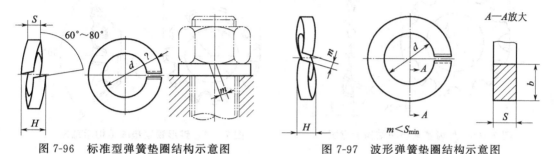

图 7-96　标准型弹簧垫圈结构示意图　　图 7-97　波形弹簧垫圈结构示意图

6. 鞍形弹性垫圈

鞍形弹性垫圈结构示意图如图 7-98 所示。其现行国家标准为 GB 860—87《鞍形弹性垫圈》。

GB 860—87《鞍形弹性垫圈》规定规格为 2～10mm 的鞍形弹性垫圈。

7. 内齿锁紧垫圈

内齿锁紧垫圈结构示意图如图 7-99 所示。其现行国家标准为：GB 861.1—87《内齿锁紧垫圈》。

GB 861.1—87《内齿锁紧垫圈》规定规格为 2～10mm 的内齿锁紧垫圈。

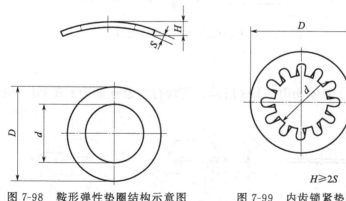

图 7-98　鞍形弹性垫圈结构示意图　　图 7-99　内齿锁紧垫圈结构示意图

8. 外齿锁紧垫圈

外齿锁紧垫圈结构示意图如图 7-100 所示。其现行国家标准为 GB 862.1—87《外齿锁紧垫圈》。

GB 862.1—87《外齿锁紧垫圈》规定规格为 2～10mm 的外齿锁紧垫圈。

9. 锥形锁紧垫圈

锥形锁紧垫圈结构示意图如图 7-101 所示。其现行国家标准为 GB 956.1—87《锥形锁紧垫圈》。

GB 956.1—87《锥形锁紧垫圈》规定规格为 3～12mm 的锥形锁紧垫圈。

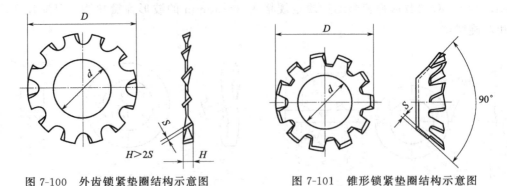

图 7-100　外齿锁紧垫圈结构示意图　　图 7-101　锥形锁紧垫圈结构示意图

10. 单耳止动垫圈

单耳止动垫圈结构示意图如图 7-102 所示。其现行国家标准为 GB 854—88《单耳止动垫圈》。GB 854—88《单耳止动垫圈》规定规格为 2.5～48mm 的单耳止动垫圈。

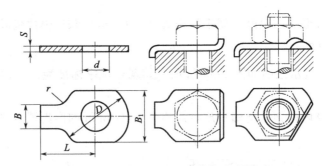

图 7-102　单耳止动垫圈结构示意图

11. 外舌止动垫圈

外舌止动垫圈结构示意图如图 7-103 所示。其现行国家标准为 GB 856—88《外舌止动垫圈》。

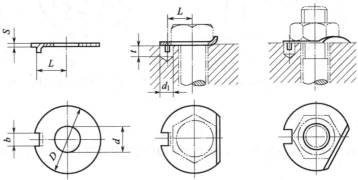

图 7-103　外舌止动垫圈结构示意图

GB 856—88《外舌止动垫圈》规定规格为 2.5～48mm 的外舌止动垫圈。

四、高扭矩碟形垫圈

高扭矩碟形垫圈（图 7-104）是在轴向上呈锥形，并承受负载的特殊弹簧。碟形垫圈在承受负载变形后，储蓄一定的势能，当螺栓出现松弛时，碟形垫圈释放部分势能以保持法兰连接间的压力达到密封要求。碟形垫圈应力分布由里到外均匀递减，能够实现低行程高补偿力的效果。

图 7-104　高扭矩碟形垫圈

1. 高扭矩碟形垫圈工作原理

采用轴向上呈锥形结构，在承受轴各负载变形后，储蓄一定的势能，当螺栓出现松弛时，碟形垫圈释放部分势能以保持连接螺栓螺纹副上的摩擦力的损失。

碟形垫圈应力分布由里到外均匀递减，能够实现低行程高补偿力的效果。

2. 高扭矩碟形垫圈特点

① 刚度大，缓冲吸振能力强，能以小变形承受大载荷，适合于轴向空间要求小的场合。
② 具有变刚度特性，这种垫圈具有很广范围的非线性特性。
③ 用同样的碟形垫圈采用不同的组合方式，能使弹簧特性在很大范围内变化。可采用对合、叠合的组合方式，也可采用复合不同厚度、不同片数等的组合方式。
④ 对合方式组合可增加碟簧组的变形量。
⑤ 叠合方式组合可增加碟簧组的弹簧力。
⑥ 理想的安装方式是尽可能压平，越接近压平状态，张力矩增加越快。

五、凸轮齿牙防松垫圈

凸轮齿牙防松垫圈是由两片完全相同的垫片组成的，每片的外侧面加工出放射状小锯齿，而内侧面为大锯齿，如图 7-105 所示。

图 7-105　凸轮齿牙防松垫圈

1. 凸轮齿牙防松垫圈工作原理

装配时，内侧面大锯齿是相互咬合的，而垫圈外侧面的放射状小锯齿面的摩擦系数要比大锯齿面的摩擦系数大，且垫圈大锯齿的倾斜角度 α 大于螺栓螺纹倾斜角度 β，如图 7-106 所示。

当法兰连接件受到振动，并使螺栓发生松动趋势时，由于放射状小锯齿面的摩擦系数较大，此面上没有相对滑动，而两片垫圈大锯齿面上允许出现滑动，而垫圈大锯齿的倾斜角度 α 大于螺栓螺纹倾斜角度 β，两者轴向抬升的距离也不同，因此在螺纹副上产生了较大的摩

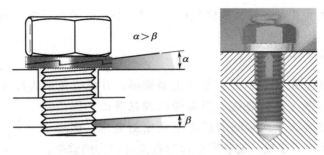

图 7-106 凸轮齿牙防松垫圈工作示意图

擦力，有效锁紧处于剧烈振动或动力负载中的法兰连接件。如图 7-107 所示，图(a)～图(e)是螺栓的紧固过程，图（d）、图（e）是螺栓工作状态下，螺母反转时，会在螺纹副上增加摩擦力示意图。

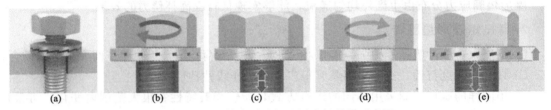

图 7-107 凸轮齿牙防松垫圈防松效果示意图

2. 凸轮齿牙防松垫圈优点

① 较高的安全性能。
② 防止由于振动和动力负载引起的松动。
③ 安装拆卸容易。
④ 锁紧效果不受润滑影响。
⑤ 无论预紧力高低都具有良好的锁紧效果。
⑥ 可以控制预紧力的高低。
⑦ 具有与标准螺栓/螺母相同的温度特性。
⑧ 可重复使用。

六、反作用力组合垫圈

反作用力组合垫圈是在总结螺栓扭矩转化为夹紧力及螺栓旋转反作用力转换基础上，发明的一种全新式螺栓专用的反作用力防松垫圈。它由支撑圈、转动圈、定位环三部分组成，如图 7-108 所示。

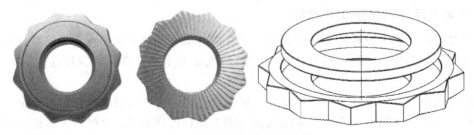

图 7-108 反作用力组合垫圈

1. 反作用力组合垫圈工作原理

反作用力组合垫圈设计成特殊的转动圈与支撑圈的双层可动结构,转动圈与支撑圈表面经过精密的机械加工,粗糙度可达 1.6μm,相当于一个自润滑平面滑动轴承。支撑圈与法兰的接触面为逆向放射状小锯齿结构,从而使支撑圈不能在法兰面上转动;螺母随转动圈转动,不会与法兰面之间产生摩擦。

反作用力组合垫圈可将转动面摩擦的载荷比例从原来的 50% 降为 35%,这部分转为有效克服螺纹摩擦力和螺栓夹紧力,使螺栓夹紧力可从 10% 提高到 15% 左右,这是最效果显著之一。

反作用力组合垫圈外边缘设计为十二瓣梅花结构,与对应的反作用力臂扳手及中空液压扳手配套使用。当使用中空液压扳手紧固螺母时,产生的反作用力由反作用力臂扳手传递到反作用力组合垫圈与法兰的接触面上,由刚性法兰本身来承受紧固螺母时反作用力。因而无须外部的支点来抵抗螺杆反转,由此消除了偏载。使用"反作用力臂"可使扭矩系数 K 值很小且保持恒定,从而使螺栓预紧力更大、更一致。

2. 反作用力组合垫圈特点

① 反作用力组合垫圈可以用在任何标准规格螺栓上使用,无须更换现有的螺栓及螺母。

② 消除了外部的转动部件,反作用力组合垫圈紧固系统只需要靠直觉就能操作,使法兰螺栓的紧固变成最安全的紧固方式,提高紧固工作的安全性。

③ 反作用力组合垫圈可保证所有螺栓都能获得均匀精确的螺栓载荷,消除法兰连接中螺栓松动及法兰失效的风险,提高螺栓连接的可靠性。

④ 采用传统的紧固系统,在紧固螺栓时将反作用力臂靠在驱动轴的对面,这样会在机具本体上产生较高的应力,长时间使用会导致机具损坏。反作用力组合垫圈系统将反作用力与作用力设计于同轴,消除了绝大部分的内部应力,提高机具的使用寿命。

⑤ 反作用力组合垫圈系统为大多数螺栓连接应用提供了安全、速度和精度方面的即时改进。当与兼容工具一起使用时,反作用组合垫圈和防跟转支撑垫圈可免除反作用臂、支撑扳手和危险夹点的需求。当作为一个系统使用时,反作用力组合垫圈在每项螺栓连接工作中都提供了更高的速度和精度。

⑥ 目前国内的反作用力组合垫圈严格按照 ASTM F3394/F3394M 标准的要求制造,保证质量。

七、反作用力垫圈

反作用力垫圈是反作用力组合垫圈除去双层结构的简化形式。除没有上、下圈结合面自润滑平面滑动轴承外,其余功能与反作用力组合垫圈相同,如图 7-109 所示。

反作用力垫圈省略了对反作用力臂的需要,而反作用力臂是螺栓连接作业中最常见的损伤螺栓的原因。独特的垫圈设计,允许双套筒驱动器在转动螺母的同时反作用力支靠在垫圈本身。防跟转支撑垫圈消除了对支撑扳手的需求,提高了整个螺栓连接操作的速度和效率。独特的滚花设计,确保了在拧紧过程中支撑垫圈和支撑螺母不会旋转。

反作用力垫圈系统为紧固中的机具和套筒的作用力和反作用力提供了最佳的轴向对准,从而提高了重复性,减少了螺栓载荷分散度,提高了精度。

图 7-110 是常规垫圈与反作用力垫圈使用情况对比图。

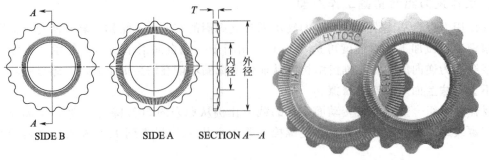

图 7-109　反作用力垫圈

图 7-110　常规垫圈与反作用力垫圈使用情况对比图

第六节　法兰泄漏

一、概述

据报道，化工和石油化工等连续化生产行业发生的事故的统计中，因泄漏引发的事故高居首位。在世界范围内，每年因泄漏导致的经济损失高达几十亿美元。因此，连续化生产行业对减少泄漏、提高密封可靠性的要求更高、更迫切。

根据国内最大的一家专业带压堵漏公司人数据统计：2016 年，共成功处置泄漏点 15643 个，其中直管泄漏点占 41.24%，法兰泄漏点占 26.01%，弯头泄漏点占 3.03%，三通泄漏点占 3.56%，阀门泄漏点占 13.67%，罐体泄漏点占 0.28%，其他泄漏点占 12.21%。

2017 年，共成功处置泄漏点 17695 个，其中直管泄漏点占 33.46%，法兰泄漏点占 33.39%，弯头泄漏点占 3.51%，三通泄漏点占 3.45%，阀门泄漏点占 6.88%，罐体泄漏点占 1.14%，其他泄漏点占 18.17%。

平均计算，法兰泄漏占总泄漏量的 29.3%，平均每年需要处置 9768 个法兰泄漏。这还只是一家公司统计数据。全国范围数量会更大，泄漏危害也会更加严重。

二、法兰泄漏危害

法兰泄漏的实质是发生在法兰垫片界面上的传质现象。其动力源是法兰内介质压力与大气压力之差。

法兰泄漏的危害主要有以下几个。

(1) 引发灾害　主要是指易燃、易爆、有毒、有害物料从法兰垫片处发生外泄，易发生火灾、爆炸、中毒、人身伤亡等事故。

(2) 环境污染　法兰泄漏的物料形成"三废"，污染环境，破坏农、牧、渔业生产，损害人员的身体健康。

(3) 经济损失　物料介质的大量外泄，引起消耗增加，成本上升，企业的经济效益下降。

(4) 噪声及腐蚀　法兰泄漏产生的噪声影响操作人员的工作情绪，误操作事故增多。强腐蚀介质的外泄，加快了厂房、设备的腐蚀速度，缩短其使用寿命。

1998年3月5日晚，某煤气公司液化石油气管理所的一座400m^3、储存有170t液化气的11号球罐根部排污阀上部法兰发生泄漏，原因是法兰的连接螺栓松紧不均匀，使得法兰间的密封垫片长时间受到不均匀的压力，而受压较高一侧的垫片迅速老化，最终导致泄漏事故发生，如图7-111所示。由于液化气相对密度比空气大，泄漏后会大量沉积地面，并迅速扩散，遇明火而燃爆。本次法兰泄漏事故造成14人死亡，31人受伤。直接经济损失480万元，社会影响极大。

图7-111　某煤气公司液化气11号球罐事故爆炸图

三、法兰泄漏检测

生产系统中的"漏"是绝对的，而"不漏"是相对的。所谓"系统不漏"是指检测出的系统实际泄漏率小于由国家环保、安全、卫生以及经济性要求所决定的最大允许泄漏率指标。

1. 泄漏检测标准

目前国家现行泄漏物排放标准有GB 37822—2019《挥发性有机物无组织排放控制标准》、GB 37823—2019《制药工业大气污染物排放标准》、GB 37824—2019《涂料、油墨及胶粘剂工业大气污染物排放标准》。

上述三项标准已于2019年7月1日实施。新的标准规定了挥发性有机物（Volatile Organic Compounds，VOCs）物料储存无组织排放控制要求、挥发性有机物（VOCs）物料转移和输送无组织排放控制要求、工艺过程挥发性有机物（VOCs）无组织排放控制要求、设备与管线组件挥发性有机物（VOCs）泄漏控制要求、敞开液面挥发性有机物（VOCs）无组织排放控制要求，以及挥发性有机物（VOCs）无组织排放废气收集处理系统要求、企业厂区内及周边污染监控要求。

标准中的挥发性有机物（VOCs）是指参与大气光化学反应的有机化合物或者根据有关规定确定的有机化合物。在表征挥发性有机物（VOCs）排放情况时，根据行业特征和环境管理要求，可采用总挥发性有机物（TVOCs）、非甲烷总烃（NMHC）作为污染物控制标准。根据标准要求，厂界及周边挥发性有机物（VOCs）监控要求执行 GB 16297—1996《大气污染物综合排放标准》或相关行业标准，地方环保局可以实施适合当地环境保护需要的方案。（注：无组织排放是指大气污染物不经过排气筒的无规则排放，包括开放式作业场所逸散，以及通过缝隙、通风口、敞开门窗和类似开口（孔）的排放。）

根据上述国家强制性标准规定，设备与管线组件挥发性有机物（VOCs）泄漏控制要求如下。

（1）管控范围　企业中载有气态、液态挥发性有机物（VOCs）物料的设备与管线组件的密封点≥2000个，应开展泄漏检测与修复工作。设备与管线组件包括泵、压缩机、搅拌器（机）、阀门、开口阀或开口管线、法兰及其他连接件、泄压设备、取样连接系统、其他密封设备。

（2）泄漏认定　出现下述情况之一，则认定发生了泄漏。

① 密封点存在渗液、滴液等可见的渗漏现象。

② 设备与管线组件密封点的挥发性有机物（VOCs）泄漏检测值超过表 7-19 规定的泄漏认定浓度。

表 7-19　设备与管线组件密封点的 VOCs 泄漏认定浓度　　　单位：$\mu mol/mol$

适用对象		泄漏认定浓度	重点地区泄漏认定浓度
气态 VOCs 物料		5000	2000
液态 VOCs 物料	挥发性有机液体	5000	2000
	其他	2000	500

（3）泄漏检测　企业应按下列频次对设备与管线组件的密封点进行挥发性有机物（VOCs）泄漏检测。

① 对设备与管线组件的密封点每周进行目视观察，检查其密封处是否出现可见泄漏现象。

② 泵、压缩机、搅拌器（机）、阀门、开口阀或开口管线、泄压设备、取样连接系统至少每 6 个月检测一次。

③ 法兰及其他连接件、其他密封设备至少每 12 个月检测一次。

④ 设备与管线组件初次启用或检维修后，应在 90 天内进行泄漏检测。

（4）泄漏源修复　当检测到泄漏时，对泄漏源应予以标识并及时修复。

2. 泄漏检测要求

法兰泄漏检测是指在生产正常进行的状况下，确定运行中的法兰是处于泄漏状态还是不泄漏状态、泄漏量的大小及其准确位置的一种技术方法。

流体的泄漏千变万化，压力、温度、泄漏量的大小等各有不同。特别是轻微的泄漏及渗漏很难发现，只有发展到了一定程度，才能被人们觉察出来。而随着现代科技水平的不断发展，先进的检测技术、检测仪器应用，泄漏检测的准确性及灵敏度不断提高，特别是电子计算机的应用，使现场的检测仪器与显示终端联网，可为操作人员随时提供运行设备的泄漏情况及其他工况参数。

检测泄漏前，检测人员应对泄漏的法兰的结构特点、操作条件、设计制造安装水平、介质工况（特别是易燃、易爆、有毒性及腐蚀性强的介质）有一个较全面的了解，以便采取安全可靠的检测方法。

3. 直观法

直观法是凭借人的感觉器官而直接发现泄漏的一种简便、经济的方法。它通过人的视觉、听觉、嗅觉及触摸的过程发现泄漏。

气体从泄漏缺陷处喷出时会发出声音，当然声音的大小和频率要取决于泄漏量的大小、两侧压力差和泄漏介质的种类。通过视觉、嗅觉及皮肤同样可以发现宏观泄漏。

4. 肥皂液法

这是一种最常用的测漏方法之一。即对怀疑存在泄漏的部位，直接用调配好的肥皂水进行涂抹或喷涂，连续鼓泡的地方就是泄漏点。

5. 橡胶膜法（气球法）

这种方法简便易行，特别是对危险介质的微小泄漏较为适用。图7-112所示为法兰密封口检测实例。首先用胶带将两法兰连接间隙处粘住，上面再接上斗状存气筒，并在存气筒口上贴薄橡胶膜（类似气球），如该法兰口存在泄漏，则橡胶膜就会鼓起来。

6. 听漏棒法

听漏棒由空心木管、空心木盒及铜片组成，如图7-113所示。其使用方法是：在无噪声干扰（如深夜）时，沿着泄漏管道在地面每隔1~2m，用听漏棒探听一次，遇到泄漏声响后停止行进，找出音响最大处，即是泄漏位置。

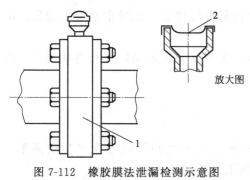

图7-112 橡胶膜法泄漏检测示意图
1—密封胶带；2—橡胶膜

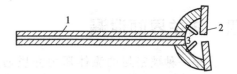

图7-113 听漏棒结构示意图
1—空心木管；2—空心木盒；3—铜片

7. 听漏盘

听漏盘由音响铜皮、铅饼、下盘、上盘、连接螺栓、软管及听塞组成，非常像医生用的听诊器，如图7-114所示。其使用方法是：把听漏盘放在泄漏管道的地面上，移动听漏盘进行听漏，当听到的声音为最大处时，即是泄漏发生的部位。听漏盘的传声性能要好于听漏棒。

8. 仪器检测法

采用精密仪器对泄漏部位进行定量检测是一种最先进和可靠的方法。可大致分为对泄漏声响的检测、对泄漏介质化学性质的检测及直接放大观察泄漏缺陷。

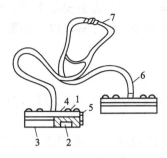

图 7-114 听漏盘结构示意图
1—音响铜皮；2—铅饼；3—下盘；
4—上盘；5—连接螺栓；
6—软管；7—听塞

(1) 检测仪器技术要求　开展泄漏检测与修复（Leak Detection And Repair，LDAR）的企业或第三方机构，应配备挥发性有机物（VOCs）定量检测仪器。检测仪器应符合但不限于以下技术要求。

① 仪器检测器类型包括催化氧化检测器、火焰离子检测器、红外吸收检测器、光离子检测器等。实施检测前应通过查证或实验手段确保所采用的仪器检测器对所测主要挥发性有机物（VOCs）或有毒有害挥发性有机物（OHAPs）组分有响应。

② 测定仪器的量程应能满足规程中的泄漏浓度控制限值，且其分辨率应保证规程中的泄漏浓度控制限值的±2.5%范围内可读。

③ 仪器应配置一个能向检测器提供持续流量的电动采样泵，在采样探头顶端安装玻璃棉塞或过滤器以保护仪器，且在探头前测得的采样流量应在 0.10～3.0L/min 内。

④ 仪器须具有防爆安全性，仪器必须通过有资质的仪器仪表防爆安全监督检验机构的防爆安全检验认证。

⑤ 常规检测仪器应经过具备相关资质的机构计量检定合格后，方可作为 LDAR 检测仪器投用。检定证书应在有效期内。

(2) 常用泄漏检测仪

① 泄漏检测仪。这种仪器应用的是超声波原理。它是将泄漏声音中可听频率部分截掉，仅仅使超声部分放大、检测，以发现泄漏。

② 可燃气体测爆仪。这是利用半导体元件吸附某种气体后，电导率会发生变化的原理而制成的检测仪器。

③ 内窥镜测漏。这是采用工业内窥镜对泄漏孔洞或其他泄漏缺陷进行直接观察，并可对泄漏缺陷进行投影、照相的一种先进方法。

四、法兰界面泄漏

这是一种被密封的流体压力介质通过垫片与两法兰面之间的间隙面产生的泄漏，如图 7-115 所示。密封垫片压紧力不足、法兰结合面上的粗糙度不恰当、管道热变形、机械振动等都会引起密封垫片与法兰面之间密合不严而发生泄漏。另外，法兰连接后，螺栓变形、伸长及密封垫片长期使用后塑性变形、回弹力下降以及密封垫片材料老化、龟裂、变质等，也会造成垫片与法兰面之间密合不严而发生泄漏。

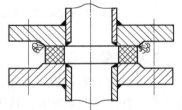

图 7-115 法兰界面泄漏示意图

因此，把这种由于法兰密封面和垫片交界面上不能很好地吻合而存在泄漏通道发生的泄漏称为"界面泄漏"。无论哪种形式的密封垫片或哪种材料制成的密封垫片，都会出现界面泄漏。

在法兰连接部位上所发生的泄漏事故，绝大多数是这种界面泄漏。多数情况下，这种泄漏事故要占全部法兰泄漏的 80% 以上，有时甚至是全部。

五、法兰渗透泄漏

这是一种被密封的流体压力介质通过垫片内部的微小间隙而产生的泄漏形式。植物纤维（棉、麻、丝）、动物纤维（羊毛、兔毛等）、矿物纤维（石棉、石墨、玻璃、陶瓷等）和化学纤维（尼龙、聚四氟乙烯等各种塑料纤维）等都是制造密封垫片的常用原材料，还有皮革、纸板也常被用作密封垫片材料。这些垫片的基础材料的组织成分比较疏松、致密性差，纤维与纤维之间有无数的微小缝隙，很容易被流体介质浸透，特别是在流体介质的压力作用下，被密封介质会通过纤维间的微小缝隙渗透到低压侧，如图 7-116 所示。因此，把这种由于垫片材料的纤维和纤维之间有一定的缝隙，流体介质在一定条件下能够通过这些缝隙而产生的泄漏现象称为"渗透泄漏"。

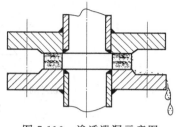

图 7-116 渗透泄漏示意图

渗透泄漏一般与被密封的流体介质的工作压力有关，压力越高，泄漏流量也会随之增大。另外渗透泄漏还与被密封的流体介质的物理性质有关，黏性小的介质易发生渗透泄漏，而黏性大的介质则不易发生渗透泄漏。渗透泄漏一般占法兰密封泄漏事故的 8%～12%。进入 20 世纪 90 年代，随着材料科学迅猛发展，新型密封材料不断涌现，这些新型密封材料的致密性非常好，以它们为主要基料制作的密封垫片发生渗透泄漏的现象日趋减少。

六、法兰破坏泄漏

破坏泄漏从本质上说也是一种界面泄漏，但引起界面泄漏的后果，人为的因素则占有很大的比例。密封垫片在安装过程中，易发生装偏的现象，从而使局部的密封比压不足或预紧力过度，超过了密封垫片的设计限度，从而使密封垫片失去回弹能力。另外，法兰的连接螺栓松紧不一，两法兰中心线偏移，在固紧法兰的过程中都可能发生上述现象。由于流体压力的作用，甚至可将垫片撕裂，泄漏流量迅速增大，如图 7-117 所示。因此，把这种由于安装质量欠佳而产生密封垫片泄漏现象称为"破坏泄漏"，这种泄漏也可称为事故性泄漏。

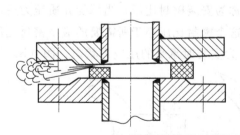 

图 7-117 破坏泄漏示意图

七、法兰泄漏因素分析

法兰的泄漏因素可以从人、机、料、法、环的几个因素来分析，如图 7-118 所示。

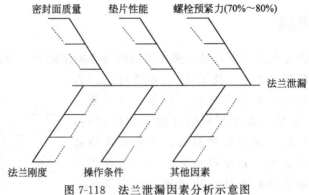

图 7-118 法兰泄漏因素分析示意图

1. 螺栓紧固力方面因素

(1) 载荷不足引起泄漏　这是由于螺栓紧固时，未能给密封垫片提供足够的压力。法兰投入运行后，工作密封比压不足而引发法兰泄漏。如图 7-119 左侧螺栓所示。

(2) 载荷过大引起泄漏　螺栓紧固时，提供给密封垫片的压力超过了其最大允许压溃应力（Q_{max}），密封垫片发生压溃现象而引发法兰泄漏。如图 7-119 右侧螺栓所示。

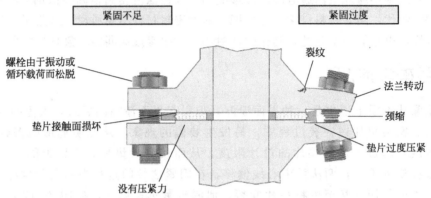

图 7-119 法兰螺栓紧固力不足或过大示意图

2. 法兰垫片性能因素

法兰垫片在安装时承受的压应力被称为安装密封比压；当承受介质压力后，密封垫片上所剩余的压应力称为工作密封比压，当这个密封比压小于所需要的最小密封比压时，就会发生泄漏事故。如图 7-120 所示，图（a）为安装时承受的压应力状态，图（b）为承受介质压

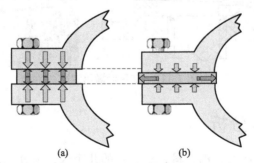

图 7-120 法兰垫片安装与承压状态示意图

力后安装密封比压减弱的状态。

① 法兰垫片发生氧化现象，法兰投入运行后会发生泄漏，如图7-121所示。

② 垫片钢带出现滑脱，承受安装密封比压时，发生压溃或弯曲变形现象，法兰投入运行后会发生泄漏，如图7-122所示。

图7-121 法兰垫片发生氧化

图7-122 法兰缠绕垫片发生钢带滑脱

③ 法兰垫片安装时，点焊位置不当造成垫片缺陷，法兰投入运行后会发生泄漏，如图7-123所示。

④ 由于腐蚀介质对垫片长时间的侵蚀，使垫片发生化学变化。腐蚀介质渗透到垫片中，垫片开始变软，失去压紧力，法兰投入运行后会发生泄漏。

3. 法兰密封面存在的问题

主要表现在对法兰密封面粗糙度和平面度的破坏，如图7-124所示。

① 残留在密封面上的铁屑、焊渣、灰尘等异物在紧固法兰过程中对密封面的损伤。

图7-123 法兰垫片安装点焊不当

② 建设期或检修时保护不当，磕碰或刮擦对密封面产生的划伤。

③ 维修过程中人工打磨法兰密封面上的锈蚀或缺陷，虽然可以减小密封面的粗糙度值，但对密封面的平面度可能造成破坏。

④ 在温度和压力反复波动的工况下，法兰密封面可能产生扭曲变形。

⑤ 腐蚀性介质渗漏对法兰密封面的损伤。

⑥ 法兰承载面刚度不足引起翘曲变形。

⑦ 螺栓副与法兰面之间的摩擦力不可控。

⑧ 温度、压力波动，螺栓紧固力发生了变化。

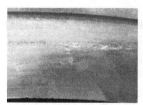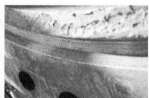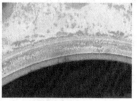
图7-124 法兰密封面粗糙度和平面度损伤

4. 法兰和螺栓的力学性能及安装方面因素

主要表现在对螺栓材质力学性能参数的明显降低，如图7-125和图7-126所示。

图 7-125 螺母支撑面损伤

图 7-126 偏载导致的螺栓咬牙

① 人为错误，没有按螺栓的紧固程序操作。
② 未更换受损的螺栓。
③ 再次使用的螺栓在使用前没有除锈。
④ 再次使用的螺栓在使用前没有涂抹润滑脂。
⑤ 法兰的螺母支撑面损伤，导致转动摩擦系数无法有效掌控。
⑥ 为赶工期走捷径，采用传统的抡大锤紧固法，安装扭矩不可控，如图 7-127 所示。

图 7-127 螺栓紧固力不均匀示意图

⑦ 螺栓紧固力不均匀，紧固机具数量、品种不足或使用不当。
⑧ 管道与法兰不垂直、不同心，法兰面不平行，安装时未平行闭合，易导致密封垫片压溃现象。当内部介质压力超过垫片的载荷压力时，就会发生法兰泄漏。这种情况主要是在安装施工或检修过程中造成的，俗称法兰偏口。
⑨ 管道和法兰垂直，但两法兰不同心。法兰不同心，造成周围的螺栓均不能自由地穿入螺栓孔。在没有其他方法的情况下，只有扩孔或用小一号的螺栓穿入螺栓孔，而该方法会降低两法兰的拉紧力。并且密封面的密封面线也有偏差，这样非常容易发生泄漏。俗称法兰错口。
⑩ 当法兰的间隙过大时，易产生轴向或弯曲载荷，密封垫片就会受到冲击或震动，失去压紧力，从而逐渐失去有效密封比压而导致泄漏。俗称法兰张口。
⑪ 管道与法兰同心，但两个法兰相对的螺栓孔之间的距离偏差较大，即两个螺栓孔不同心。错孔会使螺栓产生应力，该应力不消除，将对螺栓造成剪切力，时间长了会把螺栓切断，造成密封失效。俗称法兰错孔。
⑫ 大小法兰。管道法兰与闸阀、设备法兰标准不同，公称压力或公称尺寸不匹配，外径尺寸有所差异，如图 7-128 所示。

5. 操作温度变化和压力波动

温度变化对法兰和螺栓膨胀与收缩的影响，如图 7-129 所示。

如果螺栓和连接面以相同的速率、在同一时间膨胀或收缩，将不会有螺栓紧固力丢失的问题。但实际上，因为螺杆被隔离在法兰螺栓孔里，它们的温度变化就会滞后于法兰。

① 法兰连接安装结束后，螺栓的受力情况如图 7-130(a) 所示。

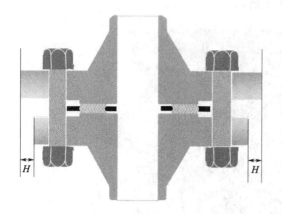

图 7-128 法兰外径存在差异示意图

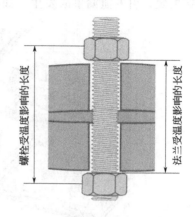

图 7-129 温度变化对法兰和螺栓
膨胀与收缩的影响示意图

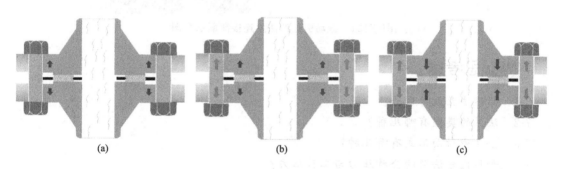

图 7-130 开停车对法兰和螺栓膨胀与收缩的影响过程示意图

② 当温度升高时，螺栓的膨胀速度落后于连接面的膨胀速度，从而使螺栓连接的载荷在短时间内增大，宏观表现为螺栓被拉长，这有可能导致螺栓屈服，如图 7-130(b) 所示。

③ 当温度降低时，螺栓冷却（收缩速率）滞后于法兰，从而使螺栓连接的载荷在短时间内丢失，宏观表现为螺母与法兰面出现间隙，这有可能导致泄漏的发生，如图 7-130(c) 所示。

④ 低温法兰在常温下装配、低温下工作，往往出现常温下不漏、低温下泄漏的现象。出现这种现象的原因是：法兰与螺栓的材质不同，线膨胀系数不同，在低温下收缩不一致。例如低温法兰是铝制的，而铝螺栓丝扣易磨损，因此一般采用钢制螺栓。铝的线膨胀系数为 $2.34\times10^{-5}\sim2.38\times10^{-5}℃^{-1}$，而碳素钢的线膨胀系数为 $1.06\times10^{-5}\sim1.22\times10^{-5}℃^{-1}$，不锈钢（1Cr18Ni9Ti）的线膨胀系数为 $1.66\times10^{-5}℃^{-1}$。在低温下铝的收缩比钢大，造成法兰连接松动。因此，应采用强度高的不锈钢螺栓或铜螺栓，在常温下施以紧固力，在法兰投入运行后，再进行冷紧固。

6. 振动引起的泄漏

压力流体在扰动力的作用下会产生振动，当多重振动频率相吻合时，将引起共振，使法兰连接失效，引发泄漏事故发生，如图 7-131 所示。

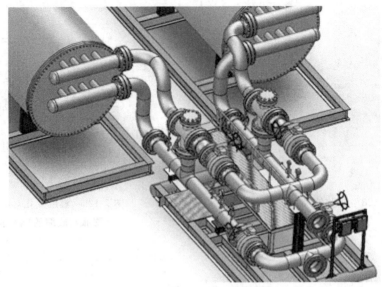

图 7-131 振动引起的法兰连接泄漏示意图

 思考题

7-1　简述法兰设计理论。

7-2　法兰的类型有哪几种？

7-3　法兰密封面形式有哪几种？

7-4　如何区分法兰的公称压力与工作压力？

7-5　简述垫片密封原理。

7-6　什么是反作用力垫圈？

7-7　螺栓防松技术有哪些种类？

7-8　简述垫圈工作原理。

7-9　螺栓防松技术有哪几种？

7-10　简述法兰泄漏危害。

第八章 设备法兰完整性管理（应用篇）

广义的法兰完整性管理是从设计开始，直到法兰退役的全过程的管理。在保证法兰刚度的条件下，将法兰连接螺栓的紧固力发挥到极致，在密封垫片获得最大的工作密封比压，使得法兰连接在整个运行周期内处于无泄漏状态。

其实质是：在科学设计的基础上，法兰、垫片、螺栓符合或高于现行国家标准；法兰、垫片、螺栓生产质量符合或高于现行国家标准；法兰连接安装技术科学化，安装质量指标符合或高于现行国家标准，螺栓的紧固力得到充分有效利用，运行后的法兰连接实际密封比压始终大于或等于密封垫片上所需的最小工作密封比压，即保持完好的无泄漏状态，直到法兰连接检修或退役。

如果对法兰连接的管道要求与对待焊接要求一样严格，则完全可以实现无泄漏的目的，如图8-1所示。

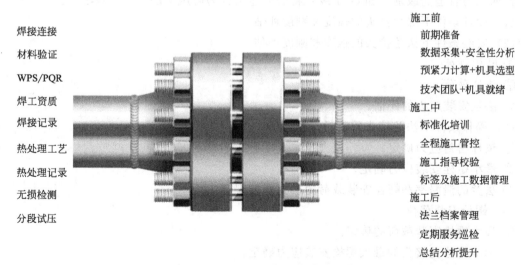

图 8-1 法兰连接与焊接要求示意图

法兰完整性管理可大致分为三个阶段：法兰连接设计水平是前提，元件制造质量是关键，安装技术装备和能力是最终保障。

第一节　传统法兰管理与法兰完整性管理对比

传统法兰管理与法兰完整性管理的最大区别在于，前者为定性，后者为定量；前者以经验为主，后者以科学化为主；从安装的角度出发，前者为对称紧固螺栓，后者为同步紧固螺栓；前者只能以降低泄漏率为目的，后者必须以实现零泄漏率为目的。

一、法兰安装前的检查对比

法兰连接是管道设备安装中的重要连接方式。安装前应做好各项准备工作。

1. 传统法兰管理安装前的检查（突出在经验性上）

（1）法兰的加工各部位尺寸应符合标准或设计要求，法兰表面不得有砂眼、裂痕、斑点、毛刺等降低法兰强度和连接可靠性的缺陷，否则应予以修理或更换。

（2）检查法兰垫片材质与尺寸是否符合标准或设计要求。软垫片质地柔韧，无老化、变质现象，表面不应有折损、皱纹等缺陷；金属垫片的加工尺寸、精度、粗糙度及硬度等都应符合要求，表面无裂纹、毛刺、凹槽、径向划痕等缺陷。

（3）法兰垫片需现场加工时，不管是采用手工剪制还是采用切割，垫片材质应符合设计要求和质量标准；垫片应制成手柄式，以便于安装。

（4）一对法兰密封面间只允许使用一个垫片。当大直径垫片需要拼接时，应采用斜口搭接或迷宫式拼接，不得平口对接。

（5）螺栓及螺母的螺纹应完整，无伤痕、毛刺等缺陷。螺栓、螺母应配合良好，无松动和卡涩现象。

2. 法兰完整性管理安装前期工作（突出在科学计算基础上）

根据压力管道的级别（如 GC1 级）将法兰连接分为高风险法兰和一般法兰。

（1）设计条件下法兰接头的强度和刚度评估

（2）安装条件下法兰接头的强度和刚度评估

① 螺栓载荷。

② 垫片载荷。

③ 法兰安装应力的评估。

（3）操作条件下法兰接头的密封性能评估

① 垫片密封应力确定。

② 最小螺栓安装应力确定。

③ 法兰的泄漏率和螺栓安装载荷的松弛系数规定。

（4）螺栓安装载荷

① 最大螺栓安装载荷的确定。

② 标准管法兰接头的最大螺栓安装应力确定。

（5）法兰、垫片及紧固件选用的附加要求

① 螺栓材料的最高工作温度。
② 垫片的最高工作温度及应力松弛系数。
③ 从法兰的刚度考虑,可以选用刚度较大的带颈对焊法兰、带颈活套法兰、整体法兰及承插焊法兰。

二、法兰安装要求对比

1. 传统法兰管理安装要求（强调责任心）

(1) 法兰与管子组装应用图 8-2 所示的工具和方法对管子切口端面进行检查,切口端面倾斜偏差 Δ 不应大于管外径的 1%,且不得超过 3mm。

(2) 法兰与管子组装时,要用法兰角尺检查法兰的垂直度,如图 8-3 所示。

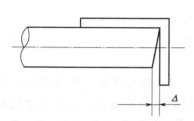
图 8-2 管子切口端面倾斜偏差 Δ

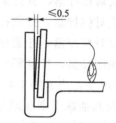
图 8-3 法兰角尺检查法兰垂直度

(3) 对于法兰连接加设的软垫片,周边尺寸应整齐,垫片尺寸应与法兰密封面相符。

(4) 当采用的软钢、铜、铝等金属垫片在出厂前未进行退火处理时,安装前应进行退火处理。

(5) 法兰连接应与管道同心,并应保证螺栓自由穿入。法兰螺栓孔应跨中安装,法兰间应保持平行,其偏差不得大于法兰外径的 0.15%,且不得大于 2mm,不得用强紧螺栓或其他外力方法消除歪斜及强行组装,如图 8-4 所示。

图 8-4 强行组装法兰示意图

(6) 法兰连接应使用同一规格的螺栓,安装方向应一致。螺栓紧固后应与法兰紧贴,不得有楔缝。需加垫圈时,每个螺栓不得超过一个,紧固后的螺栓宜与螺母平齐。任何情况下,螺母上未完全啮合的螺纹应不大于 1 个螺距。

(7) 为了便于装拆法兰、紧固螺栓,法兰平面距支架和墙面的距离不应小于 200mm。

(8) 拧紧螺栓时，应对称交叉逐个进行（图 8-5），以保证垫片各处受力均匀。

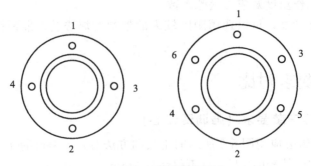

图 8-5　法兰螺栓拧紧顺序

① 第一次对称拧紧，其拧紧程度达 50%。
② 第二次对称拧紧，拧紧程度达 60%～70%。
③ 第三次对称拧紧，拧紧程度达 80%～90%。
④ 最后顺序拧紧，拧紧程度 100%。

但实际情况是，当紧固 1♯ 螺栓时（图 8-6），1♯ 螺母下压，推动法兰使垫片压缩比产生变化，2♯ 及其他螺母则在原位；随着螺栓设定力矩值的接近，垫片压缩比减小，法兰交互作用随之减小，但不会消失，用铜锤敲击可检测出此现象。法兰螺栓数量越多，则交互作用越大，这是传统螺栓紧固法难以避免的现象。

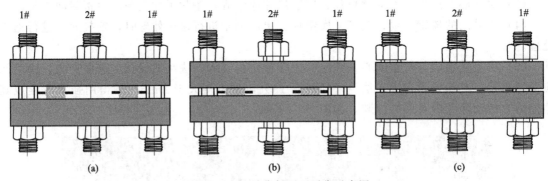

图 8-6　法兰对称紧固不平衡示意图

(9) 当管道遇到下列情况之一时，螺栓、螺母应涂以二硫化钼油脂、石墨机油或墨粉。
① 不锈钢、合金钢螺栓和螺母。
② 管道设计温度高于 100℃ 或低于 0℃。
③ 露天装置。
④ 处于大气腐蚀环境或输送腐蚀介质。

(10) 法兰接头装配时，垫片应均匀地压缩到预定的设计载荷。

(11) 法兰接头装配时，如两个法兰的压力等级或力学性能有较大差别时，应予以特别注意。宜将螺栓拧紧至预定的扭矩。

(12) 法兰不得埋入地下，埋地管道或不通行地沟管道的法兰应设置检查井，法兰也不能装在楼板、墙壁和套管内。

2. 法兰完整性管理安装要求（重视培训，提高技能）

（1）安装程序文件要求。

（2）人员技能培训要求。

（3）法兰密封面平行度和粗糙度要求（图8-20、表8-11、表8-12）。

（4）建立法兰接头安装检查记录表。

（5）螺栓安装扭矩计算（表8-17）。

（6）螺栓编号（图8-5）。

（7）法兰完整性管理严格按程序组对法兰，不存在强行组装，无安装应力，如图8-7所示。

图8-7 法兰安装程序示意图

（8）法兰完整性管理采用同步紧固，不会出现法兰对称紧固不平衡问题，如图8-8所示。紧固扭矩为100N·m。

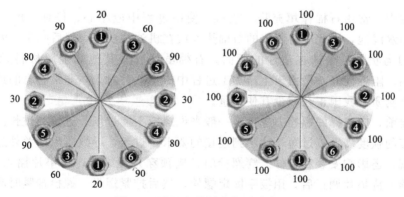

图8-8 法兰安装同步紧固示意图

三、法兰安装步骤

1. 传统法兰管理安装步骤

（1）管端焊接法兰　当管道工作压力在0.25~1.0MPa时，采用普通焊接法兰，如

图 8-9(a) 所示；当管道工作压力在 1.6～2.5MPa 时，采用加强焊接法兰，如图 8-9(b) 所示。加强焊接法兰与普通焊接法兰不同处在于，前者是法兰端面靠管孔处周边开坡口焊接。

正确地焊接法兰和保证法兰与管端面的焊接要求，对于管道连接至关重要。焊接法兰时，必须使管子与法兰端面垂直。可用法兰靠尺检查其垂直度，无法兰靠尺时可用 90°角尺代替。焊接法兰前，先将管子插入法兰内，插入法兰内的深度应大于法兰厚度的 1/2 且小于法兰厚度的 2/3。在焊接法兰的连接面时，焊肉不得突出，飞溅在表面上的焊渣或形成的焊瘤应清理干净。如果两段管子用法兰连接时，可先焊好一个管口的法兰，另一个管口套上法兰，将两法兰安装就位，拧紧螺栓后进行点焊，然后根据施工现场的实际情况，选择现场固定焊接或螺栓拆下后再进行焊接。

（2）两片法兰的连接　两个管口的法兰焊接和对正完成后，即可加垫片，穿螺栓，拧紧螺栓和螺母。选择法兰垫片时，垫片的材料必须满足输送介质的需求，尺寸规格应合适。垫片有成品垫片（市面有售），也可现场制作。现场制作的垫片应有"手柄"以便操作，制作的垫片内径不应小于管子内径，外径不得妨碍螺栓穿过螺栓孔。手柄法兰垫片及安装位置如图 8-10 所示。

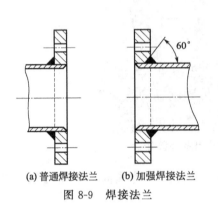

(a) 普通焊接法兰　(b) 加强焊接法兰
图 8-9　焊接法兰　　　　图 8-10　手柄法兰垫片及安装位置

管道工程中，常用石棉作填充物、垫料，使用过程中应小心、仔细。用石棉制作垫片时，因石棉怕水浸泡，因此应将制好的石棉垫片放在机油中浸泡，然后晾干。安装时用机油和铝粉调成的粥状物，涂抹在垫片的两面。石棉虽然有着其他非金属材料无法替代的优点——耐高温、阻燃性好，但由于生产加工过程中产生一种对人体非常有害的致癌物，是国际公认的有害物质，我国正在减少其使用量。

安装螺栓前，应选择好螺栓、螺母。一般来说螺栓不能过细、过短、过长。过细，不能满足法兰连接的强度需求；过短，达不到连接的要求；过长，导致露出法兰外过长，浪费材料、影响美观，还影响安装和检修。穿螺栓时，应预穿几颗螺栓，将垫片插入两法兰之间，再穿其余螺栓。待垫片调正后，用扳手固定螺栓，然后拧紧螺母。螺栓拧紧时应对称交叉进行，如图 8-5 所示。拧螺栓时应注意，螺栓不能转动。

2. 法兰完整性管理安装步骤

（1）合适的扭矩参数（表 8-17）。

（2）合适的垫片压缩比。垫片在螺栓预紧时承受最大的压紧力，有可能被压缩成塑性变形而失去回弹能力，使得接触面无法保持足够的接触力引起泄漏。因此，垫片预紧时既要压紧，也不能压力过大导致垫片失去弹性。

(3) 合适的螺栓屈服强度。不同材质的螺栓,力学性能不同;不同规格的螺栓,屈服强度不同;不同温度下的螺栓,冲击韧性也不同。

(4) 合适的 K 值系数。扭矩值 K 值从 0.1 变化到 0.3 引起的扭矩变化不是 20%,而是 200% 的变化,工作表面润滑剂不足会对获得螺栓有效载荷影响显著,同时会严重削弱紧固力的提升。

(5) 合适的法兰许用应力(可通过机械手册查找)。

(6) 合适的螺纹拉伸应力面积。

(7) 合适的材料屈服强度比等。

24 颗螺栓两同步紧固过程示意图如图 8-11 所示。比传统的螺栓紧固存在着本质上的差异。

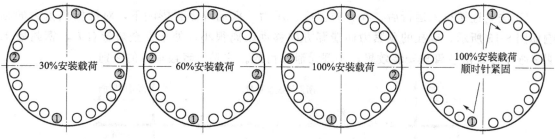

图 8-11　24 颗螺栓两同步紧固过程示意图

3. 传统法兰管理安装与法兰完整性管理安装对比

(1) 传统法兰管理安装

① 传统法兰管理安装要求达到预紧力示意图如图 8-12 所示。螺栓的预紧力大约处在所需螺栓载荷的中段位置。

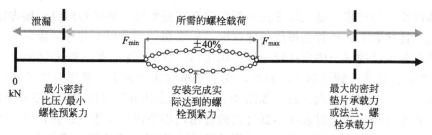

图 8-12　传统法兰管理安装要求达到预紧力示意图

② 法兰连接投入运行后,在介质温度、压力、振动等因素影响下,对螺栓预紧力的影响如图 8-13 所示。螺栓的预紧力向泄漏方向移动,如果预紧力小于工作密封比压所需要的预紧力,就有发生泄漏的可能。

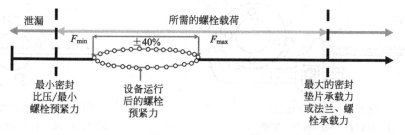

图 8-13　法兰连接投入运行后螺栓预紧力变化示意图

(2) 法兰完整性管理安装

① 法兰完整性管理安装要求达到预紧力示意图如图 8-14 所示。螺栓的预紧力大约处在所需螺栓载荷的前段位置，充分发挥了法兰螺栓的内在潜力。

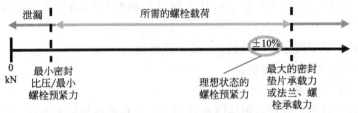

图 8-14　法兰完整性管理安装要求达到预紧力示意图

② 法兰连接投入运行后，在介质温度、压力、振动等因素影响下，对螺栓预紧力的影响如图 8-15 所示。螺栓的预紧力向泄漏方向移动距离很小，处于安全余量右方，密封效果明显强于传统法兰管理安装效果，实现无泄漏目的。这是两者最根本的区别。

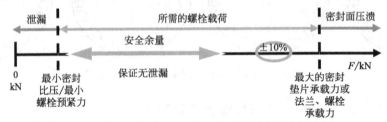

图 8-15　法兰连接投入运行后螺栓预紧力变化示意图

四、管道螺纹法兰的连接

管道螺纹法兰的连接，是先将连接的管口端套成短螺纹，再按短螺纹连接方法把管端螺纹与螺纹法兰连接起来。把管道螺纹与螺纹法兰连接在一起有以下几种方法。

(1) 把套好螺纹的管子固定在管子台虎钳上（管钳），管端螺纹伸出管子台虎钳的长度为 100mm 左右。将管端螺纹缠上填料后，用手把螺纹法兰拧上，再用与法兰外径相适应的管钳夹住法兰，沿顺时针方向拧紧，如图 8-16 所示。这种方法仅适用于直径较小的法兰。

(2) 上较大直径的法兰时若找不到合适的管钳，用手使螺纹法兰带扣，然后用两根强度较大、外径稍小于螺栓孔的圆钢插入法兰螺栓孔内，再用一根较粗的圆钢交错上两根圆钢，并靠近法兰平面，按顺时针方向把螺纹法兰拧紧，如图 8-17 所示。这种方法适用于法兰规格较大且数量不太多的情况。

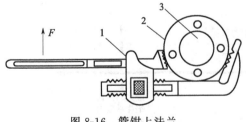

图 8-16　管钳上法兰
1—管钳；2—法兰；3—管端

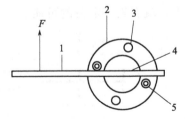

图 8-17　铁棍上法兰
1—圆钢；2—法兰；3—法兰螺栓孔；
4—管端；5—螺栓孔圆钢

(3) 根据施工的实际状况,现场用型钢制作一些不同规格的螺纹法兰扳手,如图 8-18 所示。先用手使螺纹法兰带扣,再将螺纹法兰扳手端爪穿入法兰螺栓孔中,然后拧入管端。

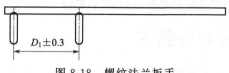

图 8-18 螺纹法兰扳手

法兰完整性管理理论认为,螺纹法兰刚度不足是最明显的缺点,不宜选用。但可以采用法兰完整性管理的同步紧固技术,来提高螺纹法兰安装质量。

五、高温差法兰螺栓的冷热紧要求

1. 传统法兰高温差法兰螺栓的冷热紧要求

高温或低温管道法兰的螺栓,在试运行时应按下列规定进行热态紧固或冷态紧固。

(1) 管道热态紧固温度、冷态紧固温度应符合表 8-1 的规定。
(2) 热态紧固或冷态紧固应在达到工作温度 2h 后进行。
(3) 紧固螺栓时,管道最大内压应根据设计压力确定。当设计压力小于或等于 6MPa 时,热态紧固最大内压应为 0.3MPa;当设计压力大于 6MPa 时,热态紧固最大内压应为 0.5MPa。冷态紧固应卸压后进行。
(4) 紧固应适度,并应有安全技术措施,保证操作人员安全。

表 8-1 管道热态紧固温度、冷态紧固温度   单位:℃

管道工作温度	一次热、冷态紧固温度	二次热、冷态紧固温度
250~350	工作温度	—
>350	350	工作温度
-20~-70	工作温度	—
<-70	-70	工作温度

2. 法兰完整性管理高温差法兰螺栓的热紧要求

(1) 法兰完整性管理理论认为,热紧会使螺栓强度和使用寿命降低 热紧工艺提高了螺栓预紧力,并通过增大垫片的密封比压而增强密封性能。但过大的螺栓预紧力会使螺栓产生较大的塑性变形,从而使螺栓的强度和使用寿命降低。例如,生产中会碰到的高温螺栓带压紧固消漏,通过扳手、大锤强力紧固螺栓,有可能会消除漏点。但在装置停车、管道降温后,就会发现螺栓出现松动现象;更有甚者,螺栓完全失去了弹性变形能力,无法继续使用。

(2) 热紧会使高温管线法兰密封垫片损坏 高温管线法兰垫片采用的多为内外环金属缠绕垫,其密封性能靠垫片的回弹性来保证。法兰螺栓的"热紧"操作只会减少,甚至使垫片彻底失去弹性,造成其塑性变形而失效,一旦温度降低后就会因垫片不能回弹而产生泄漏,甚至直接把垫片压坏或者挤出;压力等级较高时,采用的是金属八角垫,其垫片本身就具有受热膨胀的自密封性能。因此,法兰垫片密封力的作用不是要求越大越好,而是在满足基本密封比压后强调均匀性。"热紧"不能解决泄漏,有时还会因破坏已经获得的均匀螺栓紧固力而起到负面作用。

(3) 法兰完整性管理可保证法兰、垫片和螺栓处于最佳工作状态 高温工艺管道采用法兰完整性管理，可使法兰、垫片和螺栓处于最佳工作状态，在做好开车前的气密性试验后，可以省略螺栓的热紧工艺。但需要更多的实际效果论证。

六、法兰完整性管理特殊要求

(1) 法兰完整性管理专业人员培训与认证。
(2) 专业的工具选择与认证。
(3) 法兰完整性管理软件。
(4) 法兰现场管理数据库。
(5) 安装作业人员应完成法兰接头安装记录。
(6) 法兰接头安装完成后检查。
(7) 先进工器具的使用。
① 中空式液压扳手。
② 驱动轴式液压扳手。
③ 液压螺栓拉伸器。
④ 反作用力臂中空液压扳手。
⑤ 液压扳手泵。

第二节　设计条件下法兰接头的强度和刚度评估

法兰完整性管理理论认为，法兰、垫片和螺栓都应经过严格的科学计算，在准确的计算结果的基础上，确认各自的安装载荷，在密封垫片上获得最佳的工作密封比压，实现无泄漏目的。

一、设计条件下法兰接头的强度评估

当承压设备法兰承受外加轴向力和外加弯矩时，其承压强度和刚度评估可按法兰压力-温度额定值-当量压力方法校核：

$$p_e = \frac{16M}{\pi D_G^3} + \frac{4F}{\pi D_G^2} \tag{8-1}$$

式中　p_e——由外加轴向力与外加弯矩产生的当量压力，MPa；
　　　M——外加弯矩，N·mm；
　　　D_G——垫片中心圆直径，mm；
　　　F——外加轴向力（拉伸时计入，压缩时不计），N。

按式(8-1)计算其外加轴向力或外加弯矩的当量压力 p_e，设计压力与当量压力之和应不大于法兰的压力-温度额定值。

法兰的压力-温度额定值是指不同法兰材料在不同使用温度下的最大允许工作压力数值，可以通过相关的国家标准或手册查得，如表8-2、表8-3所示。其他法兰的压力-温度额定值可查 GB/T 9124.1—2019《钢制管法兰　第1部分：PN系列》或 GB/T 9124.2—2019《钢制管法兰　第2部分：Class系列》。

表 8-2 PN2.5 法兰的压力-温度额定值（取自 GB/T 9124.1—2019）

材料组别	常温	100	150	200	250	300	350	400	450	460	470	480	490	500	510	520	530	540	550	560	570	580	590	600
温度/℃ 最大允许工作压力/MPa																								
1E0	0.25	0.20	0.19	0.18	0.16	0.15	—	—	—	—	—	—	—	—	—	—	—	—	—	—	—	—	—	—
2E0	0.25	0.20	0.19	0.18	0.16	0.15	0.12	0.09	—	—	—	—	—	—	—	—	—	—	—	—	—	—	—	—
3E0	0.25	0.23	0.22	0.20	0.19	0.17	0.16	0.14	0.08	—	—	—	—	—	—	—	—	—	—	—	—	—	—	—
3E1	0.25	0.25	0.25	0.25	0.24	0.22	0.20	0.18	0.10	—	—	—	—	—	—	—	—	—	—	—	—	—	—	—
4E0	0.25	0.25	0.25	0.25	0.24	0.21	0.20	0.18	0.17	0.16	0.14	0.13	0.12	0.11	0.08	0.07	0.05	—	—	—	—	—	—	—
5E0	0.25	0.25	0.25	0.25	0.25	0.25	0.25	0.22	0.21	0.20	0.19	0.18	0.17	0.16	0.13	0.11	0.09	0.07	0.05	0.04	0.03	—	—	—
5E1	0.25	0.25	0.25	0.25	0.25	0.22	0.21	0.20	0.19	0.19	0.18	0.18	0.18	0.17	0.16	0.15	0.14	0.12	0.11	0.10	0.09	—	—	—
6E0	0.25	0.25	0.25	0.25	0.25	0.25	0.24	0.23	0.22	0.20	0.19	0.18	0.17	0.16	0.14	0.12	0.10	0.09	0.08	0.06	0.06	0.05	0.04	0.04
6E1	0.25	0.25	0.25	0.25	0.25	0.25	0.25	0.25	0.25	0.25	0.25	0.21	0.17	0.13	0.11	0.09	0.08	0.07	0.05	0.05	0.04	—	—	—
9E1	0.25	0.25	0.25	0.25	0.25	0.25	0.25	0.25	0.25	0.25	0.25	0.25	0.25	0.25	0.25	0.25	0.23	0.21	0.19	0.17	0.15	0.14	0.12	0.11
10E0	0.25	0.25	0.25	0.25	0.16	0.15	0.14	0.13	0.13	0.13	0.13	0.12	0.12	0.12	0.12	0.11	0.11	0.10	0.10	0.10	0.09	0.08	0.07	0.07
10E1	0.25	0.25	0.25	0.25	0.19	0.19	0.19	0.19	0.18	0.18	0.18	0.17	0.15	0.17	—	—	—	—	—	—	—	—	—	—
11E0	0.25	0.22	0.20	0.18	0.16	0.16	0.15	0.14	0.14	0.14	0.14	0.14	0.14	0.14	0.13	—	—	—	—	—	—	—	—	—
12E0	0.25	0.25	0.23	0.22	0.17	0.19	0.19	0.18	0.18	0.18	0.18	0.17	0.15	0.15	0.17	0.12	0.11	0.10	0.10	0.10	0.09	0.08	0.07	0.07
13E0	0.25	0.23	0.21	0.19	0.18	0.17	0.16	0.16	0.15	0.15	0.15	0.15	0.15	0.15	—	—	—	—	—	—	—	—	—	—
13E1	0.25	0.24	0.22	0.21	0.19	0.18	0.17	0.17	0.16	0.16	0.16	0.16	0.16	0.16	0.16	0.16	0.16	0.16	0.16	0.16	0.15	0.15	0.15	0.14
14E0	0.25	0.25	0.24	0.23	0.22	0.20	0.19	0.19	0.19	0.19	0.19	0.18	0.18	0.18	0.18	0.18	0.18	0.18	0.18	0.18	0.18	0.16	—	—
15E0	0.25	0.25	0.25	0.25	0.25	0.25	0.20	—	—	—	—	—	—	—	—	—	—	—	—	—	—	—	—	—
16E0	0.25	0.25	0.25	0.25	0.25	—	—	—	—	—	—	—	—	—	—	—	—	—	—	—	—	—	—	—

注：经设计者同意，设计压力也可采用相应工况下的最大工作压力。

表 8-3 钢制法兰常用材料（取自 GB/T 9124.1—2019）

材料组别	锻件 材料牌号	锻件 标准	板材 材料牌号	板材 标准	铸件 材料牌号	铸件 标准	钢管 材料牌号	钢管 标准
1E0	—	—	Q235A Q235B	GB/T 700	—	—	—	—
2E0	20	NB/T 47008	A 级钢 20 Q245R	GB/T 711 GB/T 712 GB/T 713	WCA	GB/T 12229	—	—
	A105	GB/T 12228			LCA	JB/T 7248		
3E0	09MnNiD	NB/T 47009	09MnNiDR	GB/T 713	WCB	GB/T 12229	—	—
	16Mn	NB/T 47008	Q345R	GB/T 3531				
3E1	16MnD	NB/T 47009	Q370R 16MnDR	GB/T 713 GB/T 3531	LCB WCC	JB/T 7248 GB/T 12229	—	—
4E0	20MnMo	NB/T 47008	—	—	WC1 ZG19MoG	JB/T 5263 GB/T 16253	—	—
	20MnMoD	NB/T 47009						
5E0	15CrMo	NB/T 47008	15CrMoR	GB/T 713	ZG15Cr1MoG WC6	GB/T 16253 JB/T 5263	—	—
5E1	12Cr1MoV	NB/T 47008	12Cr1MoVR	GB/T 713	ZG20CrMoV	JB/T 9625	—	—
6E0	12Cr2Mo1	NB/T 47008	12Cr2Mo1R	GB/T 713	ZG12Cr2Mo1G WC9	GB/T 16253 JB/T 5263	—	—
6E1	12Cr5Mo	NB/T 47008	—	—	ZC16Cr5MoG LCC	GB/T 16253 JB/T 7248	—	—
7E0	—	—	—	—	—	—	—	—

对于表中两者之间的温度，允许用线性内插法来确定在该温度下法兰的最大允许工作压力。对于特殊的材料，其压力-温度额定值根据设计规定。

如果一对法兰连接的两个法兰的压力-温度额定值不同，则使用条件应由两个法兰中较低的一个法兰所决定。

法兰在低温下最大允许工作压力不应大于常温时的最大允许工作压力。

二、设计条件下法兰接头的刚度评估

法兰接头的刚度评估可选择刚度指数进行评估，如表 8-4 所示。

当按表 8-4 相应公式计算所得的 J 值大于 1.0 时，应当适当增加法兰的厚度 t，然后再计算 J 值，直到 $J \leqslant 1.0$ 为止。

对于非剧毒和非易燃的流体，并且温度范围在 $-29 \sim +186℃$ 内，操作压力不超过 1035kPa 时，如果证明有成功的服役经验，则可以免除刚度评估。

表 8-4　法兰刚度指数　（取自 GB/T 20801.3—2020）

法兰类型	刚度校核准则
整体式法兰和按整体式法兰设计的任意式法兰	$J = \dfrac{52.14VM_0}{LEg_0^2 K_L h_0} \leqslant 1.0$
带颈松式法兰	$J = \dfrac{52.14V_L M_0}{LEg_0^2 K_L h_0} \leqslant 1.0$
不带颈松式法兰和按松式法兰设计的任意式法兰	$J = \dfrac{109.4 M_0}{Et^3 K_L (\ln K)} \leqslant 1.0$

注：E——法兰材料在设计温度（操作状态）或常温（预紧状态）时的弹性模量；
J——刚度指数，$J \leqslant 1$；
K——整体式或任意式法兰的刚度系数，$K = 0.3$；
K_L——松式法兰的刚度系数，$K_L = 0.2$。

第三节　安装条件下法兰接头的强度和刚度评估

一、螺栓

1. 螺栓载荷

安装条件下，螺栓安装应力 S_B（单位 MPa）不得超过螺栓材料屈服强度值的 70%（安装温度下）；实际的螺栓安装应力（包括安装载荷偏差，即各个应力之和）不得超过螺栓材料屈服强度值的 90%（安装温度下）。

2. 螺栓载荷参数值

高强度螺栓安装目标应力 S_{BT} 为 350MPa，中强度螺栓安装目标应力 S_{BT} 为 280MPa。必要时，中强度螺栓安装目标应力可取 350MPa，但应采取措施控制安装和使用过程中螺栓不发生屈服变形。

二、垫片

（1）垫片载荷　安装条件下，螺栓安装载荷的总和（W_A）等于垫片接触表面（A_a）上的压缩载荷。垫片接触表面的压应力（Q_A）应不大于垫片最大允许压溃应力（Q_{max}），按式(8-2)计算：

$$Q_A = W_A/A_a \leqslant Q_{max} \qquad (8-2)$$

式中　Q_A——安装条件下，垫片接触表面的平均压应力（$Q_A = W_A/A_a$），MPa；

　　　W_A——安装条件下，法兰接头螺栓安装载荷总和 [$W_A = S_B A_m$，其中 S_B 为螺栓安装应力（MPa）]，N；

　　　A_a——垫片接触面积 [即垫片与法兰密封面发生直接接触的面积（八角垫按垫片的投影面积计）]，mm²；

　　　Q_{max}——垫片的最大压溃应力（按 EN 13555—2014 确定，已给出），MPa。

(2) 垫片压溃应力　非金属平垫片的最大压溃应力 Q_{max} 应符合下列规定：

① 垫片厚度≤1.6mm 时，$Q_{max} \geqslant 150$MP。

② 垫片厚度>1.6～3.2mm 时，$Q_{max} \geqslant 100$MPa。

三、法兰

(1) 法兰变形限定　安装条件下，法兰不应产生影响密封的弹性和塑性变形，应评估法兰偏转角和安装应力。

(2) 法兰偏转角限定　安装条件下，由螺栓安装力矩 M_A 产生的法兰偏转应符合下列规定。

① 公称尺寸≤DN600 时，不大于 0.6°。

② 公称尺寸>DN600 时，不大于 1.0°。

(3) 法兰偏转角估算　安装条件下，法兰偏转角的估算按 GB/T 17186.1—2015 第 12 章的相应规定确认，此处略。

(4) 法兰安装应力的评估　由螺栓安装载荷产生的法兰安装力矩作用下的法兰安装应力计算如表 8-5 所示。该表引自 WRCBulletin 538 *Determination of Pressure Boundary Joint Assembly Bolt*（压力边界接头装配螺栓的确定）。

表 8-5　WRC Bulletin 538 法兰安装应力评估与 Taylor-Waters 法法兰设计应力计算的比较

比较项	Taylor-Waters 法		WRC Bulletin 538	
部位及应力	应力	判据	应力	判据
锥颈小端切向应力			S_{T0}	S_y
锥颈大端切向应力	S_T	$1.5[\sigma]=S_y$	S_T	$1.5S_y$
锥颈小端轴向应力	S_H	$[\sigma]=0.67S_y$	S_H	$2S_y$
锥颈小端轴向应力和大端切向之和	(S_H+S_T)	$2[\sigma]=1.33S_y$		
锥颈大端轴向和切向应力之和			$(S_H/f+S_T)$	$3S_y$
锥颈小端轴向和切向应力之和			S_H+S_{T0}	$3S_y$
锥颈大端径向和切向应力之和	S_R+S_T	$2[\sigma]=1.33S_y$	S_R+S_T	$3S_y$
锥颈大端(法兰)径向应力	S_R	$[\sigma]=0.67S_y$	S_R	$2S_y$

注：S_y 为法兰材料屈服强度，并设定设计许用应力 $[\sigma]=0.67S_y$。

一次应力是指设计条件下，由压力载荷和外载荷（不包括温差应力）产生的法兰应力，包括弯曲应力、局部应力。

二次应力是指安装条件下，螺栓安装载荷产生的法兰安装应力作为法兰接头的预应力，及设计条件下的温差应力产生的法兰应力。

第四节　操作条件下法兰接头的密封性能评估

法兰接头在安装条件下，螺栓安装载荷是法兰接头具备承压-密封能力的基础。随着操作温度的提高及时间的延续，由于螺栓材料应力松弛、垫片蠕变及法兰密封面偏转等的综合作用，将导致螺栓安装载荷的松弛衰减。

一、垫片密封应力确定

操作条件下，法兰接头承受的内压及附加载荷（$F_P + F_E$）将导致垫片密封应力进一步降低。操作条件下，垫片密封应力 Q_S 按式(8-3)计算：

$$Q_S = [W_A R_J - (F_P + F_E)]/A_G \tag{8-3}$$

式中　W_A——安装条件下，法兰接头螺栓安装载荷总和（$W_A = S_B A_m$），N；

　　　R_J——操作条件下，螺栓载荷松弛系数，即螺栓剩余载荷与螺栓安装载荷之比；

　　　F_P——操作条件下，法兰接头由内压引起的端部静压力（$F_P = 0.785 G^2 p$），N；

　　　F_E——操作条件下，法兰接头除内压外承受的附加轴向拉力（由外加轴向力与外加弯矩产生的当量力，按 GB/T 20801.3—2020《压力管道规范　工业管道　第3部分：设计和计算》确定），N；

　　　A_G——垫片密封面积，即基于垫片有效密封宽度计算的垫片接触面积（$A_G = 2\pi G b$），mm^2。

二、最小螺栓安装应力确定

操作条件下，满足泄漏率不大于 $L_{0.1}$ 的法兰接头最小螺栓安装应力 S_{Bmin} 按式(8-4)计算：

$$S_{Bmin} = [Q_{Smin(L0.1)} A_G + (F_P + F_E)]/(A_m R_J) \tag{8-4}$$

式中　S_{Bmin}——最小螺栓安装应力，MPa；

　　　$Q_{Smin(L0.1)}$——泄漏率不大于 $L_{0.1}$ 垫片密封应力，MPa。

三、法兰的泄漏率和螺栓安装载荷的松弛系数规定

(1) 泄漏率不大于 $L_{0.1}$ 的垫片密封应力 $Q_{Smin(L0.1)}$ 应不小于垫片密封参数（m）和工作压力的乘积（p），且不小于10MPa。满足泄漏率不大于 $L_{0.1}$ 的非金属平垫片（非石棉纤维橡胶垫片、膨体聚四氟乙烯垫片、增强石墨复合垫片）、金属缠绕垫、具有覆盖层的齿形垫、八角垫的 $m_{L0.1}$ 值一般不小于7。

注：Class900～Class2500 的半金属垫片（金属缠绕垫、具有覆盖层的齿形垫）的 m 值可降低为 4～6。

(2) 螺栓及垫片的最高工作温度下，螺栓安装载荷的松弛系数 R 应大于或等于 0.7。

符合上述要求的法兰接头最小螺栓安装应力 S_{Bmin} 按式(8-5)计算：

$$S_{Bmin}=[Q_{Smin(L0.1)}pA_G+(F_P+F_E)]/(0.7A_m) \tag{8-5}$$

四、其他要求

当用户或设计有其他泄漏控制要求或可靠的性能参数（如 Q_{max}、Q_{Smin}、R_J 等）时，可按式(8-5)计算相应的最小螺栓安装应力 S_{Bmin}，并在设计文件和安装程序文件中注明。

第五节　螺栓安装载荷

一、最大螺栓安装载荷的确定

（1）根据法兰接头选配的螺栓材料，设定螺栓安装目标应力。

（2）根据螺栓载荷参数值，按垫片密封应力和最小螺栓安装应力的数值对垫片、法兰的强度或刚度进行安全评估。

（3）当校核合格时，则取此螺栓安装目标应力为最大螺栓安装应力 S_{Bmax}。当校核不合格时，应相应降低螺栓安装目标应力的设定值，直至校核合格为止，并取降低的螺栓安装目标应力为此法兰接头的最大螺栓安装应力。最大螺栓安装载荷（W_0）等于最大螺栓安装应力（S_{Bmax}）与螺栓根径截面积（A_b）的乘积。

（4）最大螺栓安装应力 S_{Bmax} 应不小于按最小螺栓安装应力、法兰泄漏率和螺栓安装载荷的松弛系数值确定的最小螺栓安装应力 S_{Bmin}。

二、标准管法兰接头的最大螺栓安装应力确定

标准管法兰接头的最大螺栓安装应力 PN 级如表 8-6 所示，Class 级如表 8-7 所示。

表 8-6　PN16 标准管法兰接头最大螺栓安装载荷

公称尺寸(DN)	螺栓规格	螺栓数量 n/个	最大螺栓安装应力 S_{Bmax}/MPa	单个螺栓安装载荷 W_0/kN	最小螺栓安装应力 S_{Bmin}/MPa
10	M12	4	350	28	55
15	M12	4	350	28	67
20	M12	4	350	28	108
25	M12	4	350	28	139
32	M16	4	350	53	91
40	M16	4	350	53	111
50	M16	4	350	53	138
65	M16	8	213	32	91
80	M16	8	280	42	110
100	M16	8	350	53	127
125	M16	8	350	53	166
150	M20	8	274	64	123

续表

公称尺寸 (DN)	螺栓规格	螺栓数量 n/个	最大螺栓安装应力 S_{Bmax}/MPa	单个螺栓安装载荷 W_0/kN	最小螺栓安装应力 S_{Bmin}/MPa
200	M20	12	292	69	118
250	M24	12	242	82	105
300	M24	12	350	118	139
350	M24	16	316	107	124
400	M27	16	278	123	123
450	M27	20	232	103	120
500	M30	20	198	111	119
600	M33	20	191	133	130
700	M33	24	250	174	120
800	M36	24	233	196	118
900	M36	28	228	192	120
1000	M39	28	207	208	124
1200	M45	32	168	230	109
1400	M45	36	208	285	123
1600	M52	40	201	375	109
1800	M52	44	231	431	119
2000	M56	48	216	472	110

注：1. 法兰为 HG/T 20592 系列管法兰、PN16、WN/RF/A105。
2. 垫片为非金属平垫、金属缠绕垫、具有覆盖层的齿形垫。
3. DN450～DN200 的法兰厚度和法兰高度详见 HG/T 20592。

表 8-7　Class300 标准管法兰接头最大螺栓安装载荷（取自 GB/T 38343—2019）

公称尺寸		螺栓规格	螺栓数量 n/个	最大螺栓安装应力 S_{Bmax}/MPa		单个螺栓安装载荷 W_0/kN		最小螺栓安装应力 S_{Bmin}/MPa
DN	NPS			非金属平垫片	金属缠绕垫	非金属平垫片	金属缠绕垫	
15	1/2	M14	4	198	198	22	22	76
20	3/4	M16	4	186	186	28	28	84
25	1	M16	4	282	282	42	42	110
32	1 1/4	M16	4	350	350	53	53	169
40	1 1/2	M20	4	350	350	82	82	145
50	2	M16	8	350	350	53	53	171
65	2 1/2	M20	8	304	304	71	71	126
80	3	M20	8	350	350	82	82	181
100	4	M20	8	350	350	82	82	251
125	5	M20	8	350	350	82	82	324

续表

公称尺寸		螺栓规格	螺栓数量 n/个	最大螺栓安装应力 S_{Bmax}/MPa		单个螺栓安装载荷 W_0/kN		最小螺栓安装应力 S_{Bmin}/MPa
DN	NPS			非金属平垫片	金属缠绕垫	非金属平垫片	金属缠绕垫	
150	6	M20	12	350	350	82	82	269
200	8	M24	12	350	350	118	118	261
250	10	M27	16	350	350	155	155	195
300	12	M30	16	350	350	197	197	210
350	14	M30	20	350	350	197	197	189
400	16	M33	20	350	350	243	243	190
450	18	M33	24	350	350	243	243	200
500	20	M33	24	350	350	243	243	231
600	24	M39	24	350	350	351	351	204
650	26	M42	28	298	350	351	413	190
700	28	M42	28	319	350	376	413	185
750	30	M45	28	315	350	431	479	181
800	32	M48	28	311	350	489	551	197
850	34	M48	28	350	350	551	551	162
900	36	M52	32	274	350	511	653	277
950	38	M39	32	311	350	312	351	262
1000	40	M42	32	306	350	361	413	283
1050	42	M42	32	321	350	379	413	268
1100	44	M45	32	315	350	431	479	287
1150	46	M48	28	350	350	551	551	274
1200	48	M48	32	350	350	551	551	251
1250	50	M52	32	307	350	573	653	267
1300	52	M52	32	319	350	595	653	281
1350	54	M56	28	350	350	765	765	299
1400	56	M56	28	350	350	765	765	281
1450	58	M56	32	350	350	765	765	297
1500	60	M56	32	350	350	765	765	190

注：1. 公称尺寸小于或等于DN600（NPS24）的法兰为HG/T 20615系列管法兰、Class300、WN/RF/A105。
2. 公称尺寸大于DN600（NPS24）的法兰为HG/T 20623 A系列法兰、Class300、WN/RF/A105。
3. 具有覆盖层的齿形垫的最大螺栓安装应力和单个螺栓最大安装载荷同金属缠绕垫。

其他等级标准管法兰接头的最大螺栓安装应力详见GB/T 38343—2019附录B表B-1~表B-12。

目前，法兰接头的最大螺栓安装应力已经制作成专业软件，选用时更为方便。

采用不同的紧固工具和紧固方法，实际的螺栓安装载荷有一定的偏差。安装单位在编写安装程序文件时应充分考虑这些因素的影响，并控制螺栓安装应力满足法兰变形限定的要求。

第六节　法兰、垫片及紧固件选用的附加要求

采用最大螺栓安装载荷控制技术有利于提高法兰接头的承载能力，增加法兰接头的抗松弛裕量，降低法兰接头的泄漏率，同时应满足紧固件、垫片、法兰在选用时的附加要求。

一、紧固件

（1）除标准管法兰接头用紧固件的选用应符合现行国家行业标准 HG/T 20592～20635《钢制管法兰、垫片、紧固件》的相应规定外，采用最大螺栓安装载荷控制技术装配的法兰接头，应按螺栓载荷参数值规定尽可能选用高强度螺栓（螺柱）。除铸铁、非金属法兰或橡胶垫外，不得使用低强度螺栓（螺柱）。

（2）紧固件宜选用全螺纹螺柱及重型螺母。必要时可设置硬垫圈或碟簧，以提高法兰接头的柔度，防止螺栓松弛而引起泄漏。采用硬垫圈、碟簧或使用拉伸螺栓紧固方法时，应相应增加螺栓长度。使用拉伸螺栓紧固方法时，还应考虑有足够的安装空间。

（3）螺栓材料的最高工作温度如表 8-8 所示。

表 8-8　螺栓材料的最高工作温度（取自 GB/T 38343—2019）

类别	材料[a]		规格	最低屈服强度/MPa	最高工作温度[b,c,d]/℃
	材料	牌号（螺栓/螺母）			
高强度	碳钢	8.8/8	≤M16 ＞M16	640 660	≤250
	铬钼合金钢	35CrMo/30CrMo	≤M22 ＞M22～≤M80 ＞M80	735 685 590	≤300
		42CrMo(B7)/30CrMo	≤M64 ＞M64	720 795	
		A320,L7/A194,7	≤M64	725	
	铬钼钒合金耐热钢	25Cr2MoV/30CrMo	≤M48 ＞M48	735 685	≤400
中强度	奥氏体不锈钢（应变硬化）	A2-70 A4-70	≤M24	450	≤400
		A193,B8-2/A194,8-S1	≤M20 ＞M20～≤M24 ＞M24～≤M30 ＞M30～≤M36	690 550 450 345	≤500
		A193B8M-2/A194,8M-S1	≤M20 ＞M20～≤M24 ＞M24～≤M30 ＞M30～≤M36	665 550 450 345	

续表

类别	材料[a]		规格	最低屈服强度/MPa	最高工作温度[b,c,d]/℃
	材料	牌号（螺栓/螺母）			
中强度	奥氏体沉淀硬化不锈钢	06Cr15Ni25Ti2MoAlVB（A453 660）/A194,8-S1,A194,8M-S1	≤M70	585	≤600
	铬钼合金钢	A193,B7M/7L	≤M100	550	≤300
		A320,L7M/7ML	≤M64		

a. 材料应符合 GB/T 20801.2 等的规定。
b. 最高工作温度系螺栓金属温度，与法兰接头的保温要求有关。
c. 如采用螺栓热紧措施，可适当提高螺栓最高工作温度。
d. 工作温度超过 600℃的螺栓应采用镍基耐热合金，如 X750、X718 等。

二、垫片

除标准管法兰接头的垫片选用应符合现行国家行业标准 HG/T 20592～20635《钢制管法兰、垫片、紧固件》的相应规定外，采用最大螺栓安装载荷控制技术装配的法兰接头，还应符合下列附加要求。

(1) 非金属平垫片或半金属垫片在最高工作温度下的应力松弛系数 P_{QR} 应大于或等于 0.7。垫片的最高工作温度应符合下列规定。

① 非石棉纤维橡胶类非金属平垫片的工作温度应不高于 150℃。
② 膨体聚四氟乙烯类垫片的工作温度应不高于 200℃。
③ 增强柔性石墨类非金属平垫片或半金属垫片的工作温度应不高于 400℃。
④ 蛭石类半金属垫片的工作温度应不高于 750℃。

注1：工作温度高于 400℃时，尚缺乏垫片高温蠕变及密封性能评估方法。

注2：由于聚四氟乙烯在室温下就有较大冷流倾向，填充（改性）聚四氟乙烯的填充材料及配比对蠕变倾向、最高工作温度等影响极大，聚四氟乙烯包覆垫的 Q_{max} 较小，故 GB/T 38343—2019 未纳入推荐范围。

注3：工作温度大于 350℃的柔性石墨类垫片，其碳含量应≥98%。

注4：相对于非金属软平垫片，半金属垫片（金属缠绕垫、具有覆盖层的金属齿形垫）具有较好的抗压溃及抗应力松弛性能。

(2) 非金属平垫片的最大压溃应力应符合本章"第三节二、垫片（2）垫片压溃应力"的规定。

(3) 金属缠绕垫应符合下列附加要求。

① 金属缠绕垫应设置内外环，但 Class150 及 PN16 金属缠绕垫可免除内环。
② 名义厚度为 4.5mm 金属缠绕垫的外环厚度应不小于 3.0mm，最大厚度不大于 3.3mm。
③ 名义厚度为 4.5mm 金属缠绕垫压缩至外环后的回弹量应不小于 0.2mm。
④ 金属缠绕垫的缠绕密度应随压力等级的升高而递增。Class150 金属缠绕垫为低密度型，Class300 和 Class600 金属缠绕垫为中密度型，Class900 和 Class1500 金属缠绕垫为高密度型，Class2500 金属缠绕垫为特高密度型。

(4) 八角垫应符合下列要求。

① 八角垫最高硬度应符合表 8-9 的规定。

表 8-9 八角垫材料的最高硬度

材料牌号	硬度要求	
	HB	HRB
纯 Fe	70	38
10	110	61
1Cr5Mo	130	72
0Cr13	130	72
06Cr19Ni10(304)、06Cr17Ni12Mo2(316)、6Cr18Ni11Ti(321)、06Cr18Ni11Nb(347)	145	78
022Cr19Ni10(304L)、022Cr17Ni12Mo2(316L)	135	75

② 八角垫尺寸偏差应符合表 8-10 的规定。

③ 八角垫安装后法兰密封面间隙的偏差应不大于 0.5mm。

表 8-10 八角垫的尺寸公差

项目		尺寸公差/mm
节径/mm	≤300	±0.08
	>300	±0.15

三、法兰

除标准管法兰应符合现行国家行业标准 HG/T20592~20635《钢制管法兰、垫片、紧固件》的相应规定外，还应符合下列要求。

(1) 为有效提高法兰的刚度，可以选用刚度较大的带颈对焊法兰、带颈活套法兰、整体法兰及承插焊法兰。采用最大螺栓安装载荷控制技术装配时，不应选用螺纹法兰及板式平焊法兰（因为两者刚度不足）。

(2) 若选择承插焊法兰，则公称尺寸应当不大于 DN50。

(3) 带颈活套法兰仅适用于 Class150 和 PN16，且仅限于使用非金属平垫片。

第七节 法兰接头安装

一、安装要求概述

(1) 安装作业前应针对具体情况编写书面安装程序文件，安装人员应严格按照安装程序文件的规定对相应的法兰接头实施安装。

(2) 安装程序文件中应当规定螺栓安装载荷、所使用的工具以及是否润滑螺纹和螺母承压表面等，内容至少包括法兰接头（法兰、垫片、紧固件）型式参数、清理和检查要求、对中和调整要求、润滑情况、螺栓安装载荷（力或扭矩）或螺栓伸长量及其标定、紧固方式和顺序、检查记录要求和人员技能培训要求等。

(3) 当组装法兰出现超标偏差时，不得进行强力组装。

(4) 安装使用的螺栓紧固工具应定期检定或校准合格，并在有效期内使用。

(5) 螺栓安装载荷、螺栓伸长量的标定应符合下列规定。

① 安装作业前，螺栓安装载荷应当确认螺栓安装扭矩、扭矩系数 K 值，使用扭矩增力器或螺栓拉伸装置，详见本节四、紧固方法和工具中"4. 螺栓安装扭矩 T 值的确定和 5. 其他因素"的内容，并据此确定相应的螺栓紧固操作规程。螺栓安装载荷的标定方法可采用轴力计、超声检测等方式或按用户特殊规定。

② 通过螺栓安装载荷、螺栓伸长量的标定或工艺评定，确定螺栓扭矩控制法紧固螺栓的扭矩系数 K 或螺栓拉伸控制法紧固螺栓的螺栓伸长量和螺栓回弹比率。

③ 当紧固件的型式参数、紧固工具及润滑剂发生变更时，应重新进行防护，以方便后续对法兰接头的拆除。

④ 螺栓安装载荷、螺栓伸长量的标定或工艺评定及其覆盖范围应取得用户及检验机构的认可。

(6) 法兰接头上裸露在外的螺栓螺纹部分应采用合适的润滑剂进行防护，以方便后续接头的拆除。

(7) 安装完工后，应及时做好安装记录及检验、维修记录。

(8) 按照 GB/T 38343—2019 规定，从事法兰接头安装的作业人员应经专门技能培训合格（包括操作训练等）。作业人员的能力培训内容应与其所从事的工作内容、方法及技能要求相符。

(9) 技能培训的内容、获得技能范围、实施机构等信息应建立档案资料，并记录在质量管理体系中。

二、安装准备

1. 清理

(1) 使用工具或适合的溶剂清洁法兰密封面残留的各种标记、油漆、油脂、保护涂层、污垢等，防止密封面污染物损害表面粗糙度。不得使用碳钢刷清理不锈钢法兰密封面。

(2) 清除螺栓和螺母的螺纹处以及螺母或垫圈与法兰接触面的任何杂质，确保螺母和螺栓之间自由转动，并按安装程序文件的规定进行润滑。

(3) 重复使用的螺栓应当无变形以及毛刺、毛边、裂纹等损伤，使用合适的除锈剂浸泡，并使用铜刷对螺栓进行清洗。公称尺寸小于 M27 的螺栓不宜重复使用。

(4) 螺栓紧固前，所有的密封面应保持清洁、干燥。发现任何缺陷，应在装配前进行修复。

某炼油企业采用法兰完整性管理，螺栓清理实例（图 8-19）如下。

(1) 螺栓清洗及存放点布置。按照装置区域规划、搭建螺栓集中清洗点及存放点，要求装置二层框架及以下位置的螺栓，运到搭建好的螺栓清洗点进行集中清洗、润滑、存放，并使用标识牌按位号做好识别；其余高处塔、容器、罐的螺栓，就地使用专用清洗槽清洗，清洗后的螺栓存放在指定的存放箱内。共设立临时螺栓清洗点 17 处，购置存放箱 400 余个。

（2）螺栓拆卸、清洗、检查。螺栓长期服役有 5% 被腐蚀不能再次使用；大小规格混用、螺母重载/非重载混用占 1%；双头螺栓咬牙无法拆卸或一端的螺母无法拆卸占 4%。为此检修中期增补了 10% 的螺栓更换量。

（3）促进现场文明施工：定置化摆放。

图 8-19　螺栓清理实例照片

2. 检查

依据 ASME PCC-1—2019《压力边界螺栓法兰连接安装指南》，对采用法兰完整性管理的法兰接头进行 100% 检查，其检查内容如下。

（1）按安装程序文件的要求核对法兰的类型（包括密封面）、尺寸、压力等级。

（2）法兰密封面应保持清洁，无缺口、沟槽和毛刺等影响密封的缺陷，并去除密封面污染物等。

（3）法兰密封面表面周向不平度示意图如图 8-20 所示，径向不平度如图 8-21 所示，其偏差应符合表 8-11 的规定。与不同类型垫片配合的法兰密封面表面粗糙度推荐值如表 8-12 所示。

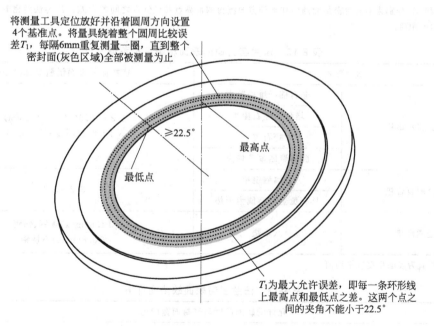

图 8-20　法兰密封面表面周向不平度示意图

注：表 8-13 和图 8-22、图 8-23 给出了法兰密封表面缺陷更直观的表达方式。

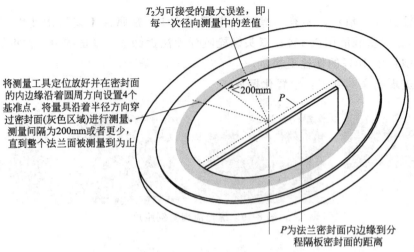

图 8-21 法兰密封面表面径向不平度示意图

表 8-11 法兰密封面表面不平度　　　　　　　　　单位：mm

测量值	非金属平垫片① (厚度≤1.6mm)、具有覆盖层的齿形垫[1]	非金属平垫片② (厚度≥3.0mm)、金属缠绕垫[2]
圆周方向	$T_1<0.15$	$T_1<0.25$
半径方向	$T_2<0.15$	$T_1<0.25$
分程隔板表面至法兰密封面	$-0.25<P<0$	$-0.5<P<0$

①垫片的安装压缩变形小于 1.0mm。
②垫片的安装压缩变形大于 1.0mm。
注：T_1 和 T_2 分别为沿法兰密封面圆周和半径方向测得的最高点和最低点之间的允差。P 为法兰密封面内边缘与分程隔板密封面的距离。

表 8-12 法兰密封面的表面粗糙度推荐值

垫片形式		密封面的表面粗糙度 $Ra/\mu m$
非金属平垫片	非石棉纤维橡胶类	3.2~12.5(厚度>1.6mm)
	增强柔性石墨类	3.2~6.3(厚度≤1.6mm)
	蛭石类	
	膨体聚四氟乙烯类	
半金属复合垫	金属缠绕垫	3.2~6.3
	具有覆盖层金属齿形垫	
金属环垫	八角垫	≤1.6(max)碳钢、铬钢 ≤0.8(max)不锈钢

注：表列值为表面粗糙度平均值。

表 8-13 法兰密封表面缺陷允许值

允许的缺陷深度与密封面宽度比		
测量	硬面垫片	软面垫片
$r_d<w/4$	<0.76mm	<1.27mm
$w/4<r_d<w/2$	<0.25mm	<0.76mm

续表

允许的缺陷深度与密封面宽度比		
$w/2 < r_d < 3w/4$	不允许	<0.13mm
$r_d > 3w/4$	不允许	不允许

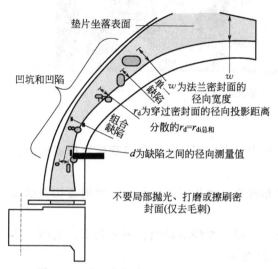

图 8-22　法兰密封表面凹痕缺陷示意图

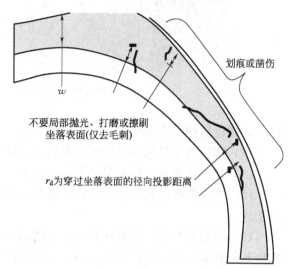

图 8-23　法兰密封表面划痕和豁口缺陷示意图

当检测后，发现法兰密封面表面达不到上述规定要求时，应当采用相应修复的方法（常用的是补焊和车削加工），直到达标为止。例如使用先进的便携式法兰密封面加工车床（图 8-25），可以在现场对各种形式的法兰密封面（RF、RTJ、M、F 型）进行加工，加工精度可达 0.03mm/m，表面粗糙度可达 $Ra1.6\mu m$。法兰密封面缺陷修复前后对比如图 8-25 所示。

图 8-24　法兰密封面加工车床

（4）法兰与螺母或垫圈的接触表面应平整，无可见不均匀磨损、严重凹陷、刮痕等现象。

（5）按安装程序文件的要求核对螺栓、螺母（垫圈）的材料、尺寸、类型。螺栓应正确

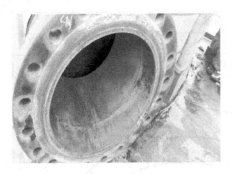

图 8-25 法兰密封面缺陷修复前后对比

标示,螺栓防护层应完好。

(6) 螺栓和螺母的螺纹应无变形以及毛刺、毛边、裂纹等损伤。如发现应修理或替换。

(7) 使用垫圈时,应采用整体硬化垫圈。

(8) 按安装程序文件的要求核对垫片的尺寸和材质。垫片应有标示,不得随意切割或改造垫片。

(9) 安装垫片前,应确认其无任何诸如弯曲、折痕、缠绕圈松弛、表面划痕、毛刺等影响密封的有害缺陷,如图 8-26 所示。损坏的垫片应更换。

图 8-26 法兰密封面及垫片检查现场照片

(10) 非金属平垫片和金属缠绕垫不应重复使用。

(11) 检查结果应形成法兰安装记录,格式示例如表 8-14 所示。

表 8-14 法兰接头安装检查记录表(取自 GB/T 38343—2019)

法兰接头编号或安装位置:				
法兰接头参数				
法兰	类型		压力等级	
	材料		尺寸	
	密封面表面粗糙度		密封面表面不平度	

续表

螺栓/螺母	螺纹/螺距		材料	
	螺栓长度		螺栓数量	
	镀(涂)层螺栓	是□ 否□	使用垫圈	是□ 否□
	使用润滑剂	是□ 否□	润滑剂型号	
垫片	类型		材料	
	尺寸			

清理和检查

法兰、垫片密封面无杂质、缺陷、损坏		螺栓、螺母无杂质、缺陷、损坏	
螺母承载表面无杂质、油漆、标记			

对中和装配

螺栓自由穿过螺栓孔	是□	否□	
法兰间隙:4个均衡位置	间隙偏差值:_____mm	位置1_____mm 位置2_____mm 位置3_____mm 位置4_____mm	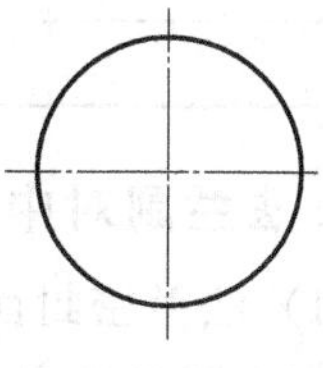 (请在实际位置写出间隙尺寸)
法兰对中偏差	错口偏差:_____mm	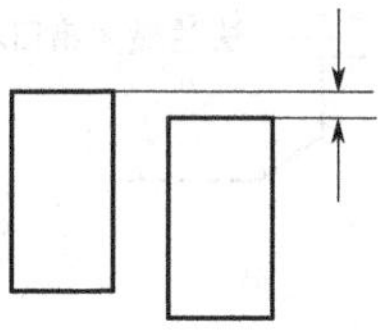	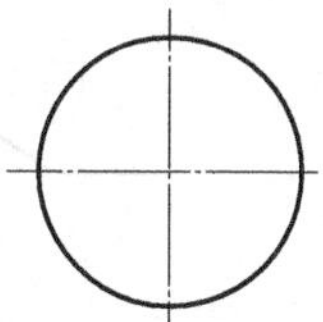 (请画出出现错口位置)
法兰间隙:	最大		
	最小		

螺栓紧固:扭矩控制法

工具		型号/数量	
螺栓安装应力			

螺栓安装载荷	螺栓安装扭矩	泵设定压力	两法兰面间隙(实际状态)
30%			
60%		位置1_____mm 位置2_____mm 位置3_____mm 位置4_____mm	
100%			
法兰面间隙			(请在实际位置写出间隙尺寸)

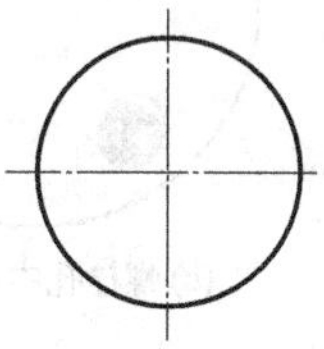

螺栓紧固:螺栓拉伸控制法

工具	拉伸器型号		型号/数量	
螺栓安装应力			液压泵压力表编号	

续表

螺栓安装载荷	螺栓安装载荷	液压泵设定压力	两法兰面间隙	
50%			位置1　　　mm	
100%			位置2　　　mm	
			位置3　　　mm	
			位置4　　　mm	
法兰面间隙			(请在实际位置写出间隙尺寸)	

备注：

见证人		作业人	
公司名称		公司名称	
签字		签字	
日期		日期	

3. 法兰副对中

（1）法兰密封面应正确对中（轴向和径向），法兰密封面的平行度和对中的允差应符合如图 8-27 所示要求。

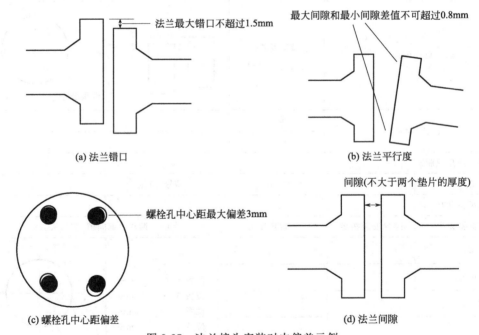

图 8-27　法兰接头安装对中偏差示例

① 法兰接头中心线错口：≤1.5mm。
② 法兰接头密封面的平行度：≤0.8mm。
③ 螺栓与螺栓孔应对准，螺栓孔与螺栓孔之间的偏移不大于 3mm。

（2）法兰密封面的间隙应不大于垫片厚度的 2 倍，不得借助外加辅助工具将其就位，也不得用强紧螺栓的方法来调整法兰的间距或消除法兰接头的偏转。管道最终封闭口的法兰接头组对或对中允许间隙如表 8-15 所示。

表 8-15 法兰接头组对或对中允许间隙（取自 GB/T 38343—2019）

最小轴向间距 L/mm	DN/mm										
	15	20	25	40	50	80	100	150	200	250	300
	允许间隙/mm										
250	2.3	2.1	1.8	1.5	1.4	1.2	1.1	0.94	0.89	0.84	0.84
350	3.3	2.9	2.5	2.1	2.0	1.7	1.6	1.3	1.2	1.2	1.2
450	4.2	3.7	3.3	2.7	2.5	2.2	2.0	1.7	1.6	1.5	1.5
550	5.2	4.6	4.0	3.3	3.1	2.6	2.5	2.1	1.9	1.8	1.8
650	6.1	5.4	4.7	3.8	3.7	3.1	2.9	2.4	2.3	2.2	2.2
750	7.0	6.2	5.4	4.4	4.2	3.6	3.4	2.8	2.6	2.5	2.5
850	8.0	7.1	6.2	5.0	4.8	4.1	3.8	3.2	3.0	2.8	2.8
950	8.9	7.9	6.9	5.6	5.4	4.6	4.3	3.5	3.4	3.2	3.2
1050	9.9	8.7	7.6	6.2	6.0	5.1	4.7	3.9	3.7	3.5	3.5
1150	10.8	9.6	8.4	6.8	6.5	5.5	5.2	4.3	4.0	3.8	3.8
1250	11.8	10.4	9.1	7.4	7.1	6.0	5.6	4.6	4.4	4.2	4.2
1350	12.7	11.3	9.8	8.0	7.7	6.5	5.9	5.0	4.7	4.5	4.5
1450	13.7	12.1	10.5	8.6	8.2	7.0	6.5	5.4	5.1	4.9	4.9
1550	14.6	12.9	11.3	9.2	8.8	7.5	7.0	5.7	5.4	5.2	5.2
1650	15.6	13.8	12.0	9.8	9.4	8.0	7.4	6.1	5.8	5.5	5.5
1750	16.6	14.6	12.8	10.4	9.9	8.4	7.9	6.5	6.1	5.8	5.8
1850	17.5	15.5	13.5	10.9	10.5	8.9	8.3	6.9	6.5	6.2	6.2
1950	18.5	16.3	14.2	11.6	11.1	9.4	8.8	7.3	6.9	6.5	6.5
2050	19.5	17.2	15.0	12.1	11.6	9.9	9.2	7.6	7.2	6.9	6.8
2150	20.4	18.0	15.7	12.8	12.2	10.3	9.7	8.0	7.5	7.2	7.2
2250	21.4	18.9	16.4	13.3	12.8	10.8	10.1	8.4	7.9	7.5	7.5
2350	22.4	19.7	17.2	13.9	13.4	11.3	10.6	8.7	8.3	7.8	7.8
2450	23.4	20.6	17.9	14.5	13.9	11.8	11.0	9.0	8.6	8.2	8.2
2550	24.4	21.4	18.7	15.1	14.5	12.3	11.5	9.4	9.0	8.5	8.5
2650	25.5	22.4	19.4	15.7	15.1	12.8	11.9	9.9	9.3	8.9	8.9
2750	26.4	23.2	20.1	16.3	15.6	13.2	12.3	10.3	9.7	9.2	9.2

注：表中所示允许间隙值为扣除法兰凸台高度及密封垫厚度后，由两个法兰之间的平行度而产生的外缘间隙。

（3）管道与动设备连接（如泵等回转设备的进出口）时，法兰接头的安装允许偏差如表 8-15 所示。管道封闭点安装时，如果横向和轴向的自由管段长度大于表 8-15 规定的最小装配管道长度，则允许通过冷拉调整的方法进行对口。否则，该管道必须重新装配或进行技术评估。

注：表 8-15、表 8-16 中列出的法兰密封面间的安装偏差将导致 20% 左右螺栓安装荷载的损耗。

表 8-16 应变敏感管道的允许错口值（取自 GB/T 38343—2019）

公称直径/mm	管道组对时的允许错口值/mm												
	2.5	5	7.5	10	12.5	15	17.5	20	22.5	25	30	35	40	45	50
	应变敏感管道的最小管道总长/m														
15	1.7	2.4	2.9	3.4	3.7	4.1	4.4	4.8	5.0	5.3	5.8	6.3	6.7	7.1	7.5
20	1.9	2.7	3.2	3.7	4.2	4.6	5.0	5.3	5.6	5.9	6.5	7.0	7.5	8.0	8.4
25	2.1	3.0	3.6	4.2	4.7	5.2	5.5	5.9	6.3	6.6	7.3	7.8	8.4	8.9	9.4
40	2.5	3.6	4.4	5.0	5.6	6.2	6.7	7.1	7.6	8.0	8.7	9.4	10.1	10.7	11.3
50	2.8	3.1	4.9	5.6	6.3	6.9	7.5	8.0	8.4	8.9	9.8	10.5	11.3	11.9	12.6
65	3.1	4.4	5.4	6.2	6.9	7.6	8.2	8.8	9.3	9.8	10.7	11.6	12.4	13.2	13.9
75	3.4	4.8	5.9	7.1	7.7	8.4	9.1	9.7	10.3	10.8	11.9	12.8	13.7	14.5	15.3
100	3.9	5.5	6.7	7.8	8.7	9.5	10.3	11.0	11.6	12.3	13.4	14.5	15.5	16.5	17.3
150	4.7	6.6	8.1	9.4	10.5	11.5	12.5	13.3	14.1	14.9	16.3	17.6	18.8	20.0	21.1
200	5.4	7.6	9.3	10.7	12.1	13.2	14.2	15.2	16.1	17.0	18.6	20.1	21.5	22.8	24.0
250	6.0	8.5	10.4	12.0	13.4	14.7	15.8	16.9	18.0	19.0	20.8	22.4	24.0	25.5	26.8
300	6.5	9.2	11.3	13.0	14.6	16.0	17.3	18.5	19.6	20.6	22.6	24.4	26.1	27.7	29.2
350	6.8	9.7	11.9	13.7	15.3	16.8	18.1	19.4	20.5	21.6	23.7	25.6	27.4	29.0	30.5
400	7.3	10.3	12.7	14.6	16.4	17.9	19.4	20.7	21.9	23.1	25.3	27.4	29.3	31.1	32.6
450	7.7	11.0	13.4	15.5	17.3	19.0	20.5	21.9	23.2	24.5	26.9	29.0	31.1	32.9	34.7
500	8.2	11.6	14.2	16.4	18.3	20.0	21.6	23.1	24.5	25.9	28.3	30.5	32.6	34.7	36.6
550	8.6	12.1	14.8	17.2	19.2	21.0	22.7	24.3	25.7	27.1	29.7	32.0	34.4	36.3	38.4
600	9.0	12.7	15.5	17.9	20.0	21.9	23.7	25.3	26.9	28.3	31.1	33.5	36.0	38.1	39.9
650	9.3	13.2	16.2	18.7	20.8	22.8	24.7	26.4	28.0	29.5	32.3	34.7	37.2	39.6	41.8
700	9.7	13.7	16.8	19.4	21.6	23.7	25.6	27.4	29.0	30.5	33.5	36.3	38.7	41.1	43.3
750	10.0	14.2	17.3	20.0	22.4	24.5	26.5	28.3	30.1	31.7	34.7	37.5	39.9	42.4	44.8

注：表中所示错口偏差值和最小装配管道总长可用内插法求得。

（4）螺栓应垂直于法兰自由穿过螺栓孔，螺母平整贴合法兰背面。可能影响法兰对中的管子或其他连接件等已正确支撑。

（5）法兰接头的超标安装偏差应在装入垫片前进行修正。

三、装配

1. 确定螺栓安装载荷

（1）螺栓安装载荷执行屈服强度值的70%和90%原则，高强度螺栓安装目标应力 S_{BT} 为 350MPa，中强度螺栓安装目标应力 S_{BT} 为 280MPa。也可根据 GB 150.3—2011 标准中关于压力容器法兰螺栓载荷的计算方法，计算出初始扭矩值。

（2）螺栓伸长量通过螺栓安装载荷、螺栓伸长量的标定或工艺评定做出。

（3）标准法兰接头的螺栓安装载荷及安装扭矩如表8-17及表8-18所示。

表 8-17 螺栓安装扭矩计算值（取自 GB/T 38343—2019）

螺纹尺寸/mm	螺距 P/mm	单个螺栓安装载荷 W_0/N	单个螺栓安装扭矩 T/N·m	扭矩系数 K
10	1.5	19276	31	0.161
12	1.75	28061	53	0.158
14	2	38483	87	0.161
16	2	52589	134	0.159
20	2.5	82173	262	0.161
24	3	118320	457	0.160
27	3	155002	668	0.160
30	3	196630	930	0.158
33	3	234204	1254	0.156
36	3	294723	1652	0.156
39	3	351187	2118	0.155
42	3	412597	2612	0.151
45	3	478952	3247	0.151
48	3	550253	3977	0.151
52	3	653014	5078	0.150
56	3	764567	6347	0.148
64	3	1014049	9530	0.147
70	3	1224239	12516	0.146
76	3	1454121	16068	0.145
82	3	1751154	20873	0.145
90	3	2067744	26908	0.145

注：1. 螺纹啮合面和螺母与法兰接触面均匀涂抹润滑剂，两者的系数取 0.12。
2. 螺栓承载截面积按螺纹根径截面积计算。
3. 表中扭矩系数 K 根据表中所列单个螺栓安装扭矩，按式 $T = KW_0 d/1000$ 复算所得。

表 8-18 螺栓及螺母最大扭矩推荐值（取自德国工业标准）

强度等级		4.8		6.8		8.8		10.9		12.9	
最小破断强度		392MPa		588MPa		784MPa		941MPa		1176MPa	
材质		一般结构钢		机械结构钢		铬钼合金钢		镍铬钼合金钢		镍铬钼合金钢	
螺栓 M	螺母 S	扭矩值		扭矩值		扭矩值		扭矩值		扭矩值	
mm	mm	kgf·m	N·m	kgf·m	N·m	kgf·m	N·m	kgf·m	N·m	kgf·m	N·m
14	22	7	69	10	98	14	137	17	165	23	225
16	24	10	98	14	137	21	206	25	247	36	353
18	27	14	137	21	206	29	284	35	341	49	480
20	30	18	176	28	296	41	402	58	569	69	676
22	32	23	225	34	333	55	539	78	765	93	911
24	36	32	314	48	470	70	686	100	981	120	1176
27	41	45	441	65	637	105	1029	150	1472	180	1764

续表

强度等级		4.8		6.8		8.8		10.9		12.9	
最小破断强度		392MPa		588MPa		784MPa		941MPa		1176MPa	
材质		一般结构钢		机械结构钢		铬钼合金钢		镍铬钼合金钢		镍铬钼合金钢	
螺栓 M	螺母 S	扭矩值		扭矩值		扭矩值		扭矩值		扭矩值	
mm	mm	kgf·m	N·m	kgf·m	N·m	kgf·m	N·m	kgf·m	N·m	kgf·m	N·m
30	46	60	588	90	882	125	1226	200	1962	240	2352
39	60	120	1176	180	1764	220	2156	300	2943	370	3626
42	65	155	1519	240	2352	280	2744	390	3826	470	4606
45	70	180	1764	280	2744	320	3136	450	4415	550	5390
48	75	230	2254	350	3430	400	3920	570	5592	680	6664

（4）螺栓安装载荷的偏差范围与采用的安装方法（工具和螺栓紧固步骤）、材料性能（法兰接头各组成件）、操作者的技能有关。

（5）某炼油企业 M48、屈强比 8.8 级、工作温度 450℃、工作压力 10MPa 螺栓预紧力结果如表 8-19 所示。

表 8-19　M48 螺栓安装扭矩计算结果表

螺栓参数		法兰参数		图示
螺栓等级	8.8	法兰类型	设备法兰	
螺栓直径/mm	48	螺栓数量/个	56	
螺纹牙距/mm	3	工作压力/MPa	10	
螺栓长度/mm	870	工作温度/℃	450	
螺栓截面积/mm²	1603.57	温度下螺栓屈服/MPa	485.83	
螺栓屈服极限/MPa	640	应力松弛补偿/MPa	4.90	
螺栓装配应力/MPa	344.10			
垫片参数		摩擦系数	0.04	
垫片名称	金属波齿垫	螺纹摩擦系数	0.12	
垫片外径/mm	1719	转动面摩擦系数	0.14	
垫片内径/mm	1669.20			
垫片厚度/mm	4	螺栓屈服百分比	0.54	
垫片有效面积/mm²	132522.40			
垫片装配应力/MPa	70	螺栓装配载荷/kN	641	
垫片装配扭矩/N·m	1351.73	螺栓装配扭矩/N·m	4502	

2. 垫片安装

（1）安放垫片于法兰密封面中央，与法兰内径同心。

（2）垫片安装过程中应采用适当的方法进行定位。不得使用胶带固定垫片，不得使用润滑脂（除非垫片制造方有特殊要求）。

（3）将法兰闭合，确保垫片不被压坏。

3. 工作表面润滑

实践证明在螺栓头下加入润滑油脂，则螺栓头下的摩擦力可以降为45%，而有效的夹紧力 T 可提升为15%；在螺纹副中加入润滑油脂，则螺纹副中的摩擦力可以降为30%，而有效的夹紧力 T 可提升到20%，如图8-28所示。从图中可以看出螺栓扭矩系数 K 值从0.1变化到0.3引起的扭矩变化，不是20%而是200%的变化。因此，工作表面润滑剂不足，将会严重影响紧固力的提升。

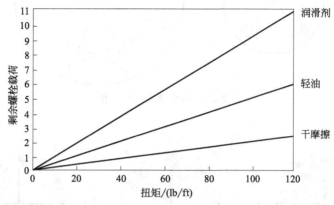

图8-28　润滑剂对法兰接头螺栓扭矩影响曲线

法兰接头工作表面润滑要求如下。

(1) 除安装程序文件另有规定外，采用扭矩扳手紧固螺栓时，应使用认可的润滑剂均匀地涂敷在螺栓工作表面以及螺母或垫圈的承载表面，避免润滑剂沾染在垫片和法兰密封面上，如图8-29所示。

(2) 带涂层新螺栓不需使用防咬合润滑剂。但在第二次重复使用时，应涂上防咬合润滑剂。

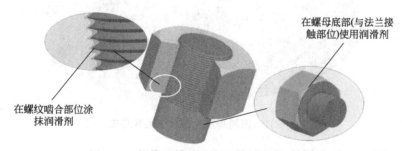

图8-29　螺纹及螺母表面润滑剂涂敷示意图

4. 螺栓安装

(1) 将螺栓和螺母装配在法兰的每一个螺栓孔上，手工将螺母适当拧紧或旋转到标记位置，每个螺栓端部伸出螺母的螺纹个数相等。

(2) 螺母应完全旋入螺栓或螺柱的螺纹内。任何情况下，与螺母未啮合的螺栓或螺柱的螺纹应不大于1~2个螺距。采用螺栓拉伸装置时，应校核螺栓长度。

5. 螺栓编号

(1) 在法兰上对螺栓（位置）进行编号。传统的编号方法是按顺时针或逆时针方向，从

1到n依次进行编号（n为螺栓数量），如图8-30所示。也可以采用对称的螺栓为一组的顺序编号，目的是一样的。四同步法兰螺栓紧固顺序图如图8-31所示。

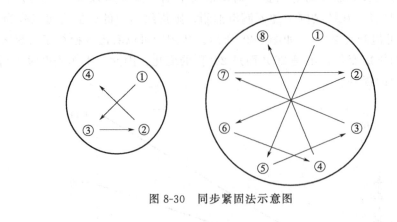

图8-30 同步紧固法示意图

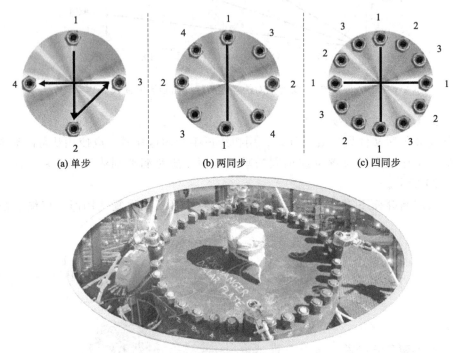

(a) 单步　　　　　　　(b) 两同步　　　　　　　(c) 四同步

图8-31 四同步法兰螺栓紧固顺序图

（2）可将相邻的若干个螺栓视为一组，同时施加载荷。

四、紧固方法和工具

1. 常用的法兰接头螺栓紧固方法

常用的法兰接头螺栓紧固方法有：控制螺栓安装扭矩值的螺栓扭矩控制法和控制螺栓拉伸力或伸长量的螺栓拉伸控制法。螺栓紧固方法的确定应考虑类似的安装经验以及运行中可能发生泄漏的风险。不同的螺栓紧固方式使用不同的螺栓紧固工具，相应的螺栓安装载荷的偏差范围也不同，如表8-20所示。不得使用普通扳手、捶击扳手及冲击扳手等无法控制螺栓安装载荷的紧固工具。

表 8-20　常用螺栓紧固方法和工具

紧固方法	工具示例	螺栓安装载荷控制	安装载荷偏差	推荐适用范围
扭矩紧固	手动扭矩扳手、电动扭矩扳手、气动扭矩扳手或液压扭矩扳手	通过控制扭矩来确定螺栓安装载荷。但由于： ①扭矩系数 K 与螺纹精度、紧固件（螺母和/或垫圈）形式、法兰表面粗糙度、润滑状况、拧紧速度、工具、操作熟练程度和环境温度等有关，K 值可在 0.08~0.3 范围内波动。 ②扳手的支撑方式导致螺栓拧紧时受到额外的倾覆力矩，降低了扭矩转化为紧固力的精度	±30%（不润滑）； ±(10%~15%)（润滑良好时）	<700N·m ≤M36
螺栓拉伸紧固	液压或机械拉伸装置，专用螺栓加热装置	通过控制螺栓轴向拉力或螺栓拉伸量来确定螺栓安装载荷。但由于"回弹效应"的不确定性，影响了安装载荷的控制精度	±15%	>M27； 应同时使用 2个或4个工具进行操作
扭矩-拉伸紧固	液压驱动扳手以及特制的套筒和齿形滚花垫圈	通过控制扭矩来确定螺栓安装载荷。但由于采用特制的套筒和齿形滚花垫圈，减少了摩擦、消除了偏载，提高了扭矩转化为紧固力的精度	±4%~±10%	

2. 工器具准备

应根据项目情况，选配合适的紧固工具。如某炼油企业在大检修时，采用法兰完整性管理进行法兰连接安装，具体做法如下。

（1）工具配备　本项目共配备扭矩扳手 287 套（包括液压扳手 138 套、气动扳手 50 套、锂电扳手 99 套）、液压拉伸器 6 套以及手动力矩工具若干。注意：禁止使用大锤的传统紧固方式。

（2）使用情况

① 液压扳手用于 M42 以上规格螺栓及一、二层平台的螺栓紧固。

② 气动扳手用于检修中后期，具备动力气源部位的螺栓紧固。

③ 锂电扳手用于塔、罐人孔法兰等，是本次检修中的主力紧固工具，紧固速度快，操作方便。

④ 液压拉伸器用于加氢反应器封头法兰部位的螺栓紧固。

⑤ 手动力矩扳手用于小于或等于 M20 的小规格螺栓紧固。

建议安装或检修单位按要求成立专业的定力矩紧固团队，如可分成锂电扳手、气动扳手、液压扳手等三个专业紧固小组，既利于人员对机具的熟练使用，也减少机具故障频率，使机具发挥最大效率。

3. 同步紧固要求

采用扭矩扳手紧固螺栓时，应采用同步紧固顺序拧紧螺栓。同步紧固是指法兰节点上的每个螺栓同时获得数值完全相等的载荷。例如，四同步系统即为将连接在一台液压泵站上的四部驱动工具均匀对称地安放在法兰螺栓上，由泵站输出相同的压力到工具上，工具会以相同的预紧力同时紧固法兰螺栓。

同步紧固可以使法兰上的每一颗螺栓在相同的载荷下，获得相同的拉伸长度，并且此载荷是多次循环来完成的,如第一次为30%安装载荷、第二次为60%安装载荷、第三次为100%安装载荷和最终一次为100%安装载荷,完美地达到法兰平行度和法兰间隙公差要求,在法兰垫片上获得均匀的密封比压,实现零泄漏目的。

当使用的润滑剂提高夹紧力时,应符合下列规定。

(1) 润滑剂应与螺栓、螺母和垫圈材料以及流体介质具有相容性,应防止润滑剂引起的应力腐蚀、电化学腐蚀及氧气自燃等破坏。

(2) 工作温度高于300℃时,应采用抗咬合润滑剂。

(3) 除八角垫外,垫片不应涂润滑剂。

(4) 氧气介质用螺栓不应使用润滑剂。

4. 螺栓安装扭矩 T 值的确定

影响螺栓安装扭矩的因素众多且复杂,螺纹啮合面状况(缺陷、表面粗糙度、尺寸公差)、螺母承载面(面积、平行度、表面粗糙度)、硬垫圈的使用、润滑剂种类、温度及其均匀性、螺栓和螺母是否重复使用等,都对螺栓安装扭矩产生极大的影响。表8-17 螺栓安装扭矩计算值给出了螺栓安装应力为350MPa、摩擦系数为0.12(螺纹啮合面与螺母和法兰接触面均匀涂抹润滑剂)时,螺栓安装扭矩理论计算值及对应的扭矩系数 K 值。当采用扭矩扳手紧固螺栓时,安装单位应根据现场具体情况,按同步紧固螺栓的要求对扭矩系数 K 值进行标定。式(8-6)为采用扭矩系数 K 值计算螺栓安装扭矩 T 值的方法:

$$T = KW_0 d/1000 \tag{8-6}$$

式中 T——螺栓安装扭矩,N·m;

K——扭矩系数;

W_0——安装条件下,法兰接头单个螺栓安装载荷($W_0 = S_B A_b$),N;

d——螺栓公称尺寸,mm;

S_B——螺栓安装应力,MPa;

A_b——垫片接触面积,即垫片与法兰密封面发生直接接触的面积(八角垫按垫片的投影面积计),mm²。

5. 其他因素

(1) 当使用扭矩增力器紧固螺栓时,应相应地增加扭矩系数,以补偿摩擦系数的增加。

(2) 使用螺栓拉伸装置紧固螺栓时,安装单位应根据现场具体情况确定"回弹效应"导致的螺栓安装载荷(W_0)损失,并作相应的补偿。拉伸装置应保证有足够的能力提供安装所需要的最大螺栓拉伸力,并严格控制液压压力上限,避免螺栓屈服。

(3) 使用螺栓拉伸装置紧固螺栓时,应保证有足够的操作空间。紧固螺栓前,应确认螺栓长度,一般至少应增加一个螺母厚度或直径。

五、紧固顺序

(1) 同步紧固螺栓 表8-21所示为不同螺栓数量的法兰接头螺栓紧固顺序编号,对应于法兰上螺栓位置编号,也可按图8-31所示四同步法兰螺栓紧固顺序方法进行编号。图8-30所示为8个螺栓的法兰接头,其螺栓紧固顺序为1-5-3-7、2-6-4-8,也可与法兰接头上螺栓位置编号对应进行同步紧固操作。

表 8-21　不同螺栓数量的法兰接头螺栓紧固顺序编号

螺栓数量/个	紧固顺序
4	1-3-2-4
8	1-5-3-7→2-6-4-8
12	1-7-4-10→2-8-5-11→3-9-6-12
16	1-9-5-13→3-11-7-15→2-10-6-14→4-12-8-16
20	1-11-6-16→3-13-8-18→5-15-10-20→2-12-7-17→4-14-9-19
24	1-13-7-19→4-16-10-22→2-14-8-20→5-17-11-23→3-15-9-21→6-18-12-24
28	1-15-8-22→4-18-11-25→6-20-13-27→2-16-9-23→5-19-12-26→7-21-14-28→3-17-10-24
32	1-17-9-25→5-21-13-29→3-19-11-27→7-23-15-31→2-18-10-26→6-22-14-30→4-20-12-28→8-24-16-32
36	1-2-3→19-20-21→10-11-12→28-29-30→4-5-6→22-23-24→13-14-15→31-32-33→7-8-9→25-26-27→16-17-18→34-35-36

(2) 螺栓安装扭矩控制紧固螺栓

① 使用单个扭矩扳手时，螺栓紧固顺序一般如下。

a. 用短扳手等工具转动螺母与法兰表面接触，每个螺栓端部伸出螺母的螺纹个数相等。

b. 按同步紧固顺序，拧紧螺栓至 30% 螺栓安装载荷，沿法兰圆周检查法兰面间隙应均匀。

c. 重复上述步骤 b.，拧紧螺栓至 60%～70% 螺栓安装载荷，沿法兰圆周检查法兰面间隙应均匀。

d. 重复上述步骤 b.，拧紧螺栓至 100% 螺栓安装载荷，沿法兰圆周检查法兰面间隙应均匀。

e. 按顺时针顺序，用 100% 螺栓安装载荷依次拧紧螺栓，并检查所有螺母无松动。

② 也可同时使用多个工具进行螺栓紧固操作，并控制螺栓安装扭矩，如图 8-32 所示。

③ 大直径法兰应考虑适当增加紧固的次数。

④ 如发生螺母咬死，螺母应退回/回拧，进行追加润滑。如需要，应替换螺栓或/和螺母。

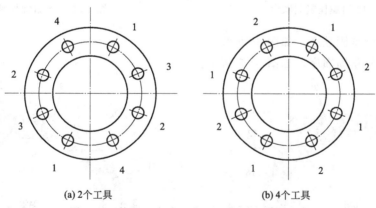

(a) 2 个工具　　(b) 4 个工具

图 8-32　使用 2 个或 4 个工具的同步紧固顺序

(3) 螺栓拉伸控制紧固螺栓

① 确认螺栓和螺母已装入，并用常规方法手工拧紧螺母与法兰表面接触。螺栓突出螺母的长度至少为一个螺母高度。

② 拉伸装置的数量宜为 4 的倍数或拉伸工具与螺栓数量比为 1∶2。图 8-33 为 50%-50% 紧固方法。

a. 第 1 次加载，拉伸拧紧 50% 的螺栓（如 1、2、3、4）至规定载荷 A。

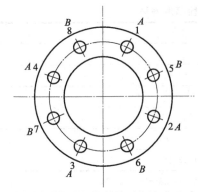

图 8-33 螺栓拉伸控制拧紧

b. 第 2 次加载，拉伸拧紧剩余的 50% 的螺栓（如 5、6、7、8）至规定载荷 B。

c. 第 3 次加载确认，拉伸拧紧 50% 的螺栓（1、2、3、4）至规定载荷 B。

注意：载荷 B 为螺栓安装载荷，载荷 B 大于载荷 A。

③ 螺栓拉伸装置的供应商或制造方应明确提出拉伸装置的操作规程，包括液压泵出口压力的设定、加压次数以及注意事项等。

(4) 多于十二组螺栓自然数排列紧固顺序

① 12 组螺栓紧固顺序，如图 8-34 所示。

② 16 组螺栓紧固顺序，如图 8-35 所示。

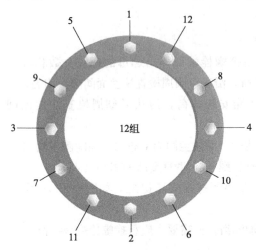

图 8-34 12 组螺栓紧固顺序

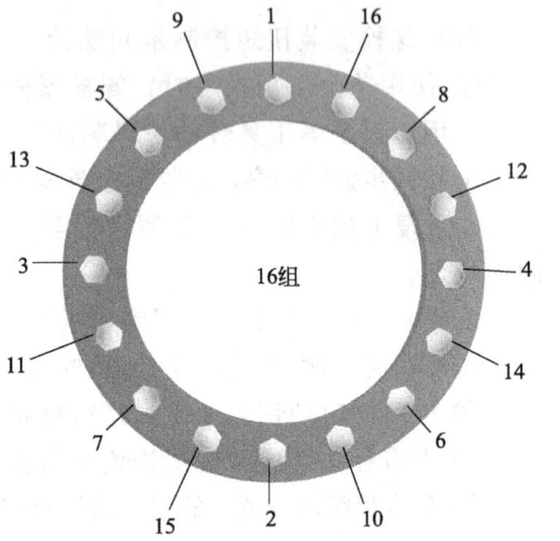

图 8-35 16 组螺栓紧固顺序

③ 20 组螺栓紧固顺序，如图 8-36 所示。

④ 24 组螺栓紧固顺序，如图 8-37 所示。

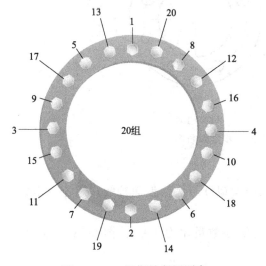

图 8-36 20 组螺栓紧固顺序

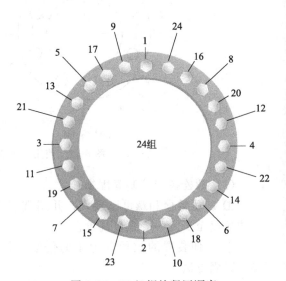

图 8-37 24 组螺栓紧固顺序

⑤ 28组螺栓紧固顺序，如图8-38所示。
⑥ 32组螺栓紧固顺序，如图8-39所示。

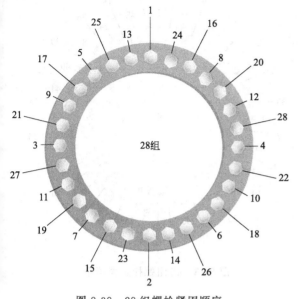

图8-38 28组螺栓紧固顺序

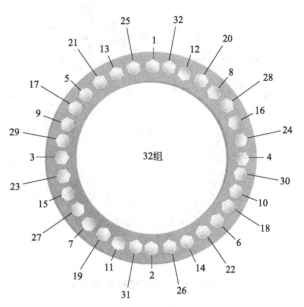

图8-39 32组螺栓紧固顺序

⑦ 36组螺栓紧固顺序，如图8-40所示。
⑧ 40组螺栓紧固顺序，如图8-41所示。

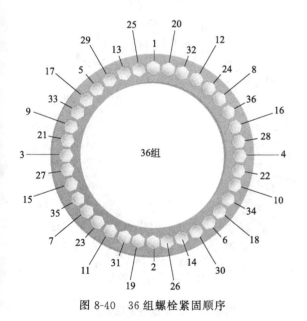

图8-40 36组螺栓紧固顺序

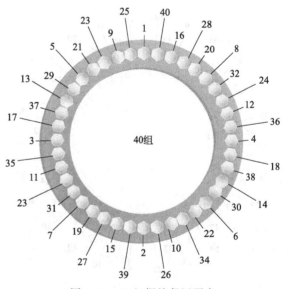

图8-41 40组螺栓紧固顺序

⑨ 44组螺栓紧固顺序，如图8-42所示。
⑩ 48组螺栓紧固顺序，如图8-43所示。

第八章 设备法兰完整性管理（应用篇）

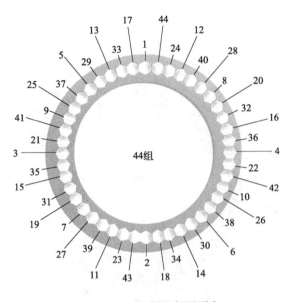

图 8-42　44 组螺栓紧固顺序

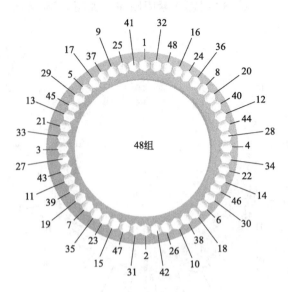

图 8-43　48 组螺栓紧固顺序

⑪ 52 组螺栓紧固顺序，如图 8-44 所示。
⑫ 60 组螺栓紧固顺序，如图 8-45 所示。

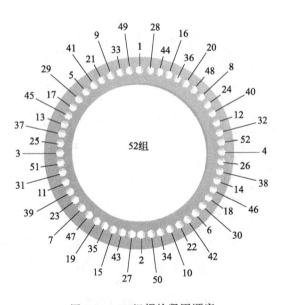

图 8-44　52 组螺栓紧固顺序

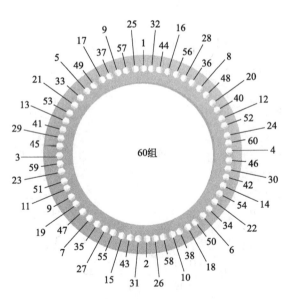

图 8-45　60 组螺栓紧固顺序

⑬ 76 组螺栓紧固顺序，如图 8-46 所示。
⑭ 96 组螺栓紧固顺序，如图 8-47 所示。

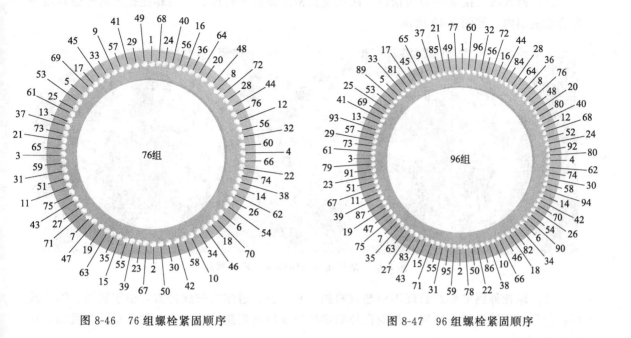

图 8-46 76 组螺栓紧固顺序　　　　　　　　　图 8-47 96 组螺栓紧固顺序

第八节　检查和标示

一、法兰接头安装完成后检查

安装或检修单位完成法兰螺栓紧固后，应立即通知法兰完整性管理专业公司人员，使用经过校验合格的机具，对该法兰 20% 的螺栓依照校验流程进行力矩校验。校验合格以后由安装或检修单位、专业公司及生产企业共同在《QCS 质量控制表》上签字确认。某炼油企业法兰接头安装完成后检查程序示意图如图 8-48 所示。仅供参考。

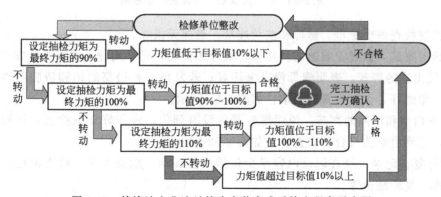

图 8-48　某炼油企业法兰接头安装完成后检查程序示意图

法兰接头安装完成后，应进行以下检查。

第八章　设备法兰完整性管理（应用篇）

(1) 检查法兰接头中心线错口、法兰接头密封面的平行度、法兰螺栓孔之间的偏移是否在公差范围内,如图 8-49 所示。

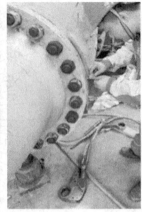

图 8-49　法兰接头安装完成后检查照片

(2) 螺栓外露的螺纹长度不得超过两扣,宜平齐。过多的螺纹外露,由于腐蚀、油漆或损伤会影响连接拆卸及浪费。裸露在外的螺栓螺纹应适当防护或保护,如用螺纹金属帽,如图 8-50 所示。

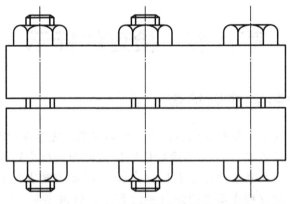

图 8-50　法兰接头螺栓外露要求示意图

(3) 目视检查每个螺母、螺栓和法兰连接,确保无损坏。

(4) 锤击测试。抽查安装的法兰接头,螺母无松动,可采用锤击螺母听音方式检测。

① 若发出空的声音,表明螺母没有紧固好;若发出一种很高的铛和清脆的声音,表明螺母已完全紧固好,力矩值符合要求,如图 8-51 所示。

② 若发出空和沉闷的声音,说明螺栓紧固没有到位,应作好详细检查,并做好记录和追述工作,直到力矩值符合要求为止,如图 8-52 所示。

③ 做好复查记录。复查记录内容至少包括检查日期、检查人员、检查部位、法兰接头型号及名称、复验结论等。

(5) 按比例抽检测试。法兰完整性管理的法兰接头数量按照 20% 的比例进行抽检,每个法兰的螺栓数量按照 20% 的比例抽检,每片法兰螺栓至少抽检 2 套。

① 测试第一步:用 90% 的目标扭矩紧固螺栓,螺母不转动为合格,转动为不合格。

② 测试第二步：用100%的目标扭矩紧固螺栓，螺母转动为合格，不转动则进行下一步。

③ 测试第三步：用110%的目标扭矩紧固螺栓，螺母转动为合格，不转动为不合格。

图 8-51　锤击听音方式检测螺栓松紧程度

图 8-52　螺栓紧固没有到位现场照片

法兰完整性管理扭矩检测记录表如表 8-22 所示。

表 8-22　法兰完整性管理扭矩检测记录表

施工单位：		联系人：		电话：
检测人员：		电话：		检测日期：2021 9/8
装置名称：常减压装置		设备全称：MTBF 产品冷却器 F27-E103		
螺母对边：S36		强度等级：8.8级		螺栓数量：24 条
锁紧扭矩：650N·m				

（每个法兰抽检至少 2 个螺栓扭矩值，偏差±10%以内合格，超出不合格）

螺栓序号	检测扭矩值/N·m	是否合格
1	342	否
2	425	否
3	462	否

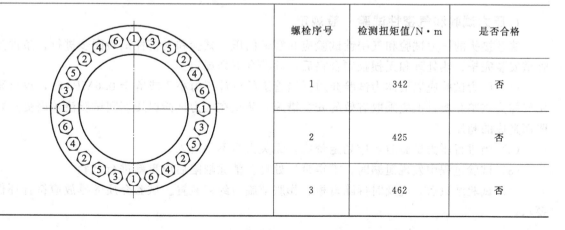

现场工况描述/照片:

(6) 法兰接头安装完成后的抽查方法及抽查比例应由相关各方协商确定。

(7) 某炼油企业法兰接头安装完成后的抽查方法及抽查做法是：检修单位按要求成立了定力矩质检小组，简称"小锤队"，对所检修各密封点检查、挂牌确认，责任到人；连续重整、柴油加氢、芳烃二甲苯、气分等装置个别部位法兰存在螺栓漏紧情况，被"小锤队"及时发现后限期整改，保证安装质量并贴上标签，如图8-53所示。

图 8-53　法兰连接装配合格标签

二、法兰接头的压力试验和气密性试验

1. 压力试验和气密性试验一般规定

法兰接头的压力试验和气密性试验应和管道的压力试验和气密性试验同步进行。条件是管道安装完毕、热处理和无损检测合格后，并符合下列规定。

(1) 压力试验应以液体为试验介质。当管道的设计压力小于或等于0.6MPa时，也可采用气体为试验介质，但应采取有效的安全措施，防止在压力试验保压期间试验流体因受热膨胀而造成的超压。

(2) 当进行压力试验时，应划定禁区，无关人员不得进入。

(3) 试验过程中发现泄漏时，不得带压处理。消除缺陷后应重新进行试验。

(4) 试验结束后，应及时拆除盲板、膨胀节临时约束装置。试验介质的排放应符合环保要求。

(5) 压力试验合格后,应填写"管道系统压力试验和泄漏性试验记录"。

2. 压力试验和气密性试验具体条件

(1) 试验范围内的管道安装工程除防腐、绝热外,应已按设计图样全部完成,安装质量符合有关规定。

(2) 焊缝及其他待检部位不应尚未防腐和绝热。另外,进行敏感性泄漏试验的管道焊缝及其他待检部位均不得防腐。

(3) 试验用压力表已校验,并在有效期内,其精度不得低于1.6级;压力表的满刻度值应为被测最大压力的1.5~2倍;压力表不得少于两块,其中至少一块压力表应安装于液位最高点,且以安装于液位最高点的压力表读数为准。

(4) 符合压力试验要求的液体或气体已备足。

(5) 管道应已按试验的要求进行加固。输送蒸汽或气体的管道已根据需要加装临时管道支撑件。

(6) 下列资料已经建设单位和有关部门复查。
① 管道元件的质量证明文件。
② 管道元件的检验或试验记录。
③ 管道加工和安装记录。
④ 焊接检查记录、检验报告及热处理记录。
⑤ 管道轴测图、设计变更及材料代用文件。

(7) 待试管道与无关系统已采用盲板或其他措施隔离。

(8) 待试管道上的安全阀、爆破片及仪表元件等已拆下或已隔离。

(9) 试验方案已批准,并已进行技术和安全交底。

3. 压力试验

液压试验应符合下列规定。

(1) 液压试验应使用洁净水。当对不锈钢、镍及镍合金管道,或对连有不锈钢、镍及镍合金管道或设备的管道进行试验时,水中氯离子含量不得超过50×10^{-6}(50ppm)。也可采用其他无毒液体进行液压试验。当采用可燃液体介质进行试验时,其闪点不得低于50℃,并应采取安全防护措施。

(2) 试验前,注入液体时应排尽空气。

(3) 试验时,环境温度不宜低于5℃。当环境温度低于5℃时,应采取防冻措施。

(4) 承受内压的地上钢管道及有色金属管道的试验压力应为设计压力的1.5倍。埋地钢管道的试验压力应为设计压力的1.5倍,且不得低于0.4MPa。

(5) 当管道的设计温度高于试验温度时,试验压力应符合下列规定。
① 试验压力应按下式计算:

$$p_T = 1.5p[\sigma]_T/[\sigma]^t \tag{8-7}$$

式中 p_T——试验压力(表压),MPa;
p——设计压力(表压),MPa;
$[\sigma]_T$——试验温度下管材的许用应力,MPa;
$[\sigma]^t$——设计温度下管材的许用应力,MPa。

② 当管道系统中未包含管子时,可根据其他管道组成件(不包括管道支撑件和连接螺

栓）的许用应力来确定 $[\sigma]_T/[\sigma]^t$ 的值。当管道系统由多种材料组成时，可根据多种材料的 $[\sigma]_T/[\sigma]^t$ 最小值来确定。当试验温度下管材的许用应力与设计温度下管材的许用应力的比值大于 6.5 时，应取 6.5。

③ 设计单位应校核管道在试验压力条件下的周向应力或纵向应力（基于最小管壁厚度）。当试验压力在试验温度下产生超过屈服强度的周向应力或纵向应力（基于最小管壁厚度），或在试验温度下的试验压力大于 1.5 倍管道组成件的额定值时，应将试验压力降至不超过材料屈服强度或 1.5 倍组成件额定值时的最大压力。

（6）当管道与设备作为一个系统进行试验，管道的试验压力等于或小于设备的试验压力时，应按管道的试验压力进行试验；当管道试验压力大于设备的试验压力，并无法将管道与设备隔开，以及设备的试验压力大于按《工业金属管道工程施工规范》计算的管道试验压力的 77% 时，经设计单位和或建设单位同意，可按设备的试验压力进行试验。

（7）对位差较大的管道，应将试验介质的静压计入试验压力中。液体管道的试验压力应以最高点的压力为准，最低点的压力不得超过管道组成件的承受力。

（8）对承受外压的管道，试验压力应为设计内、外压力之差的 1.5 倍，且不得低于 0.2MPa。

（9）液压试验应缓慢升压，待达到试验压力后稳压 10min，再将试验压力降至设计压力，稳压 30min，应检查压力表无压降、管道所有部位无渗漏。

4. 气压试验

气压试验应符合下列规定。

（1）承受内压钢管及有色金属管的试验压力应为设计压力的 1.15 倍。真空管道的试验压力应为 0.2MPa。承受内压的金属管道的试验压力应不低于 1.1 倍设计压力，同时不超过下列压力的较小值。

① 1.33 倍设计压力。

② 试验温度下产生超过 90% 屈服强度周向应力或纵向应力（基于最小管壁厚度）时的试验压力。

（2）试验介质应采用干燥洁净的空气、氮气或其他不易燃和无毒的气体。

（3）试验时应装有压力泄放装置，其设定压力不得高于试验压力的 1.1 倍。

（4）试验前，应用空气进行预试验，试验压力宜为 0.2MPa。

（5）试验时，应缓慢升压，当压力升至试验压力的 50% 时，如未发现异状或泄漏，应继续按试验压力的 10% 逐级升压，每级稳压 3min，直至试验压力为止。应在试验压力下稳压 10min，再将压力降至设计压力，采用发泡剂检验应无泄漏，停压时间应根据查漏工作需要确定。

5. 泄漏性试验

（1）输送介质为毒性的 GC1 级管道和易燃性的 GC1、GC2、GD1、GD2 级极度和高度危害介质以及可燃介质的管道，必须进行泄漏性试验。

（2）泄漏性试验应在压力试验合格后进行。试验介质宜采用空气。

（3）泄漏性试验压力应为设计压力。

（4）经建设单位或设计单位同意，泄漏性试验可按最高工作压力或结合试车工作一并进行。

(5) 泄漏性试验应逐级缓慢升压,当达到试验压力并停压 10min 后,应采用涂刷中性发泡剂等方法,巡回检查阀门填料函、法兰(重点)或螺纹连接处、放空阀、排气阀、排水净阀等所有密封点应无泄漏。

(6) 经气压试验合格,且在试验后未经拆卸过的管道可不进行泄漏性试验。

(7) 泄漏性试验合格后,应及时缓慢泄压,并填写试验记录。

6. 敏感性泄漏试验

用户或设计有要求时,应进行敏感性泄漏试验。

(1) 敏感性泄漏试验要求如下。

① 试验压力应不小于 105kPa 或 25% 设计压力两者中的较小值,试验介质可采用空气。

② 应将试验压力逐渐增加至 50% 试验压力或 170kPa 两者中的较小值,然后进行初检,再分级逐渐增加至试验压力,每级应有足够的保压时间。

③ 检测结果应无重复或连续的气泡出现。

(2) 根据建设单位或设计文件的要求,可采用下列检测灵敏度更高的泄漏检测方法。

① 按现行行业标准《承压设备无损检测 第 8 部分:泄漏检测》NB/T 47013.8—2012 附录 C 的要求,采用卤素二极管泄漏检测技术进行卤素泄漏检测,试验压力应不小于 105kPa 或 25% 设计压力两者中的较小值,试验灵敏度不得低于 $10^{-5}(Pa·m^3)/s$。

② 按现行行业标准《承压设备无损检测 第 8 部分:泄漏检测》NB/T 47013.8—2012 附录 D 的要求,采用氦质谱仪泄漏检测——吸枪技术进行氦检漏。试验压力应不小于 105kPa 或 25% 设计压力两者中的较小值,试验气体应为氦气,或含 1% 或 10% 氦的混合气体。试验灵敏度不得低于 $10^{-5}(Pa·m^3)/s$,如采用混合气体,应按氦的比例相应提高灵敏度。

③ 按现行行业标准《承压设备无损检测 第 8 部分:泄漏检测》NB/T 47013.8—2012 附录 E 的要求,采用氦质谱仪泄漏检测——示踪探头技术进行氦检漏。待检管道或元件内应抽真空,在待检部位外用氦气,或含 1% 或 10% 氦的混合气体吹扫。试验灵敏度不得低于 $10^{-6}(Pa·m^3)/s$,如采用混合气体,应按氦的比例相应提高灵敏度。

④ 按现行行业标准《承压设备无损检测 第 8 部分:泄漏检测》NB/T 47013.8—2012 附录 G 的要求,充入 10%~30% 或 1% 氨气进行氨泄漏检测,试验压力及试验方法应符合 NB/T 47013.8—2012 附录 G 的要求。

三、法兰接头的安装标示

(1) 根据法兰编号说明,每对法兰进行编号并保证唯一性。

(2) 每对法兰均制作法兰标识挂牌。

(3) 标牌内容:法兰编号、法兰名称及位置、螺栓规格及数量、紧固扭矩值、紧固步骤及方法。

(4) 定力矩紧固实现可视化管理。

具体内容可由安装单位和用户进一步协商确定。表 8-23 所示为某炼油企业法兰标识挂牌样本,使用时用扎带捆绑固定在对应法兰上,或用粘贴方式固定在对应的法兰上。此表仅供参考。

表 8-23　法兰标识挂牌样本

装置名称	轻烃 1#装置
设备位号	V1-0503
设备名称	上封头人孔法兰
法兰编号	7152
螺栓规格	M27
螺栓数量	20
螺母对边	S41
推荐扭矩	750N·m
紧固工具	LFD-S41
紧固模式	四同步
紧固步骤	(1)手动或呆扳手预紧螺栓，测量法兰间隙，调整法兰平行度。 (2)调压至 1500psi，紧固螺栓组 1#，测量法兰间隙，调整平行度。 (3)调压至 2700psi，紧固螺栓组 2#。 (4)调压至 3400psi，紧固螺栓组 3#～5#，然后顺时针紧固，直至螺母不动为止

四、记录

(1) 安装作业人员应完成法兰接头安装记录，内容至少包括：法兰接头编号或安装位置、元件类型和规格、检查项目、对中偏差、润滑剂情况、使用工具和数量、螺栓安装载荷以及作业人员等。法兰接头安装检查记如表 8-14 所示。

(2) 安装记录不应代替书面的安装程序文件。安装记录的保存年限应按国家有关规定执行。

第九节　法兰完整性管理专业人员培训与认证

法兰完整性管理是综合治理和预防法兰连接泄漏的完整性解决方案。目的就是确保法兰连接节点在设备两次停产检修期间不发生泄漏事故。可以减少因安装因素导致的法兰泄漏问题，降低了安装或检修的劳动强度，有效地提高了工作效率。

法兰完整性管理专业人员培训与认证是为了提高施工人员的作业水平，规范施工作业流程，保证法兰安全连接的施工质量，对密封质量点分级管理控制，对检修中的法兰安全连接过程实行扭矩化管理。

一、培训的理论依据和标准

(1) GB/T 38343—2019《法兰接头安装技术规定》

(2) ASME PCC-1—2019《压力边界螺栓法兰连接装配指南（中文版）》

(3) CSEI/JX 0004—2018《法兰密封结构安装技术规范》

(4) GB 37822—2019《挥发性有机物无组织排放控制标准》

(5) GB 150—2011《压力容器　第 1 部分：通用要求》

(6) GB/T 151—2014《热交换器》

(7) GB/T 17186.1—2015《管法兰连接计算方法 第1部分：基于强度和刚度的计算方法》

(8) GB/T 20801—2020《压力管道规范 工业管道》

(9) NB/T 47020～47027—2012《压力容器法兰》

(10) HG/T 20592～20613—2009《钢制管法兰（PN系列）》

(11) HG/T 20615～20635—2009《钢制管法兰（Class系列）》

二、法兰完整性管理遴选法兰规则

根据法兰连接所在管道的设计压力、设计温度、介质毒性程度、腐蚀性和火灾危险性来确定遴选法兰规则。即根据《工业管道安全技术规范》要求来遴选。

根据《工业管道安全技术规范》要求，GC1级管道法兰接头应当采用法兰完整性管理。原文字表达是：GC1级管道法兰接头的安装应当符合GB/T 38343—2019《法兰接头安装技术规定》的要求。

1. 概述

（1）管道法兰中介质的危害和危险程度、分类原则以及定义是以国家现行标准GB 50160—2008、GB 50016—2014、《危险化学品目录》和GB 30000的相关规定为基础而确定的。

（2）介质危害性系指在生产和储存过程中因事故泄漏致使介质与人体接触、发生火灾引起的健康危害和安全危险程度，用介质的毒性及易燃性来表示。

（3）一种化学介质可能存在多种危害和危险种类，应分别按照国家现行标准GB 30000.2～30000.29—2013进行评估，确定其危害程度或危险性，以其中的高者为基准。

2. 遴选法兰规则

（1）输送毒性介质的法兰接头 输送《危险化学品目录》中规定的毒性程度为急性毒性类别1介质法兰接头、急性毒性类别2气体介质法兰接头和工作温度高于其标准沸点的急性毒性类别2液体介质法兰接头，如表8-24所示。

也可综合考虑急性毒性、最高容许浓度和职业性慢性危害等因素，极度危害介质最高容许浓度小于$0.1mg/m^3$，高度危害介质最高容许浓度为$0.1～1.0mg/m^3$。

表8-24 介质急性毒性类别

接触途径	危害类别	1[④]（剧毒）	2[④]（有毒）	3（有毒）
经口 LD_{50}[②]	mg/kg	≤5	≤50	≤300
经皮 LD_{50}[②]	mg/kg	≤50	≤200	≤1000
吸入气体 LC_{50}[①、③]	mL/L	≤0.1	≤0.5	≤2.5
吸入蒸汽 LC_{50}[①、③]	mg/L	≤0.5	≤2.0	≤10
吸入粉尘和烟雾 LC_{50}[①、③]	mg/L	≤0.05	≤0.5	≤1.0

注：①LC_{50}（50%致死浓度）：化学品在空气中或水中造成一组试验动物50%（一半）死亡的浓度。
②LD_{50}：一次全部给予造成一组试验动物50%（一半）死亡的化学品数量。
③表中的吸入临界值以4h接触试验为基础，根据1h接触产生的现有吸入毒性数据的换算。对于气体和蒸汽，应除以因子2；对于粉尘和烟雾，应除以因子4。
④《危险化学品目录（2015版）》中注明的剧毒介质可视为急性毒性类别1。

（2）输送易燃易爆介质的法兰接头　输送国家现行标准 GB 50160—2008《石油化工企业设计防火规范》（2018 年版）、GB 50016—2014《建筑设计防火规范》（2018 年版）中规定的火灾危险性为甲、乙类可燃气体介质法兰接头，如表 8-25 所示。或者甲类可燃液体（包括液化烃），并且设计压力大于或者等于 4.0MPa 的法兰接头，如表 8-26 所示。

或者指气体或者液体的蒸气、薄雾与空气混合形成的爆炸混合物，并且其爆炸下限小于 10%，或者爆炸上限和爆炸下限的差值大于或者等于 20% 的介质。

表 8-25　可燃气体

名称	类别	判据
GB 50160—2008	可燃气体 甲	与空气混合物的爆炸下限不大于 10%（体积分数）
	乙	与空气混合物的爆炸下限大于或等于 10%（体积分数）

表 8-26　可燃液体

名称	类别	判据
GB 50160—2008	甲 A（液化烃）	沸点不大于 15℃ 的烃类液体及其他类似液体
	甲 B	甲 A 类以外闪点小于 28℃ 的液体
	乙 A	闪点大于或等于 28℃ 且小于或等于 45℃ 的液体
	乙 B	闪点大于 45℃ 且小于 60℃ 的液体
	丙 A	闪点大于或等于 60℃ 且小于或等于 120℃ 的液体
	丙 B	闪点大于 120℃ 的液体

注：工作温度大于其闪点的乙类可燃液体应视为甲 B 类可燃液体。工作温度大于其闪点的丙类可燃液体应视为乙类可燃液体。

（3）输送高温高压介质的法兰接头　输送流体介质，并且设计压力大于或者等于 10.0MPa 的法兰接头，或者设计压力大于或者等于 4.0MPa 且设计温度高于或者等于 400℃ 的法兰接头。

（4）输送腐蚀性介质的法兰接头　管道法兰中的腐蚀性介质是指符合 GB 30000.17—2013 类别 1 的金属腐蚀物，即在试验温度 55℃ 下，钢或铝表面的腐蚀速率超过每年 6.25mm 的化学介质。

（5）生产单位认定的特殊法兰接头　由生产单位根据自身的特点确定，例如炼化企业规定：

① 高温热重油（≥250℃）、轻质热油（≥200℃）部位的设备和管道法兰接头。
② 存在温度、压力急剧变化部位法兰。
③ 不易紧固部位法兰。
④ 3.5MPa 中压蒸汽系统部位法兰。
⑤ LDAR 检测泄漏量超标部位法兰。
⑥ 压力≥4.0MPa、螺柱规格≥M27 中高压部位法兰等。

三、法兰完整性管理培训对象

根据目前国内法兰完整性管理使用情况，涉及三方单位：专业技术公司、生产单位和安装或检修单位。

专业技术公司是指掌握法兰完整性管理软件和硬件技术的企业，它负责对生产单位和安装或检修单位的培训。

(1) 对生产单位专职人员的培训

① 协助生产单位制定标准化流程管理方案,编制培训教材并开展培训宣贯。

② 高风险法兰数据整理、数据复核、力矩计算、法兰编号及现场挂牌。

③ 依照管理流程完成每对高风险法兰密封面检查、螺栓紧固及扭矩值的管控。

④ 对检修单位施工过程指导、巡查、监督。

⑤ 施工过程质量控制节点确认,并按统一格式记录、整理、存档。

(2) 对安装或检修单位的培训

① 组织专职技术管理人员[根据法兰工程量配置比例(1∶150)~(1∶200)]及施工人员,参加由专业技术公司负责的定力矩技术管理流程和工具使用的专业培训。

② 制定施工方案,根据检修计划制定机具使用计划。

③ 施工场所搭建及辅助材料预制准备。

④ 按管理流程完成现场施工,包括螺栓清洗、标识、摆放、润滑;法兰密封面清理检查;法兰螺栓紧固及紧固质量检查等。

⑤ 对一般法兰自主管理,接受专业技术公司监督把关。

(3) 专用工器具的管理 目前国内的统一做法是由生产单位委托专业技术公司对机具实行"集中管理、统一校验、统一调配、统一维修"。

① 集中管理:整合检修单位机具,专业技术公司补齐机具,并集中到项目组统一管理,各检修单位安排专人领用及归还。

② 统一校验:各单位提供的机具统一由专业技术公司校验合格后方能投入现场使用。

③ 统一调配:根据装置开停工时间和重点设备回装节点网络计划,提前编制机具调配计划。

④ 统一维修:故障机具由专业技术公司及时维修,长时间、高频率使用的机具定时保养,保证机具的完好状态。

(4) 方案评审落实

① 建立强有力的组织架构。一般由生产单位的机动部门、生产装置、定力矩专业技术公司人员组成。

② 参检人员配置要到位。

③ 制定清晰的网络计划。

④ 科学配置机具并合理使用。

⑤ 管理及施工方案要统一。

四、专业的人员培训

1. 安全培训内容

(1) 现场安全作业培训 出色的安全意识,确保在施工现场进行螺栓紧固及机加工作业时无安全事故。

在对业主提供的基本技术资料进行全面了解后,项目部施工作业全过程进行了危险因素的识别,对识别出的危险因素进行评价,并制定了相应的控制和消减措施,争取使危害降低到"合理实际并尽可能低"的水平。

① 危险因素的识别与控制如表 8-27 所示。

表 8-27 危险因素的识别与控制

序号	危险源	状态	危害和影响	消减和控制措施
1	使用各种扳手工具	非常规	夹伤、砸伤	(1) 操作人员必须经过培训，并严格按操作规程操作。 (2) 穿戴好劳保用品
2	高空掉落物体	非常规	砸伤	(1) 所有进入施工区域的人员必须戴好安全帽。 (2) 在高处施工作业人员小心操作，尽可能避免掉落物体。 (3) 安全员在施工过程中随时巡视，发现隐患及时制止
3	使用液压紧固工具	非常规	引起电击或油液迸溅	(1) 电动工具应使用绝缘型或做好接地。 (2) 使用前检查液压接头良好连接且无破损
4	高处坠落	非常规	受伤或死亡	(1) 首先必须穿戴好防护服，佩戴好特制的防护手套，戴好防护镜。 (2) 登高超过规定要求必须佩戴安全带，不去未经安全认定的高处
5	泄漏	非常规	介质泄漏	(1) 组装设备前必须严格按操作规程检查各接合面的完好情况。 (2) 认真检查所用密封垫，确保其完好无损。 (3) 不与介质接触，及时上报

② 环境因素如表 8-28 所示。

表 8-28 环境因素

序号	危害源	时态	状态	危害和影响	消减和控制措施
1	润滑脂	现在	常规	环境污染	(1) 对施工人员进行环保意识教育。 (2) 设置垃圾桶回收废弃物，将施工中用的抹布、手套等废弃物统一回收集中处理
2	残余介质泄漏	现在	常规	环境污染	(1) 对施工人员进行环保意识教育。 (2) 在施工作业时严格按照操作规程进行。 (3) 组装设备前必须严格按操作规程检查各接合面的完好情况。 (4) 认真检查所用密封垫片，确保其完好无损。 (5) 每次更换设备应进行密封性检验

(2) 安全职责

① 业主全面负责"施工方案"落实的组织和监督。

② 施工方对落实"施工方案"全面负责。

③ 监理单位全面负责"施工方案"落实的监督和检查。

④ 业主对"施工方案"的落实负责协调和监督，负责作业许可证的审批。

(3) 现场安全措施

① 保障施工现场安全通道畅通。

② 现场确认安全后，人员方可开展施工作业。

③ 作业现场严禁吸烟。

④ 高空平台上施工时，小件要用桶、盘、袋子等装好，大件要固定好且不影响施工和通行，防止高空落物。

(4) 应急预案　按生产单位要求编制并落实。

(5) 高空作业方案

① 担任高处作业人员必须身体健康，无严重疾病病例史及生病、饮酒行为。

② 高处作业均需先搭建脚手架，采取防坠落措施并且在脚手架经验收合格方可进行。

③ 在立柱、盖梁、箱梁以及其他危险的边沿进行工作时，临空一面应装设安全网或防护栏杆，否则工作人员须使用安全带。

④ 在没有脚手架或者在没有栏杆的脚手架上工作，高度超过1.5m时，必须使用安全带或采取其他可靠的安全措施。

⑤ 安全带的挂钩或绳子应挂在结实牢固的构件上，或专为挂安全带用的钢丝绳上，禁止挂在移动或不牢固的物体上。

⑥ 高处作业应一律使用工具袋，较大的工具应用绳拴在牢固的构件上，不准随便乱放，防止从高空坠落发生事故。

⑦ 在进行高处工作时，除有关人员外，不准他人在工作地点的下面通行或逗留。工作地点下面应有围栏或装设其他保护装置，防止落物伤人。如在格栅式的平台上工作，为了防止工具和器材掉落，应铺设木板。

⑧ 不准将工具及材料上下投掷，要用绳系牢后往下或往上吊送，以免打伤下方工作人员或击毁脚手架。

⑨ 上下层同时进行工作时，中间必须搭设严密牢固的防护隔板、罩棚或其他隔离设施。工作人员必须正确佩戴安全帽。

⑩ 在6级及以上的大风以及暴雨、打雷、大雾等恶劣天气，应停止露天高处作业。

⑪ 禁止倚靠在不坚固的结构上进行工作，为了防止违章操作，必要时要在不坚固的结构物处挂上警告牌。

⑫ 高空作业前，应对高空作业人员进行安全技术交底及安全教育培训。

⑬ 高空作业前，脚手架及其他需要承重的结构需在使用前经验收合格。

(6) 起重作业方案　根据施工项目场地，起重吊装作业任务、塔吊及物料提升机等，结合施工现场及周边环境的实际情况，为确保机械设备在安装、使用和拆卸工作中的施工安全，制定起重作业方案。

① 人员的配备及安全责任。

② 器材配备与吊装作业信号。

③ 安全措施及防护。

④ 高空作业任务的划分及安全要求。

⑤ 施工顺序。

⑥ 注意事项。

(7) 应急组织

2. 技术标准培训

(1) GB/T 38343—2019《法兰接头安装技术规定》

(2) ASME PCC-1—2019《压力边界螺栓法兰连接安装指南（中文版）》

(3) CSEI/JX 0004—2018《法兰密封结构安装技术规范》

(4) 本项目安全施工方案

3. 螺栓节点连接基本原理及紧固工具操作

(1) 螺栓伸长原理

(2) 螺栓载荷和垫片应力

（3）垫片和密封的功能。
（4）垫片类型及其局限性。
（5）螺栓类型及其限制。
（6）正确识别接头部件。
（7）人工拧紧螺栓接头培训。
（8）使用指定润滑剂的重要性。
（9）扭矩控制技术。
（10）螺栓拧紧设备的校准和维护。
（11）检查和报告缺陷或故障。
（12）连接接头的准备程序。
（13）垫片处理、预备与安装。
（14）接头组装信息的来源。
（15）接头的安全拆卸和组装。
（16）接头组装程序。
（17）确保正确使用接头部件。
（18）质量保证程序、资质和记录的重要性。
（19）接头拆卸。
（20）工具常见问题原因及解决方法。

4. 实际操作培训

（1）紧固机具实操演示。
（2）螺栓紧固作业指导卡内容讲解。
（3）过程管控消项表。

5. 现场机械加工设备及其操作

（1）现场机械加工设备包括螺栓拉伸器、扭矩扳手、深海机械连接器、现场机加工设备、测量及辅助设备、用户定制产品。
（2）现场操作项目包括螺栓伸长量测量、管道切割与坡口、法兰密封面修复、螺栓紧固、螺纹修复/扩孔及断螺栓取出、在线焊接测试。

6. 培训目的

经过培训的专业人员应具备以下能力。
（1）出色的安全意识，确保在施工现场进行螺栓紧固及机械加工作业时无安全事故。
（2）了解法兰连接点的各种相关部件及其在法兰连接中的作用。
（3）熟悉螺栓紧固的原理以及不同紧固方式的区别。
（4）熟悉各种紧固工具的基本原理、特点及适用工况，并能熟练操作各类螺栓紧固工具。
（5）能够熟练地安装及操作各类现场机加工设备，进行法兰端面修复、管道坡口等机加工作业。

7. 培训时间

安装单位在项目开工前两个月、生产单位在停车检修前一个月展开培训工作。检修期间根据情况再次安排培训。

8. 培训方式

培训由理论及实操两部分组成；技术管理人员为期两天，现场施工操作人员为期一天。

五、专业的工具选择与认证

法兰连接作业中需要使用多种工具与设备。应能够熟知各种法兰连接相关工具与设备的性能与特点，并可根据不同现场工况与需求匹配最佳的工具类型。

在基础理论培训外，为取得螺栓装配资质认定，还需进行实践操作以加深对理论知识的理解。为确保安装工程师具有足够的行业经验，还规定取得各等级装配工程师资质所需从业时间的具体要求，规定考核安装工程师最少具备连续半年螺栓安装的从业经验，高级工程师以及培训教员则需要2年以及4年的从业经验，此外，所取得的资格每3年都要进行重新认证。为保障资格认证工作的有效进行，规定对于上述资格认证要有专门的考核机构承担发证工作。考核机构要能够进行操作考试并具备相关的演示设备，以确保资质培训的质量。

1. 工具选择需考虑的要素

（1）法兰的压力等级与公称尺寸。
（2）法兰的材料与形式。
（3）密封垫片的形式与材料。
（4）螺栓的数量。
（5）螺栓的规格与等级。
（6）设备内的介质理化特性。
（7）工艺流程特点。

作业工具选择不当，将会极大地影响螺栓紧固所需要预紧力的精度，进而影响法兰的密封效果，导致泄漏事故的发生。

2. 工具选择与认证

（1）螺栓紧固数据的校核与计算。
（2）工具与设备需求分析。
（3）螺栓紧固工具与现场机加工设备推荐与选型。
（4）螺栓紧固工具的维修与校验。

3. 流程控制与监理

（1）设定标准
① 法兰节点关键性与差距分析。
a. 法兰节点关键性分析包括：识别法兰节点及获取法兰节点技术参数；对法兰节点依据重要性进行分析。
b. 差距分析包括：对施工现场工具、设备及人员能力进行评估；就施工现场的实际情况与无泄漏连接所需达到的要求进行对比，找出差距，出具差距分析报告及整改建议。
② 项目执行标准化的制定与确认。
a. 根据项目情况与要求，制定法兰连接的技术规范。
b. 与项目业主（生产单位）、工程总承包商及施工方进行法兰连接技术标准沟通并对其进行确认。

c. 与项目业主、工程总承包商及施工方讨论法兰连接技术标准的执行流程。

制定的标准应涵盖以下内容。

a. 材料的确认及控制规范。

b. 法兰节点装配前的准备及装配过程中的规范事项。

c. 各种不同紧固类工具在作业中的安全以及操作要求。

d. 法兰节点的状态追踪，确认及挂牌的规范。

e. 法兰管理流程规范。

（2）现场流程控制与监理

① 法兰节点的确认、挂牌与状态监控。大型施工现场通常拥有数万个法兰节点，管理难度巨大，需要一套有效的标签管理模式。标签可以给管理及技术人员提供法兰节点的状态信息与直观的指导。通过对所有法兰节点进行挂牌管理，在施工现场可以直观显示出法兰节点的状态及部位关键技术信息。法兰节点挂牌样板如图8-54所示。

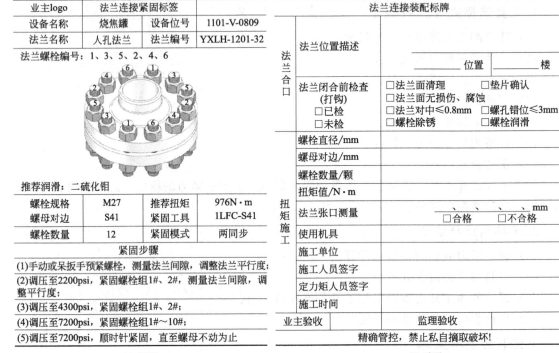

图8-54 法兰节点挂牌样板

② 现场作业的监理与管控。专业的法兰连接完整性管理工程师在施工现场对法兰连接作业进行监理与管控。监理与管控的内容包括以下。

a. 作业的安全性是否可以得到保障。

b. 材料是否符合标准要求。

c. 装配是否符合公差要求。

d. 紧固是否符合规范要求。

e. 工具与人员能力是否达到使用要求。

f. 元件的安装是否符合操作要求。

g. 节点的工艺状态辨识度是否可以保证。

③ 数据的记录与管理。建立数据库对所有法兰节点数进行储存及管理。数据库管理软件应包括以下内容。

a. 提供节点的所有信息,包括材料、位置、紧固数据等。

b. 对现场的节点紧固状况和实时状态进行记录。

c. 提供永久全面的历史数据,提供全面的搜索功能。

d. 提供全面的技术和操作规范。

e. 进行合理的螺栓载荷计算。

f. 进行详细的工具适配分析。

g. 编写报告,汇报工程进展。

大型企业的现场设备上往往存在着数以万计的法兰节点,对于如此多的法兰节点的管理,采用专业的数据库进行支持是十分必要的。

(3) 全生命周期管理　法兰完整性管理的全生命周期管理是给业主(生产单位)的关键法兰节点的定期维护提供专业建议,并且帮助客户制定专门的维护计划,提供日常保运服务,从而实现法兰在整个生命周期的无泄漏连接。

法兰完整性管理专业人员培训与认证合格后,目前的做法是发放法兰连接培训合格帽贴或工作卡贴,增强员工责任感和使命感,如图 8-55 所示。

图 8-55　法兰连接培训合格帽贴

六、制定法兰完整性管理流程

在完成前述的各项工作基础上,制定法兰完整性管理流程。图 8-56 是某炼油企业在大检修期间,采用法兰完整性管理制定的管理流程图。在制定具体的法兰完整性管理流程时,可依据本单位的具体情况有所变动,仅供参考。

七、实施法兰连接完整性管理的效果

(1) 沙特阿拉伯某石化厂在大修中对其中 20000 多个关键法兰节点实施法兰连接完整性管理,经多年运行,无任何泄漏现象。

(2) 在澳大利亚的一世界级液化天然气项目,拥有 25000 多个法兰节点,施工过程中采用了法兰连接完整性管理技术,静压测试一次性通过,试车及开车过程中无任何泄漏。

(3) 海南炼化于 2017 年 11 月 18 日停工实施大修改造,对 9299 对高风险法兰全面推广实施螺栓定力矩紧固技术,静压测试一次性通过,试车及开车过程中无任何泄漏,总体 VOCs 排放量明显降低,如图 8-57 所示。常减压装置的一位老员工感慨:原来检修开工气

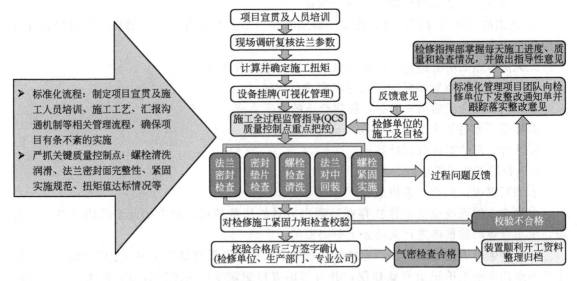

图 8-56　某炼油企业法兰完整性管理流程

序号	装置名称	检修前排放/(kg/年)	检修后排放/(kg/年)	VOCs总体减排比例
1	连接重整	18210.21	7496.55	
2	炼油异构化	2591.05	749.75	
3	制氢	431.29	247.88	
4	柴油加氢	2693.85	1324.11	69.07%
5	30万吨/年航煤加氢	1545.11	702.48	
6	70万吨/年航煤加氢	2214.14	527.78	
7	S-Zorb	11129.95	2046.38	
8	芳烃装置	11818.19	2567.78	
	总排放量	50633.79	15662.71	

注：1. VOCs排放数据，是各个装置静密封检测的数据。
　　2. 检测仪器采用美国Thermo Fisher TVA2020有毒挥发气体检测仪。

图 8-57　某炼油企业 VOCs 排放量对比图

密都有漏点，还要搞两次热紧，这次检修采用法兰完整性管理后，效果确实不一样。2018年1月20日，常减压装置产出合格产品。

第十节　法兰完整性管理应用软件

一、法兰完整性管理应用软件的特点

（1）完善所有法兰连接综合性的数据库。
（2）基于 Windows 的计算机应用程序。
（3）灵活管理标准的和定制化的项目。

（4）确保所有数据不会受到人为干预。
（5）较低的程序开发投入，实现更高的生产率提升。
（6）从历史数据中可以查看紧固的结果及分析问题产生的原因。
（7）安全是由录入准确的数据开始的。
（8）高质量的紧固改善设备的生产效率。
（9）紧固时间记录可用于维修和维护的生产周期计划。

二、现场管理数据库应用软件简介

石油石化行业的现场往往存在数以万计的法兰节点，对于如此多数量节点的管理，采用专业的数据库进行支持是十分必要的。数据库管理软件自2000年开始便为多个石油石化现场建立起匹配的数据库，在全球对上百万个的法兰节点进行了长期的连接完整性管理支持和跟踪，从而确保这些节点的无泄漏运行。数据库管理软件界面如图8-58所示。

图8-58 数据库管理软件界面

数据库管理软件特点如下。
（1）提供节点的所有信息，包括材料/位置/紧固数据等。
（2）对现场的节点紧固状况和实时状态进行记录。
（3）提供永久全面的历史数据，提供全面的搜索功能。
（4）提供全面的技术和操作规范。
（5）进行合理的螺栓载荷计算。
（6）进行详细的工具适配分析。
（7）编写报告，汇报工程进展。

三、法兰节点计算软件简介

法兰节点计算软件特点如下。
（1）自动选定螺栓紧固的顺序、使用机具及施加的扭矩。
（2）根据 ASME 的紧固指南自动选定正确的紧固顺序。
（3）手动选择需要使用的机具的型号。
（4）对每一个法兰自动生成需要紧固的扭矩及压力设定。
法兰节点计算软件界面如图 8-59 所示。

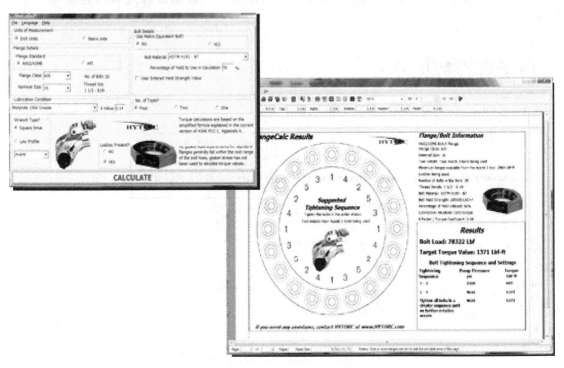

图 8-59　法兰节点计算软件界面

四、法兰管理器

使用法兰管理器可以将复杂的处理流程，用简化的管理方式体现，如数据管理、排序、分组、筛选、显示。

符合 ASME PCC-1—2013《压力边界螺栓法兰连接装配指南（中文版）》或 ASME PCC-1—2019 *Guidelines for Pressure Boundry Bolted Flange Joint Assembly* 规定的"压力系统中的法兰连接一致性管理"相关条款要求。

法兰管理器软件界面如图 8-60 所示。

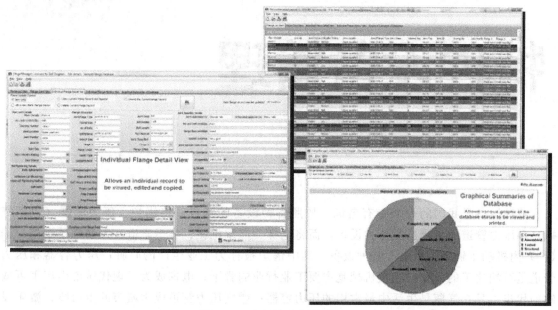

图 8-60 法兰管理器软件界面

 思考题

8-1 简述设备法兰完整性管理概念。
8-2 如何确定最大螺栓安装载荷?
8-3 简述同步紧固螺栓步骤。
8-4 什么是法兰接头的强度评估?
8-5 什么是法兰接头的刚度评估?
8-6 如何确定垫片密封应力?
8-7 法兰完整性管理安装要求有哪些?
8-8 什么是法兰密封面表面不平度?
8-9 什么是法兰密封面的表面粗糙度?

第九章 特种设备管理

特种设备是我国的一个专有名词。按照特种设备的特点,将锅炉、压力容器(包括气瓶)和压力管道划为承压类特种设备,而将电梯、起重机械、客运索道、大型游乐设施、场(厂)内机动车辆划为机电类特种设备。其中锅炉被称为工业生产的心脏;压力容器和压力管道是石油化工的命脉;起重机械是主要工业行业的骨干;电梯成为了现代城市生产不可或缺的代步工具;气瓶是生活中最常用的压力容器;燃气压力管道成为城市的生命线;游乐设施已成为人们享受美好生活的载体;客运索道已经成为旅游观赏、实现人与自然沟通的桥梁。因此,特种设备涉及每个人的生产和生活。

第一节 特种设备概述

特种设备在我国具有特殊的界定。根据《中华人民共和国特种设备安全法》(以下简称《特种设备安全法》),特种设备是指对人身和财产安全有较大危险性的锅炉、压力容器(含气瓶)、压力管道、电梯、起重机械、客运索道、大型游乐设施、场(厂)内专用机动车辆,以及法律、行政法规规定适用《特种设备安全法》的其他特种设备。

军事装备、核设施、航空航天器使用的特种设备安全的监督管理不适用《特种设备安全法》。

铁路机车、海上设施和船舶、矿山井下使用的特种设备以及民用机场专用设备安全的监督管理,房屋建筑工地、市政工程工地用起重机械和场(厂)内专用机动车辆的安装、使用的监督管理,由有关部门依照《特种设备安全法》和其他有关法律的规定实施。

一、特种设备的分类

特种设备按结构形式分为承压类特种设备和机电类特种设备两大类。

1. 承压类特种设备

承压设备是盛装气体、液化气体、液体或气液混合物介质,并承载一定压力的密闭设备的通称。但在工程中最常见的承压设备主要是各类锅炉、各类压力容器（包括气瓶）和各种压力管道。因此，承压设备为锅炉、压力容器（包括气瓶）以及压力管道的统称。《特种设备安全监察条例》中对其有明确的规定。

2. 机电类特种设备

在特种设备中指与机械设备及电气设备相关的电梯、起重机械、客运索道、大型游乐设施、场（厂）内机动车辆。

机电设备是广义的说法，它是所有的机械设备与电气设备的统称。

二、特种设备安全监察的法规和标准体系

特种设备安全监察法规体系是保证特种设备安全运行的法律保障。借鉴国外经验，结合我国特种设备安全技术法规和标准体系的实际情况，目前我国制定了一系列特种设备安全监察方面的法规、规章、规范性文件和相关标准，基本形成了"法律—行政法规—部门规章—规范性文件—相关标准及技术规定"五个层次的特种设备安全监察法规体系结构雏形。

1. 特种设备法律

属于第一层次，是由全国人大通过的法律（国家主席令颁布）。根据特种设备安全的特点，以及全国人大代表及有关专家学者的建议和要求，十届全国人大财经委员会会同国务院有关部门组成起草组，着手起草《特种设备安全法》，经过广泛调研和反复讨论，形成起草大纲。

《特种设备安全法》已由中华人民共和国第十二届全国人民代表大会常务委员会第三次会议于2013年6月29日通过，自2014年1月1日起施行。

《特种设备安全法》共包括七章101条。

第一章　总则（12条）

第二章　生产、经营、使用（37条）

（第一节　一般规定；第二节　生产；第三节　经营；第四节　使用）

第三章　检验、检测（7条）

第四章　监督管理（12条）

第五章　事故应急救援与调查处理（5条）

第六章　法律责任（25条）

第七章　附则（3条）

（1）《特种设备安全法》出台背景

① 特种设备大多在高温、高压、高速下运行，与人民群众生命和财产安全息息相关，与经济发展、社会稳定息息相关。

② 随着我国经济快速发展，特种设备数量迅猛增长。数量猛增的同时，特种设备安全形势更加复杂。

③ 特种设备安全监督管理需要进一步完善和强化。

（2）《特种设备安全法》主要条款解读

① 制定《特种设备安全法》的目的。为了加强特种设备安全工作，预防特种设备事故，保障人身和财产安全，促进经济社会发展。

②《特种设备安全法》的适用范围。特种设备的生产（包括设计、制造、安装、改造、修理）、经营、使用、检验、检测和特种设备安全的监督管理，适用《特种设备安全法》。

③特种设备安全工作原则。安全第一、预防为主、节能环保、综合治理。

(3) 其他相关法律　其他相关法律包括《中华人民共和国标准化法》《中华人民共和国产品质量法》《中华人民共和国刑法》《中华人民共和国安全生产法》《中华人民共和国商品检验法》《中华人民共和国劳动法》。

2. 特种设备行政法规、地方性法规

属于第二层次，包括由国务院批准的条例和规定（国务院总理令颁布），如现行的《特种设备安全监察条例》《国务院关于特大安全事故行政责任追究的规定》《国务院关于特别重大事故调查程序暂行规定》《企业职工伤亡事故报告和处理规定》等。

省、自治区、直辖市等地方人大通过的条例，如《江苏省特种设备安全监察条例》《淄博市承压设备安全监察条例》《深圳经济特区锅炉压力容器压力管道质量监督与安全监察条例》等特种设备安全监察条例。

3. 部门规章、地方政府规章

属于第三层次，包括由质检总局颁布的部门规章（总局长令颁布），如《锅炉压力容器压力管道特种设备事故处理规定》《锅炉压力容器压力管道特种设备安全检查行政处罚规定》《特种设备安全技术规范制定程序导则》等。

地方政府颁布的规章（政府行政首长令颁布），如《湖北省锅炉压力容器压力管道特种设备安全监察办法》等特种设备或承压设备安全监察政府规章。

4. 安全技术规范性文件

属于第四层次，为安全技术规范性文件［经过法定的编制、审定程序，以总局领导授权签署，以总局名义公布的安全技术内容较突出的规范性文件（规程、规则等）］。

主要分为两类：管理类（80~100项）和技术类（270~320项）。管理类如《压力容器操作人员考核规则》《压力容器压力管道带压密封作业人员考核大纲》等；技术类如《固定式压力容器安全技术监察规程》《移动式压力容器安全技术监察规程》《压力管道安全技术监察规程——工业管道》等。

5. 引用标准

属于第五层次，指安全技术规范所引用的标准，如《固定式压力容器》（GB 150—2011）《热交换器》（GB/T 151—2014）《钢制压力容器——分析设计标准》（JB 4732—95）等2000余项。

第二节　压力容器

一、压力容器的定义

压力容器是用于盛装气体或者液体，承载一定压力的密闭设备，其范围规定为最高工作压力大于或者等于 0.1MPa（表压）的气体、液化气体和最高工作温度高于或者等于标准沸点的液体、容积大于或者等于 30L 且内直径（非圆形截面指截面内边界最大几何尺寸）大于或者等于 150mm 的固定式容器和移动式容器；盛装公称工作压力大于或者等于 0.2MPa（表压），且压力与容积的乘积大于或者等于 1.0MPa·L 的气体、液化气体和标准沸点等于或者低于 60℃ 液体的气瓶、氧舱。其中固定式压力容器指安装在固定位置使用的压力容器。对于为了某一特定用途、仅在装置或者场区内部搬动、使用的压力容器，以及移动式空气压缩机的储气罐按照固定式压力容器进行监督管理。

1. 固定式容器和移动式容器

《特种设备安全监察条例》规定了同时具备下列条件的为固定式容器和移动式容器。

① 最高工作压力大于或等于 0.1MPa（不含液体静压力）。

② 内直径（非圆形截面指其最大尺寸）大于或等于 0.15m，且容积（V）大于或等于 0.025m^3。

③ 盛装介质为气体、液化气体或最高工作温度高于或等于标准沸点的液体。上述条件可归纳为以下三点。

① 压力——大于或等于 0.1MPa。

② 容积——大于或等于 0.025m^3。

③ 介质——气体、液化气体或高于标准沸点的液体。

2. 气瓶或氧舱

《特种设备安全监察条例》规定了同时具备下列条件的为气瓶或氧舱。

① 公称工作压力大于或者等于 0.2MPa。

② 压力与容积的乘积大于或者等于 1.0MPa·L。

③ 盛装介质为气体、液化气体和标准沸点等于或者低于 60℃ 的液体。上述条件可归纳为以下三点。

① 压力——大于或等于 0.2MPa。

② 容积——大于或等于 0.005m^3。

③ 介质——气体、液化气体和标准沸点等于或者低于 60℃ 的液体。

3. 特种设备安全技术规范对压力容器的定义

我国特种设备安全技术规范将压力容器分为固定式压力容器、移动式压力容器、超高压容器、简单压力容器、非金属压力容器和气瓶六大类。

（1）固定式压力容器　固定式压力容器是指安装在固定位置使用的压力容器。对于为了某一特定用途、仅在装置或者厂区内部搬动、使用的压力容器，以及移动式空气压缩机的储气罐按照固定式压力容器进行监督。

《固定式压力容器安全技术监察规程》规定同时具备下列条件的为固定式容器。

① 工作压力大于或者等于 0.1MPa。

② 工作压力与容积的乘积大于或者等于 2.5MPa·L。

③ 盛装介质为气体、液化气体以及介质最高工作温度高于或者等于标准沸点的液体。

（2）移动式压力容器　移动式压力容器是指由单个（或者多个）压力容器罐体（或者瓶体）与行走装置（或者无动力半挂行走机构、定型汽车底盘、框架等）等部件组成，并且采用永久性连接，适用于铁路、公路、水路运输或者这些方式联运的运输装备。包括铁路罐车、汽车罐车、长管拖车、罐式集装箱等产品。

《移动式压力容器安全技术监察规程》规定同时具备下列条件的为移动式压力容器。

① 具有充装与卸载（以下简称装卸）介质的功能，并且参与铁路、公路或者水路运输。

② 罐体或者瓶式容器工作压力大于或者等于 0.1MPa。

③ 罐体容积大于或者等于 450L，瓶式容器容积大于或者等于 1000L。

④ 充装介质为气体以及最高工作温度高于或者等于标准沸点的液体。

（3）超高压容器　在现代工业生产领域超过 100MPa 的压力称为"超高压"，而把承载 100MPa 以上压力的容器称为超高压容器，而常用的超高压容器压力大多在 100～1000MPa。

《超高压容器安全技术监察规程》规定了同时具备下列条件的为超高压容器。

① 设计压力大于或者等于 100MPa（表压，不含液体静压，下同），且设计压力与容积的乘积大于或者等于 2.5MPa·L，介质为气体、最高工作温度高于或者等于标准沸点的液体的超高压容器。

② 超高压容器与外部管道或者装置用螺纹连接的第一个螺纹接头、法兰连接的第一个法兰密封面、专用连接件或者管件连接的第一个密封面。

③ 超高压容器开孔部分的承压盖及其紧固件。

④ 超高压容器所用的爆破片（帽）、压力表、测温表等安全附件。

（4）简单压力容器　简单压力容器就是指结构简单、危险性小的压力容器。

《简单压力容器安全技术监察规程》规定了同时具备下列条件的为简单压力容器。

① 容器由筒体和平封头、凸形封头（不包括球冠形封头）或者由两个凸形封头组成。

② 筒体、封头和接管等主要受压元件的材料为碳素钢、奥氏体不锈钢。

③ 设计压力小于或者等于 1.6MPa。

④ 容积小于或者等于 1000L。

⑤ 工作压力与容积的乘积大于或者等于 2.5MPa·L，并且小于或者等于 1000MPa·L。

⑥ 介质为空气、氮气和医用蒸馏水蒸发而成的水蒸气。

⑦ 设计温度大于或者等于 -20℃，最高工作温度小于或者等于 150℃。

⑧ 非直接火焰的焊接容器。

（5）非金属压力容器　非金属压力容器是指由非金属材料石墨、全塑料等材料制作的压力容器。

《非金属压力容器安全技术监察规程》规定了同时具备下列条件的为非金属压力容器。

① 最高工作压力大于或等于 0.1MPa（表压，不含液体静压），且压力与容积的乘积大于或等于 2.5MPa·L，介质为气体、液化气体和最高工作温度高于或等于标准沸点的液体的非金属压力容器，包括石墨制压力容器、纤维增强热固性树脂（以下简称玻璃钢）制压力容器、全塑料制压力容器、移动式非金属压力容器等。

② 与上述非金属压力容器相关的安全阀、爆破片装置、紧急切断装置、安全联锁装置、压力表、液面计、测温表等安全附件。

③ 非金属压力容器与外部管道或装置焊接（粘接）连接的第一道环向焊（粘）缝的焊（粘）接坡口，法兰连接的第一个法兰密封面，专用连接件或管件连接的第一个密封面，与压力容器直接相连的吊耳、支架、裙座或其他支撑结构的第一连接点及其支撑结构。

④ 非金属压力容器开孔部分的承压盖及其紧固件。

⑤ 非受压元件与非金属压力容器本体连接的焊接（粘接）接头。

（6）气瓶　广义的气瓶是指储运永久气体、液化气体和溶解气体的一次性或可重复充气的移动式压力容器。

《气瓶安全监察规程》规定了同时具备下列条件的为气瓶。

① 正常环境温度（-40~60℃）下使用。

② 公称工作压力为1.0~30MPa。

③ 公称容积为0.4~3000L。

④ 盛装永久气体、液化气体或混合气体的无缝、焊接和特种气瓶（"特种气瓶"指车用气瓶、低温绝热气瓶、纤维缠绕气瓶和非重复充装气瓶等，其中低温绝热气瓶的公称工作压力的下限为0.2MPa）。

二、压力容器的分类

压力容器的分类方法有多种，归结起来，常用的分类方法有如下几种。

1. 按制造方法分类

根据制造方法的不同，压力容器可分为焊接容器、铆接容器、铸造容器、锻造容器、热套容器、多层包扎容器和绕带容器等。

2. 按承压方式分类

按承压方式分类，压力容器分为内压容器和外压容器。

3. 按设计压力（p）分类

① 低压容器（代号L）：$0.1\text{MPa} \leqslant p < 1.6\text{MPa}$。

② 中压容器（代号M）：$1.6\text{MPa} \leqslant p < 10\text{MPa}$。

③ 高压容器（代号H）：$10\text{MPa} \leqslant p < 100\text{MPa}$。

④ 超高压容器（代号U）：$p \geqslant 100\text{MPa}$。

4. 按容器的设计温度分类

① 低温容器：$T_\text{设} \leqslant -20℃$。

② 常温容器：$-20℃ < T_\text{设} < 150℃$。

③ 中温容器：$150℃ \leqslant T_\text{设} < 400℃$。

④ 高温容器：$T_\text{设} \geqslant 400℃$。

5. 按容器的制造材料分类

按容器的制造材料分类，压力容器分为钢制容器、铸铁容器、有色金属容器和非金属容器等。

6. 按容器外形分类

按容器外形分类，压力容器分为圆筒形（或称圆柱形）容器、球形容器、矩（方）形容器和组合式容器等。

7. 按容器在生产工艺过程中的作用原理分类

① 反应容器（代号R）：用于完成介质的物理、化学反应。

② 换热容器（代号E）：用于完成介质的热量交换。

③ 分离容器（代号S）：用于完成介质的流体压力平衡缓冲和气体净化分离。

④ 储存容器（代号C，其中球罐代号B）：用于储存、盛装气体、液体、液化气体等介质。

8. 按特种设备安全技术规范分类

按我国《特种设备安全技术规范》分类，压力容器可分为固定式压力容器、移动式压力容器、非金属压力容器、气瓶。

9. 按危险程度分类

在我国最新颁布的 TSG 21—2016《固定式压力容器安全技术监察规程》中，根据国内压力容器设计、制造和检验检测的现状，确定了新的Ⅰ、Ⅱ、Ⅲ类压力容器的划分原则。

（1）Ⅰ、Ⅱ、Ⅲ类压力容器的划分原则　根据危险程度的不同，《固定式压力容器安全技术监察规程》仍将压力容器划分为三类。考虑到Ⅲ类压力容器设计、制造及监管与Ⅰ类、Ⅱ类压力容器的差别较大，为降低因分类方法改变而增加管理成本，按新旧容规分类方法得到的Ⅲ类容器比例不应当有太大的差距。

《固定式压力容器安全技术监察规程》采用Ⅰ类、Ⅱ类和Ⅲ类带罗马数字的写法，具有不易与其他词汇意义混淆的优点（如一类、三类等词还有其他许多含义），含义清楚。同时，也方便外文翻译（Ⅰ、Ⅱ、Ⅲ属于罗马数字，不需翻译，国际通用。而一、二、三是中文，外文无法直接引用，若翻译，又会出现歧义），便于国际交流。

由设计压力、容积和介质危害性三个因素决定压力容器类别，不再考虑容器在生产过程中的作用、材料强度等级、结构形式等因素，简化分类方法，强化危险性原则，从单一理念上对压力容器进行分类监管，突出本质安全思想。根据危险程度的不同，利用设计压力和容积在不同介质分组坐标图上查取相应的类别，简单易行、科学合理、准确唯一。

（2）压力容器分类时应考虑的因素

① 设计压力。是指设定的容器顶部的最高压力，与相应的设计温度一起作为设计载荷条件，其值不低于工作压力。

② 容积。是指压力容器的几何容积，即由设计图样标注的尺寸计算（不考虑制造公差）并且圆整。应当扣除永久连接在容器内部的内件的体积。永久连接是指需要通过破坏方式分开的连接。

③ 介质分组。压力容器的介质包括气体、液化气体或者介质最高工作温度高于或者等于标准沸点的液体，可分为以下两组。

a. 第一组介质：毒性危害程度为极度、高度危害的化学介质，易爆介质，液化气体。

b. 第二组介质：除第一组以外的介质。如毒性程度为中度危害以下的化学介质，包括水蒸气、氮气等。

④ 介质危害性。介质危害性是指压力容器在生产过程中因事故致使介质与人体大量接触，发生爆炸或者因经常泄漏引起职业性慢性危害的严重程度，用介质毒性危害程度和爆炸危险程度表示。

a. 毒性介质。综合考虑急性毒性、最高允许浓度和职业性慢性危害等因素，极度危害介质最高容许浓度小于 $0.1mg/m^3$，高度危害介质最高容许浓度为 $0.1\sim1.0mg/m^3$，中度危害介质最高允许浓度为 $1.0\sim10.0mg/m^3$，轻度危害介质最高允许浓度大于或者等于 $10.0mg/m^3$。

b. 易爆介质。是指气体或者液体的蒸气、薄雾与空气混合形成的爆炸混合物，并且其爆炸下限小于 10% 或者爆炸上限和爆炸下限的差值大于或者等于 20% 的介质。

c. 介质毒性危害程度和爆炸危险程度的确定。可按照 HG/T 20660—2017《压力容器中化学介质毒性危害和爆炸危险程度分类标准》确定。HG/T 20660—2017 中没有规定的，由压力容器设计单位参照 GBZ 230—2010《职业性接触毒物危害程度分级》的原则，确定介质组别。

对于有色金属、石油化工等行业，Ⅲ类压力容器所占比例有所提高，特别是石油化工行业的大规模装置中，Ⅲ类压力容器所占比例有较大提高。主要原因在于《固定式压力容器安全技术监察规程》分类方法将易爆介质归为第一组介质，提高了对于易爆介质的安全管理要求，因而原 1999 版《压力容器安全技术监察规程》分类方法中相应的第一类、第二类容器按《固定式压力容器安全技术监察规程》分类后类别普遍提高，其中高 PV 值的中压易爆介质容器普遍由原第二类提高为Ⅲ类。

第三节 压力管道

一、压力管道的定义

压力管道是指利用一定的压力，用于输送气体或者液体的管状设备，其范围规定为最高工作压力大于或者等于 0.1MPa（表压），介质为气体、液化气体、蒸汽或者可燃、易爆、有毒、有腐蚀性、最高工作温度高于或者等于标准沸点的液体，且公称直径大于或者等于 50mm 的管道。公称直径小于 150mm，且其最高工作压力小于 1.6MPa（表压）的输送无毒、不可燃、无腐蚀性气体的管道和设备本体所属管道除外。其中，石油、天然气管道的安全监督管理还应按照《安全生产法》《石油天然气管道保护法》等法律法规实施。

二、管道元件的公称尺寸及公称压力

在压力管道设计、制作、安装、验收和维修工程中，涉及最多的两个术语就是公称压力和公称直径。但常有人将公称压力理解为管道所能承受的最大压力，而将公称直径（公称尺寸）理解为管道的内径、外径、平均直径、平均外径等。这些理解在有些情况下可能是准确的，而在另一情况下则可能是错误的。

公称压力是为了设计、制造和使用方便，而人为地规定的一种名义压力。这种名义上的压力实际是压强，压力则是中文的俗称，其单位是 Pa 而不是 N。

公称直径与公称尺寸是同义术语。但在不同的专业领域，公称尺寸与公称直径所表达的概念并非完全一致。在管道工程中，公称尺寸是首选术语。

管道元件互换的条件：公称压力、公称尺寸、材质和结构相同，才能实现真正意义上的互换。因此，这两个术语是设备维修专业人员必须精准掌握的基本概念。

1. 管道元件的公称尺寸

管道元件公称尺寸在现行国家标准 GB/T 1047—019《管道元件 公称尺寸的定义和选用》中做出了准确的定义，该标准采用了 ISO 6708：1995《管道元件 DN（公称尺寸）的定义和选用》的内容。管道元件公称尺寸术语适用于输送流体用的各类管道元件。

（1）管道元件公称尺寸术语定义 由字母 DN 和无量纲的整数数字后缀组成，表示管道系统元件名义尺寸的一种标记方法。

注1：这个无量纲的数字与端部连接件的孔径或外径（用mm表示）等特征尺寸直接相关。

注2：除相关标准中另有规定外，DN后跟的无量纲数字不代表测量值，也不应用于计算。

ISO 6708和GB/T 1048也允许采用NPS（nominal pipe size）、外径等标识方法。

NPS是公称尺寸采用以英寸单位计量时的标识代号。无论采用DN还是NPS，管道元件标准应给出DN（或NPS）与外径（如管子、管件），或DN（或NPS）与内径或通径（如阀门）的关系。

美国的工程公司一般采用NPS表达，其PDS数据库也是以NPS为基础建立的。日本标准采用DN和NPS并列的方法，前者为A系列，后者为B系列。

我国和欧洲各国一般采用DN，但与国外合作设计时也采用NPS。而其他尺寸计量单位还是采用国际单位制。如以DN400为例，即相当于美标的NPS16，日本的400A或16B。

通常情况下公称尺寸的数值既不是管道元件的内径，也不是管道元件的外径，更不是管道元件的内外径的平均值，而是与管道元件的外径相接近的一个整数值。即是一种作为管道组成件额定参数的标称，不是精确的度量。

（2）标记方法　公称尺寸的标记由字母DN和无量纲的整数数字后缀组成，如外径为100mm的无缝钢管的公称尺寸标记为DN100。

如要表示管子的内径、外径及壁厚，则为$\phi 108mm \times 4.5mm$、$\phi 108mm \times 8.0mm$。

注1：管子的公称尺寸规范的是管子的外径，而不是内径，内径是可以随着管子壁厚的增减而变化的。

注2：管道元件法兰或阀门的公称尺寸，是指与其相连的管子的公称尺寸。

2. 管道元件公称压力

管道元件公称压力在国家标准GB/T 1048—2019《管道元件的定义和选用》做出了准确的定义，该标准采用了ISO 7268:1996《管道元件　PN的定义和选用》的内容。

（1）管道元件公称压力术语定义　由字母PN或Class和无量纲数字后缀组成，表示管道系统元件的力学性能名义压力等级的一种标记方法。

注1：除相关标准中另有规定外，无量纲数字不代表测量值，也不应用于计算。

注2：除与相关的管道元件标准有关联外，字母PN或Class不具有意义。

注3：管道元件的最大允许工作压力取决于管道元件的PN或Class数值、材料、元件设计和最高允许工作温度等。

注4：具有相同PN或Class和DN数值的管道元件，同与其相配合的法兰具有相同的连接尺寸。

公称压力是为了设计、制造和使用方便，而人为地规定的一种名义压力。这种名义上的压力实际是压强，压力则是中文的俗称，单位是Pa而不是N。公称压力只代表管子、管件、法兰、阀门等管道组成件在规定温度下允许承受的、以压力等级方式表示的名义压力，并非管道元件在所有条件下，都能承受这一压力数值。

例如，法兰公称压力的确定与法兰的最大操作压力、操作温度以及法兰材料有关。因为在制定法兰尺寸系列参数及计算法兰厚度时，是以Q345R在200℃时的力学性能为基准而制定的。所以规定以此基准所确定的法兰强度或刚度尺寸，在200℃时，它的最大允许操作压力就定义为具有该相同尺寸法兰的名义压力，即公称压力。

如公称压力PN0.6的法兰，就是指具有这样一种具体尺寸的法兰，该法兰是用Q345R制造的，在200℃时，它的最大允许操作压力是0.6MPa。如果把PN0.6的法兰用在高于200℃的条件下，那么它的最大操作压力将低于它的公称压力0.6MPa。反之，如果将PN0.6的法兰用于低于200℃的条件下，仍按200℃确定其最高工作压力。如果把法兰的材料改为Q235A，那么由于Q235A钢的力学性能比Q345R要差许多，这个公称压力PN0.6的法兰即使在200℃操作时，它的最大允许操作压力也将低于它的公称压力。反之，如果把法兰的材料由Q345R改为14Cr1MoR，那么由于14Cr1MoR的力学性能优于Q345R，这个公称压力PN0.6的法兰在200℃操作时，它的最大允许操作压力将高于它的公称压力。总之，法兰允许的最大操作压力，取决于法兰的操作温度和法兰材料。

法兰标准中规定的法兰材料是Q235R、Q245R、Q345R等，而在不同温度下，它们的公称压力与最大允许工作压力之间数值关系，可以将法兰设计条件中给出的操作温度与设计压力参数，换算成查取法兰标准所需要的公称压力。

例如，操作温度为300℃、设计压力为0.6MPa的法兰。如果法兰材料用14Cr1MoR，可按公称压力0.6MPa查取法兰的几何尺寸。如果法兰材料用Q245R，换算后，则必须按公称压力1.0MPa查取法兰的几何尺寸。

（2）标记方法　公称压力的标记由字母PN或Class和无量纲数字后缀组成，如公称压力为1.6MPa的管道元件，标记为PN16或Class150。

公称压力（PN）与Class美标磅级（Lb），都是压力的一种表示方法。所不同的是，它们所代表承受的压力对应参照温度不同，PN欧洲体系是指在120℃下所对应的压力，而Class美标是指在425.5℃（低于钢的最高许用应力值）下所对应的压力。所以在工程互换中不能只单纯地进行压力换算，如Class300单纯用压力换算应是2.1MPa，但如果考虑使用温度，它所对应的压力就升高了，根据材料的温度耐压试验则应相当于4.0MPa左右。

公称压力有PN和Class两个系列，公称压力数值应从表9-1中选择（注：不是相等关系）。

表9-1　管道元件两个系列公称压力数值

PN系列	Class系列
PN2.5	Class25①
PN6	Class75
PN10	Class125②
PN16	Class150
PN25	Class250②
PN40	Class300
PN63	(Class400)
PN100	Class600
PN160	Class800③
PN250	Class900
PN320	Class1500
PN400	Class2000④
	Class2500

续表

PN 系列	Class 系列
	Class3000⑤
	Class4500⑥
	Class6000⑤
	Class9000⑦

① 适用于灰铸铁法兰和法兰管件。
② 适用于铸铁法兰、法兰管件和螺纹管件。
③ 适用于承插焊和螺纹连接的阀门。
④ 适用于锻钢制的螺纹管件。
⑤ 适用于锻钢制的承插焊管件和螺纹管件。
⑥ 适用于对焊连接的阀门。
⑦ 适用于锻钢制的承插焊管件。
注：带括号的公称压力数值不推荐使用。

三、压力管道的分类

依据特种设备安全技术规范 TSG R1001—2008《压力容器压力管道设计许可规则》，压力管道分为以下几类。

1. 长输管道

长输管道是指产地、储存库、使用单位间的用于输送商品介质（油、气等），并跨省、市、穿、跨越江河、道路等，中间有加压泵站的长距离（一般大于 50km）管道。管道设计按照 GB 50253—2014《输油管道工程设计规范》或 GB 50251—2015《输气管道工程设计规范》等标准规范设计。长输管道用字母"GA"表示，划分为 GA1 级和 GA2 级。

国家拟制定 TSG D000X—202X《压力管道安全技术监察规程——长输管道》。TSG D0001—2009《压力管道安全技术监察规程——工业管道》已经更名为 TSG D000X—202X 工业管道安全技术规程，国家市场监督总局已经出台征求意见稿。故长输管道可能更名为 TSG D000X—202X《长输管道安全技术规程》。

2. 公用管道

公用管道是指城市、乡镇、工业厂矿、生活区范围内用于公用事业或民用的燃气管道和热力管道。管道是按照 GB 50028—2006《城镇燃气设计规范》或 GB 50028—2006《城镇燃气设计规范》（2020 版）或 CJJ 34—2010《城镇供热管网设计规范》等标准规范设计的。公用管道用字母"GB"表示，划分为 GB1 级和 GB2 级。

国家拟制定 TSG D000X—202X《压力管道安全技术监察规程——公用管道》。

3. 工业管道

工业管道是指企业、事业单位所属的用于输送工艺介质的管道、公用工程管道及其他辅助管道。包括延伸出工厂边界线，但归属企、事业单位管辖的工艺管道。工业管道用字母"GC"表示，划分为 GC1 级、GC2 级、GC3 级。

TSG D0001—2009《压力管道安全技术监察规程——工业管道》规定了同时具备下列条件的为工业管道。

① 最高工作压力大于或等于 0.1MPa（表压）。

② 公称尺寸大于 25mm [已上调为 50mm，取自 TSG D000X—202X《工业管道安全技术规程（征求意见稿）》]。

③ 输送介质为气体、蒸汽、液化气体、最高工作温度高于或者等于其标准沸点的液体或者可燃、易爆、有毒、有腐蚀性的液体。

4. 动力管道

动力管道是火力发电厂用于输送蒸汽、汽水两相介质的管道。动力管道用字母"GD"表示，划分为 GD1 级、GD2 级。

5. 近期出台的两项特种设备安全技术规范

(1) TSG D7006—2020《压力管道监督检验规则》

① 制定的目的：为了规范压力管道元件制造监督检验（监督检验以下简称监检）以及压力管道安装、改造和重大修理（安装、改造和重大修理以下统称施工）监检工作，根据《中华人民共和国特种设备安全法》《特种设备安全监察条例》，制定本规则。

② 适用范围：制造监检、施工监检。

目录：1 总则；2 一般要求；3 附则。

附件 A 压力管道元件制造监督检验专项要求

附件 B 长输管道施工监督检验专项要求

附件 C 公用管道施工监督检验专项要求

附件 D 工业管道施工监督检验专项要求

附件 E 特种设备监督检验证书

附件 F 特种设备监督检验意见通知书

附件 G 质量保证体系实施状况评价

附件 H 特种设备监督检验联络单

(2) TSG D000X—202X《工业管道安全技术规程（征求意见稿）》

① 制定的目的：为了保障工业管道的安全使用，预防和减少事故，保护人民群众生命和财产安全，促进经济社会发展，根据《中华人民共和国特种设备安全法》《特种设备安全监察条例》，制定本规程。

② 适用范围：本规程适用于特种设备目录所定义的、同时具备以下条件的金属、非金属管道。

a.最高工作压力大于或者等于 0.1MPa（表压，下同）且不大于 70MPa。

b.公称直径大于或者等于 50mm。

c.输送介质为气体、液化气体、蒸汽或者可燃、易爆、有毒、有腐蚀性、最高工作温度高于或者等于其标准沸点的液体。

目录：1 总则；2 材料、管道组成件和管道支承件；3 设计；4 安装；5 监督检验；6 使用；7 定期检验；8 安全附件、阻火器和安全保护装置；9 附则。

附件 A　工业管道级别及其介质毒性程度、腐蚀性和火灾危险性划分

附件 B　工业管道安装质量证明

附件 C　特种设备监督检验证书

附件 D　特种设备监督检验意见通知书

附件 E　特种设备监督检验联络单

附件 F　工业管道定期检验报告
附件 G　特种设备检验意见通知书
附件 H　特种设备检验意见通知书

四、管道检修

管道系统检修按检修的规模和性质分类，可分为日常维护、小修、中修、大修、抢修和技术改造。

1. 日常维护

管道系统局部的、小量的修理，可以由操作人员或检修人员在正常运行条件下通过小修小改即可完成的项目。

2. 小修

管道系统局部的、小量的修理，但需在局部管网短时间停止运行条件下进行修理的项目。如更换法兰垫片和阀门，更换设备的易磨易损件等。

3. 中修

除小修项目外，尚应进行检修的其余项目，需要停止运行的时间较长才能进行的修理。如更换个别较大的管件或附件、安全阀的测试检查或修理、保温层的停车更换等。

4. 大修

除小修、中修项目外，尚应进行检修的其余项目，需要停止运行的时间更长，一般放在全厂停产检修期间统一安排检修。如更换长度较长、管径较大的管道及其保温层，由自然灾害（地震、水灾）引起的管道系统大范围破坏。

5. 抢修

由于不可预料的原因产生突发性故障，需要紧急处理，以减少对周围环境造成的危害、降低停产所造成的经济损失。公用事业部门和大型管道系统的企业应备抢修车，抢修车应具有各种施工机具、抢修备品备件和材料。

6. 技术改造

技术改造是指整个系统或系统的局部所进行的新工艺、新设备和新材料代替旧工艺、旧设备和旧材料的技术进步过程。由于国内外科学技术的不断发展进步，管道系统要不断改进工艺并使用新材料，对设备进行必要的更新换代，以提高产品质量，增加产品品种，提高经济效益。由于技术改造要尽可能地利用可以利用的原有设备和设施，只是对其核心部分进行更新换代，而不同于新建工程，因此把技术改造列入检修范畴。

第四节　锅　　炉

一、锅炉的定义

锅炉是指利用各种燃料、电或者其他能源，将所盛装的液体加热到一定的温度，并对外输出热能的设备。其范围规定为容积大于或者等于 30L 的承压蒸汽锅炉；出口水压大于或者等于 0.1MPa（表压）且额定功率大于或者等于 0.1MW 的承压热水锅炉；有机热载体锅炉。

由于被加热的工质大多具有一定的压力，因此从广义上讲，锅炉也是一种压力容器。由于锅炉直接受火焰加热，故与其他压力容器又有所区别，因此，将锅炉从容器范围内区分出来，单独进行安全监督和技术检验。

二、锅炉的工作原理

锅炉由"锅"和"炉"以及相配套的附件、自控装置、附属设备组成。"锅"是指锅炉接受热量，并将热量传给液体的受热面系统，是锅炉中储存或输送热水、蒸汽或有机载体的密闭受压部分。"锅"主要包括锅筒（或锅壳）、水冷壁、过热器、再热器、省煤器、对流管束及集箱等。"炉"是指燃料燃烧产生高温烟气，将化学能转化为热能的空间和烟气流通的通道——炉膛和烟道。"炉"主要包括燃烧设备和炉墙等。

三、锅炉的分类

由锅炉的定义可以看出，锅炉分为以下三大类。

① 蒸汽锅炉：容积大于或者等于 30L 的承压蒸汽锅炉。介质的出口形态为蒸汽。

② 热水锅炉：出口水压大于或者等于 0.1MPa（表压），且额定功率大于或者等于 0.1MW 的承压热水锅炉。介质的出口形态为热水。

③ 有机热载体锅炉：所用介质是一种有机化合物，又称导热油。由于导热油有低压力、高温度的特点，工业生产中常用于为加热装置提供热能。

锅炉的分类方法还有很多，按照不同的方法可以有不同的分类：按使用方式分为固定式锅炉和移动式锅炉，按用途分为电站锅炉、工业锅炉、采暖锅炉、机车锅炉、船舶锅炉，按压力分为低压锅炉、中压锅炉、高压锅炉、超高压锅炉、亚临界锅炉、超临界锅炉，按蒸发量分为小型锅炉（$D<20t/h$）、中型锅炉（$20t/h \leqslant D \leqslant 75t/h$）、大型锅炉（$D>75t/h$），按结构分为火管锅炉、水火管锅炉、水管锅炉，按燃料分为燃煤锅炉、燃油锅炉、燃气锅炉、电加热锅炉、原子能锅炉，按燃烧分为层燃炉、沸腾炉、室燃炉，按循环分为自然循环锅炉、多次强制循环锅炉、直流锅炉，按安装分为快装锅炉、组装锅炉、散装锅炉。

四、锅炉的工作特性

① 爆炸的危害性。锅炉具有爆炸性。锅炉在使用中发生破裂，使内部压力瞬时降至等于外界大气压的现象称为爆炸。

② 易于损坏性。锅炉由于长周期运行在高温高压的恶劣工况下，因而经常出现局部损坏，如不能及时发现处理，会进一步导致重要部件和整个系统的全面受损。

③ 使用的广泛性。由于锅炉为整个社会生产、生活提供能源和动力，因而其应用范围极其广泛。

④ 连续运行性。锅炉一旦投用，一般要求连续运行，不能任意停用，否则会影响一条生产线、一个厂甚至一个地区的生活和生产，其间接经济损失巨大，有时还会造成恶劣的后果。

五、锅炉设备的维修保养制度

① 锅炉专（兼）职管理人员对锅炉设备维修保养负领导责任，制定大、小修计划及当月的维修保养计划并督促维修人员完成及组织验收工作。

② 设备日常维修保养由司炉工或维修工负责，定人定责，职责分明，及时消除隐患；不能消除隐患时，应向管理人员或者主管领导报告。

③ 设备一般每三个月小修一次，每年大修一次。

④ 小修项目是：对三大安全附件、阀门、仪表及自动控制装置进行检修，并检查辅机各部位紧固情况，更换损坏的传送带或消除漏油现象。

⑤ 锅炉的大修。除小修项目外，还应清除炉内积灰、锅内水渣和积垢，检修锅炉受压部件、辅件，修复破损的拱砖、炉墙、燃烧设备和保温层，还应清洗轴承箱并换油。

⑥ 安全阀每周应手动放汽一次，每月自动排汽一次，每年校验一次。压力表每周冲洗存水弯管一次，每半年至少送计量部门检验一次。水位表每班冲洗一次。水位报警器及联锁保护装置每班应实验一次。

⑦ 锅炉停用后依照有关规定采用干法保养或湿法保养。

⑧ 应做好备品、备件计划以及设备检修记录和事故记录，同时做好设备台账档案等工作。

第五节　电　　梯

一、电梯的定义

电梯是指动力驱动，利用刚性导轨运行的厢体或者沿固定线路运行的梯级（踏步）设备，一般运行在至少两列垂直或倾斜角小于15°的刚性导轨上，进行升降或者平行运送人、货物，包括载人（货）电梯、自动扶梯、自动人行道等。

二、电梯的工作原理

带轿厢电梯的基本结构是：一条垂直的电梯井内，放置一个上下移动的轿厢；电梯井壁装有导轨，与轿厢上的导靴限制轿厢的移动。轿厢的支撑及升降有以下两种方法。

（1）曳引式　多条钢缆把轿厢悬挂在电梯井顶部机房的曳引轮之上，钢缆另一端悬挂着对重。对重一般为轿厢加上50％负载时的重量。轿厢和对重总向反方向移动。曳引轮依靠钢缆与曳引轮上坑槽之间的摩擦力来拉动轿厢。因此当钢缆或曳引轮用旧之后，必须适时更换以防滑溜。电动机负责带动曳引轮转动，提供动力升起或放下轿厢。电动机可能是交流电动机，亦有可能是直流电动机。部分电动机要使用齿轮带动曳引轮，较新及较快的电梯一般会采用无齿轮带动。部分高层曳引式电梯还有重量补偿：在轿厢及对重之下设有一条钢缆或锁链，连接到地上，作用是补偿悬挂轿厢或对重的钢缆长度改变引起的重量变化。曳引式电梯必定会有各种安全装置，防止轿厢因钢缆断裂、制动失灵等原因造成的坠落。最低限度的安全装置包括：在机房装设钢缆限速器，在轿厢及对重上安装安全钳。安全钳是机械安全装置，当加速到某一速度时会自动钳紧导轨，把轿厢或对重刹停。在电梯井的底部还会装有缓冲器，作为最后的保护。

（2）液压式　轿厢由底下的柱塞支撑及升降，柱塞由液压推动。部分柱塞可作望远镜式折叠，减少地底所需要的深度。部分柱塞不可折叠，安装时地下必须挖一个洞。因为柱塞的限制，液压式电梯一般只在二至五层高的建筑物上使用（不多于20m）。液压式电梯的优点是机房可设置在任何位置，而且占地较少，机械亦较为简单，一般较少发生问题；但是也有耗电较多、速度低的缺点（秒速不高于1m）。

三、电梯的分类

（1）按用途分类
① 客梯。运送乘客的电梯，要求有完善的安全设施以及一定的轿内装饰。
② 货梯。主要为运送货物，通常为有人伴随的电梯。这种电梯一般轿厢空间较大。
③ 杂物电梯。供图书馆、办公楼、饭店运送图书、文件、食品等设计的电梯。
④ 观光电梯。轿厢壁透明，供乘客观光用的电梯，通常里面装修很精致。
⑤ 车辆电梯。用作装运车辆的电梯。这种电梯体积较大，具有宽阔的空间和较大的额定载重量。
⑥ 船舶电梯。船舶上使用的电梯。
⑦ 建筑施工电梯。建筑施工与维修用的电梯。
⑧ 其他类型的电梯。除上述常用电梯外，还有些特殊用途的电梯，如冷库电梯、防爆电梯、矿井电梯、电站电梯、消防员用电梯等。

（2）按驱动方式分类
① 交流电梯。用交流感应电动机作为驱动力的电梯。根据拖动方式又可分为交流单速电梯、交流双速电梯、交流调压调速电梯、交流变压变频调速电梯等。
② 直流电梯。用直流电动机作为驱动力的电梯。
③ 液压电梯。一般利用电动泵驱动液体流动，由柱塞使轿厢升降的电梯。

（3）按操纵控制方式分类
① 单部信号控制电梯。控制系统专一控制单台电梯，一般小区中比较常见。
② 并联控制电梯。2～3台电梯的控制线路并联起来进行统一逻辑控制，共用层站外召唤按钮，电梯本身都具有集选功能。
③ 群控电梯。是用微机控制和统一调度多台集中并列的电梯。群控有梯群程序控制、梯群智能控制等形式。

四、电梯的维修保养制度

为使电梯安全运行，需要对电梯进行经常性的维护、检查和修理。电梯管理员和电梯机房值班电工负责电梯发生故障时的紧急维修工作，工程部主管负责电梯故障维修的组织和监控工作，并负责建立电梯维修管理制度。电梯维修管理制度主要包括以下。
① 月维修保养制度。
② 季维修保养制度。
③ 年维修保养制度。

五、电梯制造单位的使用跟踪

电梯投入使用后，电梯制造单位应对其制造的电梯的安全运行情况进行跟踪调查和了解，对电梯的维护保养单位或使用单位在维护保养和安全运行方面存在的问题提出改进建议，并提供必要的技术帮助。

发现电梯存在严重的事故隐患时，应及时告知电梯使用单位，并向特种设备安全监管部门报告。

电梯制造单位对调查和了解的情况应做记录。

第六节　起 重 设 备

一、起重设备的定义

起重设备是指用于垂直升降或者垂直升降并水平移动重物的机电设备，其范围规定为额定起重量大于或者等于0.5t的升降机、额定起重量大于或者等于1t且提升高度大于或者等于2m的起重机和承重形式固定的电动葫芦等。

二、起重设备的工作原理

起重设备通过起重吊钩或其他取物装置起升或起升加移动重物。起重设备的工作过程一般包括起升、运行、下降及返回原位等步骤。起升机构通过取物装置从取物地点把重物提起，经运行、回转或变幅机构把重物移位，在指定地点下放重物后返回到原位。

三、起重设备的分类

(1) 按用途分类　分为通用起重机、建筑起重机、冶金起重机、铁路起重机、港口起重机、造船起重机、甲板起重机。

(2) 按构造分类　分为桥式起重机、臂架式起重机、旋转式起重机、非旋转式起重机、固定式起重机、运行式起重机，运行式起重机又分轨行式和无轨式。

(3) 按常用型号分类　包括电动单、双梁，单主梁、双主梁龙门，悬臂，电动单梁悬挂，单、双梁抓斗，防爆单、双梁，冶金单、双梁，半龙门起重机，手动单梁、悬挂，架桥机等。

四、起重设备的日常维护管理

(1) 日检　由司机负责作业的例行保养项目，主要内容为清洁卫生，润滑传动部位，调整和紧固工作。通过运行测试安全装置的灵敏、可靠性，监听运行中有无异常声音。

(2) 周检　由维修工和司机共同进行，除日检项目外，主要内容是外观检查，检查吊钩、取物装置、钢缆等使用的安全状态，制动器、离合器、紧急报警装置的灵敏、可靠性，通过运行观测传动部件有无异常响声及过热现象。

(3) 月检　由设备安全管理部门组织检查，并同使用部门有关人员共同进行，除周检内容外，主要对起重设备的动力系统、起升机构、回转机构、运行机构、液压系统进行状态检测，更换磨损、变形、裂纹、腐蚀的零部件；对电气控制系统，检查馈电装置、控制器、过载保护、安全保护装置是否可靠。通过测试运行检查起重设备泄漏、压力、温度、振动、噪声等原因引起的故障征兆。对起重设备的结构、支撑部位、传动部位进行状态下主观检测，了解掌握起重设备整机技术状态，检查确定异常现象的故障源。

（4）年检　由单位领导组织，设备安全管理部门带头，同有关部门共同进行，除月检项目外，主要对起重设备进行技术参数检测、可靠性试验；通过检测仪器，对起重设备各工作机构运动部件的磨损、金属结构的焊缝进行测试及探伤；通过安全装置及部件的试验，对起重设备运行技术状况进行评价，安排大修、改造、更新计划。

第七节　客 运 索 道

一、客运索道的定义

客运索道是指动力驱动，利用柔性绳索牵引箱体等运载工具运送人员的机电设备，包括客运架空索道、客运缆车、客运拖牵索道等。

客运索道由钢索（运载索，或承载索和牵引索）、钢索的驱动装置、迂回装置、张紧装置、支撑装置（支架、托压索轮组）、抱索器、运载工具（吊厢、吊椅、吊篮和拖牵式工具）、电气设备及安全装置组成。

二、客运索道的工作原理

索道的工作原理是：钢索回绕在索道两端（上站和下站）的驱动轮和迂回轮上，两站之间的钢索由设在索道线路中间的若干支架支托在空中，随着地形的变化，支架顶部装设的托索轮或压索轮组将钢索托起或压下。载有乘客的运载工具通过抱索器吊挂在钢索上，驱动装置驱动钢索，带动运载工具沿线路运行，达到运送乘客的目的。张紧装置用来保证在各种运行状态下钢索张力近似恒定。

三、客运索道的分类

（1）按运行方式分类　分为往复式和循环式两大类。
① 往复式索道又分为往复式单客厢索道、单线车组往复式索道、车组往复式索道三种。
② 循环式索道又分为连续循环式索道、间歇循环式索道、脉动循环式索道三种。
（2）按使用的运载工具型式分类　分为吊椅式索道、吊篮式索道、吊厢式索道和拖牵式索道四种。

四、客运索道的日常维护管理规定

① 客运索道的日常维护保养工作可由客运索道使用单位或具有相应资质的客运索道维护保养单位进行。
② 客运索道的日常维护保养不允许任何形式的分包与转包。
③ 客运索道安全管理人员和日常维护保养作业人员应当按照国家有关规定经特种设备

安全监督管理部门考核合格，取得国家统一格式的特种作业人员证书，方可从事相应的作业或者管理工作。

④ 客运索道的日常维护保养作业中，现场作业人员不得少于两人。作业中应负责落实现场安全防护措施，保证维护保养工作安全进行。

⑤ 维护保养作业人员应每日对所管辖客运索道进行巡查记录。记录必须存档。

⑥ 客运索道日常维护保养作业人员应当严格按照相关标准及规范对所负责的架空索道进行日常维护保养，并应将日常维护保养情况进行记录，日常维护保养内容不应少于相关标准的规定。

⑦ 客运索道的安全管理人员应对客运索道日常维护保养记录签字确认。

⑧ 客运索道各安全回路、控制回路上不允许短接，但由于紧急救援需要必须短接时，应使用专用短接线，短接操作应符合安全要求。在该作业结束后应立即复原，所使用的短接线应如数拆除清点，由相关人员确认并做相应记录。记录须存档，已备查验。

第八节　大型游乐设施

一、大型游乐设施的定义

大型游乐设施是指用于经营目的，承载乘客游乐的设施，其范围规定为设计最大运行线速度大于或者等于 2m/s，或者运行高度（距地面）大于或者等于 2m 的载人大型游乐设施。

根据国务院 2003 年 6 月 1 日中华人民共和国国务院第 373 号令，大型游乐设施是指占地运行最大线速度＞2m/s，或者运行高度＞2m 的游艺设施，不包含充气堡、气球类设施，主要摆放在大型超市门口、公园、游乐场以及各种大型的游乐场所。

二、大型游乐设施的工作原理

通过各种动力驱动（液压、拨动、电动机、弹力等），使游乐设备的座舱或沿轨道运行，或空中旋转，或沿水平轴旋转，或在水面上运行，或被弹射到空中，或产生多种运动的组合，来实现游乐功能。

三、大型游乐设施的分类

包括观览车类、滑行车类、架空游览类、陀螺类、飞行塔类、转马类、自控飞机类、水上游乐设施类、赛车类、小火车类、碰碰车类、电池车类、观光车类等。大型游乐设施可分成以下三大类。

① A 类游乐设施。
② B 类游乐设施。
③ C 类游乐设施。

四、大型游乐设施的安全防护要求

（1）安全保险措施　游乐设施在空中运行的乘人部分，整体结构应牢固可靠，其重要零部件宜采取保险措施。

吊挂乘人部分用的钢缆或链条数量不得少于两根。与坐席部分的连接，必须考虑一根断开时能够保持平衡。

距地面1m以上封闭座舱的门，必须设乘人在内部不能开启的两道锁紧装置或一道带保险的锁紧装置。非封闭座舱进出口处的拦挡物，也应有带保险的锁紧装置。

当游乐设施在运行中，动力电源突然断电或设备发生故障，危及乘人安全时，必须设有自动或手动的紧急停车装置。

游乐设施在运行中发生故障后，应有疏导乘人的措施。

(2) 乘人安全束缚装置　当游乐设施运行时，乘人有可能在乘坐物内被移动、碰撞或者会被甩出、滑出时，必须设有乘人安全束缚装置。对危险性较大的游乐设施，必要时应考虑设两套独立的束缚装置，可采用安全带、安全压杠、挡杆等。

① 束缚装置。应可靠、舒适，与乘人直接接触的部件有适当的柔软性。束缚装置的设计应能防止乘人某个部位被夹伤或压伤，应容易调节，操作方便。

② 安全带。可单独用于轻微摇摆或升降速度较慢的、没有翻转、没有被甩出危险的设施上，使用安全带一般应配备辅助把手。对运动激烈的设施，安全带可作为辅助束缚装置。

③ 安全压杠。游乐设施运行时，可能导致乘人被甩出去的危险时，必须设置相应形式的安全压杠。安全压杠本身必须具有足够的强度和锁紧力，保证乘人不被甩出或掉下，并在设备停止运行前始终处于锁定状态。

(3) 对安全栅栏、站台的安全要求　安全栅栏应分别设进、出口，在进口处宜设引导栅栏。站台应有防滑措施。

安全栅栏门开启方向应与乘人行进方向一致（特殊情况除外）。为防止关门时对人员的手造成伤害，门边框与立柱之间的间隙应适当，或采取其他防护措施。

对于边运行边上下乘人的游乐设施，乘人部分的进出口不应高于站台300mm。其他游乐设施乘人部分的进出口距站台的高度应便于上下。

第九节　场（厂）内专用机动车辆

一、场（厂）内专用机动车辆的定义

场（厂）内专用机动车辆是指除道路交通、农用车辆以外仅在工厂厂区、旅游景区、游乐场所等特定区域使用的专用机动车辆。

二、场（厂）内专用机动车辆的工作原理

场（厂）内专用机动车辆是指以动力装置驱动或者牵引，在特殊场地行驶的供人员乘用或者用于运送物品以及进行工程专项作业的轮式车辆。

三、场（厂）内专用机动车辆的分类

(1) 内燃车辆　它由内燃机（包括柴油机、汽油机和代用燃料发动机）驱动。

(2) 电动车辆　它由电动机驱动，由蓄电池或电网供给能量。
(3) 内燃电动车辆　它由内燃机带动发电机，再由电动机驱动。

四、场（厂）内专用机动车辆的使用安全管理

(1) 使用许可厂家的合格产品　国家对场（厂）内专用机动车辆的设计、制造有严格的要求，实行许可生产制度。场（厂）内专用机动车辆的设计、制造单位，必须取得生产许可证或者安全认可证，才能生产相应种类的场（厂）内专用机动车辆。场（厂）内专用机动车辆出厂时应附有出厂合格证、使用维护说明书、备品备件和专用工具清单，合格证上除标有主要参数外，还应标明车辆主要部件（如发动机、底盘）的型号和编号。

试制场（厂）内专用机动车辆新产品或者部件，必须由认可的型式试验机构进行整机或者部件的型式试验，合格后方可提供用户使用。

场（厂）内专用机动车辆的维修保养、改造单位实行安全认可证制度，必须取得相应资格证书后方可承担其认可项目的维修保养、改造业务。

(2) 登记建档　新增、大修、改造的场（厂）内专用机动车辆在正式使用前，必须进行验收检验，合格后到当地特种设备安全监察机构登记，经审查批准登记建档、取得场（厂）内专用机动车辆牌照，方可使用。

(3) 安全管理制度　安全管理制度的项目包括：司机守则；场（厂）内专用机动车辆安全操作规程；场（厂）内专用机动车辆维护、保养、检查和检验制度；场（厂）内专用机动车辆安全技术档案管理制度；场（厂）内专用机动车辆作业和维修人员安全培训、考核制度。

(4) 技术档案　场（厂）内专用机动车辆安全技术档案的内容包括：车辆出厂技术文件；安装、修理记录和验收资料；使用、维护、保养、检查和试验记录；安全技术监督检验报告；车辆及人身事故记录；车辆的问题分析及评价记录。

(5) 作业人员　要求作业人员不仅应具备基本的文化和身体条件，还必须了解有关法规和标准，学习作业安全技术理论和知识，掌握实际操作和安全救护的技能。司机必须经过专门考核并取得特种设备作业人员操作证方可独立操作。

(6) 定期检验制度　在用场（厂）内专用机动车辆安全定期检验周期为1年。场（厂）内专用机动车辆使用单位应按期向所在地取得资格的检验机构申请在用场（厂）内专用机动车辆的安全技术检验。

(7) 使用单位还应进行场（厂）内专用机动车辆的自我检查、每日检查、每月检查和年度检查。

① 年度检查。每年对所有在用的场（厂）内专用机动车辆至少进行1次全面检查。停用1年以上、发生重大车辆事故等的场（厂）内专用机动车辆，使用前都应做全面检查。

② 每月检查。检查项目包括：安全装置、制动器、离合器等有无异常，可靠性和精度；重要零部件（如吊具、货叉、制动器、铲、斗及辅具等）的状态，有无损伤，是否应报废等；电气、液压系统及其部件的泄漏情况及工作性能；动力系统和控制器等。停用一个月以上的场（厂）内专用机动车辆使用前也应做上述检查。

③ 每日检查。在每天作业前进行，应检查各类安全装置、制动器、操纵控制装置、紧急报警装置的安全状况，检查发现有异常情况时，必须及时处理，严禁带病作业。

第十节　发达国家和地区的特种设备管理简介

美国、加拿大、德国、法国、英国等工业发达国家和我国香港地区都十分重视特种设备安全，对锅炉、压力容器、压力管道、电梯、客运索道、游乐设施、起重设备、场（厂）内专用机动车辆均制定了专项法律和有关法规、行政规章，并设立专门机构进行行政监督管理，形成了基本相同的管理模式。

由于各国在政治体制、管理历史和文化背景上的差异，因而负责特种设备的机构也不同。大部分国家把特种设备集中在一个部门进行统一监督管理，少数国家分散在几个部门进行管理，而且由一个部门统一管理的趋势越来越明显。在美国，全国流动的气瓶、槽罐车和州际压力管道由联邦运输部监督管理；其他特种设备安全由各州政府的行政部门监督管理，加利福尼亚州是工业关系部，纽约州等大多数州是劳动部。加拿大与美国的管理体制相近，气瓶、槽罐车和长输管道由联邦运输局管理，其他特种设备由各省管理，如安大略省是消费者与工商服务部。

在欧洲，欧盟主要负责特种设备立法工作，欧盟委员会企业部的法规和标准分部（G分部）中的G3处负责电梯、游乐设施、起重设备和厂内专用机动车辆；G4处负责锅炉压力容器和压力管道等压力设备；E6处负责客运索道。德国、法国、英国均设立负责特种设备安全监察的部门，如德国是劳动与社会秩序部，法国是财政与工业部，英国是工贸部。

我国香港地区由机电工程署负责电梯、客运索道和游乐设施的安全监察工作。各种特种设备的安全监察工作具有相关性，其工作的性质相同，监督方式基本类似，管理人员所学专业接近，技术资源可以共享，节约了行政管理成本。

工业国家对特种设备安全监督管理已有100多年的历史，逐步形成特种设备安全监督管理的模式，各国大同小异，把涉及安全的主要因素均进行管理，对设计、制造、安装、检验、使用、修理、改造等环节提出相应的行政管理措施。

如美国加州，对锅炉压力容器的监督管理措施是：设计文件经过检验师审核；制造按照ASME规范，取得制造许可证，制造过程中接受授权检验师的监督检验；锅炉安装接受授权检验师监督检验；锅炉压力容器取得运行许可后才能投入运行；制造、安装过程中的监督检验和在用锅炉的定期检验为强制检验，由监察机构的检验师或其批准的检验师负责。

美国加州对电梯、客运索道、游乐设施和起重设备的监督管理措施是：设计文件经过安全监察机构的安全工程师审查；制造安全部件必须通过型式试验；电梯安装之后应接受监察机构的检验；设备使用必须取得监察机构颁发的运行许可证；检验分为安全部件型式试验、新安装设备检验和在用设备定期检验，型式试验由监察机构批准的试验机构进行，新安装检验和定期检验由监察机构的安全工程师或监察机构批准的检验人员进行；修理改造前应按新装要求申报，改造后按新装要求检验。

其他国家和地区的监督管理基本与美国类似。加拿大安大略省和我国香港地区设立了电梯安装单位许可制度，许可工作均与特种设备的其他环节一起由安全监督管理机构负责。

工业国家十分注重特种设备的法制建设，各国均形成了完整的法规体系，规范安全监督管理工作。

思考题

9-1 什么是特种设备？特种设备是如何分类的？
9-2 《中华人民共和国特种设备安全法》共几章，多少条？
9-3 压力容器的定义是什么？分几类？
9-4 压力管道的定义是什么？分几类？
9-5 锅炉的工作原理是什么？
9-6 电梯的定义是什么？分几类？
9-7 起重设备的定义是什么？分几类？
9-8 客运索道的定义是什么？分几类？
9-9 大型游乐设施的工作原理是什么？分几类？

第十章 设备维修技术

设备在现代企业中占有不可代替的重要地位，设备是企业固定资产的主体，是现代企业进行生产活动的物质技术基础，是企业生产力发展水平与企业现代化程度的主要标志。而设备维修，是对设备进行全过程（从规划、设计、购置、使用一直到报废）管理的重要环节，是使设备保值增值的必要手段，是确保企业连续、均衡、稳定生产的基石。设备维修包括设备的维护与修理，这两者是相辅相成、缺一不可的。

第一节 设备维修技术概述

设备维修是指设备技术状态劣化或发生故障后，为恢复其功能而进行的技术活动，包括各类计划修理和计划外的故障修理及事故修理。设备维修的基本内容包括设备维护保养、设备检查和设备修理。

一、机械设备维修的发展概况

（1）设备维修体制发展至今已经历了四个时期　第一时期是事后维修制。就是在设备发生故障之后才进行检修，这一时期经历了兼修时代（操作工又是维修工）和专修时代（有专业维修工）。其特点是设备坏了才修，不坏不修。

第二时期是预防维修。其修理间隔的确定主要根据经验和统计资料，但是它很难预防由于随机因素引起的偶发事故，同时也废弃了许多还可继续使用的零部件，而且增加了不必要的拆装次数，造成维修时间和费用的浪费。

其代表是苏联，在1923—1955年期间不断实践、完善形成；1939年，出版《机器制造企业设备定期修理制度》，开始向制造企业推广，二战后得到广泛推行。1955年，颁布《机器制造企业工艺设备的统一计划预修制度》，预防维修开始作为全苏联统一的设备修理制度得到全面推广，对所有的机械、电气等设备都规定了修理复杂系数和修理周期结构，所有的设备维修都按照计划实施。到20世纪80年代，才逐步认识到预防维修体制的一些弊端。

美国1925年提出预防维修的概念,其内涵大体与苏联相同,只是注意了维修的经济性。1954年,在预防维修体制的基础上提出了生产维修的思想。

第三时期是生产维修。生产维修由四部分组成:事后维修、预防维修、改善维修、维修预防。这一维修体制突出了维修策略的灵活性,吸收了后勤工程学的内容,提出了维修预防、提高设备可靠性设计水平以及无维修和少维修的设计思想,把设计制造与使用维修连成一体。

第四时期是预知维修,我国称为状态维修。这种体制着眼于每台设备的具体技术状况,一反定期维修的思想而采取定期检测,对设备异常运转情况的发展密切追踪监测,仅在必要时才进行修理。基于状态监测的状态维修(振动监测、油样分析、声发射分析、微粒分析、腐蚀监测)起始于20世纪70年代初期,在生产过程连续的企业取得了显著效果,提高了设备利用率以及生产效率,对旋转的机械设备进行状态监测尤为有效,是维修方式的一种高级发展形式。

在以预知维修为主要特征的第四时期,还并存有综合工程学和全员生产维修以及"以利用率为中心的维修""可靠性维修""费用有效维修"等。

尽管当今世界存在多种设备维修体制,但都有一个共同特征,即注重企业的文化和人的主观能动性,突出技术性和经济性,把设备故障消灭在萌芽状态。将这一共同特征体现得最全面、最密切的要数状态维修了。

(2) 我国工业企业设备维修概况　20世纪80年代以前,我国工业企业的设备维修,基本采用的是苏联的周期计划维修,即定期大、小修。从理论上来讲,周期计划维修属于预防维修范畴,在保证设备完好、延长设备使用寿命方面发挥了积极作用。

自20世纪80年代以后,状态维修的理论逐步渗透到我国。根据设备运行状态的优劣,确定维修方式和维修时间,比传统的周期计划维修前进了一大步。状态维修特别注重预防检查、监测,既做到了预防,又避免了过剩维修,而周期计划维修所欠缺的正是这一点。

有资料表明,在连续化的生产企业中采用状态维修,除减少故障和维修停机时间外,还能降低原料、综合能源消耗,使产品一次制成率提高,质量稳定,安全生产持久性也随之显现,最终产值比传统维修可增加1%～5%,其经济效益是可观的。

我国在设备状态维修这一领域与世界高水平差距迅速缩小,尤其是石化、冶金、电力、机械等行业成绩斐然,已从简易仪器诊断发展为精密仪器诊断,开发了有我国特色的机械故障综合诊断仪,计算机诊断系统等的应用使故障诊断准确率大为提高,直接促进了相关行业的发展。

二、设备维修的理论和体制

设备维修是为保持和恢复设备良好工作状态而进行的一切活动,包括维护和修理工作。其中维护是指为保持设备良好工作状态所做的所有工作,包括清洗擦拭、润滑涂油、检查校验等;修理是指为恢复设备设计功能状态所做的所有工作,包括检查、故障诊断与排除、全面翻修(大修、中修、小修)。

目前有三种有影响的维修理论和体制。

(1) 后勤工程学　后勤工程学起源于军事工程，是研究武器装备存储、供给、运输、修理、维护的新兴学科。其内容包括如下。

① 维修方案的确定。根据维修作业复杂程度、对人员技术水平的要求和所需设施来划分。

② 使用部门维修。即用户的现场维修，如定期检查、清扫、维护、调整、局部更换零部件等。

③ 中间维修。由固定的专职部门和设施以流动或半流动方式对设备进行专业化维修。

④ 基地维修。这是最高级的维修，由基本固定的专业修理厂进行设备的维修。

⑤ 维修策略。是指从一定的技术经济因素考虑，对设备或其零部件所进行的维修方式和程度的规定。

在实施具体的维修策略之前，可以先列出若干可行的维修策略，然后按照对设备性能的影响，从经济、技术等方面做出综合评价，选出最优方案实施。

按照维修策略的要求，设备可分为不可修复的设备、局部可修复的设备和全部可修复的设备。不可修复的设备（零部件）一般在使用一定时间后自行报废，即采用"弃件"方式处理；局部可修复的设备可以通过各种灵活方式进行修复，如修补、部分零件更换等；全部可修复的设备则要求从外到内、从部件到元件均可作无替换的修复。

(2) 设备综合工程学　是一种寻求设备寿命周期费用最经济的设备管理方法。包括：

① 设备寿命周期费用。是指设备一生所花费的总费用（设备设置费＋设备维持费）。

② 设备设置费。包括研究、设计、制造、购置、运输、安装调试等费用。

③ 设备维持费。包括能源费、维修费、操作工人工资、报废费及与设备有关的各种杂费。

研究表明，有些设备的设置费高，但维持费较低；而另一些设备的设置费虽低，但维持费却较高。因此，以设备寿命周期费用最经济为目标进行综合管理是十分必要的。

设备一出厂已经决定了整个寿命周期的总费用，设备的价格决定着设置费，而可靠性又决定其维持费。

设备综合管理的三个方面分别为工程技术管理、组织管理和财务经济管理。

设备综合工程学是在维修工程基础上形成的，它把设备可靠性和维修性问题贯穿到设备设计、制造和使用的全过程，其研究重点在于可靠性和可维修性的设计，强调在设计、制造阶段就争取赋予设备较高的可靠性和可维修性，使设备在使用中长期可靠地发挥其功能，不出或少出故障，即使出了故障也便于维修。

设备维修与管理是一个系统工程问题，需要从技术、经济、组织各方面进行整体规划和优化，以达到低成本、高效益的目标。

(3) 全员生产维修体制　全员生产维修体制在1970年由日本提出，是对美国生产维修体制的继承，有英国综合工程学的思想，吸收了中国鞍钢"工人参加、群众路线、合理性建议、劳动竞赛"的做法。其定义如下。

① 以最高的设备综合效率为目标。

② 确立以设备一生为目标的全系统预防维修。

③ 设备的计划、使用、维修等部门都参加。

④ 企业最高管理层到一线职工都参加。

⑤ 开展小组的自主活动来推动生产维修。

全员生产维修体制的特点是全效率、全系统和全员参加。

三、设备维修

1. 设备维修的范围

设备维修包含的范围较广，包括：为防止设备劣化、维持设备性能而进行的清扫、检查、润滑、紧固以及调整等日常维护保养工作；为测定设备劣化程度或性能降低程度而进行的必要检查；为修复劣化、恢复设备性能而进行的修理活动等。

2. 设备维修工作的指标

设备维修的结果要用相应的技术经济指标进行核算，反映设备维修工作效果的指标有以下两类。

① 维修后的技术状况指标。

② 维修活动经济效果指标。

3. 设备维修工作的任务和方式

① 设备维修工作的任务：根据设备的规律，经常做好设备维护保养工作，延长零件的正常使用阶段；对设备进行必要的检查，及时掌握设备情况，以便在产生问题前采取适当的方式进行修理。

② 常出现的设备问题主要有磨损、腐蚀、渗漏、冲击、冲刷、结垢、变形等，因各种行业设备多种多样，表现形式也呈现多样化。

③ 传统维修方式主要有润滑、补焊、机加工、报废更新、误差调正、垢质清洗等。

西方较先进的维修技术包括高分子复合材料技术、纳米材料技术、陶瓷材料技术、稀有金属材料技术等。如高分子复合材料技术可快捷高效地实现在线维修、自主维修；一些纳米陶瓷技术可在保持高强度、高硬度基础上，更轻、更耐腐蚀等，让设备更实用、耐用。

4. 设备维修的基本内容

设备维修的基本内容包括设备维护保养、设备检查和设备修理。

(1) 设备维护保养　设备维护保养的内容是保持设备清洁、整齐、润滑良好、安全运行，包括及时紧固松动的紧固件、调整活动部分的间隙等。简言之，即"清洁、润滑、紧固、调整、防腐"十字作业法。实践证明，设备的寿命长短在很大程度上取决于维护保养的好坏。维护保养依工作量大小和难易程度分为日常保养、一级保养、二级保养、三级保养等。

① 日常保养，又称例行保养。其主要内容是清洁、润滑、紧固易松动的零件以及检查零部件的完整性。这类保养的项目和部位较少，大多数在设备的外部。

② 一级保养。其主要内容是普遍地进行拧紧、清洁、润滑、紧固，还要部分地进行调整。日常保养和一级保养一般由操作工人承担。

③ 二级保养。其主要内容包括内部清洁、润滑、局部解体检查和调整。

④ 三级保养。其主要内容是对设备主体部分进行解体检查和调整工作，必要时对达到规定磨损限度的零件加以更换。此外，还要对主要零部件的磨损情况进行测量、鉴定和记录。二级保养、三级保养在操作工人参加下，一般由专职保养维修工人承担。

在各类维护保养中，日常保养是基础。保养的类别和内容要针对不同设备的特点加以规定，不仅要考虑到设备的生产工艺、结构复杂程度、规模大小等具体情况和特点，还要考虑到不同工业企业内部长期形成的维修习惯。

(2) 设备检查　设备检查是指对设备的运行情况、工作精度、磨损或腐蚀程度进行测量和校验。通过检查全面掌握机器设备的技术状况和磨损情况，及时查明和消除设备的隐患，有目的地做好修理前的准备工作，以提高修理质量，缩短修理时间。

检查按时间间隔分为日常检查和定期检查。日常检查由设备操作人员执行，同日常保养结合起来，目的是及时发现不正常的技术状况，进行必要的维护保养工作。定期检查是按照计划，在操作者参加下，定期由专职维修工执行。其目的是通过检查，全面准确地掌握零件磨损的实际情况，以便确定是否有进行修理的必要。

检查按技术功能可分为机能检查和精度检查。机能检查是指对设备的各项机能进行检查与测定，如是否漏油、漏水、漏气，防尘密闭性如何，零件耐高温、高速、高压的性能如何等。精度检查是指对设备的实际加工精度进行检查和测定，以便确定设备精度的优劣，为设备验收、修理和更新提供依据。

(3) 设备修理　设备修理，是指修复由于日常的或不正常的原因而造成的设备损坏和精度劣化。通过修理更换磨损、老化、腐蚀的零部件，可以使设备性能得到恢复。设备的修理和维护保养是设备维修的不同方面，两者由于工作内容与作用的区别是不能相互替代的，应把两者同时做好，以便相互配合、相互补充。

① 设备修理的种类。根据修理范围、修理间隔期、修理费用，设备修理可分为小修理、中修理和大修理三类。

② 设备修理的方法。常用的设备修理的方法如下。

a. 标准修理法。又称强制修理法，是指根据设备零件的使用寿命预先编制具体的修理计划，明确规定设备的修理日期、类别和内容。设备运转到规定的期限，不管其技术状况好坏、任务轻重，都必须按照规定的作业范围和要求进行修理。此方法有利于做好修理前准备工作，有效保证设备的正常运转，但有时会造成过度修理，增加了修理费用。

b. 定期修理法。是指根据零件的使用寿命、生产类型、工件条件和有关定额资料，事先规定出各类计划修理的固定顺序、计划修理间隔期及其修理工作量。在修理前通常根据设备状态来确定修理内容。此方法有利于做好修理前的准备工作，有利于采用先进的修理技术，减少修理费用。

c. 检查后修理法。是指根据设备零部件的磨损资料，事先只规定检查次数和时间，而每次修理的具体期限、类别和内容均由检查后的结果来决定。这种方法简单易行，但由于修理计划性较差，检查时有可能由于对设备状况的主观判断误差引起零件的过度磨损或故障。

5. 设备维修发展的三大趋势

(1) AME 维修模型的建立与应用　先进制造设备（AME）是指应用计算机技术、伺服控制技术和机床制造技术以实现各种机械加工制造的现代化设备。AME 为企业带来的经济效益相当可观，但由于内部或外部因素，同样要面对维修问题，而维修质量直接关系到企业的切身利益。国内外学者也正致力于 AME 维修方式、故障规律、维修模型、决策支持系统方面的研究，以求 AME 的最大利用率。因此，对于 AME 维修现状及发展趋势的研究值得重视。

我国企业的 AME 可用度偏低，维护及修理的费用过高，对适用于 AME 维修模型的研究还远远不够。因此建立适用的模型，辅助现场维修工程师做出定量化的维修决策，以确定合理的维修时机是维修管理最重要的内容之一。从理论上来说，建立维修优化模型的基础是大量有效的维修数据，而往往维修数据又是不可获得的，因此在维修数据不全的情况下，如何利用主观数据建立维修优化模型，将成为 AME 维修建模的发展趋势。即凭借维修工程师给出的有关维修方面的经验数据，估计出设备的故障分布函数，并对建立的模型进行拟合检验，最终根据目标函数确定出合理的维修间隔期，使得单位时间内总的停机时间最小；建立合理的费用模型，确定出合理的维修时机，使得单位时间内设备维修费用的期望值最小。

（2）维修的网络化与决策支持系统的建立 与国外相比，我国的维修管理现状不尽如人意，其中非常重要的一个原因是企业对设备的维护管理不重视，各种原始记录，如设备的故障史、诊断与维修经验的积累和理论性的总结工作，大部分储存在部分技术人员和维修工人头脑中，未形成系统的资料，维修工作的科学性较差。所以在维修管理中必须引入计算机信息管理，将现有的故障诊断维修方面的资料进行整理归纳。

伴随着 AME 在企业中重要性的加剧，对于维修时间、准度、精度的要求越来越高。许多管理者发现由于维修不足或者维修过量，维修成本难以控制。随着信息化的加剧，维修管理信息系统也不再是少数企业制胜的法宝。维修的网络化及决策支持系统的建立将成为发展的必然趋势。随着计算机网络的发展，网络管理应运而生，两者相互促进，共同发展。网络管理是一个复杂的控制过程，用于控制和管理计算机网络设备连接、系统运行和资源分配，使之具有更高的运行效率，以寻求最大限度地增加网络的可用性，提高网络设备利用率、网络性能、服务质量和系统安全，简化多厂商设备组成的混合网络环境的运行管理，控制网络运行成本，并为网络发展提供长期规划依据。在维修方面建立网络管理及决策支持系统的目的是要在一定的硬件基础上运用软件手段监测和控制网络运行，减少故障发生的概率，并迅速发现问题和解决问题，监视和分析网络性能以及优化网络配置。

（3）维修的社会化、专业化 随着技术专业化的发展，AME 设备维修工作应从企业中分离出来。即按照生产用途、设备类型、地区划分等不同方面，建立专业维修厂或地区性维修中心。专业维修厂通过经济合同的方式，为企业提供有偿服务，逐步形成社会化的维修体系。这些维修专业化组织将针对先进制造设备的性能指标，进行基础数据的积累、建立设备故障库及模型库，通过计算机辅助设备进行维修决策，这样将使资源得到合理的配置，既有利于生产企业专注于主营业务、精干主体、减轻企业负担、提高效率和增强活力，又有利于社会行业的进一步分工、社会生产力的进一步提高。国家可以通过法律、法规等来培育和规范设备维修市场，对进入市场的设备维修企业的资格认定、维修质量和价格以及维修交易纠纷的调解等进行规范化管理，为企业改变"大而全""小而全"的设备维修体系创造良好的外部环境。编者预见专业维修企业会像第三方物流一样得到蓬勃的发展。

第二节 机械零件的修复技术

机械设备难免会因为磨损、氧化、刮伤、变形等而失效，需要采用合理的、先进的工艺对零件进行修复。常用修复方法很多，如钳工修复法、机械修复法、焊修法、电镀法、喷涂法、粘修法等。

一、零件的清洗

机械零件经过长期的工作后，其表面会有大量不同成分的污物。零件修复之前，必须将这些污物进行清洗，以满足后序工作的要求。清洗的目的是除去油污、水垢、积炭、铁锈、油漆等。

1. 清除油污

常用的除油清洗剂有有机溶剂、碱性溶液和化学清洗剂等。

（1）有机溶剂　汽油、丙酮、酒精、三氯乙烯及目前市场上销售的专业用化学清洗剂等，可以除去零件表面的油脂污物而不损伤金属，清洗效果好，使用方便快捷。

（2）碱性溶液　碱性溶液是利用油脂遇碱皂化后易溶于水的原理，来降低油污与金属表面的结合力。清洗时，一般需将溶液加热到80～90℃，除油后用热水冲洗，去掉表面残留的碱性溶液，防止零件被磨蚀。常用的碱性溶液有氢氧化钠、磷酸三钠、油酸三乙醇胺等。

（3）化学清洗剂　是一种合成的水基金属清洗剂，以表面活性剂为主。由于其活性生物质能降低界面张力而产生湿润、渗透、乳化、分散等多种作用，因此具有很强的去污能力。其配方中设有缓蚀剂，具有无毒害、耐磨蚀、防锈能力较强、成本低廉的特点。

2. 清洗水垢

机械设备的冷却系统由于长期使用，硬水或含杂质较多的水在储运器及管道内壁上会沉积一层黄白色的水垢，水垢使水管截面缩小、热导率降低，严重影响冷却效果，影响冷却系统的正常工作，必须定期清除。

水垢的主要成分是碳酸盐、硫酸盐、硅酸盐及氧化铁等。常用的去除水垢的方法如下。

（1）碳酸盐除垢　用3％～5％的磷酸三钠溶液清洗。

（2）盐酸除垢　用2.5％盐酸溶液清洗。

（3）碱性溶液除垢　用氢氧化钠、硅酸钠等溶液进行除垢，清洗方法有流动法和循环法等。

3. 清除积炭

积炭是由于燃料燃烧不完全在高温下形成的复杂混合物，一般由胶质、沥青质、油焦质和炭质等组成。积炭常存在于发动机、空气压缩机等某些工作温度较高的零件上，会影响散热效果，恶化传热条件，导致零件过热甚至产生裂纹，必须及时清除。常用的方法如下。

（1）机械清除法　用金属丝刷、刮刀清除，或用压缩空气加较硬的颗粒清除。

（2）化学清除法　用氢氧化钠、硅酸钠等在80～90℃条件下，放入零件，积炭变软，取出后用毛刷除去。

4. 除锈

锈层是金属与空气中的氧、水分及酸性物质接触腐蚀后，在其表面生成的氧化混合物，主要有FeO、Fe_3O_4、Fe_2O_3等，它会加速零件腐蚀损坏，必须设法去除。除锈的方法主要有机械法、化学酸洗法和电化学酸蚀法等。

5. 清除漆层

零件外露表面为了防锈往往涂有油漆。工作一定时间后，会因表面受损、漆层老化或其他原因过早损坏，需要清除旧的漆层，以便喷涂新漆。清除旧漆层的方法如下。

（1）机械清除法　用砂纸打磨、钢丝刷刷除、喷砂等方法去除漆层。

（2）化学清除法　将有机溶剂、碱性溶液等退漆剂涂刷在零件的漆层上，使之溶解软化，再借助工具去除漆层。

二、零件的检验

机械设备维修过程中，零件的检验是一道重要的工序，也是制定维修工艺措施的主要依据，它影响零件的维修质量和维修成本。

1. 零件的检验内容

（1）几何精度　几何精度的检验包括检测尺寸精度和形状、位置精度，它是保证配合精度的关键。

（2）表面质量　表面质量的检验包括表面粗糙度、表面擦伤、磨损、磨蚀、裂纹等的检验。

（3）力学性能　力学性能的检验主要指硬度的检测，其他指标如应力状态、平衡状态、弹性、刚度等，可根据需要适当进行检测。

（4）隐蔽缺陷　包括使用过程中产生的微观裂纹及制造过程中出现的内部夹渣、气孔、疏松、空洞等缺陷的检测。

（5）材料性质　包括材料成分、含碳量、合金含量及材料均匀性等的检测。

2. 零件的检验方法

（1）经验法　经验法是通过观察、敲击和感觉来检验和判断零件技术状况的方法。这种方法虽然简单易行，但它要求技术人员有对各种尺寸、间隙、紧度、转矩和声响的感觉经验。它的准确性和可靠性是有限的。

① 目测法。零件表面有毛糙、沟槽、刮伤、剥落（脱皮），明显的裂纹和折断、缺口、破洞以及零件严重变形、磨损和橡胶零件材料的变质等，都可以通过眼看、手摸或借助放大镜观察检查确定。对于齿轮中心键槽或轴孔的磨损，可以与相配合的零件配合检验，以判定其磨损程度。

② 敲击法。汽车上部分壳体、盘形零件有无裂纹，用铆钉连接的零件有无松动，轴承合金与底板结合是否紧密，都可用敲击听音的方法进行检验。用小锤轻击零件，发出清脆的金属响声，说明技术状况是好的；如发出的声音沙哑，则可判定零件有裂纹、松动或结合不紧密。

③ 比较法。用新的标准零件与被检验零件相比，从中鉴别被检验零件的技术状况。用此法可检验弹簧的自由长度和负荷下的长度、滚动轴承的质量等。

如将新旧弹簧一同夹在台虎钳上，用此法可判定其弹力大小。

（2）测量法　零件因磨损或变形引起尺寸和几何形状的变化，或因长期使用引起技术性能（如弹性）的下降等，这些改变通常是采用各种量具和仪器测量来确定的。如轴承孔和轴孔的磨损，一般用相配合的零件进行配合检验，较松旷时可插入厚薄规检查，判定其磨损程度，确定是否可继续使用；要求较高的汽缸损坏时，应用量缸表或内径测微器进行测量，确定其失圆和锥形程度。

轴类零件一般用千分尺来检查。对于磨损较均匀的轴，只检查其外径大小，但对某些磨损不均匀的轴，还需检查其椭圆度及锥度的大小。测量曲轴连杆轴颈时，先在轴颈油孔两侧测量，然后转90°再测量。轴颈同一横断面上差数最大值为椭圆度，轴颈同一纵断面上差数最大值为锥度。

滚珠轴承（球轴承）的磨损情况，可以通过测量其径向和轴向间隙加以判定。将轴承放在平板上，使百分表的触针抵住轴承外圈，然后一手压紧轴承内圈，另一手往复推动轴承外圈，表针所变动的数字即为轴承的径向间隙。

将轴承外圈放在两垫块上，并使内圈悬空，再在内圈上放一块小平板，将百分表触针抵在平板中央，然后上下推动内圈，百分表上指示的最大与最小的数值差，就是轴承的轴向间隙。

用量具和仪器检验零件一般能获得较准确的数据，但要使用得当，同时在测量前必须认真检查量具和仪器本身的精确度，测量部位的选择以及读数等都要正确。

(3) 探测法

① 浸油锤击检验。这是一种探测隐蔽缺陷的简便方法。检验时，先将零件浸入煤油或柴油中片刻，取出后将表面擦干、撒上一层白粉，然后用小铁锤轻轻敲击零件的非工作面。零件有裂纹时，由于振动，浸入裂纹的煤油（柴油）渗出，使裂纹处的白粉呈黄色线痕，根据线痕即可判断裂纹位置。

② 磁力探伤检验。原理：用磁力探伤仪将零件磁化，即使磁力线通过被检测的零件，如果表面有裂纹，在裂纹部位磁力线会偏移或中断而形成磁极，建立自己的磁场，若在零件表面撒上颗粒很细的铁粉，铁粉即被磁化并附在裂纹处，从而显现出裂纹的位置和大小。

进行磁力探伤时，必须使磁力线垂直通过裂纹，否则裂纹便不会被发现。

磁力探伤采用的铁粉，一般为 $2\sim5\mu m$ 的氧化铁粉末。铁粉可以干用，但通常采用氧化铁粉液，即在1L变压器油或低黏度机油掺煤油中，加入 $20\sim30g$ 氧化铁粉。

零件经磁力探伤后会留下一部分剩磁，必须彻底退磁，否则在使用中会吸附铁屑，加速零件磨损。采用直流电磁化的零件，只要将电流方向改变并逐渐减少到零，即可退磁。

磁力探伤只能检验钢铁件裂纹等缺陷的部位和大小，检验不出深度。此外，由于有色金属件、硬质合金件等不被磁化，故不能应用磁力探伤。

③ 超声波检验。原理：通过超声波与试件相互作用，就反射、透射和散射的波进行研究，对试件进行宏观缺陷检测、几何特性测量、组织结构和力学性能变化的检测和表征，进而对其特定应用性进行评价。

适用于金属、非金属和复合材料等多种试件的无损检测，可对较大厚度范围内的试件内部缺陷进行检测。如对金属材料，可检测厚度为 $1\sim2mm$ 的薄壁管材和板材，也可检测几米长的钢锻件；缺陷定位较准确，对面积型缺陷的检出率较高；灵敏度高，可检测试件内部尺寸很小的缺陷；检测成本低、速度快，设备轻便，对人体及环境无害，现场使用较方便。

但对具有复杂形状或不规则外形的试件进行超声检测有困难，并且缺陷的位置、取向和形状以及材质和晶粒度都对检测结果有一定影响，检测结果也无直接见证记录。

④ 射线照相检验。是指用 X 射线或 γ 射线穿透试件，以胶片作为记录信息的器材的无损检测方法。该方法是最基本、应用最广泛的一种非破坏性检验方法。

原理：射线能穿透肉眼无法穿透的物质使胶片感光，当 X 射线或 γ 射线照射胶片时，能使胶片乳剂层中的卤化银产生潜影，由于不同密度的物质对射线的吸收系数不同，照射到胶片各处的射线强度也就会产生差异，可根据暗室处理后底片的各处黑度差来判别缺陷。

总的来说，射线照相检验的定性更准确，有可供长期保存的直观图像，但总体成本相对较高，而且射线对人体有害，检验速度较慢。

三、零件的修复原则及修复方法

机器经过长时间的正常运转或发生故障都会使零件产生不同形式和不同程度的损坏而失效。针对零件的具体损坏情况选用合适的修复工艺进行有效修复，可使已损坏或将报废的零件恢复使用功能，延长使用寿命，尤其可在缺少备件的情况下满足应急之需；还可减少备件数量（即闲置资金），利于企业发展；也可减少新件购置，大幅降低修费和修期。

1. 零件的修复原则

零件修复应从质量、经济和时间三方面综合权衡而定，具体应满足以下要求。

① 应使修复费用低于新件制造成本或购买新件的费用，即应满足：

$$S_{修}/T_{修} < S_{新}/T_{新}$$

式中 $S_{修}$——修复旧零件的费用，元；
　　$T_{修}$——零件修复后的使用期，月；
　　$S_{新}$——新零件的制造成本或购买费用，元；
　　$T_{新}$——新零件的使用期，月。

一般情况下，如修复费用≤2/3新零件制造成本或购买新零件费用，就认为是经济的，此种修复工艺是可取的。

② 所选用的修复工艺必须能够充分满足零件的修复要求。

③ 零件修复后必须保持其原有技术要求。

④ 零件修复后必须保证具有足够的强度和刚度，不影响使用性能和使用寿命。重要零件修前应作必要的强度计算等。

⑤ 零件修复后的耐用度至少应能维持一个修理间隔期。例如，中、小修范围的零件，修后应能使用到下一个中、小修期。

2. 零件的修复方法

零件的修复工艺和方法很多，目前生产中常用的零件修复方法如表10-1所示。

表10-1　常用零件的修复方法

修复工艺	基本方法
钳工和机械加工修复	① 钳工修复：锉削、铰孔、研磨、刮研、钳工修补 ② 机械加工修复：局部更换法、换位法、镶补法、金属扣合法（强固扣合、强密扣合、加强扣合、热扣合）、调整法、修理尺寸法、压力加工修复
焊接修复	① 补焊：铸铁的补焊、钢件的补焊、非铁金属的补焊 ② 堆焊：手工堆焊和自动堆焊 ③ 喷涂、喷焊 ④ 钎焊
电镀修复	① 镀锌 ② 镀铬 ③ 镀铜 ④ 镀铁 ⑤ 电刷镀
粘接修复	① 无机粘接 ② 有机粘接
高分子合金修复	
断丝取出技术	
缺陷螺纹再造技术	

四、钳工和机械加工修复

钳工和机械加工修复是零件修复过程中最主要、最基本、应用最广泛的工艺方法,既可以单独修复零件,也可与其他焊、镀等工艺方法共同完成零件的修复。

1. 钳工修复

(1) 锉削　用锉刀对零件表面进行切削加工,使零件达到所要求的尺寸、形状和表面粗糙度的操作。锉削的应用范围很广,可以锉削平面、曲面、外表面、内孔、沟槽和各种形状复杂的表面,还可以配键、做样板、修整个别零件的几何形状等。

(2) 铰孔　铰孔是铰刀从零件孔壁上切除微量金属层,以提高其尺寸精度和孔表面质量的方法。铰孔主要用来修复各种零件的配合孔。

(3) 研磨　研磨是利用涂敷或压嵌在研具上的磨料颗粒,通过研具与零件在一定压力下的相对运动对加工表面进行的精整加工(如切削加工)。研磨可用于加工各种金属和非金属材料,加工的表面形状有平面、内外圆柱面和圆锥面、凹凸球面、螺纹、齿面及其他型面,常用于修复零件的高精度配合表面。

(4) 刮研　刮研是指用刮刀在加工过的零件表面上刮去微量金属,以提高表面形状精度、改善配合表面间接触状况的钳工作业。刮研是机械制造和修理中最终精加工各种型面(如机床导轨面、连接面、轴瓦、配合球面等)的一种重要方法,常用于修复互相配合件的重要滑动表面,手工进行操作,不受零件位置限制。

(5) 钳工修补

① 键槽。当轴或轮毂磨损或损坏其一时,可将磨损或损坏的键槽加宽,然后配制阶梯键。当轴或轮毂全部损坏时,允许将键槽扩大10%~15%,然后配制大尺寸键。当键槽磨损大于15%时,可按原键槽位置旋转90°或180°,按标准重新开槽。开槽前需将旧键槽用气焊或电焊填满并修整。

② 螺纹孔。当螺纹孔产生滑扣或螺纹剥落时,可先将旧螺纹扩钻成光孔,然后攻出新螺纹,配上特制的双头螺栓。

2. 机械加工修复

(1) 局部更换法　局部更换法是指仅更换零件上损坏部分的修复方法。如果零件结构允许,可将磨损严重的部位切除,将这部分重制新件,用机械连接、焊接或粘接的方法固定在原来的零件上,使零件得以修复。如图10-1所示,图10-1(a)为将双联齿轮中磨损严重的小齿轮轮齿切去,重制一个小齿轮,用键连接,并用骑缝螺钉固定的局部更换。图10-1(b)为在保留的轮毂上铆接重制的齿圈的局部更换。图10-1(c)为局部更换牙嵌式离合器并用粘接法固定的局部更换。

局部更换的特点是:修复质量高,能节约优质钢材,但工艺较复杂,对硬度大的零件加工较困难,较适合修复局部损坏的零件。

(2) 换位法　换位法是将零件的磨损(或损坏)部分翻转过一定角度,利用零件未磨损(或未损坏)部位来恢复零件的工作能力。这种方法特点是:只是改变磨损或损坏部分的位置,不修复磨损表面。经常用此法来修理磨损的槽,如图10-2所示;螺栓孔换位法修复示意图如图10-3所示。

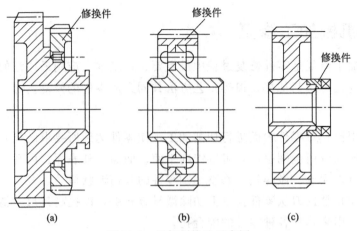

图 10-1 局部更换法示意图

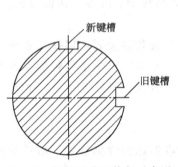

图 10-2 键槽换位法修复示意图

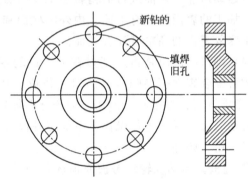

图 10-3 螺栓孔换位法修复示意图

（3）镶补法　镶补法是在零件磨损或断裂处补以加强板或镶装套等，使其恢复使用的一种修复方法。对于中小型零件，此方法操作简单，适用广泛。

在零件出现断裂时，可在其裂纹处镶加补强板，用螺钉或铆钉将补强板与零件连接起来；对于脆性材料，应在裂纹端处钻止裂孔，如图 10-4 所示。对于损坏的圆孔、圆锥孔，可采取扩孔镶套的方法，即将损坏的孔镗大后镶套，套与孔采用过盈配合，如图 10-5 所示。

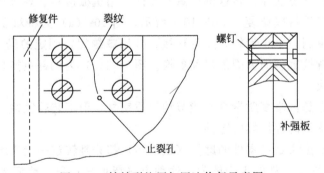

图 10-4 铸铁裂纹用加固法修复示意图

（4）金属扣合法　金属扣合技术是利用扣合件塑性变形或热胀冷缩的性质将损坏的零件

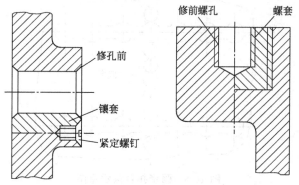

图 10-5 扩孔镶套修复示意图

连接起来的技术,以达到修复零件裂纹或断裂的目的。这种技术常用于不易补焊的钢件、不允许有较大变形的铸件以及有色金属的修复,对于大型铸件如机床床身、轧钢机架等基础件的修复效果更为突出。

① 强固扣合。在垂直于损坏零件裂纹或折断面上,铣或钻出具有一定形状和尺寸的波形槽,镶入波形键,在常温下铆击,使波形键产生塑性变形而充满槽腔,甚至嵌入零件的基体之内。由于波形键的凸缘和波形槽相互扣合,将开裂的两边重新牢固连接为一整体。波形键尺寸如图 10-6 所示,其主要尺寸有:

$$d=(1.4\sim1.6)b$$
$$l=(2.0\sim2.2)b$$
$$t\leqslant b$$

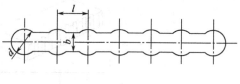
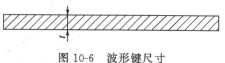

图 10-6 波形键尺寸

波形键凸缘的数目一般选用 5、7、9(个)。波形键的材料常用 1Cr18Ni9。波形键的布置方式示意图如图 10-7 所示。

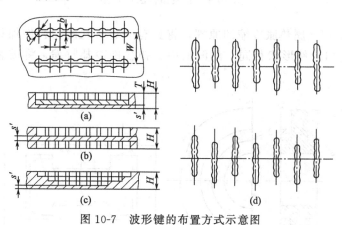

图 10-7 波形键的布置方式示意图

② 强密扣合。对承受高压的汽缸或容器等有密封要求的零件,应采用强密扣合法,如图 10-8 所示。

这种方法是在强固扣合的基础上,每间隔一定的距离加工出一些缀缝栓孔,形成一条密封的"金属纽带",以达到阻止渗漏的目的。

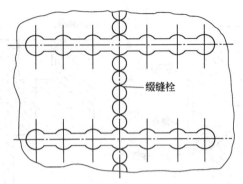

图 10-8　强密扣合法示意图

③ 加强扣合。修复承受高载荷的厚壁零件，单纯使用波形键扣合不能保证其修复质量，还必须在垂直于裂纹或折断面上镶入钢制的砖形加强件来承受载荷，如图 10-9 所示。钢制砖形加强件和零件的连接大多采用缀缝栓。缀缝栓的中心安排在它们的结合线上，一半在加强件上，另一半则留在零件基体内，必要时还可再加入波形键。

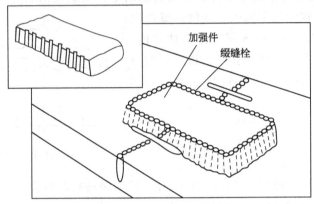

图 10-9　加强扣合法示意图

④ 热扣合。利用金属热胀冷缩的原理，将具有一定形状的扣合件加热后，放入零件损坏处（加工好的与扣合件形状相同）的凹槽中。扣合件冷却收缩，将破裂的零件密合，如图 10-10 所示。

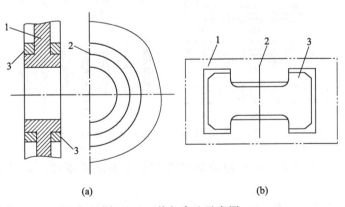

图 10-10　热扣合法示意图
1—机件；2—裂纹；3—扣合件

(5) 调整法　利用增减垫片或调整螺钉的方法来弥补因零件磨损而引起的配合间隙增大，它是维修常用的方法。

(6) 修理尺寸法　在失效零件的修复中，不考虑原来的设计尺寸，采用切削加工和其他加工方法恢复零件的形状精度、位置精度、表面粗糙度和其他技术条件，从而获得一个新尺寸，该尺寸称为修理尺寸。与此相配合的零件则按修理尺寸制作新件或修复，这种方法称为修理尺寸法。这种方法常见于轴颈、轴上键槽等零件的修复。

(7) 压力加工修复　压力加工修复是利用外力的作用使金属产生塑性变形，以弥补磨损掉的金属，恢复零件原来的尺寸和形状。常见的方法有镦粗、扩径、压挤、延伸、校正等。

五、焊接修复

焊接修复法修复零件是借助于电弧或气体火焰产生的热量，将基体金属及焊丝金属熔化和熔合，使焊丝金属填补在零件上，以填补零件的磨损和恢复零件的完整。

1. 堆焊

堆焊是在零件的任意部位焊敷一层特殊的合金面，其目的是提高工作面的耐磨损、耐腐蚀和耐热等性能，以降低成本、提高综合性能和使用寿命，用于这种用途的焊条就是堆焊焊条。堆焊时一般根据使用要求来选用不同合金系统和不同硬度等级的焊条。

(1) 堆焊方法

① 电弧堆焊。电弧堆焊简便灵活，应用广泛，其主要缺点是生产率低、劳动条件差及降低堆焊零件的疲劳强度等。

② 埋弧堆焊。在零件表面堆敷一层具有特殊性能的金属材料的工艺过程。

③ 振动电弧堆焊。振动电弧堆焊采用细焊丝并使其连续振动，能在小电流下保证堆焊过程的稳定性，因此使零件受热较小，热影响区较小，变形也小，并能获得薄而平整的、硬度较高的堆焊金属层，在机械零件修复中得到了广泛应用。为了提高振动电弧堆焊层的质量，生产中应用了各种保护介质（如水蒸气、压缩空气、二氧化碳）及熔剂层下保护的振动电弧堆焊。

④ 等离子弧堆焊。利用焊炬的钨极（作为电流的负极）、基体（作为电流的阳极）之间产生的等离子体作为热能，将热能转移给被焊接的零件，并向该热能区域送入焊接粉末材料，使其熔化后沉积在被焊接零件基体表面的堆焊工艺。

⑤ 氧-乙炔焰堆焊。具有堆焊层薄、熔深浅的特点，设备简单，工艺适应性强。近年来，由于硬质合金复合材料的出现，氧-乙炔焰温度低，堆焊后可保持复合材料中硬质合金的原有形貌和性能，因而也是应用较广的工艺。

(2) 堆焊常遇到的问题　堆焊中最常遇到的问题是开裂，防止开裂的主要方法如下。

① 焊前预热，控制层间温度，焊后缓冷。

② 焊后进行消除应力热处理。

③ 避免多层堆焊时开裂，采用低氢型堆焊焊条。

④ 必要时，堆焊层与母材之间堆焊过渡层（用碳当量低、韧性高的堆焊焊条）。

2. 补焊

为修补工件（铸件、锻件、机械加工件或焊接结构件）的缺陷而进行的焊接。

(1) 钢制零件的补焊　补焊要考虑材料的可焊接性和焊后加工性要求，还要保持零件其他部位的完好,所以补焊比焊接困难。钢制零件的补焊一般应用电弧焊。

(2) 铸铁件的补焊　铸铁的焊接性很差,一般指对某些铸造缺陷进行补焊。铸铁的补焊特点如下。

① 易产生白口组织。

② 易产生裂纹。

③ 易产生气孔和夹渣。

(3) 补焊方法

① 热补焊。焊前将焊件局部或整体预热至600~700℃并在焊接过程中保持,焊后缓慢冷却。

② 冷补焊。焊前不预热或只预热至400℃以下。

3. 金属热喷涂修复

热喷涂是用高速气流将已被热源熔化的粉末材料或线材吹成雾状,喷射到事先准备好的零件表面上,形成一层覆盖物的修复工艺。

生产中多用来喷涂各种金属材料,因而通常称为金属喷涂或金属喷镀。如果所用材料是钢,则一般简称为喷钢。非金属材料如塑料、陶瓷等也可以喷涂。

在机械修理方面,喷涂是主要的零件修复工艺之一。如可应用喷钢修复各种直轴、曲轴、内孔、平面、导轨面等的磨损面,喷锌作防护层,喷青铜作轴承,喷高熔点耐磨合金以修复门等零件,喷塑料修复磨损面,等等。这种技术不仅可以恢复零件的尺寸,而且可强化其性能,成倍地提高其寿命,经济意义十分重大。

(1) 金属喷涂的原理

① 电弧喷涂。喷涂时送丝机构不断地将两根金属丝向前输送,两根金属丝进入导向嘴内以后弯曲,从导向嘴伸出来时就相互靠近,由于两导向嘴分别与电源的正负极相连,在具有一定电位差的两根金属丝相互接触短路后,电流产生的热量将尖端处的金属丝熔化并产生电弧,电弧进一步熔化金属丝,熔化的金属丝被从空气喷嘴喷出的0.5~0.6MPa的压缩空气吹成微粒,并以140~300m/s的速度撞击到需喷涂的零件表面上。这样,半塑性金属颗粒以高速度撞击变形并填塞在粗糙的零件表面上,就逐渐地形成覆盖层。金属丝不断地向前输送,同时不断地被熔化,熔化的金属又不断地吹向零件表面,从而保证了喷涂过程的连续进行,如图10-11所示。

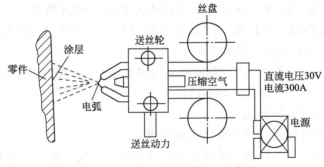

图10-11　电弧喷涂工作原理示意图

电弧喷涂过程由下列四个循环阶段组成。

a. 两电极接触,钢丝的尖端短路被熔化。

b. 熔化的金属丝被压缩空气吹断，电流突然中断，引起自感电势并产生电弧。
c. 电弧熔化的金属被吹散成为小颗粒。
d. 电弧中断。

此后，两电极再次接触短路并重复前一循环。每次循环的时间短，通常只有千分之几秒。

② 高频电喷涂。高频电喷涂原理与电弧喷涂基本相同，只是钢丝的熔化是靠高频感应实现的。高频电喷涂的喷头由感应器和电流集中器组成，感应器由高频发电机供电，电流集中器主要用于保证钢丝在不大的一段长度上熔化，钢丝由送丝轮以一定的速度经导筒送进，压缩空气经气道将电流集中器内熔化的金属喷向零件表面。

③ 氧-乙炔火焰喷涂。它与高频电喷涂比较，其主要不同是只有一根金属丝和熔化金属丝的热源为氧-乙炔混合气。喷涂时，氧-乙炔气体从混喷嘴喷出并着火燃烧，与此同时，金属丝不断地被送丝机构输送到喷枪头的中央。端头进入火焰中时便被熔化，熔化的金属立即被压缩空气吹散成很小的微粒，这些微粒与高速气流一起冲击到零件表面上，并黏附和嵌合到零件表面上形成喷涂层。

④ 等离子喷涂。等离子喷涂是通过气体把金属粉末送入高温射流而实现喷涂的。整个焊枪分为前枪体、后枪体和中间绝缘体三部分。前枪体用来安装喷嘴、构成喷嘴冷却腔及安置进水管、进气管、进粉管等零件。后枪体用来安置电极、出水管等零件。中间绝缘体用来保证前后枪体互相绝缘和连接。

喷涂工艺过程包括喷涂前工作表面的准备、喷涂（喷打底层和工作层）和喷涂层加工。

（2）喷涂工艺过程

① 零件表面的准备。喷涂前零件表面准备是喷涂成败的关键，通过表面准备使待喷涂表面绝对干净，并形成一定的粗糙度，才能保证涂层与零件的结合强度。

② 喷涂。喷打底层（厚约 0.1mm）。

③ 喷工作层。应来回多次喷涂，且总厚度不应超过 2mm，太厚则结合强度会降低。

（3）涂层性质　喷涂层性能与很多因素有关，如粉末材料、喷涂工具、喷涂工艺等，尤其是所选用的材料不同，其性能各异。

① 硬度。喷涂层的组织是在软基体上弥散分布着硬质相，并含有 12% 的气孔，其硬度值主要取决于所选用的喷涂材料。

② 耐磨性。喷涂层的耐磨性优于新件和其他修复层，这是由涂层组织决定的，喷涂层这种软硬相间的结构能保证摩擦面间最小的摩擦系数，并能保持润滑。此外，涂层中气孔的存在，有助于磨损表面上形成油膜，起到减摩储油作用，但是磨合期或干摩擦时磨损较快，且磨下的颗粒易堵塞油道而烧瓦。

③ 涂层与基体的结合强度。涂层与基体结合主要靠机械结合，因此结合强度较低。

④ 疲劳强度。喷涂对零件疲劳强度的影响比其他修复法小，一方面是因为喷涂前表面加工量小，另一方面是喷涂时基体没有熔化，基材损伤小。

（4）热喷涂的应用

① 防腐蚀。主要用于大型水闸钢闸门、造纸机烘缸、煤矿井下钢结构、高压输电铁塔、电视台天线、大型钢桥梁、化工厂大罐和管道的防腐喷涂。

② 防磨损。通过喷涂修复已磨损的零件，或在零件易磨损部位预先喷涂上耐磨材料，如风机主轴、高炉风口、汽车曲轴、机床主轴、机床导轨、柴油机缸套、油田钻杆、农用机

械刀片等。

③ 特殊功能层。通过喷涂获得表层的某些特殊性能，如耐高温、隔热、导电、绝缘、防辐射等，在航空航天和原子能等部门应用较多。

4. 钎焊

钎焊是用比母材熔点低的金属材料作为钎料，用液态钎料润湿母材和填充零件接口间隙并使其与母材相互扩散的焊接方法。钎焊变形小，接头光滑美观，适合于焊接精密、复杂和由不同材料组成的构件，如蜂窝结构板、透平叶片、硬质合金刀具和印制电路板等。钎焊前对零件必须进行细致加工和严格清洗，除去油污和过厚的氧化膜，保证接口装配间隙。间隙一般要求在0.01~0.1mm之间。

（1）钎焊的方法　根据焊接温度的不同，钎焊可以分为两大类。焊接加热温度低于450℃称为软钎焊，高于450℃称为硬钎焊。

① 软钎焊。多用于电子和食品工业中导电、气密和水密器件的焊接。以锡铅合金作为钎料的锡焊最为常用。软钎料一般需要用钎剂，以清除氧化膜，改善钎料的润湿性能。钎剂种类很多，电子工业中多用松香酒精溶液软钎焊。这种钎剂焊后的残渣对零件无腐蚀作用，称为无腐蚀性钎剂。焊接铜、铁等材料时用的钎剂由氯化锌、氯化铵和凡士林等组成。焊铝时需要用氟化物和氟硼酸盐作为钎剂，还有用盐酸加氯化锌等作为钎剂的。这些钎剂焊后的残渣有腐蚀作用，称为腐蚀性钎剂，焊后必须清洗干净。

② 硬钎焊。接头强度高，有的可在高温下工作。硬钎焊的钎料种类繁多，以铝、银、铜、锰和镍为基的钎料应用最广。铝基钎料常用于铝制品钎焊。银基、铜基钎料常用于铜、铁零件的钎焊。锰基和镍基钎料多用来焊接在高温下工作的不锈钢、耐热钢和高温合金等零件。焊接铍、钛、锆等难熔金属、石墨和陶瓷等材料则常用钯基、锆基和钛基等钎料。选用钎料时要考虑母材的特点和对接头性能的要求。硬钎焊钎剂通常由碱金属和重金属的氯化物和氟化物，或硼砂、硼酸、氟硼酸盐等组成，可制成粉状、糊状和液状。在有些钎料中还加入锂、硼和磷，以增强其去除氧化膜和润湿的能力。焊后钎剂残渣用温水、柠檬酸或草酸清洗干净。

（2）钎焊应用　钎焊不适用于一般钢结构和重载、动载机件的焊接，主要用于制造精密仪表、电气零部件、异种金属构件以及复杂薄板结构，如夹层构件、蜂窝结构等，也常用于钎焊各类导线与硬质合金刀具。钎焊时，被钎接零件接触表面经清洗后，以搭接形式进行装配，把钎料放在接合间隙附近或直接放入接合间隙中。当零件与钎料一起加热到稍高于钎料的熔化温度后，钎料将熔化并浸润焊件表面。液态钎料借助毛细管作用，将沿接缝流动铺展，于是被钎接金属和钎料间进行相互溶解，相互渗透，形成合金层，冷凝后即形成钎接接头。

六、电镀修复

电镀就是利用电解，在制件表面形成均匀、致密、结合良好的金属或合金沉积层的过程。电镀时，镀层金属作阳极，被氧化成阳离子进入电镀液；待镀的金属制品作阴极，镀层金属的阳离子在金属表面被还原形成镀层。为排除其他阳离子的干扰，并使镀层均匀、牢固，需用含镀层金属阳离子的溶液作电镀液，以保持镀层金属阳离子的浓度不变。

1. 镀锌

镀锌是指在金属、合金或者其他材料的表面镀一层锌以起美观、防锈等作用的表面处理技术。

与其他金属相比，锌是相对便宜而又易镀覆的一种金属，属低值防蚀电镀层，被广泛用于保护钢铁件，特别是防止大气腐蚀，并用于装饰。

2. 镀铬

在金属制品表面镀上一层致密的氧化铬薄膜，可以使得金属制品更加坚固耐用。

3. 镀铜

铜的镀层与基体金属的结合能力很强，不需要进行复杂的镀前准备，在室温和很小的电流密度下即可进行，操作方便。

镀铜常用于恢复过盈配合的表面，如滚动轴承外圆的加大；改善间隙配合件的摩擦表面质量，如齿轮镀铜；零件渗碳处理前，对不需渗碳部分镀铜作为防护层；在钢铁零件镀铬、镀镍之前常用镀铜作底层，作为防腐保护层。

4. 镀铁

镀铁按电解液的温度可分为高温镀铁和低温镀铁。在 90～100℃ 温度下，使用直流电源的称高温镀铁。这种方法获得的镀层硬度不高，且与基体结合不可靠。在 40～50℃ 常温下，采用不对称交流电源的称为低温镀铁，它解决了常温下镀层与基体结合的强度问题，镀层的力学性能较好，工艺简单，操作方便，在修复和强化机械零件方面可取代高温镀铁，并已得到广泛应用。

5. 电刷镀

（1）电刷镀技术的基本原理　电刷镀的设备主要包括电源装置、镀笔与阳极以及各种辅助材料。镀笔前端通常采用高纯度细石墨块作阳极材料，石墨块外面包裹一层棉花和耐磨的涤棉套，刷镀时使镀笔浸满镀液。电刷镀技术是采用电化学原理，工作时，专用直流电刷镀电源的负极接零件，正极接镀笔，电刷镀时，包裹的阳极与零件欲刷镀表面接触并做相对运动，含有需镀金属离子的电刷镀专用镀液不断供送到阳极与零件之间需刷镀的表面处，在电场力的作用下，溶液中的金属离子定向迁移到零件表面沉积形成镀层，镀层随着时间增厚，直至所需要厚度，如图 10-12 所示。

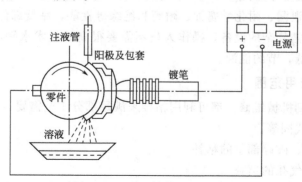

图 10-12　电刷镀基本原理示意图

（2）电刷镀技术的应用

① 修复。恢复磨损和几何精度，如曲轴、缸套、液压柱塞等零部件的磨损、擦伤的修

复,模具的修复和防护。

② 改善零部件的表面性能和表面装饰,如新品刷镀金、银、铜、镍等保护层,提高零部件表面的硬度、耐磨性、光亮度,进行工艺品装饰。

③ 获得某些特需的功能性表面,如高温抗氧化性,减小接触面的滑动摩擦,提高零件的防腐性能和电触点的电气性能,改善模具的脱模性,改善摩擦的匹配性能,增加导电、导磁性能。如精密电器、印制电路板的接插件、高压开关及其他零件镀镍、镀锡、镀铜、镀镍钨、镀金等。

(3) 电刷镀工艺

① 零件表面的准备。零件表面的预处理是保证镀层与零件表面结合强度的关键工序。零件表面应光滑平整,无油污、无锈斑和氧化膜等,为此先用钢丝刷、丙酮清洁,然后进行电净处理和活化处理。

② 打底层(过渡层)。为了进一步提高工作镀层与零件金属基体的结合力,选用特殊镍、碱铜等作为底层,厚度一般为 $2\sim5\mu m$,然后于其上镀覆要求的金属镀层,即工作镀层。

③ 镀工作镀层。电刷镀工作镀层的厚度(半径方向上)为 $0.3\sim0.5mm$。镀层厚度增加,则内应力加大,容易引起裂纹和使结合强度下降,乃至镀层脱落。但用于补偿零件磨损尺寸时,需要较大厚度,则应采用组合镀层:在零件表面上先镀打底层,再镀补偿尺寸的镀层;为避免因厚度过大使应力增加、晶粒粗大和沉积速度下降,在补偿尺寸的镀层间镀夹心镀层(不超过 $0.05mm$),最后镀上工作镀层。

七、粘接修复

粘接修复是用粘接剂将修复件粘接在一起的修复工艺。

1. 粘接工艺的特点

① 能粘接各种金属、非金属材料,而且能粘接两种不同的材料。在粘接两种不同的金属时,在金属间有一层绝缘性的胶,可防止电化学腐蚀,粘接时不受形状、尺寸的限制。

② 粘接过程中不需加高温即可修补铸铁件、铝合金件和极薄的零件,不会出现变形、裂纹等。粘接过程的温度不超过 200℃,不会改变材料金相组织。

③ 粘接缝具有无泄漏、耐化学腐蚀、耐磨和绝缘等性能,粘接部位表面平整。

④ 工艺简便,不需复杂的设备,操作人员不需要很高的技术水平,在施工现场和行驶途中即可修理,成本低,节约能源。

2. 粘接工艺的应用范围

从机械产品制造到机械维修,都可利用粘接来满足部分工艺需要,如以粘代焊、以粘代铆、以粘代螺、以粘代固等。

① 对零部件裂纹、破碎部位的粘补。

② 对铸件砂眼、气孔的填补。

③ 用于间隙、过盈配合表面磨损的尺寸恢复。

④ 连接表面的密封补漏、防松紧固。

⑤ 以粘接代替铆接、焊接、螺栓连接和过盈配合来修补零件。

在工程机械的修理中,粘接修复法常用于粘补散热器水箱、油箱和壳体零件上的孔洞、裂纹，也用于粘接离合器摩擦片及堵漏等。

3. 粘接剂的分类

粘接剂品种繁多，分类方法很多。
① 按粘料的物性属类分为有机粘接剂和无机粘接剂。
② 按原料来源分为天然粘接剂和合成粘接剂。
③ 按粘接接头的强度特性分为结构粘接剂和非结构粘接剂。
④ 按粘接剂状态分为液态粘接剂与固体粘接剂，粘接剂的形态有粉状、棒状、薄膜、糊状及液体等。
⑤ 按热性能分为热塑性粘接剂与热固性粘接剂等。

4. 粘接剂的选择

粘接剂的品种繁多，国内成熟的粘接剂品种达二百多种，选用粘接剂的基本原则如下。

(1) 考虑被粘件材料种类和性质　根据被粘件材料的种类和性质选用粘接剂。

(2) 考虑被粘件允许的工艺条件　好的粘接效果往往需要一定的固化温度、时间和压能，因此，所选用的粘接剂应为被粘接工艺条件所允许和现有设备条件可能实现的。对于加热困难的大型部件和受热易变形部件，一般要选用常温固化粘接剂；对于形状复杂不能很好吻合表面以及无法加压的部件，一般不应选用含有溶剂的要求加压加温固化的粘接剂；对于应急抢修则必须选用快速固化粘接剂等。

(3) 考虑被粘件的使用条件　首先要根据被粘件的受力情况、受力形式来选择能满足强度的粘接剂，其次是根据被粘件的使用温度和所接触的介质（如油、水蒸气、酸、碱等）来选择不同温度等级、耐不同介质的粘接剂。

(4) 考虑特殊要求　有些特殊要求，如密封、导电、导磁等，必须选择具有这些特殊性能的粘接剂。另外，成本和粘接剂的来源也是选择粘接剂的原则之一。

5. 粘接接头的设计和选择

相同的粘接剂，由于选用的接头形式不同，胶层受力状态差异很大。因此，要获得满意的质量，还要进行合理的粘接接头设计，其基本原则如下。
① 尽可能增加粘接面积。
② 尽量使压力均匀分布在整个粘接面上。
③ 尽量使接头粘接面承受压缩力、剪切力或拉伸力，避免承受弯曲力或剥离力。
④ 当接头要求耐振时，在胶层内可增加玻璃纤维布或其他织物作中间层。
⑤ 当接头在较高温度下工作时，应尽量使粘接件与粘接剂的膨胀系数一致或接近。
⑥ 对于受力较大和受冲击载荷的接头，可考虑采用粘接和铆接、螺栓连接、焊接、机械加固、贴加布层或钢板等结合的复合连接方法。

八、高分子合金修补技术

高分子合金材料是 20 世纪 80 年代发展最快的新型材料之一。经过高聚物共混合金化的高分子合金修补剂具有良好的力学性能、抗腐蚀性能、尺寸稳定性和机械加工性能，目前已在我国各工业系统推广使用。

由两种或两种以上高分子材料构成的复合体系，是由两种或两种以上不同种类的树脂，或者树脂与少量橡胶，或者树脂与少量热塑性弹性体，在熔融状态下经过共混，由于机械剪切力作用使部分高聚物断链，再接枝或嵌段，或基团与链段交换，从而形成聚合物与聚合物之间复合的新材料。它适用于修复金属、混凝土、木材、橡胶、陶瓷等多种物质，常称为"工业上的医生"。

1. 高分子合金修补剂的组成

高分子合金修补剂是以高分子复合聚合物与金属粉末或陶瓷粒组成的双组分或多组分的复合材料。高分子复合材料技术是基于高分子化学、胶体化学、有机化学和材料力学等学科基础上发展起来的高技术学科。它可以很好地解决和弥补金属材料的应用弱项，可广泛用于设备部件的磨损、冲刷、腐蚀、渗漏、裂纹、划伤等修复保护。高分子复合材料技术已发展成为重要的现代化修补剂应用技术之一。

2. 高分子合金修补剂的种类

（1）铸件修补剂性能与用途　铸件修补剂是双组分、胶泥状、室温下固化的高分子树脂胶，是以金属及合金为强化填充剂的聚合金属复合型冷焊修补材料。与金属具有较高的结合强度，并基本可保持颜色一致，具有耐磨抗蚀与耐老化的特性；固化后的材料具有较高的强度，无收缩，可进行各类机械加工；具有耐油、防水、耐各种化学腐蚀等优异性能，同时可耐120℃高温。

（2）铁质修补剂性能与用途　铁质修补剂是双组分、胶泥状、室温下固化的高分子树脂胶。适用于机械加工后出现的铸造气孔、砂眼、裂纹或加工失误的修复；固化后的材料硬度高、无收缩，可进行各类机械加工；综合性能好，与金属具有较高的结合强度；具有耐磨损、耐老化、防水、抗各种化学腐蚀等优异性能，同时可耐168℃高温。

（3）钢质修补剂性能与用途　钢质修补剂是双组分、胶泥状、室温下固化的高分子树脂胶。适用于多种钢件的缺陷修补，综合性能好，与机体结合强度高，颜色可保持与被修基体一致；固化后硬度高、无收缩，可进行各类机械加工；具有耐磨损、耐老化、耐油、防水、抗各种化学腐蚀等优异性能，同时可耐200℃高温。

（4）铝质修补剂性能与用途　铝质修补剂是双组分、胶泥状、室温下固化的高分子树脂胶。适用于各种铝及铝合金磨损、腐蚀、破裂及铸造缺陷的修补；以铝为填充剂，颜色与铝铸件基本一致；综合性能好，固化后硬度高、无收缩，可进行各类机械加工；具有耐磨、耐老化、耐油、防水、抗各种化学腐蚀等优异性能，同时可耐168℃高温。

（5）铜质修补剂性能与用途　铜质修补剂是双组分、胶泥状、室温下固化的高分子树脂胶。适用于各种青铜件、黄铜件磨损、腐蚀、破裂及铸造缺陷的修补；以铜为填充剂，修补后颜色与铜铸件基本一致；综合性能好，固化后硬度高、无收缩，可进行各类机械加工；具有耐磨、耐老化、防水、抗各种化学腐蚀等优异性能，同时可耐175℃高温。

（6）橡胶修补剂性能与用途　橡胶修补剂是双组分、黑色黏稠液体、室温下固化无溶剂型聚醚胶黏剂。固化速度快，附着力好，强度高；固化后综合性能好，表面平滑、强度高、韧性好、耐磨损、耐介质、耐老化、操作方便；具有卓越的耐酸、耐碱、耐化学腐蚀性能；填充性好，无毒无味，修补后的使用效果好。

（7）减摩修补剂性能与用途　减摩修补剂是双组分、胶泥状、室温固化的高分子环氧胶。固化后无收缩，与基体结合强度高，以高性能超细减摩润滑材料为骨材，触变性好；修复后的涂层摩擦系数低并具有自润滑性，抗摩擦、磨损性优异，几乎可消除导轨的爬行现象。

减摩修补剂用于机床导轨、液压缸、轴套、活塞杆等表面减摩涂层的制备及零件划伤、磨损的修复。

(8) 紧急修补剂性能与用途　紧急修补剂是双组分、膏状体、室温下固化的高分子环氧胶。强度高，韧性好，固化速度快，常温下 5min 固化，与基体结合强度高；表面处理要求低，可带油、带水施工。

紧急修补剂用于抢修设备的穿孔腐蚀、泄漏，可对紧急堵漏后的部件进行永久性补强，如抢修管路、密封盖板、暖气片、水箱、齿轮箱等设备因裂纹、穿孔、腐蚀引起泄漏后的紧急修复。

(9) 湿面修补剂性能与用途　湿面修补剂是双组分、胶泥状、室温固化的高分子环氧胶。固化速度快，与基体结合强度高；表面处理要求低，可带油、带水施工。

湿面修补剂主要用于潮湿环境或水中对破裂的箱体、管道、法兰、阀门、泵壳、船舶等进行堵漏、修复。

(10) 油面紧急修补剂性能与用途　油面紧急修补剂是双组分、流淌体、室温固化的高分子胶。固化速度快，与基体结合强度高；表面处理要求低，可带油、带水施工；可在轻微油渍表面进行直接粘接，修复设备的渗漏油部位；也可用于金属、陶瓷、塑料、木材的自粘和互粘。

油面紧急修补剂适用于修复变压器、油箱、油罐、油管、法兰盘、变压器散热片等设备的渗油、泄漏，也可用于汽车塑料面板、灯具、电器壳体、电梯、电机等工业产品的粘接组装。

(11) 耐腐蚀修补剂性能与用途　耐腐蚀修补剂是双组分、半流体、室温固化的高分子环氧胶。耐化学介质广泛，耐化学腐蚀性能优良；抗冲击性能好，与金属结合强度高；长期浸泡不脱落，抗冲蚀、气蚀性能好，固化后无收缩；用于修复遭受腐蚀机件，可作大面积预保护涂层。

适用于电力、冶金、石化等行业遭受腐蚀的泵、阀、管道、热交换器端板、储槽、油罐、反应釜的修复及其表面防腐涂层的制备，可做大面积预保护涂层。

(12) 耐磨修补剂性能与用途　耐磨修补剂是双组分、胶泥状、室温固化的高分子环氧胶，是由各类高性能耐磨、抗蚀材料（如陶瓷、碳化硅、金刚砂、钛合金）与改性增韧耐热树脂进行复合得到的高性能耐磨抗蚀聚合陶瓷材料。与各类金属基材有很高的结合强度，施工工艺性好，固化无收缩；固化后的材料有很高强度，可进行各类机械加工。

耐磨修补剂可精确修复磨损失效的轴径、轴孔、轴承座等零件，修复后的涂层耐磨性是中碳钢表面淬火的 2～3 倍。

(13) 超高温修补剂性能与用途　超高温修补剂是以无机陶瓷材料和改性固化剂组成的双组分耐 1730℃ 高温胶黏剂。能够满足一般胶黏剂无法解决的高温设备的密封、填补、涂层、修补和粘接等难题；固化后无收缩，具有优异的耐超高温、阻燃、耐磨、耐老化、耐油、耐酸碱、导热等性能，不耐沸水。

3. 高分子合金修补剂使用方法

(1) 修复表面处理　除去基体表面的松动物质，采用喷砂、电砂轮、钢丝刷或粗砂纸等方式打磨，提高修复表面的粗糙度，使用丙酮或专用清洗剂擦拭，以清洁粘接表面。

(2) 产品选用及调配

① 根据设备不同的运行温度、压力、设备材质、化学介质、停机时间、现场环境等因

素，选用不同的高分子合金修补剂。

② 高分子合金修补剂由 A、B 双组分组成，使用时严格按规定的配合比将主剂 A 和固化剂 B 充分混合至颜色均匀一致，并在规定的可使用时间内用完，剩余的胶不可再用。

（3）涂抹施工　将混合好的修补剂涂抹在经处理过的基体表面，涂抹时应用力均匀，反复按压，保证材料与基体表面充分接触，以达到最佳效果。多层涂胶时，需对原涂胶表面进行处理后再涂抹。应注意以下几点。

① 下雨、下雪、下雾勿施工。
② 金属表面潮湿或有可能产生凝结水时勿施工。
③ 根据现场环境（温度、湿度、压力等）选择合适的施工方法。
④ 涂抹要均匀、彻底，以保证涂层质量。
⑤ 在操作时限内完成涂抹工作。

（4）涂抹效果检查

① 在涂抹施工结束后，立即检查是否有气泡、穿孔或疏漏的地方，如果有则立即涂抹补上。
② 完成施工和涂层变硬后彻底检查，以确保无气泡、穿孔和疏漏或机械损伤。
③ 当用湿海绵法检测涂层质量时，湿海绵应当在基体表面上多次往复测试以保证基体表面完全湿润。
④ 可使用电火花测试方法确定涂层的均匀程度。

（5）修补剂固化　涂层固化时间与涂层表面温度成正比，涂层表面温度越高，固化时间越短，相反则越长；在气温低于 25℃ 时可适当延长固化时间，当气温低于 15℃ 时，采用适当的热源进行加热（红外线、电炉等），但加热时不可以直接接触修补部位，正确操作时热源离修补表面 40cm 以上，60～80℃ 保持 2～3h。

4. 高分子合金修补剂应用领域

（1）修补气孔、砂眼　用锉刀将气孔、砂眼里面疏松的材质除去，用丙酮清洗，涂胶底层要充分浸润，填满压实（如果虚填气孔、砂眼，极易短期内脱落），待金属修补剂固化后再进行各种机加工。

（2）修补导轨划伤、油缸拉毛　导轨划伤修复尺寸：深度应为 2mm 以上，宽度应在 2mm 以上，底部应粗略清洗后用汽油喷灯过火 2～3s 清除渗在毛细孔内的油迹，再进行精细清洗，涂敷减摩修补剂，底层充分浸润、填满、压实，略高出台面 0.3～0.4mm 以备加工，固化后用油石细研，严禁用刮刀刮研。

（3）修补轴、轴键、轴座　应用车床将轴车出螺纹状，轴径应大于 13mm 以上。反复清洗干净后，将搅拌好的耐磨修补剂涂敷于表面和底部，并反复浸润填满，用手沾丙酮快速压实，排出气孔，留出加工量（厚度 1～2mm），8h 以后上车床切削加工，切削速度不宜大于 0.3mm/s，进给量 0.05～0.2mm，切削精度粗切 0.5～1mm、精切 0.1～0.2mm。

九、断丝取出技术

螺柱（螺栓、螺杆、螺钉）由于锈蚀或拆装时用力过大等原因可能被扭断，尤其是在通用机械等装备上作为固定或连接用的螺柱（螺栓、螺杆、螺钉）更易发生扭断，使一部分螺柱残留于基体内不易取出而影响设备的正常工作。

(1) 断丝取出器的工作原理　断丝取出器是一种由合金工具钢制造并经热处理工艺制成的左旋或右旋的圆锥形丝锥，供手工取出断裂在机器、设备里面的六角头螺栓、双头螺柱、内六角螺钉等，快捷、方便、实用。利用插入断丝体内带有左旋圆锥螺纹的特制丝锥，通过强力逆时针左旋断丝取出器，产生越拧越紧的效果，迫使右旋断丝与断丝取出器同时旋转，实现快速取出断丝的目的。左旋断丝则应选择右旋断丝取出器。

断丝取出器主要由一组钻头、取出器、铰杠、钻套等组成，并设置在一个便携式工具箱内。其中钻头即为普通的麻花钻头，用于在断头螺栓的中心钻孔。

(2) 断丝取出器的使用方法

① 首先根据被折断的螺栓的直径选取合适的钻头，选择的原则是钻头的直径与断丝取出器的最细端相仿，如表 10-2 所示。

表 10-2　断丝取出器适用螺栓规格及选用钻头表

断丝取出器规格（号码）	主要尺寸/mm			适用螺栓规格		选用麻花钻规格(直径)/mm
	直径		全长	米制/mm	英制/in	
	小端	大端				
1	1.6	3.2	50	M4～M6	3/16～1/4	2
2	2.4	5.2	60	M6～M8	1/4～5/16	3
3	3.2	6.3	68	M8～M10	5/16～7/16	4
4	4.8	8.7	76	M10～M14	7/16～9/16	6.5
5	6.3	11	85	M14～M18	9/16～3/4	7
6	9.5	15	95	M18～M24	3/4～1	10

② 在螺栓断面上钻孔。这个步骤是取断丝的关键，如有可能，应在螺栓断面上打上中心样冲孔，然后将加工好的钻头装到手电钻上卡紧，将钻头顶住螺栓断面的中间，保持钻头竖直，避免钻头偏移中间位置，如钻头偏移太多，钻孔后会伤到轮毂上的螺纹。一手握住手电钻手柄，另一手从手电钻后部按压。开始时手电钻的速度不要太快，钻速太快容易使钻头偏移。按压的力度也不要太大。待钻头在螺栓断面上钻入一定深度，钻头不会偏移了，拿起手电钻，观察钻孔的位置是否偏移过大，如偏移过大，需要重新定位。如钻孔位置合适，将钻头伸入顶住刚才钻孔的位置继续将钻孔打深，这时钻头不会偏移，可以逐渐加快钻速，同时按压手电钻的力度可以随之加大，钻孔深 8～10mm 即可。用小型磁体将孔内的铁屑吸出或用压缩风力吹出。

③ 断丝取出器插入钻好的孔内，用锤子敲击断丝取出器尾部，使其与断裂螺栓初步咬合，用铰杠旋动断丝取出器带动断裂螺栓将其取出。如用锤子敲击后断丝取出器不能与断裂螺栓充分咬合，说明钻的孔不够深，或是选择的断丝取出器与钻头不匹配，应重新选择匹配的断丝取出器。如旋出过程中阻力很大，可以用锤子用力敲击断丝取出器尾端 2～3 下后再继续用扳手旋动，不要用蛮力，否则有可能将断丝取出器拧断，如图 10-13 所示。

(3) 断丝取出器的使用注意事项　断丝取出器常出现取出器折断、崩刃等失效现象，为此注意在旋转取出器体取出折断螺栓时严禁用力过猛，以防取出器被折断。受其工作条件限制，取出器体的直径较小（特别是小号的断丝取出器），带有沟槽，易产生应力集中，所以无法承受较大的扭矩。因此，在取出折断螺栓作业时，若发现转动取出器体的阻力较大，切不可"强攻"，而应"智取"，首先要找出原因，一般是由于锈蚀严重所致，应采取松动剂浸润或振动等方法去除锈蚀阻力，然后再取出折断螺栓，取出断丝如图 10-14 所示。

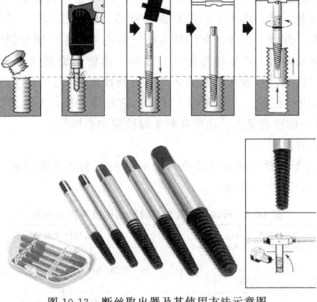

图 10-13　断丝取出器及其使用方法示意图

图 10-14　取出断丝实物图

第三节　承压设备带压密封技术

承压设备（包括锅炉、压力容器和压力管道）是生产和日常生活中广泛使用的、存在泄漏和爆炸危险的一类设备。承压设备用于盛装或输送气体、液化气体、蒸汽介质或者可燃、易爆、有毒、有腐蚀性的介质，有些还处于高温高压下工作，如果管理不善、使用不当或者设备缺陷扩展，将会发生泄漏或爆炸事故。承压设备一旦发生泄漏或爆炸，轻则造成能源及物料流失，重则引发火灾、中毒和环境污染，导致灾难性事故，不但使整个设备遭到破坏，而且将波及周围环境，破坏附近建筑物和设备，造成严重的人身伤亡及财产损失。承压设备即使发生非灾难性事故，也往往会因其所处生产装置高度自动化、高度集成化、产能大型化，由单台设备发生事故而引发系统停产，经济损失巨大。

一、带压密封技术的机理及意义

带压密封技术是专门研究原密封结构失效后，在不降低压力、温度及泄漏流量的条件下，采用各种带压密封方法，在泄漏缺陷部位上重新创建带压密封结构为目的的一门新兴的工程技术学科。带压密封技术是涉及力学、磁学、高分子材料学、无机材料学、金属材料学、流变学等多学科的综合应用技术。

带压密封技术的机理可定义为在大于泄漏介质压力的人为外力作用下,切断泄漏通道,实现再密封。

大于泄漏介质压力的外力可以是机械力、粘接力、热应力、气体压力等;传递外力至泄漏通道的机构可以是刚性体、弹性体或塑性流体等。

带压密封技术的意义在于它突破了人们传统印象中,只有停产后切断流体压力介质,然后进行转换、更新或修复泄漏缺陷后才能彻底根除泄漏的思维定式,在不停产的条件下,成功地实现了带压密封,在避免停产、减少生产物料流失、预防泄漏事故引发的着火、爆炸、中毒及保护环境方面发挥了巨大的作用,已经成为设备维护、管道维修不可或缺的应急技术手段。

二、注剂式带压密封技术

注剂式带压密封技术是采用夹具形成的密封空腔或已有的密封空腔,借助液压注剂工具将专用密封注剂强行注射到密封空腔内,形成强大的工作密封比压,迫使泄漏停止,实现带压密封的目的。

1. 基本原理

注剂式带压密封技术的基本原理是向特定的封闭空腔注射密封注剂,创建新的密封结构,如图 10-15 所示。

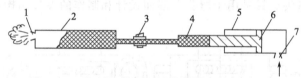

图 10-15 注剂式带压密封技术模型示意图
1—化学事故泄漏介质;2—护剂夹具;3—注剂阀;
4—密封注剂;5—剂料腔;6—挤压活塞;7—压力油接管

2. 技术构成

注剂式带压密封技术由密封注剂、夹具、注剂工具及操作方法四部分内容组成。

(1) 密封注剂 密封注剂是供"注剂枪"使用的复合型密封材料的总称。

密封注剂一经注射到夹具与泄漏部位外表面所形成的密封空腔内,便与泄漏介质直接接触,是将要建立的新的密封结构的第一道防线。密封注剂的各项性能直接涉及该技术的使用范围,它的优劣也直接影响到新的密封结构的使用寿命。可以说在合理设计制作夹具的前提下,正确选用密封注剂是注剂式带压密封技术的关键所在。

从目前国内外密封注剂的生产和使用情况来看,有三十多个品种,可大致分为两类:一类是热固化密封注剂,另一类是非热固化密封注剂,如图 10-16 所示。

图 10-16 密封注剂外形图

(2) 夹具 夹具是安装在泄漏缺陷部位外部形成密封空腔，提供强度和刚度保证的金属构件。主要有以下几种夹具结构形式。

① 法兰夹具。法兰夹具是利用包容法兰外边缘与法兰垫片之间的空隙构成密封空腔的凸形或凹形夹具，如图 10-17 所示。

② 直管夹具。直管夹具是用于直管段泄漏的夹具结构，包括方形直管夹具和焊接直管夹具，如图 10-18 所示。

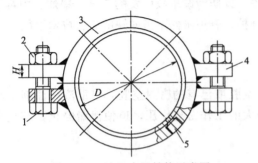
图 10-17 法兰夹具结构示意图
1—螺栓；2—螺母；3—卡环；4—耳子；5—注剂孔

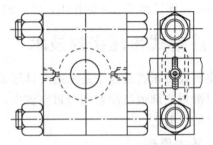
图 10-18 方形直管夹具示意图

③ 弯头夹具。弯头夹具是用于弯头泄漏而设计和制作的夹具结构，如图 10-19 所示。

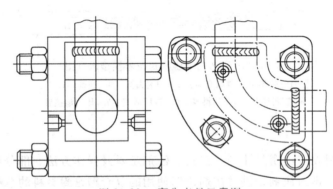
图 10-19 弯头夹具示意图

④ 三通夹具。三通夹具是用于三通泄漏而设计和制作的组焊夹具结构，包括整体加工三通夹具，如图 10-20 所示。

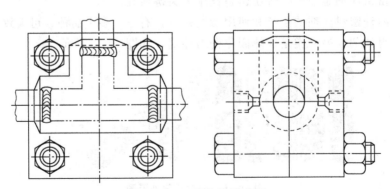
图 10-20 三通夹具示意图

（3）注剂工具　注剂工具是向包容泄漏点的密封空腔注入密封注剂的专用配套工具。它由接头、注剂阀、高压注剂枪、快装接头、高压输油管、压力表、压力表接头、回油尾部接头、油压换向阀接头、手动液压油泵等组成，如图10-21所示。

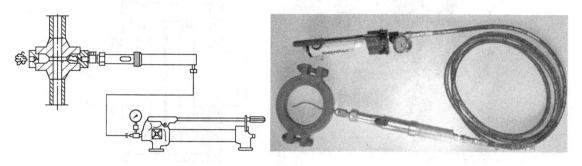

图10-21　注剂式带压密封技术机具总成图

（4）操作方法　带压密封操作方法是在现场测绘、夹具设计及制作完成后进行的具体作业。包括法兰泄漏现场操作方法、直管泄漏现场操作方法、弯头泄漏现场操作方法、三通泄漏现场操作方法、阀门填料泄漏现场操作方法等。

3. 应用部位

注剂式带压密封技术应用部位示意图如图10-22所示。

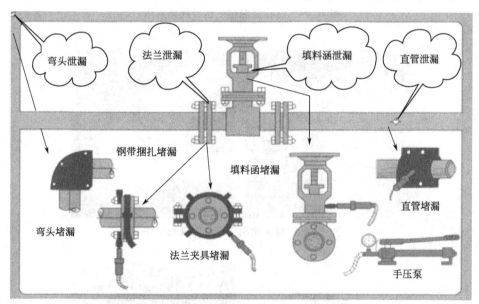

图10-22　注剂式带压密封技术应用部位示意图

（1）法兰　法兰泄漏带压密封现场应用如图10-23所示。
（2）直管　直管泄漏带压密封现场应用如图10-24所示。
（3）弯头　弯头泄漏带压密封现场应用如图10-25所示。
（4）三通　三通泄漏带压密封现场应用如图10-26所示。
（5）填料　阀门填料泄漏带压密封现场应用如图10-27所示。

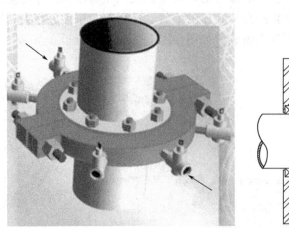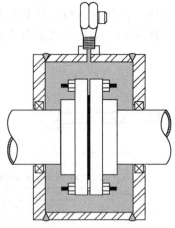

图 10-23　法兰泄漏带压密封现场应用

图 10-24　直管泄漏带压密封现场应用

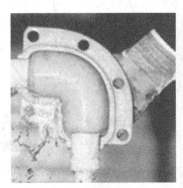

图 10-25　弯头泄漏带压密封现场应用

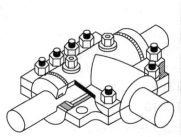

图 10-26　三通泄漏带压密封现场应用

图 10-27　阀门填料泄漏带压密封现场应用

三、钢丝绳锁快速带压密封技术

它是由我国工程技术人员发明的一种快速带压密封新技术。钢丝绳锁快速带压密封工具由液压钢丝绳枪、钢丝绳锁、钢丝绳、高压胶管和液压油泵组成，如图 10-28 所示。

钢丝绳锁快速带压密封技术原理：通过液压钢丝绳枪活塞的轴向位移，拉紧钢丝绳并产生强大拉紧力，在泄漏缺陷部位上形成带压密封夹具或直接产生止住泄漏的密封比压，然后锁紧钢丝绳锁，实现快速堵漏目的。

1. 钢丝绳锁快速带压密封技术组成

（1）钢丝绳枪　是一种中空式液压工具（图 10-29）。钢丝绳可以从其中心孔穿过，通过钢丝绳锁形成拉紧系统。钢丝绳枪最大拉紧力为 8t，钢丝绳枪行程为 65mm。

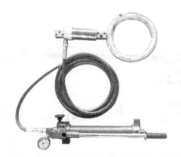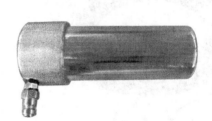

图 10-28　钢丝绳锁快速带压密封工具总成　　图 10-29　钢丝绳枪

（2）钢丝绳锁　是一种通过旋转螺钉，能够同时锁紧两根钢丝绳的金属构件，如图 10-30 所示。钢丝绳锁规格为 8mm、10mm、12mm、14mm、16mm、18mm。

（3）钢丝绳　钢丝绳是将力学性能和几何尺寸符合要求的多根钢丝按照一定的规则捻制而成的绳索。钢丝绳由钢丝、绳芯及润滑脂组成，如图 10-31 所示。

图 10-30　钢丝绳锁　　　　　　　　　　图 10-31　钢丝绳

钢丝绳具有强度高、重量轻、运用灵活、挠性好、弹性大、能承受冲击性载荷的特点；另外，在高速运转时运转稳定且无噪声，破断前有断丝预兆，整个钢丝绳不会立即折断，并且成本较低点。

根据钢丝绳使用条件的千差万别，选用钢丝绳时应遵循下列基本原则。

① 依据拉力负荷选用钢丝绳的直径和强度级别。

② 依据负荷性质（静载、动载或交变载荷）选择合适的用途。

③ 依据钢丝绳的重要程度选择合理的安全系数。

④ 依据使用的介质环境选用合适的镀层。

⑤ 依据环境的温度选用合适的绳芯或耐高低温的钢丝绳。

⑥ 根据各种用途选择合适的钢丝绳结构。

⑦ 根据所需要的弯曲比选择卷筒和钢丝绳的尺寸。

⑧ 根据使用要求对钢丝绳的捻法、不松散性、不旋转性、润滑脂等进行合理的选择。

（4）高压胶管　高压胶管是连接液压油泵和钢丝绳枪输送压力油液的部件，如图 10-32 所示。在高压胶管两端装有双向切断式快装接头，高压胶管与液压油泵分离后，可防止液压油外漏。

（5）液压油泵　液压油泵是将手动的机械能转换为液体的压力能的一种小型液压泵站，是"钢丝绳锁快速带压密封技术"的动力之源，如图 10-33 所示。液压油泵所输出的液压油经高压胶管进入钢丝绳枪油缸尾部，推动空心柱塞向前移动，同时拉紧钢丝绳。

图 10-32　高压胶管

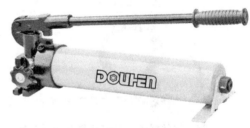

图 10-33　液压油泵

2. 钢丝绳锁快速带压密封技术特点与适用范围

（1）钢丝绳锁快速带压密封技术特点

① 选用钢丝绳作为特制夹具，不受管道直径大小的影响，与特制的夹具配合，即可处置管道上发生的各种泄漏。

② 在处置法兰泄漏时，不受法兰连接间隙的均匀程度及泄漏法兰的连接同轴度的影响，钢丝绳在强大的外力作用下被强行勒进法兰连接间隙后，钢丝绳与两法兰副外边缘形成线密封结构，构成符合注剂式带压密封技术要求的完整密封空腔。

③ 根据泄漏介质压力和法兰连接间隙，可选择的钢丝绳直径为 6～20mm，如图 10-34 所示。

（2）钢丝绳锁快速带压密封技术适用范围　用于管道法兰、直管、弯头、三通的快速抢险堵漏作业，无须制作夹具。

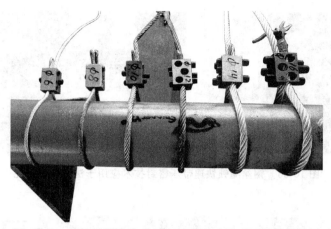

图 10-34　钢丝绳锁快速带压密封技术适用于不同钢丝绳图

3. 钢丝绳锁快速带压密封技术使用方法和适用部位

（1）钢丝绳锁快速带压密封技术使用方法　钢丝绳锁快速带压密封技术操作过程是（以泄漏法兰为例）：根据泄漏法兰连接间隙及公称直径选择相应规格的钢丝绳及长度，同时按法兰连接间隙选择一段长度为 30～50mm 铝条或铜条，用于封堵钢丝绳收口处的间隙，防止密封注剂外溢。将钢丝绳缠绕在泄漏法兰连接间隙处，两个钢丝绳头同时穿入前钢丝绳锁、钢丝绳枪及后钢丝绳锁后，人工拉紧钢丝绳，并调整钢丝绳位置，使其缠绕在泄漏法兰连接间隙内，拧紧后钢丝绳锁螺钉，以锁死钢丝绳。通过快速接头连接高压胶管和手动液压油泵，掀动液压油泵手柄，此时钢丝绳枪油缸中的活塞杆伸出，钢丝绳被拉紧，用手锤敲打钢丝绳使其受力均匀，钢丝绳拉到位后，拧紧前钢丝绳锁螺钉，锁死钢丝绳。松开后钢丝绳锁螺钉，拆除后钢丝绳锁及液压工具。注剂通道可以选择在法兰连接的螺栓孔处注入密封注剂、在泄漏法兰外边缘上直接开设注剂孔及在钢丝绳碰头处加装特制三通注剂接头，如图 10-35 所示。

图 10-35　钢丝绳锁快速带压密封技术使用示意图

（2）钢丝绳锁快速带压密封技术适用部位

① 法兰泄漏。钢丝绳锁快速带压密封技术应用于法兰泄漏情况如图 10-36 所示。为验证钢丝绳锁快速带压密封技术，与注剂式带压密封技术中夹具法进行比较，分别

第十章　设备维修技术

图 10-36　钢丝绳锁快速带压密封技术应用于法兰泄漏情况

图 10-37　钢丝绳锁与夹具带压密封比较

在 DN100、PN64 阀门两侧做比较试验,如图 10-37 所示。法兰两侧均为垫片泄漏,左边采用夹具法,而右边采用钢丝绳锁法,两者注满密封注剂后进行水压试验,当压力达到 8.0MPa 时,两者均没有发生泄漏,说明两者实现密封的效果是一样的,但夹具法需要现场勘测、设计夹具图样和制作,而钢丝绳锁法直接在泄漏法兰上作业,效果优势十分明显。

② 直管段泄漏。钢丝绳锁快速带压密封技术应用于直管段泄漏情况如图 10-38 所示。

图 10-38　钢丝绳锁快速带压密封技术应用于直管段泄漏情况

③ 弯头泄漏。钢丝绳锁快速带压密封技术应用于弯头泄漏情况如图 10-39 所示。

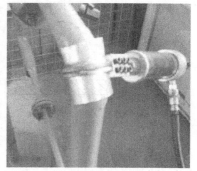

图 10-39　钢丝绳锁快速带压密封技术应用于弯头泄漏情况

四、紧固堵漏法

紧固堵漏法的基本原理是：采用某种特制的卡具所产生大于泄漏介质压力的紧固力，迫使泄漏停止，再用胶黏剂或堵漏胶进行修补加固，达到堵漏的目的，如图 10-40 所示。根据这种原理生产的堵漏工具称为金属套管堵漏器，如图 10-41 所示。

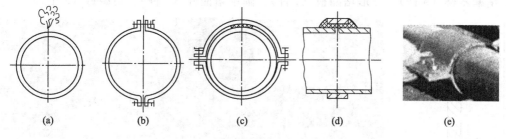

图 10-40　紧固堵漏过程示意图

图 10-41　金属套管堵漏器结构图

五、填塞粘接堵漏法

填塞粘接堵漏法的基本原理是：依靠人手产生的外力，将事先调配好的某种胶黏剂压在泄漏缺陷部位上，形成填塞效应，强行止住泄漏，并借助此种胶黏剂能与泄漏介质共存形成平衡相的特殊性能，完成固化过程，达到堵漏密封之目的，如图 10-42 所示。

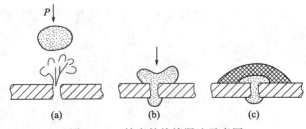

图 10-42　填塞粘接堵漏法示意图

六、塞楔法

塞楔法的基本原理是：利用韧性大的金属、木材、塑料等材料挤塞入泄漏孔、裂缝、洞内，实现带压密封的目的，如图 10-43 所示。

目前已经有规范化的多种尺寸规格的标准木楔，专门用于处理裂缝及孔洞状的泄漏事故，如图 10-44 所示的工具箱具备罐体带压密封的各种专用工具，其泄漏对象有罐体上的裂缝、孔洞，对于因罐体表面腐蚀而导致的泄漏带压密封同样有效，包含有无火花工具（4件）、堵漏木楔（9件）、弓形堵漏板（1件）、圆锥堵漏件（8件）、堵漏钉（5个）。

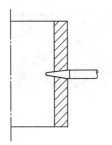

图 10-43　塞楔法原理示意图

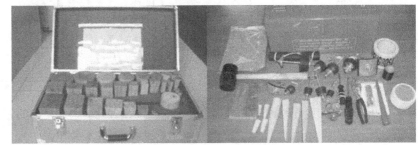

图 10-44　塞楔法堵漏器结构图

七、气垫止漏法

气垫止漏法基本原理是：利用固定在泄漏口处的气垫或气袋，通过充气后的鼓胀力将泄漏口压住，实现带压密封的目的。

多用于处理温度小于 120℃、压力小于 0.3MPa 且具备操作空间的泄漏，如图 10-45 所示。止漏气垫可对管道、油罐、铁路槽车的液体泄漏进行快速、简便、安全的带压密封操作。采用耐化学腐蚀的氯丁橡胶制作的气垫用带子固定在泄漏表面，调节并系紧固定带，然后充气。

图 10-45　止漏气垫结构图

八、缠绕法

缠绕法是利用带压堵漏捆扎带拉紧后产生的捆绑力来实现堵漏的一种快速方法。带压堵漏捆扎带是用耐温、抗腐蚀、强度高的合成纤维做成骨架，用特殊工艺将合成纤维和合成纤维融为一体，具备弹性好、强度高、耐高温及抗腐蚀等特点，它可在短时间内不借助任何工具设备，快速消除喷射状态下的直管、弯头、三通、活接头、丝扣、法兰、焊口等部位的泄漏。其使用温度为150℃，使用的最大压力可达 2.4MPa，它可广泛使用于水、蒸汽、煤气、油、氨、氯气、酸、碱等介质。如用于强溶剂环境下，可用四氟带打底并配合使用耐溶剂的胶黏剂，仍然可达到止漏的目的。该产品目前广泛应用于供热、电力、化工、冶金等行业，其结构示意图如图 10-46 所示。缠绕捆扎示意图如图 10-47 所示。

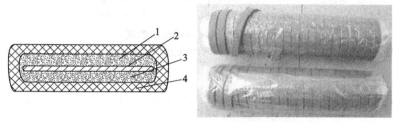

图 10-46　带压堵漏捆扎结构示意图
1，3—橡胶层；2—纤维织物层；4—四氟材料层

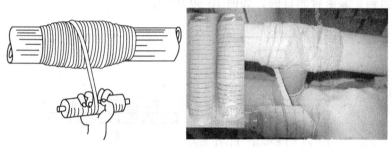

图 10-47　缠绕捆扎示意图

九、顶压粘接堵漏法

顶压粘接堵漏法的基本原理是：在大于泄漏介质压力的人为外力作用下，首先迫使泄漏止住，再利用胶黏剂的特性对泄漏部位进行粘补，待胶黏剂固化后，撤出外力，达到重新密封的目的，如图 10-48 所示。

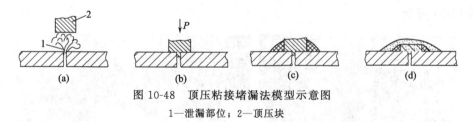

图 10-48　顶压粘接堵漏法模型示意图
1—泄漏部位；2—顶压块

十、引流粘接法

有一些特殊的泄漏点，如存在严重腐蚀的气柜壁上的泄漏孔洞，塑料容器、管道及槽车上出现的泄漏，在采用其他方法比较烦琐的情况下，可以考虑采用引流粘接法进行带压密封作业。

引流粘接法的基本原理是：利用胶黏剂的特性，首先将具有极好的降压、排放泄漏介质作用的引流器粘在泄漏点上，待胶黏剂充分固化后，封堵引流孔，实现带压密封的目的，如图 10-49 所示。

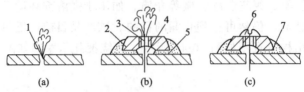

图 10-49　引流粘接法示意图

1—泄漏缺陷；2—引流器；3—引流螺孔；4—引流通道；5—胶黏剂；6—螺钉；7—加固胶黏剂

十一、磁力压固粘接法

磁力压固粘接法的基本原理是：借助钕铁硼强磁体产生的强大吸力与密封材料（橡胶或密封胶）配合使用，对铁磁性设备上发生的泄漏进行快速封堵，实现带压密封的目的，与泄漏部位黏合，达到止漏密封的目的，如图 10-50 所示。

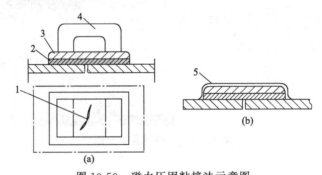

图 10-50　磁力压固粘接法示意图

1—泄漏缺陷；2—胶黏剂或堵漏胶；3—非磁性材料；4—磁铁；5—胶黏剂及玻璃布

（1）橡胶磁带压堵漏块　橡胶磁带压堵漏块的工作原理是：将钕铁硼永磁材料镶嵌于导磁橡胶体中，组成强磁装置，钕铁硼强磁块的磁场通过橡胶层与铁磁性材料做成的工业设备产生吸力，并形成阻止泄漏所需的密封比压，实现磁力带压堵漏的目的，其结构和应用效果图如图 10-51 所示。

图 10-51　橡胶磁带压堵漏块结构及应用效果图

（2）橡胶磁带压堵漏板　原理同（1），其结构和应用效果图如图 10-52 所示。

图 10-52　橡胶磁带压堵漏板结构及应用效果图

（3）开关式长方体橡胶磁带压堵漏板　开关式长方体橡胶磁带压堵漏板的工作原理是：将具有开关功能的钕铁硼磁芯镶嵌于可弯曲导磁橡胶体中，组成可调磁力强弱的强磁装置，钕铁硼强磁块的磁场通过橡胶层与铁磁性材料做成的工业设备产生吸力，并形成阻止泄漏所需的密封比压，实现磁力带压堵漏的目的，其结构和应用效果图如图 10-53 所示。

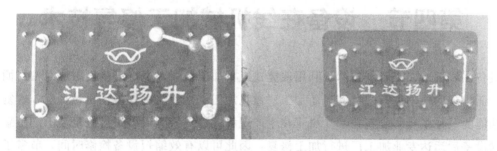

图 10-53　开关式长方体橡胶磁带压堵漏板结构及应用效果图

（4）开关式气瓶橡胶磁带压堵漏帽　开关式气瓶橡胶磁带压堵漏帽的工作原理是：将具有开关功能的钕铁硼磁芯镶嵌于可弯曲导磁帽式橡胶体中，组成可调磁力强弱的强磁装置，钕铁硼强磁块的磁场通过橡胶层与铁磁性材料做成的工业设备产生吸力，并形成阻止泄漏所需的密封比压，实现磁力带压堵漏的目的，其结构和应用效果图如图 10-54 所示。

图 10-54　开关式气瓶橡胶磁带压堵漏帽结构及应用效果图

(5) 开关式槽车橡胶磁带压堵漏帽　开关式槽车橡胶磁带压堵漏帽的工作原理是：将具有开关功能的钕铁硼磁芯镶嵌于可弯曲导磁帽式橡胶体中，组成可调磁力强弱的强磁装置，钕铁硼强磁块的磁场通过橡胶层与铁磁性材料做成的工业设备产生吸力，并形成阻止泄漏所需的密封比压，实现磁力带压堵漏的目的，其结构和应用效果图如图 10-55 所示。

图 10-55　开关式槽车橡胶磁带压堵漏帽结构及应用效果图

第四节　设备在线机械加工修复技术

设备在线机械加工修复技术是利用便捷式机械加工机器对生产现场设备法兰密封面、圆孔、平面出现的缺陷进行法兰密封面加工、镗孔加工、平面铣削等现场机械加工，恢复设备使用功能的一种在线修复新技术。由于在生产现场直接对缺陷设备进行修复，不必更新设备或拆除设备后运达专业加工厂进行加工修复，因此可以有效缩短设备检修时间，节省了人力资源，极大地降低了检修成本。如某炼油厂年产值为 100 亿元，则每提前一天开车就可为企业增加 3000 万元的产值。

一、设备在线机械加工修复技术原理

设备在线机械加工修复技术是在生产现场利用便捷式机械加工机器对损坏的生产设备表面切除缺陷材料部分，使之达到规定的修复几何形状、尺寸精度和表面质量要求的一种加工方法。

二、现场密封面加工

(1) 适用范围　各种管道、容器、压力罐、锅炉、加氢反应器等设备上的法兰端面、内孔、外圆、凸面凹槽（RF、RTJ、M、F 等）、椭圆面等多种形式的密封面车削加工，并可加工大型压力容器的法兰、阀座、压缩机用法兰、换热器封头等。

(2) 技术参数　法兰加工直径范围 0～6000mm；表面粗糙度 $Ra3.2\mu m$，精加工可达 $Ra1.6\mu m$；精度 $\pm 0.03mm$。

(3) 加工设备特性

① 模块化设计,操作方便,易于安装、拆卸。
② 刀架在 360°范围内可作任意角度调整。
③ 独立的内、外卡固定系统使对中更精确。
④ 预载制动系统可以使得间歇切割平衡。
⑤ 速变三速变速箱为全程切割输出最合适的速度。
⑥ 强大可逆的动力使得切削更平衡。
⑦ 持续切割速度上升或下降时有反向平衡。
⑧ 水平、垂直、倒置安装均可,稳定性好。
⑨ 配有两套底盘安装,适用于不同的管径。
⑩ 平衡起吊环便于搬运。
⑪ 三种动力系统供选用:电动马达(又称电动机)、气动马达、液压马达。
⑫ 配备远程电路控制系统,操作方便、安全系数高。

密封面加工设备结构及现场加工应用图如图 10-56 所示。

图 10-56 密封面加工设备结构及现场加工应用图

三、现场铣削加工

(1) 适用范围 消除磨损部位,去除焊缝以及恢复设备表面,在现场复杂的工况条件下进行平面、凸凹槽、方形法兰面以及各种直线密封槽、模具 T 形槽、倒角面加工,主要用于换热器、泵和电机、起重机的衬垫、底座、舱门盖、凹槽、凸台接合面、轴和防护罩键槽的加工,也可以用于各种滑动轨道系统的加工;在轴、平板以及管件上加工键槽,条形孔、通孔处加工键槽,也可以加工轴端、轴中的键槽以及加工大型管道内孔键槽。

(2) 技术参数 XY 铣削平面:泵、压缩机、电机底座等最大尺寸 2000mm×4000mm。键槽:如热交换器管板分区槽最长尺寸 2032mm。

(3) 加工设备特性

① 分体组装式结构,便于现场安装、拆卸。
② 重负荷线性导轨、双滚珠丝杠保证了走刀的精度。

③ 强大可逆的动力使得切削更平衡。
④ 精确的燕尾槽和可调导轨使得调节平滑精确。
⑤ X、Y两方向自动进给,垂直方向手动进给。
⑥ 加工精度高,平面度可达 $0.02mm/m^2$。
⑦ 加工范围广,铣削宽度可达 5000mm。
⑧ 安装方便,可水平安装、垂直安装、倒置安装。
⑨ 可配备磁力底座,适用于特殊工作条作,稳定性高。
⑩ 三种动力系统供选择:气动马达、电动马达、液压马达。
便携式铣床结构及现场加工应用图如图 10-57 所示。

图 10-57 便携式铣床结构及现场加工应用图

四、现场镗孔

(1) 适用范围 主要用于管道内孔的加工,各种机械部件上的回转孔、轴削孔、安装固定孔的加工及修复;适用于挖掘机、起重机等重型机械上的挖斗、主臂上的轴削孔、同心孔磨损后的修复,泵体、阀体、阀座、涡轮机组以及船艄舵系孔、轴孔、舵叶孔等加工;现场的钻孔、扩孔、孔修复(补焊后加工)、攻丝、水平镗孔、垂直镗孔、直线镗孔、锥度镗孔、断头螺栓取出等。

(2) 技术参数 镗孔直径范围 $\phi 45 \sim 1000mm$,最大深度 5000mm;表面粗糙度 $Ra3.2\mu m$,精加工抛光可达 $Ra1.6\mu m$。

(3) 加工设备特性
① 整机部件采用模块设计,可在现场快捷安装、拆卸。
② 高强度合金结构钢镗杆,强度高,不易变形。
③ 可水平镗孔、垂直镗孔、端面铣削。
④ 恒扭矩动力,切削量大,单边切削量最大可达到 8mm。动力系统有电动马达、气动马达、液压马达。
⑤ 具有微调功能的镗刀座,可调整进刀量,轴向、径向切削平衡,无振动。
⑥ 可配备端面铣装置,加工管道的密封面、V形槽等。
⑦ 加工精度高,表面粗糙度可达 $Ra1.6\mu m$。
⑧ 具有快速退刀系统,操作方便、快捷。
⑨ 多种形式支撑固定装置满足了不同工作环境的需要,有单臂支撑、十字支撑、丁字支撑、一字支撑、落地支撑、中心支撑、轴端保护支撑可供选择。

⑩ 配备远程电路控制系统,操作方便、安全系数高。

携式镗孔机结构及现场加工应用图如图 10-58 所示。

图 10-58 携式镗孔机结构及现场加工应用图

五、现场轴颈加工

(1) 适用范围　旧轴颈、已破损轴颈的重新改造、轴焊接与表面修复、轴套安装、轴承位修复。

(2) 技术参数　加工轴直径范围为 $\phi150\sim825.5$mm。

(3) 加工设备特性　即使旋转臂在最远的距离,高速旋转臂及反向平衡体也可提供平滑的旋转和最小的振动。标准形式工具头提供了精确的深度调整,自动轴向进给可在 $0\sim0.635$mm 内变化。

可调整的工具头和圆形刀头可以使工具快速定位,精确旋转;安装在轴端,仅需拆除齿轮或轴承就可以露出轴端进行加工。即使轴面不是方形,调整螺钉也可达到精确对心和对中。轴颈车床结构及现场加工应用图如图 10-59 所示。

图 10-59 轴颈车床结构及现场加工应用图

六、现场厚壁管道切割坡口

(1) 适用范围　分裂式框架设计冷管道切割坡口机可用来割断厚壁管道,还可以进行各种坡口的切割,用于各种焊接筹备阶段的修坡口坡度修改,切管和坡口加工可同时进行。

(2) 技术参数　可切割范围为 DN50～DN1500 的碳钢、不锈钢、球墨铸铁、铸铁及大部分合金材料,甚至直径达 100m 的油罐都可以切割和坡口。

(3) 加工设备特性

① 由气动或者液压驱动,它可以在管子水平或者垂直方向作业,可以在壕沟和180m深水下作业。

② 该铣削切割坡口机可以切下75mm的金属,而且不改变机加工表面的物理性能,此方法有利于现场工地的截面切割。

③ 精度高。一般情况下,端面垂直度在1/16"范围内。如果使用导轨附件可将加工精度保持在0.005mm以内。采用导轨和特殊导轨轮可在零能见度下进行垂直切割、水下切割及多道切割。

④ 安全防爆的冷割。切割机在易爆的环境下可以在天然气、原油及燃料管上作业,它曾经用于切割导弹燃料系统。

⑤ 快速、可靠。一分钟完成切割一个1"壁厚的管道。当然切割时间随管子的壁厚及合金的坚硬程度而相应变化。该机结构坚固,寿命可达10~20年。

⑥ 安装简单。它所需要的径向占空高度为10"~12",安装时间不到10min。将可调节的驱动链条连接起来并扣紧在管道上,便可开动机器。

⑦ 切断的同时可以加工沟槽。把切割刀和开槽刀安装在一起,就可以一次完成上述作业。

液压型的切割机采用全封闭液压系统,特别适合恶劣环境(风沙、污泥、水下)下工作,适合海上钻井、铺管及各种水上安装工程。

⑧ 抗腐蚀。使用不锈钢材料、特殊轴承、铅封及锌层等附件,可防止盐水作业下的腐蚀。

切割坡口机结构及现场加工应用图如图10-60所示。

图10-60 切割坡口机结构及现场加工应用图

第五节 带压开孔及封堵技术

带压开孔及封堵技术是在设备、管道堵塞或某些管道损坏甚至断裂,严重影响介质输送的情况下,在设备、管道完好的部位和段落,带压开孔,并封堵损坏的管道,在新开孔部位架设新管道输送介质。当损坏的设备、管段更换或检修完成后,再恢复原来的设备、管道输送介质。

一、带压开孔及封堵技术国家现行标准

目前我国现行的国家标准是《钢质管道带压封堵技术规范》(GB/T 28055—2011)。该标准规定了管道带压开孔、封堵作业的技术要求。该标准适用于钢质油气输送管道带压开孔作业及塞式、折叠式、筒式、囊式等封堵作业(其他介质参照执行)。

二、术语和定义

① 带压开孔。在管道无介质外泄的状态下,以机械切削方式在管道上加工出圆形孔的一种作业。

② 封堵头。由机械转动部分和密封部分组成,用于阻止管道内介质流动的装置,分为悬挂式、折叠式、筒式封堵头。

③ 封堵。从开孔处将封堵头送入管道并密封管道,从而阻止管道内介质流动的一种作业。

④ 对开三通。用于管道开孔、封堵作业,法兰部位带有塞堵和卡环机构的全包围式特制三通,分为封堵三通和旁通三通。

⑤ 塞堵。置于对开三通的法兰孔内,带有O形密封圈、单向阀和卡环槽的圆柱体。

⑥ 卡环机构。置于对开三通的法兰内,用于固定、限制塞堵的可伸缩机构。

⑦ 夹板阀。在开孔、封堵作业中,用于连接三通与开孔机及封堵装置的专用阀门。

⑧ 开孔结合器。容纳开孔刀具、塞堵,用于夹板阀和开孔机之间密闭连接的装置。

⑨ 封堵结合器。容纳封堵头,用于夹板阀和封堵器之间密闭连接的装置。

⑩ 筒刀。一端带有多个刀齿,另一端与开孔机相连的圆筒形铣刀。

⑪ 中心钻。安装有U形卡环,用于定位、导向和取出鞍形切板,辅助筒刀开孔的钻头。

⑫ 刀具结合器。将开孔机和刀具连接起来的装置。

⑬ 塞堵结合器(下堵器)。将开孔机和塞堵连接起来的装置。

三、带压开孔

带压开孔过程示意图如图10-61所示,其技术参数如表10-3所示。

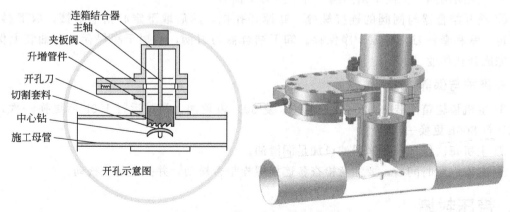

图10-61 带压开孔过程示意图

表 10-3 带压开孔技术参数

带压开孔	用　途	用于管道不停输带压开孔
	规　格	$\phi 60 \sim 323$mm
	适用压力	$0 \sim 10$MPa
	适用温度	$-30 \sim 330$℃
	适用管材	碳钢管、锰钢管、不锈钢管、灰铸铁管、球墨铸铁管、PVC 管、预应力管、西气东输系列管材
	开孔方式	手动或液压（可另配液压动力头）

1. 工作原理

不停输带压开孔机是在密封的条件下，对不停输的工业管道带压进行钻孔定心、套料开孔，实现工业管道不停输带压开孔。

2. 特点

① 在工业管道正常输送的情况下，带压施工，无需停输。
② 在转速范围内，保持恒扭矩输出。
③ 无级变速，调节方便。
④ 广泛适用于石油、化工、供气、供水等各种管线维修施工。

3. 基本参数

开孔机基本参数如表 10-4 所示。

表 10-4 开孔机基本参数

参数 型号	开孔范围/mm	主轴行程/mm	主轴转速/(r/min)	切削进给量/(mm/r)	液压站工作压力/MPa	工作流量/(L/min)
SKKJ100	DN80～300	650	手动	3mm/min	—	—
KKJ300	DN80～300	1000	10～26	0.099	7	54～108

4. 停机

① 完成进刀切削开孔后，应立即顺时针摇动退刀手柄没有卡紧现象，则使刀具退到最高位置，关闭闸阀，关闭平衡闸阀，卸下压力平衡管。

② 松开结合器与闸阀的连接螺栓，卸掉开孔机，然后取下定心钻上下簧，取下料片，卸下定心钻和套料刀，清擦干净保存。卸下结合器与刀柄，清擦干净保存。主轴装上保护罩，完成开孔作业。

5. 维护与保养

① 主机齿轮箱内装 HL20-30（冬 20、夏 30）齿轮油，初试运行 150h 后更换一次，以后每运行 800h 更换一次。
② 主机每次使用前各润滑油口加足润滑油。
③ 工作一段时间后，要注意检查各连接螺栓是否松动，并拧紧防止松动。

四、带压封堵

带压封堵是从带压开孔处将封堵头送入管道并密封管道，从而阻止管道内介质流动的一种作业。封堵成功后可安装旁路管道，对减薄管段进行切断、改路、更换新管或换阀；对管段进行修复或改造完毕后，安装塞柄封住三通法兰口，安装盲板。带压封堵过程示意图如图 10-62～图 10-64 所示，其技术参数如表 10-5 所示。

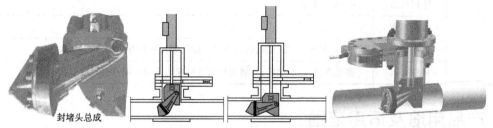

图 10-62　带压封堵过程示意图（1）

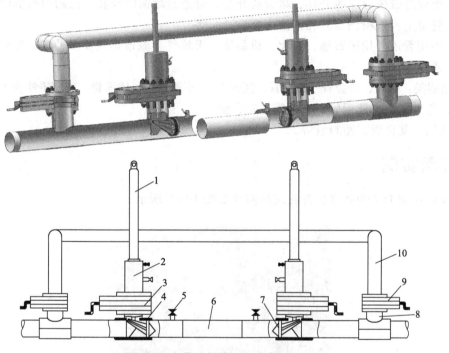

图 10-63　带压封堵过程示意图（2）

1—封堵器；2—封堵结合器；3—封堵夹板阀；4—封堵三通；5—压力平衡短节；
6—DN50 放油孔；7—封堵头；8—旁通三通；9—旁通夹板阀；10—旁通管道

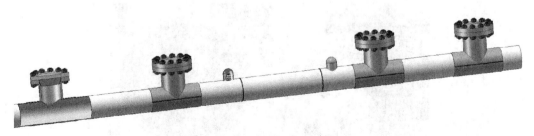

图 10-64　带压封堵过程示意图（3）

表 10-5 带压封堵技术参数

带压封堵	用途	用于高温高压的各种介质管道带压封堵
	规格	φ60～323mm
	适用压力	0～6.4MPa
	适用温度	-30～280℃
	适用介质	水、水蒸气、石油、成品油、天然气、煤气等几乎所有介质
	特殊要求	高温高压、合金材质、不锈钢材质等特殊工艺的专项开孔封堵

五、产品用途及适用范围

（1）用途 开孔机是在输送不同介质的压力管道上，做不停输带压开孔的专用施工机具。它用于管道带压分支线开孔、接旁通开孔、管道封堵前的开孔、做阀门两侧的压力平衡开孔、在管道上置入检测器开孔和注入介质开孔等。

（2）适用管道 用于石油、石化、成品油、天然气、城市燃气及多种气、液管道等。

（3）适用管材

① 金属类：钢管、合金管（铬钢管、锰钢管）、不锈钢管、铸铁管、球墨铸铁管等管材。

② 有色金属类：紫铜管、黄铜管、铝合金管。

③ 其他：复合管、塑料管等。

六、应用实例

① 江苏沙钢 DN1600 带压开孔现场图片如图 10-65 所示。

图 10-65　江苏沙钢 DN1600 带压开孔现场图片

② DN2000 煤气管道带压开孔现场图片如图 10-66 所示。

图 10-66　DN2000 煤气管道带压开孔现场图片

③ DN250 天然气管道开孔封堵现场图片如图 10-67 所示。

图 10-67　DN250 天然气管道开孔封堵现场图片

④ 生产现场开孔封堵现场图片如图 10-68 所示。

图 10-68　生产现场开孔封堵现场图片

第六节　碳纤维复合材料修复技术

碳纤维复合材料修复技术主要是利用碳纤维复合材料的高强度特性，采用黏结树脂在缺陷管道上缠绕一定厚度的纤维层，树脂固化后与管道结成一体，从而恢复缺陷管道的强度。由于碳纤维复合材料修复具有不需动火焊接、工艺简单、施工迅速、操作安全、可实现不停输修复并且成本相对较低等优势，已被管道行业普遍接受。1997 年，国外成功地将碳纤维复合材料修复技术应用在埋地钢质管道上。

一、碳纤维复合材料修复技术原理

使用填平树脂对设备缺陷进行填平修复，再利用碳纤维材料在纤维方向上具有高强度的特性，配合专用黏结剂在服役设备外包覆一个复合材料修复层，补强层固化后与设备形成一体，代替设备材料承载内部压力，恢复含缺陷设备的服役强度，从而达到恢复甚至超过设备设计运行压力的目的，如图 10-69 所示。

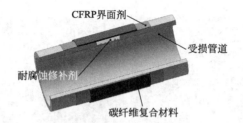

图 10-69 碳纤维复合材料修复技术原理示意图

二、施工材料及主要用途

① 高强度碳纤维。碳纤维具有极高的弹性模量与抗拉强度，从而提高待修补部位的承压能力和材料强度。

② 碳纤维浸渍胶。双组分高性能改性热固性聚合物。用于碳纤维布与待修补部位的紧密粘接，同时使碳纤维材料均匀受力。

③ 耐腐蚀修补剂。双组分，固化后具有很高的强度和模量，耐腐蚀、收缩小，用于修补由于机械损伤或腐蚀而造成的待修补部位的缺陷。

④ CFRP 界面剂。双组分，提高待修补部位与碳纤维材料的粘接强度，均匀传递载荷，防止电化学腐蚀的发生。

⑤ 快速固化抗紫外线树脂。耐紫外线照射，抗腐蚀性能好，快速固化，适用于暴露在日光下的管道结构，适用于各种形状的管道结构。

⑥ 聚乙烯胶粘带。适用于较规则的管道结构，使用标准为《钢质管道聚乙烯胶粘带防腐层技术标准》（SY/T 0414—2017）。

⑦ 抗老化防腐涂料。与碳纤维复合材料结合性能好，耐腐蚀和抗老化性能好，适用于无法用聚乙烯胶粘带进行防腐的不规则形状的结构。

三、碳纤维复合材料修复技术特点

① 免焊不动火，可在管道带压运行状态下修复，安全可靠。

② 施工简便快捷，操作时间短（常温下复合材料可在 2h 内固化）。

③ 碳纤维复合材料具有高弹性模量、高抗拉强度、高抗蠕变性，且碳纤维弹性模量与钢的弹性模量十分接近，有利于复合材料尽可能多地承载管道压力，从而可以降低管道缺陷处的应力和应变，限制管道的膨胀变形，恢复/提高管道的承压能力，其强度随着服役时间增加基本保持不变。

④ 碳纤维补强缠绕、铺设方式灵活。可对环焊缝和螺旋焊缝缺陷（包括高焊缝余高和严重错边）补强，还可对弯管、三通、大小头等不规则管件修复。

⑤ 可以用于腐蚀、机械损伤和裂纹等缺陷修复补强，也可用于整个管段的提压增强处理，应用范围广。

⑥ 耐腐蚀性能优异，能够耐受各种介质，与各种材质粘接性能好，永久性修复，设计寿命长达 50 年。

⑦ 碳纤维复合材料补强层厚度小，方便后续的保温和防腐处理。

四、碳纤维复合材料修复工艺及实例

（1）**管道表面处理** 通过对管道进行喷砂除锈、机械或手工打磨除锈，使管道表面达到 St3 级标准，如图 10-70 所示。

图 10-70　管道表面喷砂与打磨除锈处理

（2）**管道缺陷修补** 使用专用修补剂将管道表面缺陷处填平，或在进行带压堵漏作业后将待修补部位抹平，如图 10-71 所示。

图 10-71　管道缺陷修补处理

（3）**涂刷碳纤维复合材料（CFRP）界面剂** 在管道外表面涂刷 CFRP 界面剂，涂抹均匀之后即可进行下一步操作。界面剂和碳纤维浸渍胶的固化速度基本相同，如图 10-72 所示。

图 10-72　管道外表面涂刷 CFRP 界面剂

（4）铺设碳纤维复合材料　采用湿铺工艺铺设碳纤维复合材料，铺设大概在 30min 内完成。碳纤维复合材料初步固化时间为 0.5~4h，可以通过辐射加温的方式加速固化。基本固化之后可以进行下一步处理，如图 10-73 所示。

图 10-73　铺设碳纤维复合材料

（5）增加外保护层（可选）　对于钢管，应在碳纤维复合材料外部缠绕聚乙烯胶粘带或者涂刷外保护层。建议使用抗紫外线涂层、防腐冷缠带或其他抗老化防腐材料，在补强层外进行处理，减少紫外线长期照射对碳纤维复合材料强度的负面影响，如图 10-74 所示。现场应用情况如图 10-75 所示。

缠绕冷缠带　　　　　　　沥青玻璃布防腐　　　　　　涂刷金属漆

图 10-74　增加外保护层方法

图 10-75　碳纤维复合材料修复应用实例

思考题

10-1 设备维修的理论和体制包括哪些？
10-2 设备维修工作的任务和方式有哪些？
10-3 设备维修发展的三大趋势是什么？
10-4 简述零件的修复原则及修复方法。
10-5 什么是高分子合金修补技术？
10-6 如何取出断掉的螺栓？
10-7 承压设备带压密封技术的机理及意义有哪些？
10-8 在线机械加工修复技术原理是什么？
10-9 什么是带压开孔及封堵技术？
10-10 碳纤维复合材料修复技术原理是什么？

第十一章 机械零件装配技术与设备更新改造

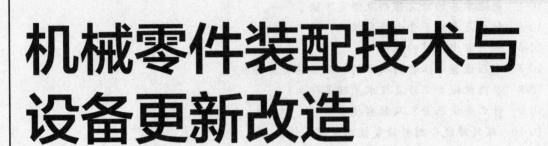

第一节 机械装配的概述

一、机械装配的概念

机械装配就是按照设计的技术要求实现机械零件或部件的连接,把机械零件或部件组合成机器。机械装配是机器制造和修理的重要环节,特别是对机械修理来说,由于提供的装配零件有利于机械修理时的情况,更使得装配工作具有特殊性。装配工作质量对机器的效能、修理的工期、工作的劳力和成本等都起着非常重要的作用。

1. 机器零部件的分类

组成机器的零部件可分为以下两大类。

① 标准零部件。如轴、轴承、联轴器、齿轮、键、销和螺栓等,它们是机器的主要组成部分,而且数量较多,其装配工艺规程具有典型的代表意义。

② 非标准零部件。为某种特殊用途而设计的不具备普遍性的零部件。

2. 装配法的分类

(1) 按产品的装配要求分类 根据产品的装配要求和生产批量,零件的装配有修配、调整、互换和选配 4 种配合方法。

① 修配法。修配中应用锉、磨和刮削等工艺方法改变个别零件的尺寸、形状和位置,使配合达到规定的精度,装配效率低,适用于单件小批生产,在大型、重型和精密机械装配中应用较多。修配法依靠手工操作,要求装配工人具有较高的技术水平和熟练程度。

② 调整法。装配中调整个别零件的位置或加入补偿件,以达到装配精度。常用的调整

件有螺纹件、斜面件和偏心件等，补偿件有垫片和定位圈等。这种方法适用于单件和中小批生产的结构较复杂的产品，成批生产中也少量应用。

③ 互换法。所装配的同一种零件能互换装入，装配时可以不加选择，不进行调整和修配。这类零件的加工公差要求严格，它与配合件公差之和应符合装配精度要求。这种配合方法主要适用于生产批量大的产品，如汽车、拖拉机的某些部件的装配。

④ 选配法。对于成批、大量生产的高精度部件如滚动轴承等，为了提高加工经济性，通常将精度高的零件的加工公差放宽，然后按照实际尺寸的大小分成若干组，使各对应的组内相互配合的零件仍能按配合要求实现互换装配。

(2) 按装配过程中装配对象的动静关系分类　按照装配过程中装配对象是否移动，分为固定式装配和移动式装配两类。

① 固定式装配。在一个工作位置上完成全部装配工序，往往由一组装配工完成全部装配作业，手工操作比重大，要求装配工水平高、技术全面。固定式装配生产率较低，装配周期较长，大多用于单件、中小批生产的产品以及大型机械的装配。

② 移动式装配。把装配工作划分成许多工序，产品的基准件用传送装置支撑，依次移动到一系列装配工位上，各工序的装配工作分别在各工位上完成。按照传送装置移动的节奏形式不同，有自由节奏装配和强制节奏装配。前者在各个装配工位上工作的时间不均衡，所以各工位生产节奏不一致，工位间应有一定数量的半成品储存用以调节；后者的装配工序划分较细，各装配工位上的工作时间一致，能进行均衡生产。移动式装配生产率高，适用于大批量生产的机械产品。

3. 装配过程

为保证有效地进行装配工作，通常将机器划分为若干能进行独立装配的装配单元。

① 零件。它是组成机器的最小单元，由整块金属或其他材料制成。

② 套件（合件）。它是在一个基准零件上装上一个或若干个零件构成的，是最小的装配单元。

③ 组件。它是在一个基准零件上装上若干套件及零件而构成的，如主轴组件。

④ 部件。它是在一个基准零件上装上若干组件、套件和零件而构成的，如车床的主轴箱。其特征是在机器中能完成一定的、完整的功能。

二、机械装配的要求

1. 装配精度

为了使机器具有正常的工作性能，必须保证其装配精度。机器的装配精度通常包含以下三个方面的含义。

(1) 相互位置精度　指产品中相关零部件之间的距离精度和相互位置精度，如平行度、垂直度和同轴度等。

(2) 相对运动精度　指产品中有相对运动的零部件之间在运动方向和相对运动速度上的精度，如传动精度、回转精度等。

(3) 相互配合精度　指配合表面间的配合质量和接触质量。

2. 尺寸链精度

尺寸链精度是指机械装配中，有时虽然各配合零部件的配合精度满足要求，但积累误差所造成的尺寸链误差却可能超出规定范围，应重新进行选配或更换某些零部件。

（1）装配尺寸链的定义　在机器的装配关系中，由相关零件的尺寸或相互位置关系所组成的一个封闭的尺寸系统，称为装配尺寸链。

（2）装配尺寸链的分类

① 直线尺寸链：由长度尺寸组成，且各环尺寸相互平行的装配尺寸链。

② 角度尺寸链：由角度、平行度、垂直度等组成的装配尺寸链。

③ 平面尺寸链：由成角度关系布置的长度尺寸构成的装配尺寸链。

3. 密封性

在装配工作中，对密封性必须给予充分重视。除恰当选择密封材料外，还要选择合理的装配工艺，保证合理的装配紧度，并且压紧要均匀。压紧度不足会引起泄漏；压紧过度，会使静密封的垫片丧失弹性甚至被压裂，对动密封元件，则会引起发热、加速磨损、增加摩擦功率损失等，从而使机器降低工作能力，可能造成严重的事故。

三、机械装配的工艺过程

机械装配的工艺过程包括装配前的准备工作、装配、检验和调整。

（1）装配前的准备工作　装配前应认真阅读图样及相关技术资料，熟悉机械的构造，了解各零部件的特点及作用、零部件的相互关系及连接方式、方法，在此基础上制定合理的装配工艺规程，内容包括装配技术要求，合理的装配顺序，装配方式、方法，装配的材料、工具、夹具和量具等。必须按图样要求对零部件尺寸精度、几何精度、表面粗糙度及表面质量等进行严格检查，防止不合格的零部件进入装配环节。

（2）装配　零部件的装配必须严格地按照装配工艺规程操作。装配的一般步骤：先将零件装成组件，再将零件、组件装成部件，最后将零件、组件、部件总装成机器。装配应先上后下，由内向外，先重后轻，并注意逐一按照装配基准面装配的原则。

（3）检验和调整　装配后，需对设备进行检验和调整。检验的目的在于检查零部件的装配工艺是否正确，检查设备的装配是否符合设计的规定，及时调整、校正，以控制其达到装配质量要求。

第二节　过盈配合的装配

过盈配合是以包容件（孔）和被包容件（轴）配合后的过盈来达到紧固连接的一种连接方法。过盈连接有对中性好、承载能力强并能承受一定冲击力等优点，但对配合面的精度要求高，加工和装拆都比较困难。

一、过盈配合的工作原理

过盈配合之所以能传递载荷，在于零件具有弹性和连接具有装配过盈，装配后包容件和被包容件的径向变形使配合面间产生很大的压力，工作时载荷就靠着相伴而生的摩擦力来传递。

当配合面为圆柱面时，可采用压入法或温差法（加热包容件或冷却被包容件）装配。当其他条件相同时，用温差法能获得较高的摩擦力或力矩，因为它不像压入法那样会擦伤配合表面。采用哪种装配法由工厂设备条件、过盈量大小、零件结构和尺寸等决定。

二、过盈配合件装配前的检查

过盈配合零件在装配前必须对配合部位进行复检，并做好记录。

① 过盈量应符合图样或工艺文件的规定。

② 与轴肩相靠的相关轮或环的端面，以及作为装配基准的轮端面，与孔的垂直度偏差应在图样规定的范围内。

③ 相关的圆根、倒角等不得影响装配。

④ 配合表面不准有棱刺、锈斑或擦伤。

⑤ 当包容件的孔为盲孔时，其装入的被包容件必须有排气孔或槽，否则不准进行装配。

⑥ 具有键连接的配合件，装配前必须对轴槽、孔槽的位置与研配的键进行复检，正确无误后方可进行装配。

三、过盈配合及过渡配合的推荐装配方法选择

过盈配合及过渡配合的推荐装配方法如表 11-1 所示。

表 11-1　过盈配合及过渡配合的推荐装配方法

配合种类	基本偏差	配合特性	装配方法
过盈配合	s	用于钢与铁制零件的永久性和半永久性装配，可产生相当大的结合力	将孔加热或将轴冷却
	r	对铁类零件为中等打入配合，对非铁类零件为轻打入的配合，当需要时可以拆卸。与 H8 孔配合，直径在 100mm 以上时为过盈配合，直径小时为过渡配合	用压力机压入或将孔加热
	p	与 H6 孔或 H7 孔配合时是过盈配合，与 H8 孔配合时则为过渡配合。对非铁类零件，为较轻的压入配合，当需要时易于拆卸。钢、铸铁或铜、铁组件的装配是标准的压入配合	用压力机压入
	n	平均过盈比 m 轴稍大，很少得到间隙，适用于 IT4～IT7 级，通常推荐用于紧密的组件配合。H6/n5 配合时为过盈配合	用锤或压力机装配
	m	此种配合具有不大于过盈的过渡配合，适用于 IT4～IT7 级配合，但在最大过盈时要求有相当大的压入力	一般可用木锤打入
	k	平均起来没有间隙的配合，适用于 IT4～IT7 级配合，推荐用于稍有过盈的定位配合	一般用木锤打入
	Js	平均起来为稍有间隙的配合，多用于 IT4～IT7 级、要求间隙比 h 轴小并允许有过盈的定位配合	

四、人工敲击法

适用于过渡配合的小件装配。

① 打装的零件表面不准有砸痕。

② 打装时，被包容配件表面涂机油润滑。

③ 打装时，必须用软金属或硬质非金属材料做防护衬垫。

④ 打装过程中，必须使被包容件与包容件同轴，不准有任何歪斜现象。
⑤ 打装好的零件必须与相关限位轴肩等靠紧，间隙不得大于 0.05mm。

五、压装配合

适用于常温下过盈量较小的中小件装配。
① 压装件引入端必须制作倒锥。若图样中未作规定，其倒锥按锥度 1∶150 制作，长度为配合总长度的 10%～15%。
压入力 F 经验计算公式为

$$F = KiL \times 10^4$$

式中　K——考虑被装零件材质、尺寸等因素的系数，取 1.5～3；
　　　i——测得的实际过盈量，mm；
　　　L——配合长度，mm。

② 实心轴与不通孔件压装时，允许在配合轴颈表面上加工深度大于 0.5mm 的排气平面。
③ 压装零件的配合表面在压装前须涂润滑油（白铅油掺机油）。
④ 压装时，其受力中心线应与包容件、被包容件中心线保持同轴。对细长轴应严格控制受力中心线与零件的同轴性。
⑤ 压装轮与轴时，绝不允许轮缘单独受力。
⑥ 压装后，轴肩处必须靠紧，间隙小于 0.05mm。
⑦ 采用重物压装时，应平稳无阻压入，出现异常时应进行分析，不准有压坏零件的现象发生。
⑧ 采用压力机压装时，必须对压入力 F 进行校核，确保压力机所产生的压力是压入力 F 的 1.5～2 倍。
⑨ 采用压力机压装时，应做好压力变化的记录。
a. 压力变化应平稳，出现异常时进行分析，不准有压坏零件的现象发生。
b. 图样有最大压力的要求时，应达到规定数值，不许过大或过小。
c. 采用压力机压装时速度不宜太快，压入速度采用 2～4mm/s，不允许超过 10mm/s。

六、热装配合

适用于过盈量较大零件的装配。
(1) 做好热装前的准备工作，以保证热装工序的顺利完成。
① 加热温度 T（℃）计算公式为

$$T = (\sigma + \delta)/(\alpha d) + t$$

式中　d——配合公称直径，mm；
　　　α——加热零件材料线膨胀系数（常用材料线膨胀系数见有关手册），1/℃；
　　　σ——配合尺寸的最大过盈量，mm；
　　　δ——所需热装间隙［当 $d=200$mm 时，δ 取 $(1\sim2)\sigma$；当 $d \geqslant 200$mm 时，δ 取 $(0.001\sim0.0015)d$］，mm；
　　　t——室内温度，℃。

② 加热时间按零件厚 10mm 需加热 10min 估算。厚度值按零件轴向和径向尺寸小者计算。

③ 保温时间按加热时间的 1/4 估算。

(2) 包容件加热。胀量达到要求后，要迅速清理包容件和被包容件的配合表面，然后立即进行热装。要求操作动作迅速准确，一次热装到位，中途不许停顿。若发生异常，不允许强迫装入，必须排除故障，重新加热再进行热装。

(3) 零件热装后，采用拉、压、顶等可靠措施使热装件靠近被包容件的轴向定位面。

(4) 钢件中装铜套时，包容件只能做一次热装，装后不允许作为二次热装的包容件再行加热。

(5) 凡镶圈结构的齿轮与轴热装时，在装齿圈时已加热过一次，当与轴热装时，又需二次加热，一般应采用油浴加热。若条件有限，也可采用电炉加热，但必须严格控制温升速度，使温度均匀，且工作外表面离炉丝距离大于 300mm，否则不准采用。

(6) 采用油浴加热，其油温控制在该油的闪点以下 10～20℃，绝不允许到油的闪点或高于闪点。

(7) 采用电感式加热器加热，必须适当选择设备规格，并严格遵守设备操作规程。

七、冷装配合

适用于包容件无法加热或加热会导致零件精度、材料组织变化而影响其力学件的装配的情况。

(1) 冷装时

① 冷冻温度 T_1（℃）计算公式为

$$T_1 = 2\sigma/\alpha d$$

式中 σ——最大过盈量，mm；

d——被包容件的外径，mm；

α——被包容件冷却时的线膨胀系数，常用材料冷却时的线膨胀系数见有关手册。

② 冷冻时间 t 计算公式为

$$t = \alpha' \delta' (6 \sim 8)$$

式中与材料有关的系数详见有关手册。

(2) 计算内容

① 计算冷冻温度 T_1。

② 选用冷冻剂时，冷冻剂的温度必须低于被包容件所需冷冻温度 T_1，被包容件直径大于 ϕ50mm 时优先选用液态氧冷冻剂或液态氮冷冻剂，温度值见有关手册。

③ 计算冷冻时间 t。

(3) 冷装注意事项

① 凡冷装采用液态氧作冷冻剂时，严禁周围有易燃物和火种。

② 操作者必须穿戴好劳保用品，应穿长袖衣、长裤，戴好防护眼镜、皮手套，扎好帆布脚盖，才能进行操作。

③ 取冷冻剂的罐和冷却箱要留有透气孔，用时不得堵死，以免压力增高引起爆炸。箱体内部要清洁，冷却箱要放置平稳可靠。

④ 冷冻剂必须随用随取，倾注时要小心，防止外洒和飞溅。冷却箱中的液面要保持足够的高度，必须浸没零件的配合表面，但不宜太满，应低于箱盖顶面 80cm，挥发的冷冻剂要及时补充。

⑤ 往冷却箱中放入或取出零件时要使用工具，用钳子夹或事先用铁丝捆扎好，不准直接用手取、放零件，以免受伤。

⑥ 冷冻时间是从零件浸入冷冻剂中算起的。零件浸入初期有强烈的"沸腾"现象，往后逐渐减弱以致消失，刚停止时只说明零件表面与冷冻剂的温差很小，但并未完全冷透，必须按计算时间完全冷透。

⑦ 零件透温后，取出应立即装入包容件孔中。动作要迅速、准确；零件的夹持要注意同心，不得歪斜；纠正装入产生的歪斜；只允许使用铜棒或木锤进行敲击，若是铜件则应采用木锤。

⑧ 若一次要装的零件较多，从冷却箱中取出一件，应随即放入一件，并及时补足冷冻剂，盖好箱盖。

八、液压过盈装配

液压过盈装配是一种无键连接的新技术，可用于高速重载、拆装频繁的连接零件的装配，具有操作简便、安全可靠等特点。目前，随着加工制造技术的提高和液压技术的进步，这种方法越来越受到重视和推广。

(1) 液压过盈装配原理　当高压油液进入被连接件的连接面之间时，在油压作用下，孔件会产生膨胀，轴件则会产生弹性压缩。此时进行装配，将被连接件顺利安装到位后，去油卸压，孔与轴在弹性恢复过程中紧紧压合在一起，从而获得过盈装配。为使装配顺利，常将连接面设计成圆锥面或带圆锥套的形式。

(2) 液压过盈装配与拆卸

① 装配前检查。应先检查室温，室温一般不得低于16℃；检查连接件包括轴件、孔件及锥套的尺寸和几何偏差，特别应当检查配合锥面的接触面，接触面应达到60%～70%。

② 装配。在配合的内外锥面应涂以少量的油，以减小摩擦阻力，将连接孔件轻装于锥套的外锥面上，启动压力油泵。开始时，孔件压入行程较小，配合表面会有少许油渗漏是正常现象，可继续升压。当油压达到规定值而行程尚未达到时，应稍停加压，待包容件逐渐扩大后，继续加压压入，直至达到规定行程为止。

③ 拆卸。拆卸时的油压较压入时低。每拆卸一次，再进行压入装配时，压入行程应略有增加，其增加量与配合面及加工精度有关。

第三节　轴承的装配

轴承是支撑机械旋转体，降低其运动过程中的摩擦系数，并保证其回转精度的部件，它承受径向或轴向载荷，并将载荷传递给轴承座。轴承座一般固定在机架或支座上。

一、轴承的分类

轴承分为滑动轴承和滚动轴承两大类。

(1) 滑动轴承　由整体式轴承座和轴套或对开式轴承座和对开轴瓦组成。滑动轴承按载荷方向分为径向轴承、推力轴承和径向推力轴承，按摩擦表面的润滑状态分为不完全润滑轴承（采用润滑脂、油绳或滴油润滑的一般滑动轴承、含油轴承、尼龙轴承）和液体润滑轴承（液压摩擦轴承）。

（2）滚动轴承　由外圈、内圈、滚动体和保持器组成，固定在机器的壳体孔内或对开式轴承座内。滚动轴承按载荷方向分为向心轴承、推力轴承和向心推力轴承。

二、滑动轴承的装配

包括一般滑动轴承、含油轴承、尼龙轴承的装配，轴承间隙检查，轴瓦压紧力调整。液体摩擦轴承的装配见轧钢机安装。

1. 装配方法

① 安装轴承座时，必须先把轴套或轴瓦装入轴承座内，以轴套或轴瓦的中心来找正轴承座。同一传动轴的所有轴承座的中心必须在同一轴线上。

② 轴套装入轴承座前，其过盈配合表面应清洁并涂以机油。安装时使用导向心轴通过锤击或压力机将轴套嵌入轴承座孔内。轴套装入后，安装止动螺钉以防其在运转时松脱。含油轴套装配时，轴套端部应均匀受力而不得直接敲打轴套，其表面若需擦洗，擦洗用油宜与轴套所含的润滑油相同。尼龙轴套吸水性较强，装配前要先在水中煮泡一段时间，使轴套充分吸水膨胀，装配时要涂以适量的润滑脂。

③ 轴瓦装入轴承底座和轴承盖时，轴瓦与轴承座（盖）应配合恰当、接触均匀，符合设备技术文件规定的接触面积要求。轴瓦在轴承座内不能有轴向滑动，轴瓦的凸边或直口与轴承座之间不应有轴向间隙。

④ 为了使轴瓦与轴颈有理想的配合面，必须研刮轴瓦，这是滑动轴承装配中的一道重要工序。刮瓦应在设备安装精找后进行，一般先刮下瓦后刮上瓦。先在轴颈表面上涂一层薄薄的红樟丹，根据静载之下手动盘车后的接触痕迹，刮去接触较高的地方，每次刮削应改变一次方向，除达到色斑均匀分布外，还要兼顾轴瓦的水平度，下瓦与轴颈的接触角应符合设备技术文件的要求，而且接触部分与非接触部分的交界处应光滑过渡。上瓦的刮削应在上瓦及轴承盖上紧的情况下进行，以保证上瓦能够很好地与轴颈接触。上瓦的刮削方法与下瓦相同。轴瓦和轴颈之间单位面积上的接触点数要求应符合技术规范或设备技术文件的规定。

2. 轴承间隙检查

滑动轴承的间隙包括顶间隙、侧间隙和轴向间隙。顶间隙可以保持液体摩擦，侧间隙有冷却润滑油的作用，轴向间隙是为了在运转中当轴因温度变化而产生胀缩时有伸缩的余地。各间隙值在技术规范和设备技术文件中均有规定。其检查方法如下。

① 整体式轴承座轴套与轴颈的间隙和对开式轴承座轴瓦与轴颈的侧间隙可用塞尺检查。

② 对开式轴承座轴瓦与轴颈的顶间隙用压铅法检查。压铅用的铅丝直径为顶间隙值的1.2～2倍，铅丝长度按轴承大小适当确定，分别放在轴颈上和轴瓦合缝处的接合面上，然后放上轴承盖，对称均匀地拧紧螺栓。用塞尺检查两侧轴瓦接合面的间隙均匀后，打开轴承盖取出铅丝，用千分尺测量被压扁的铅丝厚度，再通过相应公式计算出轴承顶间隙的平均值。

顶间隙不符合要求时，可在轴瓦合缝处接合面间用垫片调整。

3. 轴瓦压紧力调整

为了防止轴瓦在轴承座内转动及轴发生振动，轴瓦必须被轴承盖压紧。测量轴瓦压紧力的方法与测量顶间隙的方法一样，但铅丝是放在上瓦瓦背上及轴承盖与轴承底座的接合面上。测出铅丝压扁后的厚度后，再通过公式计算出轴瓦压紧力。

当轴瓦压紧力不符合要求时，可用增减轴承盖与轴承底座接合面的垫片调整。

三、滚动轴承的装配

滚动轴承的装配质量是保证机床运动灵活可靠的前提，因为滚动轴承本身精度的高低，并不能直接说明它在机械上旋转精度的高低。当精密机械的旋转精度要求很高时，除应选用高精度的轴承外，轴承的装配精度将起决定性的作用。

1. 滚动轴承的装配要求

① 轴承的固定装置必须完好可靠，紧定程度适中，防松止退装置可靠。

② 油封等密封装置必须严密，对于采用油脂润滑的轴承，装配后一般要加入 1/2 空腔容积的符合规定的润滑脂。

③ 在轴承的装配过程中，应严格保持清洁，防止杂物进入轴承内。

④ 装配后，轴承应运转灵活、无噪声，工作温升一般不超过 50℃。

⑤ 轴承内圈端面一般应靠紧轴肩，其最大间隙对圆锥滚子轴承和向心推力轴承应不大于 0.05mm，对其他轴承应不大于 0.1mm。

⑥ 当采用冷冻或加热装配时冷却温度不低于 -80℃，加热温度不超过 120℃。

⑦ 装配可拆卸的（内外圈可分离的轴承）轴承时，必须按内外圈对位标记安装，不得装反或与其他轴承内外圈混装。

⑧ 可调头安装的轴承，在装配时应将有编号的一端向外，以便识别。

⑨ 轴承外圈装配后，其定位端的轴承盖与外圈或垫圈的接触应均匀。

⑩ 在轴的两端装配径向间隙不可调的向心轴承，并且轴向定位以两端端盖限定时，只能一端轴承靠紧端盖，另一端必须留有轴向间隙 C，C 值由相应的公式计算可得。

2. 滚动轴承的配合和游隙

(1) 轴承的配合　滚动轴承是专业厂大量生产的标准部件，其内圈与轴的配合取基孔制，外圈与轴承孔的配合取基轴制。轴承装入轴颈、壳孔时的过盈量将使轴承的径向间隙减小。滚动轴承配合选择的基本原则如下：

① 相对于载荷方向为旋转的套圈与轴或外壳孔，应选择过渡配合或过盈配合。过盈量的大小以轴承在载荷作用下，其套圈在轴上或外壳孔内的配合表面上不发生"爬行"为原则。

② 相对于载荷方向固定的套圈与轴或外壳孔，应选择过渡配合或间隙配合。

③ 相对于轴或外壳孔需要做轴上移动的套圈（游动圈），以及需要经常拆卸的套圈，应选较松的过渡配合或间隙配合。

④ 载荷越大，通常过盈量应越大。

⑤ 公差等级与轴或外壳孔公差等级及轴承精度有关。

(2) 轴承的游隙　滚动轴承运转中的内部游隙（称作游隙）的大小，对疲劳寿命、振动、噪声、温升等轴承性能影响很大。因此，选择轴承内部游隙对于决定了结构的轴承是十分重要的。

3. 滚动轴承的装配

滚动轴承的装配方法应根据轴承的结构、尺寸大小和轴承与部件的配合性质而定。装配时受力点应该直接加在待配合的套圈端面上，禁止通过滚动体传递压力和打击力，以免破坏轴承的原有精度。

(1) 向心球轴承的装配　向心球轴承的装配按内外圈与相关零件的配合性质不同，可分为以下装配方法。

① 当轴承内圈与轴为紧配合、外圈与壳体为较松配合时，可先将轴承装在轴上，压装时在轴承端面垫上铜或其他软材质制作的装配套筒（俗称撞子），然后把轴承与轴一起装入壳体中。

② 当轴承外圈与壳体为紧配合、内圈与轴为较松配合时，可先将轴承压入壳体中，这时装配套筒外径略小于壳体的内径，将压力作用在轴承的外圈上。

③ 当轴承内圈与轴、轴承外圈与壳体均为紧配合时，应将轴承同时压在轴上和压入壳体中。这时装配套筒应将力同时作用在轴承的内外圈上。

压入轴承的方法可根据配合的过盈量来确定，当过盈量较小时可用手锤锤击装配套筒将轴承压入，当过盈量较大时可用压力机或其他专用工具压入。也可以用冷冻（冷却温度不低于-80℃）或加热（加热温度不超过120℃）的方法进行装配。

(2) 圆锥滚子轴承的装配　圆锥滚子轴承的装配比较简单，由于它的内外圈是可以分离的，所以装配时可以分别把内圈装在轴上、外圈装在壳体中，然后再通过改变轴承内外圈的相对轴向位置来调整轴承的间隙。

(3) 推力球轴承的装配　推力球轴承装配时应注意区分紧环和松环，紧环与轴取较紧的配合，与轴相对静止。松环内孔比紧环内孔大，与轴为间隙配合。装配后紧环应靠在转动零件的平面上，松环套在静止的平面上，否则会使滚动体丧失作用，同时会加速配合零件间的磨损而使机构失去精度。

4. 滚动轴承的游隙调整和预紧

(1) 滚动轴承的游隙调整　滚动轴承的游隙是指轴承的内外圈之间一个固定的，沿径向或轴向的最大移动量，并分别称为径向游隙和轴向游隙。径向游隙可分为三种：原始游隙，是指轴承安装前自由状态下的游隙；配合游隙，是指轴承装到轴和壳体内的游隙，一般小于原始游隙；工作游隙，是指轴承在工作时由于承受载荷，内外圈之间有温差等状态下的游隙，一般大于配合游隙。由此可见，滚动轴承应具有必要的游隙，以弥补制造和装配偏差、受热膨胀，使油膜得以形成，以保证其均匀和灵活地运动，否则会发生阻滞现象。但过大的游隙又会使载荷集中，产生冲击和振动，不但在工作中产生噪声，还将产生严重的磨损、发热，甚至造成事故。因此，选择适当的游隙是保证轴承正常工作、延长其使用寿命的重要环节之一。对于各种向心推力轴承，因其内外圈可以分离，所以在装配过程中都要控制和调整游隙。其方法是通过使轴承的内外圈做适当的轴向位移得到合适的游隙。根据结构不同，通常的调整方法有以下两种。

① 用调整垫调整。通过改变轴承盖处的调整垫厚度 δ（mm）来调整轴承的轴向游隙。测量游隙常用的有直接测量法和压铅法。直接测量法就是轴承端盖用螺钉均匀压紧后（此时轴承处于无间隙状态）用卡尺或塞尺直接测量出调整量；压铅法就是将3～4段铅丝（或铅块）放在轴承盖与轴承座或轴承盖与轴承外圈之间用螺钉均匀压紧至轴承无间隙状态，然后

松下螺钉，取出被压扁的铅丝（或铅块），并用千分尺测量出平均值来确定调整量（带调整量的轴承端盖减薄量或应加调整垫的厚度）。

② 用锁母或调节螺钉调整。通过调整锁母或调节螺钉来调整轴承的轴向游隙，此种结构调整比较方便，先拧紧调整螺钉使轴承处于无间隙状态，根据需要的轴向游隙用公式计算出调整螺钉反旋的角度，然后把固定锁母锁紧，以防止运行时调节螺钉松脱。

(2) 滚动轴承的预紧　滚动轴承的预紧是指在装配时，使轴承内部滚动体与套圈间保持一定的初始压力和弹性变形，以减少工作载荷下轴承的实际变形，从而改善支撑刚度、提高回转精度，并使系统因具有一定的阻尼而提高抗振性能。轴承的预紧分为轴向预紧和径向预紧。径向预紧一般是通过圆锥孔内圈和相配合的锥颈做轴向位移或用增加轴与轴承孔的过盈量来调整的；轴向预紧则是用衬垫、隔套、弹簧、螺母或带螺纹的端盖来调整的。

5. 轴承的拆卸、检修与保养

轴承的拆卸，是在定期检修、轴承更换时进行的。如要检查轴承状态或继续使用时，其拆卸过程和安装时一样，要仔细进行，注意不要损伤轴承的各部位，特别要注意根据轴承与配合部位的配合条件，选择合适的拆卸方法，以保证拆卸过程的顺利进行。

(1) 轴承的拆卸

① 不可分离型轴承的拆卸。这种轴承一般与轴的配合较紧，与壳体的配合较松。可先将轴承连同轴一起从壳体中取出，然后再从轴上卸下轴承。在两次拆卸过程中，拆卸力分别直接作用在轴承的内外圈上。壳体上带有轴承拆卸螺孔的，可用螺杆将轴承挤压出壳体，或轻轻敲打进行拆卸，此时作用力一定要作用在外圈上。从轴上拆卸轴承时，可用压力机或专用的轴承拆卸工具（如拉马等）进行，此时作用力一定要在作用内圈上。有条件的还可以用感应加热，待轴承内圈受热膨胀后，再用拉马拉拔的方法卸下轴承。

② 分离型轴承的拆卸。这种轴承拆卸时可先将内圈连同轴一起取出，再用压力机或专用的轴承拆卸工具（如拉马等）将内圈卸下，此时作用力一定要在作用内圈上。有条件的还可以用感应加热，待轴承内圈受热膨胀后，再用拉马拉拔的方法卸下内圈。从壳体中取出外圈，壳体上带有轴承拆卸螺孔的，可用螺杆将轴承外圈挤压出壳体，或轻轻敲打进行拆卸。

(2) 轴承的清洗、检修与保养

① 轴承的清洗。为了检查和分析轴承的状态，拆卸下的轴承用汽油或煤油进行清洗。清洗时可分为粗洗和精洗。在容器中底部先放上金属网垫底，避免轴承直接接触容器的脏物。粗洗时一般不要旋转轴承以免损伤轴承的滚动面，要用毛刷去除润滑脂以及黏着物，大致干净后可转入精洗。精洗时在干净的汽油或煤油中边旋转边清洗，并一直保持清洗油的清洁。

② 轴承的检修与保养。为了保证轴承以较好的性能处于良好的工作状态，需对拆下的轴承进行仔细的检修、保养，防事故于未然，确保运转可靠。一般正常使用的轴承，可以使用至达到轴承的疲劳寿命为止。但使用过程中会有意外的损伤，这种损伤是造成故障和事故的隐患，因此必须对轴承进行仔细的检查。为了判断拆卸下的轴承是否可以再使用，主要检查已清洗干净的轴承滚道面、滚动面、配合面的状态，保持架的磨损情况，轴承游隙的增加情况，有无尺寸精度下降的损伤和其他异常，轴承的旋转有无阻滞现象。轴承是否可以再使用，要考虑轴承的损伤程度、力学性能、重要性、运转条件来决定。

第四节 齿轮的装配

在机械设备中，齿轮传动是最主要的传动形式。齿轮装配是设备检修时比较重要、要求较高的工作。装配良好的齿轮，传动噪声小、振动小，使用寿命长，因此，必须严格控制齿轮传动的装配精度。

一、齿轮装配的内容

根据齿轮传动的结构形式不同，装配工作的内容也不同。闭式传动且采用滚动轴承支撑的齿轮传动，两轴的中心距和相互位置精度完全由箱体轴承孔的加工精度来决定，装配工作只是通过钳工加工修整传动零件的制造误差。若采用滑动轴承支撑齿轮传动，在轴瓦刮研过程中，可以在较小范围内适当调整两轴的中心距和位置误差。对具有单独轴承座的开式传动，在装配时，除了通过钳工加工修整传动零件的制造误差外，还要正确安装齿轮轴。通常齿轮传动装配步骤如下。

① 检查验收齿轮等机件。
② 将齿轮安装在轴上。
③ 将齿轮轴部件装入箱体座孔中。
④ 检查传动时齿轮啮合质量并进行必要的调整。

二、齿轮装配的质量检测

齿轮传动工作的耐久性和可靠性与装配质量有很大关系。为保证装配质量，要求齿轮传动的装配应具有一定的齿侧间隙值；轮齿工作表面的接触斑点分布要均匀；齿轮轴线位置应安装正确。

1. 齿侧间隙的检测

（1）齿侧间隙　齿侧间隙是指一对相互啮合齿轮的非工作表面沿法线方向的距离。其作用是补偿齿轮装配或制造的不精确，传递载荷时受温度影响的变形和弹性变形，并可以储存一定的润滑油，以改善轮齿表面的摩擦条件。

齿侧间隙的大小与齿轮模数、精度等级和中心距有关。齿侧间隙大小在齿轮圆周上应当均匀，以保证传动平稳，没有冲击和噪声；在齿的长度上应相等，以保证齿轮间接触良好。

（2）齿侧间隙的检查　齿侧间隙的检查方法有压铅法和千分表法两种。

① 压铅法。此法简单，测量结果比较准确，应用较多。在两齿轮的齿间放入一段铅丝，其直径根据间隙大小选定，长度以压下三个齿为好，然后均匀转动齿轮，使铅丝通过啮合而被压偏。厚度小的是工作侧隙，最厚的是齿顶间隙，厚度较大的是非工作侧隙。厚度均用千分尺测量。轮齿的工作侧隙和非工作侧隙之和即为齿侧间隙。

② 千分表法。此法用于较精确的啮合检查。将其中一个齿轮固定，另一个齿轮相对晃动，用千分尺测出此晃动量即为齿侧间隙，可通过变动齿轮轴位置和刮研齿面调整。

2. 接触精度的检验

齿轮接触精度是以啮合接触斑点来衡量的。接触斑点是指齿轮啮合传动时，齿面相交滚压留有可见的痕迹。对于正常啮合的齿轮，接触斑点应在节圆处上下对称均匀分布，并有一定的接触面积，具体数值可查阅相关手册。

3. 齿轮轴线位置检测

齿轮装配时，应保证准确的齿轮中心距，齿轮轴线不能产生偏心和歪斜。
（1）中心距偏差测量　用内径千分尺及方水平仪来测量中心距偏差值。
（2）轴线扭斜度测量　轴线扭斜度的测量可用千分表法，也可用涂色法及压铅法。

三、锥齿轮的装配

锥齿轮的装配与圆柱齿轮的装配基本相同，不同的是锥齿轮传动两轴线相交，交角一般为90°。装配时应注意的主要问题是轴线夹角的偏差、轴线不相交偏差和分度圆锥顶点偏移等。

锥齿轮传动轴线的几何位置一般由箱体加工所决定，装配时使背锥面平齐，以保证两齿轮的正确位置。锥齿轮装配后要测间隙的接触精度，检查方法与圆柱齿轮相同。

四、蜗轮蜗杆的装配

蜗轮蜗杆装配时，首先安装蜗轮，将蜗轮装配到蜗轮轴上的过程和检查方法与圆柱齿轮相同；再将蜗轮-轴部件安装在箱体上；最后安装蜗杆，蜗杆轴线位置由箱体孔确定。

装配时必须控制以下几方面的装配误差：①蜗轮、蜗杆轴线的垂直度误差；②蜗杆与蜗轮啮合时的中心距偏差；③蜗杆轴线与蜗轮中心平面之间的偏移量；④蜗杆与蜗轮啮合法向侧隙误差；⑤蜗杆、蜗轮啮合接触面积误差。

第五节　螺纹连接的装配

螺纹连接是一种广泛使用的可拆卸的固定连接，具有结构简单、连接可靠、装拆方便等优点，广泛应用于机械设备上。

一、螺纹连接的预紧与防松

1. 预紧

预紧力是保证螺纹连接的可靠性和紧密性的主要因素。预紧力不够大，在工作载荷的作用下，螺纹连接将失去紧密性和可靠性。但如果预紧力过大，则会使螺栓被扭断或伸长，同样会使连接失效。

为了达到正确的预紧目的，可用专门的装配工具，如测力扳手、定力矩扳手等来控制预紧力。

2. 防松

螺纹连接件是标准件，在设计中已经考虑到拧紧后的自锁问题。用于静连接的螺纹连接在工作载荷的作用下不会自行松动，但是在有冲击、振动、变载荷的工作情况下，零件之间的相对位置会发生瞬时变化，使螺纹副之间的摩擦力瞬时消失，内外螺纹会向松脱的方向发生相对转动。这种转动可能很小，但通过多次反复的积累就可能使连接松脱，失去连接的作用，使预紧力丧失，被连接件之间的相对位置关系发生变化。这种连接的失效可能会造成严重的后果，在螺纹连接的设计中应采取必要的措施加以防止。

防止螺纹连接松动的根本措施是防止内外螺纹的相对转动，只要不发生相对转动，就不会松动。

人们在长期的设计实践中积累了大量的螺纹连接防松方法，总结这些方法可分为以下三大类。

(1) 摩擦防松　这是应用最广的一种防松方式，这种方式在锁紧螺母副之间产生不随外力变化的正压力，以产生能够阻止锁紧螺母副相对转动的摩擦力。这种正压力可经过轴向或同时两向压紧锁紧螺母副来完成。如采用弹簧垫圈、对顶螺母、自锁螺母和嵌件锁紧螺母等。

① 弹簧垫圈防松。弹簧垫圈材料为弹簧钢，装配后垫圈被压平，其反弹力能使螺纹间保持压紧力和摩擦力，从而实现防松，如图11-1所示。

② 自锁螺母防松。螺母一端制成非圆形收口或开缝后径向收口。当螺母拧紧后，收口胀开，利用收口的弹力使旋合螺纹间压紧。这种防松结构简单、防松可靠，可多次拆装而不降低防松性能，如图11-2所示。

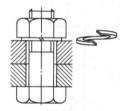

图11-1　弹簧垫圈防松示意图

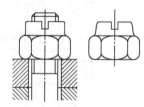

图11-2　自锁螺母防松示意图

③ 对顶螺母防松。利用螺母对顶作用使螺栓受到附加的拉力和附加的摩擦力，如图11-3所示。

(2) 机械防松　利用锁紧螺母止动件直接限制锁紧螺母副的相对转动，如采用启齿销、串联钢丝和止动垫圈等。由于锁紧螺母止动件没有预紧力，锁紧螺母松退到止动位置时防松止动件才起作用，因而锁紧螺母这种方式实际上不防松而是避免相对转动。

① 开口销与六角开槽螺母机械防松示意图如图11-4所示。

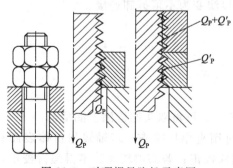

图11-3　对顶螺母防松示意图

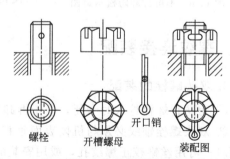

图11-4　开口销与六角开槽螺母机械防松示意图

② 止动垫圈机械防松示意图如图11-5所示。

③ 串联钢丝机械防松示意图如图 11-6 所示。

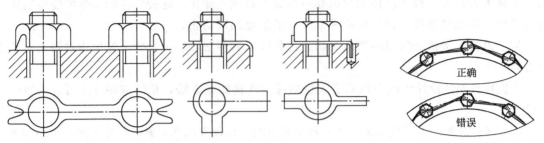

图 11-5　止动垫圈机械防松示意图　　　　图 11-6　串联钢丝机械防松示意图

④ 棘轮防松螺栓。这是我国创新发明的一种新型防松螺栓，其特征是螺母和垫片上开设有棘轮式结构，并在螺杆上开设定位槽，在垫片上设内凸定位齿。由棘轮工作原理可知，螺母在安装时只能按一个方向旋转，而反向旋转将受到棘轮的制约。拆卸时，需要使用该专利提供的专用钥匙，将棘轮齿压平，方能拆卸，如图 11-7 所示。

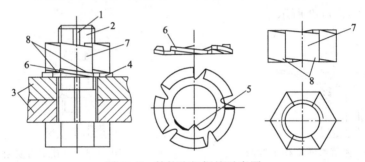

图 11-7　棘轮防松螺栓示意图
1—定位槽；2—螺栓；3—被紧固件；4—棘轮弹簧垫片；5—内凸定位齿；6—垫片止退齿；7—螺母；8—螺母棘轮止退齿

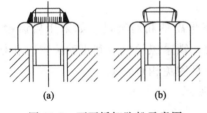

图 11-8　不可拆卸防松示意图

（3）不可拆卸防松　如图 11-8 所示，将拧紧后的螺栓和螺母焊死［图 11-8(a)］或者将拧紧后的螺栓和螺母铆死［图 11-8(b)］，这两种方法都破坏了原有的螺纹副形状，使得螺纹不但在振动作用下不能松动，而且正常拆卸也必须通过破坏某些零件来实现。这种防松方法使得螺纹连接演变为不可拆卸连接。

二、螺纹连接装配

1. 双头螺栓的装配

① 为防止螺栓拧入时卡死，便于拆卸和重复安装，可将双头螺栓涂上润滑油。

② 双头螺栓轴线必须与机体表面垂直。安装时用直角尺检查，若轴线与机体表面有少量倾斜，可用丝锥校正螺纹孔，或用安装的双头螺栓校正；若倾斜较大，不得强行校正，以防螺栓连接的可靠性受到破坏。

③ 保证螺栓和机体连接足够紧固。

2. 螺母与螺钉的装配

① 螺母或螺钉与被紧固件贴合表面要光洁、平整，以避免拧紧时产生附加弯矩。

② 严格控制拧紧力矩，过大的拧紧力矩会使螺栓或螺钉拉长甚至折断，或引起被连接件变形。拧紧力不足时，连接容易松动，影响可靠性。

③ 螺母拧紧后，弹簧垫圈要在整个圆周上同螺母和被连接件表面接触。螺纹露在螺母外面的长度不得少于两个螺纹扣，但也不应过长，一般为3～5mm。

④ 拧紧成组螺母时，须按一定的顺序进行，逐步分次拧紧，否则会使螺栓和机体受力不均产生变形。拧紧长方形布置的成组螺母时，应从中间开始，逐步向两侧扩展，如图11-9所示。拧紧圆形或方形布置的成组螺母时，必须对称拧紧，如图11-10所示。

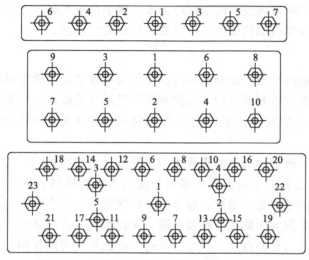

图11-9　拧紧长方形布置的成组螺母的顺序

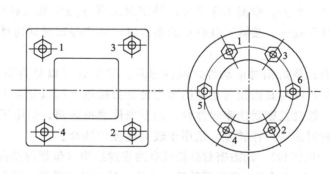

图11-10　拧紧圆形或方形布置的成组螺母的顺序

第六节　密封装置的装配

为阻止工作流体介质或滑润剂泄漏，防止外部灰尘、水分等杂质侵入部件内部和滑润部位，必须在机械设备上设置密封装置。

一、密封概述

1. 泄漏

泄漏可定义为隔离物体间发生的传质现象。泄漏与密封是一对共存的矛盾。凡是存在压力差的隔离物体都有发生泄漏的可能。

广义的泄漏包括内漏和外漏。内漏是系统内部介质在隔离物体间发生的传质现象，一般是不可见的，如管路系统阀门关闭后存在的泄漏和换热器管程壳程间发生的介质传递就属于内漏；外漏是系统内部介质与系统外部介质在隔离物体间发生的传质现象。

对流体来说，泄漏又分为正压泄漏和负压泄漏。正压泄漏是指介质由隔离物体的内部向外部传质的现象，生产领域内发生的泄漏绝大多数属于正压泄漏；负压泄漏是指外部空间介质通过隔离物体向受压体内部传质的一种现象，又称真空泄漏。

2. 密封

（1）密封定义　能阻止或切断介质间传质过程的有效方法统称为密封。

密封原理：采用某种特制的机构，以彻底切断泄漏介质通道、堵塞或隔离泄漏介质的通道、增加泄漏介质通道中流体流动阻力的方法建立一个有效的封闭体系，达到无泄漏的目的。

（2）密封的分类　密封可分为静态密封和动态密封（带压密封）两大类。

① 静态密封。静态密封是指工业领域经常使用的密封材料、密封元件与相应的密封结构形式相结合，在生产系统处于安装、检修、停产状态下（即在没有工艺介质温度、压力等参数条件下）建立起来的封闭体系。也就是说，密封是在静态的条件下实现的，这个封闭体系形成之后才经受被密封介质温度、压力、振动、腐蚀等因素的作用。工厂中常见的密封结构多是这种形式的，主要包括静密封和动密封两种。

a. 静密封。静密封是指相对静止（固定）的配合面间的密封。静密封主要有垫密封、密封胶密封和配合密封三大类。根据工作压力，静密封又可分为中低压静密封和高压静密封。中低压静密封常用材质较软、接触宽度较宽的垫密封，高压静密封则用材质较硬、接触宽度很窄的金属垫片。

b. 动密封。动密封是指相对运动件之间的密封。动密封可以分为旋转密封和往复密封两种基本类型。按密封件与其做相对运动的零部件是否接触，可以分为接触式密封和非接触式密封。一般来说，接触式密封的密封性好，但受摩擦磨损限制，适用于密封面线速度较低的场合；非接触式密封的密封性较差，适用于较高速度的场合。

② 动态密封（带压密封）。动态密封是指原有的密封结构（包括静态密封技术建立起来的所有密封结构）一旦失效或设备出现泄漏缺陷，流体介质正处于外泄的情况下，采用特殊手段所实现的一种密封途径。动态密封技术实现密封的过程中，生产设备中介质的工艺参数如温度、压力、流量等均不降低，整个密封结构建立过程中始终受到介质温度、压力、振动、腐蚀、冲刷的影响，即是在动态的条件下实现阻止泄漏，达到重新密封之目的。

二、固定连接的密封

固定连接密封也称为静密封，包括垫密封、密封胶密封和配合密封三大类。

（1）垫密封　为保证螺纹连接的紧密性，一般在结合面之间加设较薄的垫片，如纸垫、橡胶垫、石棉橡胶垫、软金属垫等，这种密封称为垫密封，如图11-11所示。

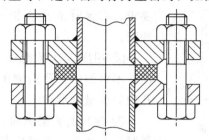

图11-11 垫密封装置示意图

（2）密封胶密封 密封胶是一种新型高分子材料，是一种具有流动性的黏稠物，能容易地填满两个结合面的空隙，适用于各种连接，如各种平面、法兰连接等。在使用密封胶之前，应将各结合面清理干净，除锈、去油污，最好能露出新的金属基体。涂胶前必须将密封胶搅拌均匀，涂胶厚度视结合面的加工精度、平面度和间隙不同而确定，还要做到涂胶层厚薄均匀。

（3）配合密封 由于配合的要求，在结合面之间不允许加垫片或密封胶时，常依靠提高机件结合面的加工精度和降低表面粗糙度来实现密封，这种密封称为配合密封。

三、活动连接的密封

活动连接密封也称为动密封，包括填料密封、油封密封、密封圈密封和机械密封等。

1. 填料密封

填料密封结构示意图及压力分布图如图11-12所示，其装配工艺要点如下。

① 软填料可以是一圈圈分开的，各圈在轴上还要强行张开，以免产生局部扭曲或断裂，相邻两圈的切口应错开180°。软填料也可以成整条，在轴上缠绕成螺旋形。

② 壳体为整体圆筒时，用专用工具把软填料推入孔内。

③ 软填料由压盖压紧，为了使压力沿轴向分布，尽可能均匀，以保证密封性能和均匀磨损，装配时应将软填料由左到右逐步压紧。

④ 压盖螺钉至少有两个，必须轮流逐步拧紧，以保证圆周力均匀；同时用手转动主轴，检查其接触的松紧程度，要避免压紧后再次松开。填料密封是允许极少量泄漏的。

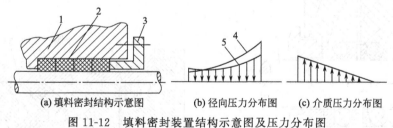

(a)填料密封结构示意图　(b)径向压力分布图　(c)介质压力分布图

图11-12 填料密封装置结构示意图及压力分布图

1—填料函；2—填料；3—压盖；4—开车前径向压力曲线；5—开车后径向压力曲线

2. 油封密封

油封是广泛用于旋转轴的一种密封装置，按结构可分为骨架式和无骨架式两类，如图11-13所示。油封装配工艺要点如下。

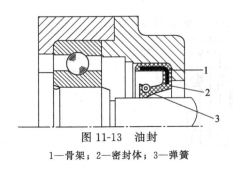

图 11-13 油封
1—骨架；2—密封体；3—弹簧

① 检查油封孔的尺寸、轴的表面粗糙度是否符合要求，密封唇部是否损伤。在唇部和轴上涂以润滑油脂。

② 用压入法装配时，要注意使油封与壳体孔对准，不可偏斜。孔边倒角要大一些，在油封圈或壳体孔内涂少量润滑油。

③ 油封的装配方向，应使介质工作压力把密封唇部紧压在轴上，不可反装。如用作防尘时，则应使唇部背向轴承。如要同时防漏和防尘，则应采用双面油封。

④ 当轴端有键槽、螺纹孔、台阶时，为防止油封唇部被划伤，可采用装配导向套。此外，要严防油封弹簧脱落。

3. 密封圈密封

密封圈是最常用的密封件。密封圈截面形状有圆形（O 形）和唇形，其中最普遍、应用最广的是 O 形密封圈。

(1) O 形密封圈　如图 11-14 所示，既可用于动密封，也可用于静密封。

它属于压紧密封，必须保证有一定的预压缩量，一般截面直径压缩量为 10%～25%。其装配工艺要点如下。

① 装配前应检查 O 形密封圈装入部位尺寸、表面粗糙度、引入角大小、连接螺栓孔的深度。

② 装配时须在 O 形密封圈处涂上润滑油，如果要通过螺纹或键槽时，可借助导向套，然后依靠连接螺栓的预紧力使 O 形密封圈产生变形，达到密封效果。

③ 装配时要有合适的压紧度，否则会引起泄漏或挤坏 O 形密封圈。另外，当工作压力较大需用挡圈时，还要注意挡圈的方向，即在 O 形密封圈的受压侧的另一侧装上挡圈。

(2) 唇形密封圈　唇形密封圈应用范围很广，既适用于大、中、小直径的活塞和柱塞的密封，也适用于高、低速往复运动和低速旋转运动的密封。它的种类很多，有 V 形、Y 形、U 形等。如图 11-15 所示为 V 形密封圈密封装置，其装配工艺要点如下。

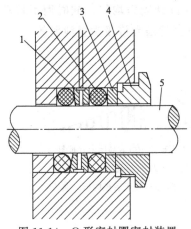

图 11-14　O 形密封圈密封装置
1—压套；2—密封圈；3—垫圈；4—螺母；5—传动轴

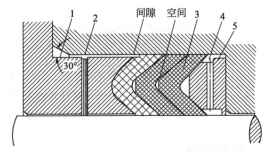

图 11-15　V 形密封圈密封装置
1—压环；2—调节垫；3—密封圈；4—连通孔；5—支撑环

① 装配前，应检查密封圈的质量、装入部位尺寸、表面粗糙度及引入角大小。
② 装配时密封圈处要涂以润滑脂，并避免过大的拉伸引起塑性变形。
③ 装配后要有合适的压紧度。此外，当受到较大的轴向力时，需加挡圈以防止密封圈从间隙挤出，挡圈均安装在唇形圈的根部一侧。

在使用密封装置时，由于密封圈的根部受高温、高压的影响，常会出现变形、损伤等情况。

4. 机械密封

机械密封是用于旋转轴的密封装置。它是由两个在弹簧力和密封介质静压力作用下互相贴合并做相对转动的动静环构成的，可以在高压、高温、高速、大轴径以及密封气体、液化气体等条件下很好地工作，具有寿命长、磨损量小、泄漏量小、安全、动力消耗小等优点，如图 11-16 所示。

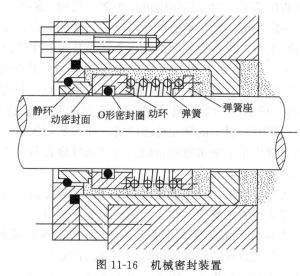

图 11-16 机械密封装置

第七节 设备的磨损及其补偿

设备在使用或闲置过程中会产生磨损。磨损分为有形磨损和无形磨损两种形式。

一、设备的有形磨损

机械设备在力的作用下，零部件产生摩擦、振动、疲劳、生锈等现象，致使设备的实体产生磨损，称为设备的有形磨损，亦称物质磨损或物质损耗。设备的有形磨损有以下两种形式。

（1）第一种有形磨损 设备在使用过程中，由于外力的作用使零部件发生摩擦、振动和疲劳等现象，导致机器设备的实体发生磨损，这种磨损称为第一种有形磨损。它通常表现如下。

① 机器设备零部件的原始尺寸改变，甚至形状也发生变化。
② 公差配合性质改变，精度降低。

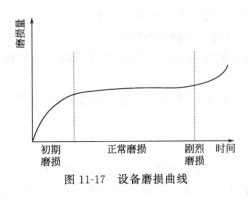

图 11-17　设备磨损曲线

③ 零部件损坏。

有形磨损一般可分三个阶段，如图 11-17 所示。第一阶段是新机器设备磨损较强的"初期磨损"阶段，第二阶段是磨损量较小的"正常磨损"阶段，第三阶段是磨损量增长较快的"剧烈磨损"阶段。例如机器中的齿轮，初期磨损是由于安装不良、人员培训不当等造成的。正常磨损是机器处在正常工作状态下发生的，它与机器开动的时间长短及负荷强度大小有关，当然也与机器设备的牢固程度有关。剧烈磨损则是正常工作条件被破坏或使用时间过长的结果。

在第一种有形磨损的作用下，以金属切削机床为例，其加工精度、表面粗糙度和劳动生产率都会劣化。磨损到一定程度，整个机器就会出毛病，功能下降，设备的使用费剧增。有形磨损达到比较严重的程度时，设备便不能继续正常工作甚至发生事故。

(2) 第二种有形磨损　设备在闲置过程中，由于自然力的作用而使其丧失了工作精度和使用价值，称为第二种有形磨损。设备闲置或封存也同样产生有形磨损，这是由于机器生锈、金属腐蚀、橡胶和塑料老化等造成的，时间长了会丧失精度和工作能力。

当设备磨损到一定程度时，设备的使用价值降低、使用费用提高。要消除这种磨损，可通过修理来恢复，但修理费应小于新机器的价值。当磨损导致设备丧失工作能力，即使修理也不能达到原有功能时，则需更新设备。

(3) 有形磨损的技术经济后果　有形磨损的技术经济后果是机器设备原始价值的部分降低，甚至完全贬值。为了补偿有形磨损，需支出修理费或更换费。

(4) 有形磨损的不均匀性　机器设备使用过程中，由于各级组成要素的磨损程度不同，故替换的情况也不同。有些组成要素在使用过程中不能局部替换，只好到平均使用寿命完结后进行全部替换。但对于多数机器设备，由于各组成部分材料和使用条件不同，故其耐用时间也不同。

(5) 有形磨损与技术进步　科学技术进步对机器设备的有形磨损是有影响的，如耐用材料的出现、零部件加工精度的提高以及结构可靠性的增高等，都可推迟设备有形磨损的期限。同时，正确的预防维修制度和先进的维护技术，又可减少有形磨损的发生。但是，技术进步又有加速有形磨损的一面，例如，高效率的生产技术使生产强化，自动化又提高了设备的利用程度，自动化管理系统大大减少了设备停歇时间，数控技术则减少了设备辅助时间，从而使机动时间的比重增大。由于专用设备、自动化设备常常在连续、强化、重载条件下工作，必然会加快设备的有形磨损。此外，技术进步常与提高速度、压力、载荷和温度相联系，因而也会增加设备的有形磨损。

二、设备的无形磨损

无形磨损是指由于科技进步而不断出现性能更加完善、生产效率更高的设备，使原有设备价值降低，或者是生产同样结构的设备的价值不断降低而使原有设备贬值。很明显，这就是经济磨损。例如购买的计算机面临的最大问题就是无形磨损。无形磨损有以下两种形式。

(1) 第一种无形磨损　由于相同结构设备再生产价值的降低而产生原有设备价值的贬值，称为第一种无形磨损。

第一种无形磨损不改变设备的结构性能，但由于技术的进步、工艺的改善、成本的降低，劳动生产率不断提高，使生产这种设备的劳动耗费相应降低，从而使原有设备贬值。但设备的使用价值并未降低，设备的功能并未改变，不存在提前更换设备的问题。

(2) 第二种无形磨损　由于不断出现技术上更加完善、经济上更加合理的设备，使原设备显得陈旧落后，因此产生经济磨损，称为第二种无形磨损。

第二种无形磨损的出现，不仅使原设备的价值相对贬值，而且使用价值也受到严重的冲击，如果继续使用原设备，会相对降低经济效益，这就需要用技术更先进的设备来代替原有设备，但是否更换取决于是否有更新的设备及原设备贬值的程度。

在第一种无形磨损的情况下，虽然有机器设备部分贬值的经济后果，但设备本身的技术和功能不受影响，即使用价值并未因此而变化，故不会产生提前更换设备的问题。

在第二种无形磨损的情况下，不仅产生机器设备价值贬值的经济后果，而且也会造成原设备使用价值局部或全部丧失的技术后果，这是因为应用新技术后，虽然原来机器设备还未达到物质寿命，但它的生产率已大大低于社会平均水平，如果继续使用，产品的个体成本会大大高于社会平均成本。在这种情况下，旧设备虽可使用而且还很"年轻"，但用新设备代替过时的旧设备在经济上却是合算的。

无形磨损引起使用价值降低与技术进步的具体形式有关，例如：

① 技术进步的表现形式为不断出现性能更完善、效率更高的新结构，但加工方法无原则变化，这种无形磨损使原设备的使用价值大大降低。如果这种磨损速度很快，继续使用旧设备可能是不经济的。

② 技术进步的表现形式为广泛使用新的劳动对象，特别是合成材料和人造材料的出现和广泛应用，必然使加工旧材料的设备被淘汰。

③ 技术进步的表现形式为改变原有生产工艺，采用新的加工方法，将使原有设备失去使用价值。

三、设备磨损的补偿

不论使用或闲置，设备系统各组成单元的有形磨损是不均匀的，而无形磨损一般从整机的价值浮动上来考察才有意义。组成单元的有形磨损是不均匀的，有人为因素和非人为因素。人为的因素是对于可维修的设备系统，在设计过程中有意识地按不相等的可靠性进行分配，结果一些组成单元的可靠性较高，另一些较低，以此来减少修理工作量，并充分利用贵重组成单元的残值。非人为因素是各组成单元发生磨损和故障的随机性，尽管可靠度相同，但它毕竟只是个概率，预期的事件可能发生，也可能不发生。所以，期望在某个时刻组成设备系统的各单元都有相同的有形磨损是不可能的。至于无形磨损，虽然从系统的整体来说才有意义，但现代机械制造的分工使一些设备的子系统（如部件、零件、机构）可以单独作为商品来生产，它们也可以单独考核功能和价值，这时也存在组成单元无形磨损的不均匀性问题。

对设备磨损的补偿是为了恢复或提高设备系统组成单元的功能。如上所述，由于耗损不均匀，必须将各组成单元区别对待。一些有形磨损是可消除的，例如零部件的弹性变形，可以在拆卸后进行校正；在使用中逐渐丧失的硬度，可用热处理的方法恢复；表面粗糙度的丧失，可以重新加工。但有些有形磨损则不能消除，例如零件断裂、材料老化等。而对无形磨损的补偿，只有在采取措施改善设备技术性能、提高其生产工艺的先进性等后才能实现。

对于可消除的有形磨损，通过修理来恢复其功能；对于不可消除的有形磨损，修理已无意义，必须更新才能进行补偿；对于第二种无形磨损，它是由于科学技术进步产生了相同功能的新型设备所致，要全部或部分补偿这种差距，只有对原设备进行技术改造，即现代化改装或技术更新。

修理、更新和现代化改装是设备磨损补偿的三种方式，如图11-18所示。这三种方式的选用并非绝对化，通常采用经济评价方法来决定采用何种补偿方式。对于一个设备系统或一台设备，在确定其磨损的补偿方式时可以有多种，而不必拘泥于形式上的统一。所以，这就出现了设备维修的多样性和复杂性。在技术上和生产组织上，设备维修始终是设备管理中工作量最大、内容最繁杂的工作，以至于人们力图探索一种新的途径：在现代科学技术的基础上实行大规模的标准化生产，尽可能地降低设备及其零部件的成本，使更新的费用低于维修费，这就是无维修设计。可是无维修设计至今只能用于低值易耗的设备或零部件，而对技术密集、资金密集的设备仍不能避免维修环节。生产技术越向大型、复杂、精密的高级形式发展，设备的价值含量也就越大，相应的维修费占生产总成本的比重不是降低，而是增加。

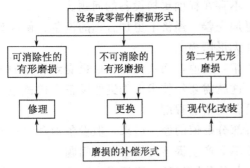

图11-18 设备磨损的三种补偿方式

对应于各种补偿方式，在一台设备或一个设备系统进行修理时，可把它的零部件区分为如下四种。

① 留用件：未发生磨损或虽发生磨损但仍能实现其功能的零部件。
② 修理件：用修理方式进行补偿，全部或局部恢复其功能的零部件。
③ 更换件：用更换的方式进行补偿，全部恢复其功能的零部件。
④ 备件：用技术改造方式进行补偿，提高其功能的新制零部件。

第八节　设备的更新改造

一、设备更新的概述

（1）设备更新　是指对在技术上或经济上不宜继续使用的设备，用新的设备更换或用先进的技术对原有设备进行局部改造。或者说是以结构先进、技术完善、效率高、耗能少的新设备，来代替物质上无法继续使用或经济上不宜继续使用的陈旧设备。

（2）设备更换　它是设备更新的重要形式，分为原型更新和技术更新。原型更新即简单更新，用结构相同的新设备更换因严重有形磨损而在技术上不宜继续使用的旧设备。这种更换主要解决设备的损坏问题，不具有技术进步的性质。

（3）设备更新的一般程序　设备更新的一般程序如图11-19所示。

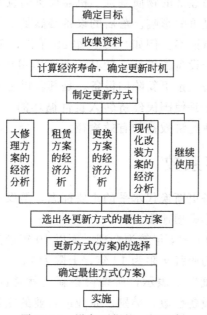

图 11-19 设备更新的一般程序

设备更换往往受到设备市场供应和制造部门生产能力的限制，使陈旧的需要更新的设备得不到及时更换，被迫在已经遭受严重无形磨损的情况下继续使用。解决这个问题的有效途径是设备现代化改装。设备现代化改装是克服现有设备技术陈旧落后、补偿无形磨损、更新设备的方法之一。

从经济意义上来说，在用设备不能不修，但也不能多修。设备多修虽然能延长使用寿命，但它又是产生无形磨损的客观基础。

随着科学技术的发展，设备更新换代越来越快。在这种情况下，为了减少无形磨损的损失，必须适时地更新设备。

二、设备更新的意义

设备更新对于企业发展生产、提高经济效益，以至于对整个国家经济的发展都有着十分重要的作用。

（1）设备更新是企业维持再生产的必要条件　随着设备的有形磨损和无形磨损日益加剧，必然导致设备技术性能劣化、故障率增加、修理费用上升甚至引起生产停顿。因而必须进行设备更新，及时补偿设备的磨损，才能保持企业的生产能力，使再生产得以正常进行。

要处理好修理与更新的关系，设备经过多次修理后，由于技术性能劣化，会使废品、次品增加，能源和原材料用量增加，维修费用加大。因此，为了恢复和提高设备性能，不仅要进行修理，而且更要注意采用设备更新或技术改造的方式来保持和发展企业的生产能力。

（2）设备更新是企业提高经济效益的重要途径　企业为了生产适销对路、物美价廉、具有市场竞争力的产品，必须不断采用新技术、新设备、新工艺，来实现产品的升级换代、优质高产和高效低耗。设备是企业生产的主要手段，是科学技术的物质载体，因此，不同年代制造的设备凝聚着不同水平的技术，只有用包含最新科技成果的新型设备来替换技术上陈旧的设备，才能为企业生产经营的持续发展提供可靠的物质技术保证。

（3）设备更新是发展国民经济的物质基础　机器设备的技术水平及其发展速度，对一个国家的经济发展有直接的、显著的影响。落后的设备必然是工业发展的严重障碍，这一点已为世界工业发展的历史经验所证实。例如，19世纪80年代，美国和德国由于利用国外资金和先进技术大量进行本国生产设备的更新，使其工业实力很快超过英国和法国。20世纪50年代，日本采用先进技术装备大量更新陈旧设备，是其获得迅速发展的一个重要因素。因此从宏观上来说，加快设备更新是使国民经济转入良性循环的一个重要环节；从微观上来说，适时地更新老设备是提高企业经济效益的有效途径。

三、设备役龄和新度系数

反映一个国家或行业装备更新换代水平的重要标志，是设备役龄、设备新度系数和设备更新换代频数，即技术性无形磨损速度。

一般认为设备的役龄以10～14年较为合理，而以10年最为先进。如美国的机床工具行业和电子机械工业的设备平均服役年限为12年，上限为14.5年，下限为9.5年。

设备的新旧也可用"新度"来表示，所谓设备新度就是设备固定资产净价值与原值之比。设备新度系数可分别按设备台数、类别、企业或行业的主要设备总数进行统计计算，其平均值可反映企业装备的新旧程度。从设备更新的意义上看，平均新度系数可在一定程度上反映装备的更新速度，某些行业把设备新度系数作为设备管理的主要考核指标之一。

表示技术进步程度的另一个标志是设备更新换代频数，即使设备役龄很"年青"也不能说设备就属先进水平，因此，考虑设备的更新问题时要将平均役龄、平均新度系数和更新换代频数等指标结合起来才较为全面和客观。

四、设备更新的原则

设备的更新，一般应当遵循以下原则。
① 设备更新应当紧密围绕企业的产品开发和技术发展规划，有计划、有重点地进行。
② 设备更新应着重采用技术更新的方式来改善和提升企业技术装备水平，达到优质高产、高效低耗、安全环保的综合效果。
③ 设备更新应当认真进行技术经济论证，采用科学的决策方法，选择最优可靠方案，以确保获得良好的设备投资效益。

五、更新对象的选择

企业应当从生产经营的实际出发，对下列设备优先安排更新。
① 役龄过长、设备老化、技术性能落后、生产效率低、经济效益差的设备。
② 原设计、制造质量不良，技术性能不能满足生产要求，而且难以通过修理、改造得到改善的设备。
③ 经济预测，继续进行大修理，其技术性能仍不能满足生产工艺要求、保证产品质量的设备。
④ 严重浪费能源、污染环境、危害人身安全的设备。
⑤ 按国家有关部门规定应当淘汰的设备。

六、更新时机的选择

设备更新时机的选择涉及设备的寿命问题,设备寿命可分为以下几种。

① 自然寿命(物理寿命)。是指设备从全新状态投入使用开始,到不能再使用而报废为止的全部时间。使用时间的长短与维护保养有关,主要取决于设备有形磨损的速度。

② 折旧寿命。是指根据规定的折旧原则和方法,将设备的原值通过折旧的形式转入产品成本,直到设备净值接近于零的全部时间。折旧寿命与物理寿命不等,与提取折旧的方法有关。

③ 技术寿命。是指一台设备能在市场上维持其自身价值而不显陈旧落后的全部时间。技术寿命的长短与技术进步有关,主要取决于无形磨损的速度。

④ 经济寿命。是指设备从开始使用(或闲置)时起,到由于遭受有形磨损和无形磨损(贬值)再继续使用在经济上已不合理为止的全部时间。

过去,我国企业主要根据设备的物质寿命来考虑设备更新,或者简单按照国家规定的折旧年限(过去年折旧率一般为 4%~5%,即折旧年限为 20~25 年)来安排设备更新,没有考虑设备的技术寿命和经济寿命,影响了企业经济效益的提高。因此,应当以设备的经济寿命来确定设备的使用年限,即选择设备最佳更新时机的主要依据是经济寿命。

第九节 设备的技术改造

一、设备技术改造的含义

设备的技术改造也称设备的现代化改装,是指应用现代科学技术成就和先进经验,改变现有设备的结构,装上或更换新部件、新装置、新附件,以补偿设备的无形磨损和有形磨损。通过技术改造,可以改善原有设备的技术性能、增加设备的功能,使之达到或局部达到新设备的技术水平。

二、设备技术改造的特点

(1) 针对性强　企业的设备技术改造,一般是由设备使用单位与设备管理部门协同配合,确定技术方案,进行设计、制造的。这种做法有利于充分发挥他们熟悉生产要求和设备实际情况的长处,使设备技术改造密切结合企业生产的实际需要,所获得的技术性能往往比选用同类新设备具有更强的针对性和适用性。

(2) 经济性好　设备技术改造可以充分利用原有设备的基础部件,比采用设备更新的方案节省时间和费用。此外,进行设备技术改造常常可以替代设备进口,节约外汇,取得良好的经济效益。

(3) 现实性大　一个国家所拥有的某种设备总量,总是远大于年产这种设备的能力。比如我国拥有的金属切削机床的总量约为 400 万台,而全国每年机床的产量仅 15 万~20 万台。即使把每年生产的新机床全部用来更换原有的机器,轮完一遍也需要 20 年。这就是说,不待原有设备全部更换完毕,初期更新的设备又早已陈旧不堪了。可见,单靠设备更新这种方式显然难以满足企业发展生产的要求。因此,采用设备技术改造具有很大的现实性。

由此可知,应用先进的科学技术成果对原有设备进行技术改造并非一种权宜之计,而是与设备更新同等重要的补偿设备无形磨损并提高装备技术水平的重要途径。

三、设备技术改造的意义

设备技术改造对于我国发展经济、推进现代化建设有着十分重要的现实意义。

从世界范围来看，第二次世界大战之后，世界经济出现了迅速发展的新局面，其中尤以西欧、北美、亚洲等一些国家和地区的突出进展引人瞩目。他们发展经济的一条成功经验，就是重视依靠科技进步，走内涵为主发展生产的道路。以美国为例，从1948—1969年的22年里，技术进步对国民生产总值增长率的贡献为47.7%，成为促进该国生产发展的首要因素。据统计，1947—1978年期间，美国对非住宅固定资本投资中，用于更新改造的投资占69%，用于扩大生产规模的投资仅占31%；同一时期，美国对机器设备的投资中，用于更新改造的占77%，用于新建扩建的仅占23%。这就是说，工业发达国家发展经济的主要途径是大力采用先进技术，提高机器的技术水平，改善原材料的质量，提高劳动者的素质，从而提高各生产要素的使用效率，来取得良好的经济效益。

1990年底，为了实现我国现代化建设的第二步战略目标，我国发布了《中共中央关于制定国民经济和社会发展十年规划和"八五"计划的建议》。《建议》提出："今后十年特别是'八五'期间要立足于现有基础，少搞新建，多搞挖潜，加强技术改造，强化经济管理"。这对实现国民经济持续、稳定、协调发展，推进我国工业化和现代化的进程，有着十分重要的现实意义。

四、设备技术改造的方向

随着科学技术的飞速发展，特别是微电子技术与计算机技术的发展，为机器设备的技术进步带来了突出的影响。机电一体化是一个具有普遍意义的发展方向。20世纪80年代，我国大力倡导应用新技术改造陈旧设备，取得了明显成绩。实践证明，推广数显、数控、可编程控制器、动静压技术以及节能技术等来改造陈旧设备，可以收到良好的技术经济效益和社会效益。

节能技术可以用来改造工业炉窑，主要包括优化设计、改造炉型结构，采用新型耐火保温材料改造炉衬，采用先进的燃烧技术和燃烧装置改造燃烧系统，以及应用微机控制炉窑等。实践证明，技术改造对节能降耗、提高企业经济效益作用十分显著。

此外，还可应用微机对企业的变电站、锅炉房、空压站、水泵房等动力系统实行集中监测或监控，以保证节能降耗和动力设备的正常运行。

五、设备技术改造的应用实例

对原有设备进行技术改造不仅是发展中国家需要采用的措施，经济发达国家对此也同样重视。如美国通用汽车公司在1975年为扩大轻便轿车的生产，与机床制造工厂合作，对生产线上原有金属切削机床的1/3进行了技术改造，结果没有购买一台新机床，就满足了扩大轿车生产的需要。又如日本三菱汽车公司改装4030型发动机缸体加工线，新购设备13台，占全线机床总数的25%，对原有设备进行技术改造27台，占全线设备总数的51%，继续使用原有设备12台，占总数的24%，实现了日产量从100台提高到4500台的生产要求。

我国在技术改造方面也取得了突破性的进展。到1990年，全民所有制企业已实现技术改造项目45万多个，投资5000多万元，其中设备占50%～70%。应用新技术改造原有设备的成功事例是很多的。

南京微分电动机厂过去采用普通车床加工分马力电动机的转子轴,需要 6 台车床,加工精度差,生产效率低。该厂采用自行研制的 JWK-3 型经济数控系统改造 2 台 C618 车床,用单板机控制步进电动机直接驱动拖板刀架,结构简单,操作方便,加工质量提高,废品损失减少 60%。加工一根转子轴仅需 2 道工序 2 台车床,加工工时 2min36s,提高工效 9 倍,改造所用的投资 4 个月即可收回。用微电子技术改造机床、动力设备等,已经推广到全国。

大连机车车辆厂为生产 3000kW 的内燃机车,自 1972 年以来,改造老设备 400 多台,自制专用设备 1300 多台,建成流水生产线、联动线、半自动生产线 60 多条,从根本上提高了工厂的设备技术水平,对保证产品质量发挥了重要作用。该厂改造后的 10 年间的工业总产值较前一个 10 年增加了 80%,经济效益显著。

鞍山钢铁公司作为一个老企业,十分重视设备技术改造。"七五"期间完成了技术改造和大修改造工程,新增固定资产 56.36 亿元。1988 年 4 月,利用第二薄板厂大修的机会,投资 900 万元把该厂改造成为硅钢片厂,当年获利 4000 万元。一初轧厂是当时是 50 多年的老厂,设备经过 6 次大规模技术改造和局部更新,达到了 20 世纪 70 年代初的技术水平,产量从 50 万吨增至 250 万吨,年增利税 4000 多万元。11 号高炉经大修改造,容量从 $2025m^3$ 增加到 $2580m^3$,并从国内一般水平上升到国际水平,年增产生铁 60 万吨。

大连石油化工公司在 10 年间投资 2.5 亿元,采用新技术、新工艺、新设备改造了 27 套老装置。如改造干馏分油催化裂化装置时,采用提升管、烧焦罐等技术,使 20 世纪 60 年代末的设备达到了 80 年代国际先进水平,为生产无铅汽油并立足国际市场奠定了基础。1990年出口无铅汽油 33.5 万吨,创汇 5000 多万美元。

 思考题

11-1　什么是机械装配?机械装配应保证哪些要求?

11-2　机械装配的一般工艺过程是什么?

11-3　过盈配合的工作原理是什么?

11-4　什么是联轴器?如何装配?

11-5　什么是轴承?轴承是怎样分类的?

11-6　齿轮装配的内容有哪些?

11-7　螺纹连接的预紧与防松方法有哪些?

11-8　什么是设备的有形磨损和无形磨损?

11-9　设备的更新与改造的含义是什么?

11-10　设备技术改造的含义及特点是什么?

第十二章

现代化管理方法在设备管理中的应用及案例

现代化管理是指企业运用现代自然科学和社会科学的研究成果，使管理适应现代科学技术的发展水平。现代化管理符合现代化大生产的要求，主要包括以下几方面内容。

① 在管理思想和人们的精神状态上也要适应现代的要求，从产品经济观念和自然经济观念向商品经济观念和市场经济观念转变，树立人本思想、民主管理思想、现代经营思想、公开竞争思想等。

② 在管理技术和方法方面适应大生产发展的需要，采用各种科学的管理方法和管理手段。

③ 在组织机构方面，要适应现代大生产的要求，采用符合生产发展要求的组织形式。

目前网络计划技术、线性规划、价值工程、系统论、信息论、决策论、行为科学、目标管理、技术经济分析、寿命周期费用评价法、ABC管理法、计算机辅助管理、状态监测与故障诊断技术等现代化管理理论和方法在设备管理和维修中都有应用，且已经取得明显的效果。

第一节 网络计划技术

一、网络计划技术概述

网络计划技术是20世纪50年代发展起来的一种计划管理的科学方法。

（1）工程网络计划技术的产生和发展　1957年，美国杜邦化学公司为了改进工业企业的生产计划管理，提出了一种称为"关键线路法"（简称为CPM）的计划管理新方法。1958年，美国海军特种工程局在制订北极星导弹研制计划时，为了对这项错综复杂的科研试制课题实现严格有效的科学控制和管理也提出一种新的计划管理方法，称为"计划评审技术"（简称PERT）。这两种方法的主要差异是各项工作的预估持续时间在CPM方法中是肯定的，而在PERT方法中则为非肯定的。由于这两种方法都是在网络图形基础上从事计划和管理工作的,所以一般称为"网络计划技术"。

1965年,我国华罗庚教授开始推广和应用这些新的科学管理方法,定名为"统筹法"。它在我国国民经济各部门得到了广泛应用,并取得了显著的效果。

1982年,在中国建筑学会的支持下成立了建筑统筹法研究会。

1991年发布了行业标准《工程网络计划技术规程》(JGJ/T 1001—91)。

1992年发布了国家标准《网络计划技术 常用术语》《网络计划技术 网络图画法的一般规定》《网络计划技术 在项目计划管理中应用的一般程序》(GB/T 13400.1—92~GB/T 13400.3—92)。

1999年建设部重新颁布了《工程网络计划技术规程》(JGJ/T 121—99)。

目前国家现行标准是:《网络计划技术 第1部分:常用术语》(GB/T 13400.1—2012);《网络计划技术 第2部分:网络图画法的一般规定》(GB/T 13400.2—2009);《网络计划技术 第3部分:在项目管理中应用的一般程序》(GB/T 13400.3—2009)。

(2) 网络计划技术的概念 网络计划技术是一种管理方法,它以网络图的形式制订工程项目的计划,找出最优计划方案,并组织和控制生产,去完成计划提出的目标。网络计划不仅可以用网络图来表示各工序的先后次序和相互关系,而且可以找出关键工序和关键路线,进行统筹安排,合理使用人力、物力、财力,有效地控制和监督计划的执行,从而高效率、高效益地完成任务。

如某周日上午9:00起,夫妇两人要做的几件事情:洗衣服,单独一人3h;做饭,单独一人1h;夫妇一起用餐,0.5h;11:30夫妇需出门到电影院看电影。因此,所有的事情必须在9:00~11:30之间的2.5h完成。那么用网络计划技术来实现这一目标过程如图12-1所示。

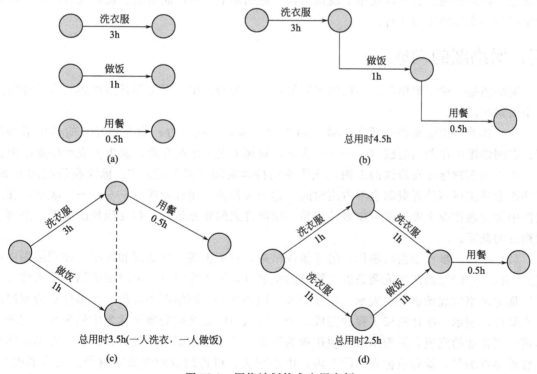

图12-1 网络计划技术应用实例

二、网络计划技术的基本原理和特点

网络计划技术的基本原理是：利用网络图表达计划任务的进度安排及其中各项工作或工序之间的相互关系；在此基础上进行网络分析，计算网络时间，确定关键工序和关键线路；利用时差，不断地改善网络计划，求得工期、资源与成本的优化方案。在计划执行过程中，通过信息反馈进行监督和控制，以保证达到预定的计划目标。

长期以来，在生产经济活动的组织和管理上，特别是对生产进度的计划控制，一直使用甘特图及计划进度表来安排计划。这种技术方法简单，直观性强，易于掌握，但不能反映各个工作之间错综复杂的相互联系、相互制约的关系，也不能清楚地反映出主要的、关键性的工作。与传统的甘特图相比，网络计划技术具有系统性、动态性和可控性等优点，其特点如下。

① 能够全面而明确地反映出各项工作之间的相互依赖、相互制约的关系。
② 主次、缓急清楚，便于抓住主要矛盾。
③ 反映了各项工作机动时间，有利于资源的合理分配。
④ 有利于计算机技术的使用，便于网络计划的调整与控制。
⑤ 流水作业的情况很难在计划上反映出来。

三、网络计划技术的应用范围

网络计划技术的应用范围很广，主要应用于工程项目的计划管理，在设备管理中也经常被应用。对于那些任务规模很大，需要多种不同来源的大量资源（人员、机器设备、运载工具、原材料、资金），协调频繁、时间紧迫的工程任务，采用网络计划技术来管理，效果最为理想。具体来说，它可以应用于建筑工程、船舶制造、新产品研制、设备大修、单件小批量生产和一次性的工程项目。

四、网络图的构成

网络图是一种图解模型，形状如同网络，故称为网络图。网络图是由作业、事件和路线三个因素组成的。

（1）作业 作业是指一项工作或一道工序，需要消耗人力、物力和时间的具体活动过程。在网络图中作业用箭线（———→）表示，箭尾 i 表示作业开始，箭头 j 表示作业结束。

作业的名称标注在箭线的上面，该作业的持续时间（或工时）T_{ij} 标注在箭线的下面。有些作业或工序不消耗资源也不占用时间，称为虚作业，用虚箭线（– – –→）表示。在网络图中设立虚作业主要表明一项事件与另一项事件之间相互依存、相互依赖的关系，是属于逻辑性的联系。

（2）事件 事件是指某项作业的开始或结束，它不消耗任何资源和时间，在网络图中用"○"表示。"○"是两条或两条以上箭线的交节点，又称为节点。网络图中第一个事件（即○）称为网络的起始事件，表示一项计划或工程的开始；网络图中最后一个事件称为网络的终点事件，表示一项计划或工程的完成；介于始点与终点之间的事件称为中间事件，它既表示前一项作业的完成，又表示后一项作业的开始。为了便于识别、检查和计算，在网络图中往往对事件编号，编号应标在"○"内，由小到大，可连续或间断数字编号。编号原则是：每一项事件都有固定编号，号码不能重复，箭尾的号码小于箭头号码（即 $i<j$，编号从左

到右，从上到下进行）。

(3) 路线　路线是指自网络始点开始，顺着箭线的方向，经过一系列连续不断的作业和事件直至网络终点的通道。一条路线上各项作业的时间之和是该路线的总长度（路长）。在一个网络图中有很多条路线，其中总长度最长的路线称为"关键路线"，关键路线上的各事件为关键事件，关键事件的周期等于整个工程的总工期。有时一个网络图中的关键路线不止一条，即若干条路线长度相等。除关键路线外，其他的路线统称为非关键路线。关键路线并不是一成不变的，在一定的条件下，关键路线与非关键路线可以相互转化。例如，当采取一定的技术组织措施，缩短了关键路线上的作业时间，就有可能使关键路线发生转移，即原来的关键路线变成非关键路线，与此同时，原来的非关键路线却变成关键路线。

五、网络图的绘制

1. 网络图绘制基本规则

① 网络图中不能出现循环路线，否则将使组成回路的工序永远不能结束，工程永远不能完工。

② 进入一个节点的箭线可以有多条，但相邻两个节点之间只能有一条箭线。当需表示多活动之间的关系时，需增加节点（node）和虚拟作业来表示。如图 12-2 所示。

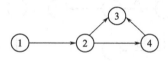

图 12-2　网络图绘制规则

③ 在网络图中，除网络始点、终点外，其他各节点的前后都有箭线连接，即图中不能有缺口，使自网络始点起经由任何箭线都可以达到网络终点，否则，将使某些作业失去与其紧后（或紧前）作业应有的联系。

④ 箭线的首尾必须有事件，不允许从一条箭线的中间引出另一条箭线。

⑤ 为表示工程的开始和结束，在网络图中只能有一个始点和一个终点。当工程开始时有几个工序平行作业，或在几个工序结束后完工，用一个网络始点、一个网络终点表示。若这些工序不能用一个始点或一个终点表示时，可用虚工序把它们与始点或终点连接起来。

⑥ 网络图绘制力求简单明了，箭线最好画成水平线或具有一段水平线的折线；箭线尽量避免交叉；尽可能将关键路线布置在中心位置。

2. 网络图绘制步骤

(1) 项目分解　根据工作分解结构方法和项目管理的需要，将项目分解为网络计划的基本组成单元——工作（或工序），并确定各工作的持续时间。

(2) 确定工作间的逻辑关系　根据各项工作的相互依赖和相互制约的关系，确定工作间的逻辑关系，包括确定每项工作的紧前工作或紧后工作，以及与相关工作的搭接关系。

(3) 绘制网络图

① 采用母线法绘制没有紧前工作的工作箭线，以保证网络图只有一个起始节点。

② 再根据紧前工作关系绘制其他工作箭线。注意：绘制某项目工作箭线时，其全部紧前工作必须已经绘制完成。

③ 绘制其他工作箭线时，注意正确表达工作间的逻辑关系，不要把没有关系的工作拉上关系。

④ 当所有工作绘制完成后，将没有紧后工作的全部工作结束于一点，以保证网络图只有一个终点节点。

⑤ 检查各项工作的逻辑关系是否正确，然后根据网络图节点编号规则对网络图节点编号。

（4）网络图绘制实例　如已知某项工作之间的逻辑关系如表 12-1 所示。试绘出网络图。

表 12-1　工作与紧前工作一览表

工作	A	B	C	D
紧前工作	—	—	A、B	B

① 绘制工作箭线 A 和工作箭线 B，如图 12-3(a) 所示。

② 绘制工作箭线 C，如图 12-3(b) 所示。

③ 绘制工作箭线 D 后，将工作箭线 C 和 D 的箭头节点合并，以保证网络图只有一个终点节点。

④ 当确认给定的逻辑关系表达正确后，再进行节点编号。

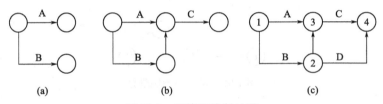

图 12-3　网络图绘制过程

六、时间参数计算

计算时间参数是网络计划技术的重要环节，其目的在于确定整个任务的工期和关键路线。计算时差，为网络计划的检查、调整和优化做准备。时间参数包括工作持续时间、节点最早时间、节点最迟时间、工作最早开始时间、工作最迟开始时间、工作最迟完成时间、时差、工期等。

1. 工作持续时间

工作持续时间是指一项工作规定的从开始到完成的时间，一般符号 D_{i-j} 表示节点编号为 i 和 j 的工作的持续时间。对于一般网络计划的工作持续时间，其主要计算方法有：参照以往实践经验估算；经过实验推算；查有关标准，按定额进行计算。

2. 节点时间参数

（1）节点最早时间　节点最早时间是指该节点后各项工作的最早开始时间，以 ET_i 表示。它的计算是从起点节点开始，在网络图上逐个按照节点编号由小到大自左向右计算，直到最后一个节点（终点节点）为止。起点节点的最早时间等于零，一个完成节点的最早开始时间是由它的开始节点的最早时间加上工作持续时间来决定的。如果同时有几条箭线与完成节点相连接，则其中开始节点的最早时间与工作持续时间之和的最大值为节点最早时间。其计算式为

$$ET_t = 0$$
$$ET_j = \max(ET_i + D_{i-j})$$

式中　ET_j——完成节点的最早时间，d；

　　　ET_i——开始节点的最早时间，d；

　　　ET_t——起点节点的最早时间，d；

　　　D_{i-j}——节点编号为 i 和 j 工作的持续时间，d。

（2）节点最迟时间　节点最迟时间是指该节点前各项工作的最迟完成时间，以 LT_i 来表示。终点节点的最迟时间应当等于总完工工期。在网络图上，从终点节点开始，按节点编号由大到小自右向左逐个节点计算，直到起点节点为止。一个开始节点的最迟时间，是由它的完成节点的最迟时间减去工作持续时间来决定的。如果从开始节点同时引出几条箭线时，则其中完成节点的结束时间与工作持续时间相减差值中的最小值为节点最迟时间。其计算公式为

$$LT_n = ET_n$$
$$LT_j = \min(LT_i + D_{i-j})$$

式中　LT_n——终点节点的最迟时间，d；

　　　ET_n——终点节点的最早时间，d；

　　　LT_i——开始节点的最迟时间，d；

　　　LT_j——完成节点的最迟时间，d；

　　　D_{i-j}——节点编号为 i 和 j 工作的持续时间，d。

3. 工作时间参数

（1）工作最早开始时间的计算　工作最早开始时间是指其所有紧前工作全部完成后，本工作最早可能的开始时刻，一般以 ES_{i-j} 表示。实际上工作最早开始时间就是它的箭尾节点（开始节点）的最早时间。其计算公式为

$$ES_{i-j} = ET_i$$

（2）工作最早完成时间的计算　工作最早完成时间等于其最早开始时间与该工作持续时间之和。工作 $i-j$ 的最早完成时间以 EF_{i-j} 表示，即

$$EF_{i-j} = ES_{i-j} + D_{i-j}$$

（3）工作最迟完成时间的计算　工作最迟完成时间是指在不影响工程工期的条件下，该工作必须完成的最迟时间。工作 $i-j$ 的最迟完成时间以 LF_{i-j} 表示，即

$$LF_{i-j} = LT_j$$

（4）工作最迟开始时间的计算　工作最迟开始时间等于其最迟完成时间与该工作历时之差，以 LS_{i-j} 表示，即

$$LS_{i-j} = LF_{i-j} - D_{i-j}$$

（5）工作总时差的计算　工作总时差是在不影响工期的前提下，一项工作所拥有的机动时间的极限值，以 TF_{i-j} 表示。根据含义，工作总时差应按下式计算：

$$TF_{i-j} = LS_{i-j} - ES_{i-j} = LF_{i-j} - EF_{i-j}$$

总时差越大，说明挖掘时间的潜力越大，反之则相反。若总时差为零，则说明该项工作

无任何宽裕的时间。总时差为零的工作称为关键工作，由关键工作组成的路线称为关键路线。

(6) 工作自由时差的计算　工作自由时差是指在不影响其紧后工作最早开始时间的前提下可以机动的时间，以 FF_{i-j} 表示。这时工作活动的时间范围被限制在本身最早开始时间与其紧后工作的最早开始时间之间，从这段时间中扣除本身的工作历时后，所剩余时间的最小值即为自由时差。根据含义，工作自由时差应按下式计算：

$$FF_{i-j} = ES_{k-l} - EF_{i-j}$$

计算时间参数可列出表格，并标注在网络图上。

七、网络计划的调整与优化

在编制一项工程计划时，企图一次达到十分完善的地步，一般来说是不太可能的。初始网络的关键路线往往拖得很长，头号关键路线上的富裕时间很多，网络松散，任务周期长。通常在初步计划方案制定以后，需要根据工程任务的特点，再进行调整与优化，从系统工程的角度对时间、资金和人力等进行命题匹配，使之得到最佳的周期、最低的成本以及对资源最有效的利用结果。

(1) 缩短工程进度对网络进行优化　在资源条件允许的条件下，尽量缩短工程进度，使之尽快投入使用，以提高经济效益，方法如下。

① 改变网络结构以缩短工期。
② 对网络结构不作改变，只缩短作业时间。

(2) 缩短工程进度的技术和组织措施

① 检查工作流程，去掉多余环节。
② 检查各作业工期、改变关键路线上的工作组织。
③ 把串联作业改为平行作业或交叉作业。
④ 调整资源或增加资源（人力、物力、财力）到关键路线上的关键作业中去。
⑤ 采用技术措施（如采用机械化、改进工艺、采用先进技术）和组织措施（如合理组织流程，实现流程优化）。
⑥ 利用时差，从非关键作业中抽调部分人力、物力集中于关键作业，缩短关键作业的时间。把关键路线上的作业改为平行或交叉作业，是最常用的有效优化手段。但必须指出，为达此目的往往要想办法采取一些本单位可行的技术和组织措施才能实现。因此，能否"想出办法"往往成为能否进一步优化网络的关键。经验证明，一旦想出办法把关键作业改为平行或交叉作业，经济效益是极为显著的。

第二节　线性规划

一、线性规划的概念及作用

线性规划是合理利用、调配资源的一种应用数学方法。它的基本思路就是在满足一定的约束条件下，使预定的目标达到最优。它的研究内容可归纳为两个方面：一是系统的任务已定，如何合理筹划、精细安排，用最少的资源（人力、物力和财力）去实现这个任务；二是资源的数量已定,如何合理利用、调配,使任务完成得最多。前者是求极小,后者是求极大。线性规划是在满足企业内外部的条件下,实现管理目标和极值(极小值和极大值)问题,就是要以尽少的资源输入来实现更多的社会需要的产品的产出。因此,线性规划是辅助企业"转轨""变形"的有利工具,它在辅助企业经营决策、计划优化等方面具有重要的作用。

线性规划是运筹学规划论的一个分支。它发展较早,理论上比较成熟,应用较广。20世纪30年代,线性规划从运输问题的研究开始,在二次大战中得到发展,现在已广泛地应用于解决国民经济的综合平衡、生产力的合理布局、最优计划与合理调度等问题,并取得了比较显著的经济效益。线性规划的广泛应用,除了它本身具有实用的特点之外,还由于线性规划模型的结构简单,比较容易被一般未具备高深数学基础但熟悉业务的经营管理人员所掌握。对于它的解题方法,简单的可用手算,复杂的可借助于电子计算机的专用软件包,输入数据就能算出结果。

对于线性规划的研究与应用工作,我国开始于20世纪50年代初期,中国科学院数学所筹建了运筹室,最早应用在物资运筹方面,在实践中取得了成果,在理论上提出了论证。目前,国内高等学校已将其列为运筹学中必选的课程内容之一,在实际应用方面也将其已列入重点企业试点和研究项目之一。

二、线性规划模型的结构

企业是一个复杂的系统,要研究它必须将其抽象出来形成模型。如果将系统内部因素的相互关系和它们活动的规律用数学形式描述出来,就称为数学模型。线性规划的模型取决于线性规划的定义。线性规划的定义是:求一组变量的值,在满足一组约束的条件下,求得目标函数的最优解。

根据这个定义,就可以确定线性规划模型的基本结构。

(1) 变量 变量又称未知数,它是实际系统的未知因素,也是决策系统中的可控因素,一般称为决策变量,常引用英文字母加下标来表示,如 X_1、X_2、X_3、X_{mn} 等。

(2) 目标函数 将实际系统的目标用数学形式表现出来,就称为目标函数。线性规划的目标函数是求系统目标的数值,即极大值(如产值极大值、利润极大值)或者极小值(如成本极小值、费用极小值、损耗极小值等)。

(3) 约束条件 约束条件是指实现系统目标的限制因素。它涉及企业内部条件和外部环境的各个方面,如原材料供应、设备能力、计划指标、产品质量要求和市场销售状态等,这些因素都对模型的变量起约束作用,故称为约束条件。

约束条件的数学表示形式为三种,即≥、=、≤。线性规划的变量应为正值,因为变量在实际问题中所代表的均为实物,所以不能为负值。在经济管理中,使用线性规划较多的是下述几个方面的问题。

① 投资问题——确定有限投资额的最优分配,使得收益最大或者见效快。
② 计划安排问题——确定生产的品种和数量,使得产值或利润最大,如资源配置问题。
③ 任务分配问题——分配不同的工作给各个对象(劳动力或机床),使产量最多、效率最高,如生产安排问题。
④ 下料问题——如何下料,使得边角料损失最小。
⑤ 运输问题——在物资调运过程中,确定最经济的调运方案。
⑥ 库存问题——确定最佳库存量,做到既保证生产又节约资金等。

应用线性规划建立数学模型的三个步骤如下。
① 明确问题，确定问题，列出约束条件。
② 收集资料，建立模型。
③ 模型求解（最优解），进行优化后分析。

其中，线性规划中最困难的是建立模型，而建立模型的关键是明确问题、确定目标，在建立模型过程中花时间、花精力最大的是收集资料。

三、线性规划的应用实例

（1）应用实例一　某工厂甲、乙两种产品，每件甲产品要耗钢材 2kg、煤 2kg，产值为 120 元；每件乙产品要耗钢材 3kg、煤 1kg，产值为 100 元。现钢厂有钢材 600kg、煤 400kg，试确定甲、乙两种产品各生产多少件，才能使该厂的总产值最大？

解：设甲、乙两种产品的产量分别为 X_1、X_2，则总产值是 X_1、X_2 的函数为

$$f(X_1,X_2)=120X_1+100X_2$$

资源的多少是约束条件：

由于钢的限制，应满足 $2X_1+3X_2 \leq 600$；由于煤的限制，应满足 $2X_1+X_2 \leq 400$。

综合上述表达式，得数学模型为

$$f(X_1,X_2)=120X_1+100X_2$$

求最大值（目标函数）
$$2X_1+3X_2 \leq 600$$
$$2X_1+X_2 \leq 400$$
$$X_1 \geq 0, X_2 \geq 0$$

X_1,X_2 为决策变量，解得 $X_1 \leq 150$ 件，$X_2 \leq 100$ 件，于是有

$$f_{max}=(120 \times 150+100 \times 100) 元 = 28000 元$$

故当甲产品生产 150 件、乙产品生产 100 件时，产值最大，为 28000 元。

（2）应用实例二　某工厂在计划期内要安排甲、乙两种产品。这些产品分别需要在 A、B、C、D 四种不同设备上加工。按工艺规定，产品甲和乙在各设备上所需加工台数列于表 12-2 中。已知设备在计划期内的有效台时数分别是 12、8、16 和 12（一台设备工作 1h 称为一台时），该工厂每生产一件甲产品可得利润 20 元，每生产一件乙产品可得利润 30 元。问应如何安排生产计划，才能得到最多利润？

表 12-2　产品甲和乙在各设备上所需加工时台数

产品\设备	A	B	C	D
甲	2	1	4	0
乙	2	2	0	4

解：① 建立数学模型。设 X_1、X_2 分别表示甲、乙产品的产量，则利润是 $f(X_1,X_2)=20X_1+30X_2$，求最大值。

设备的有效利用台时为约束条件，即

A：$2X_1+2X_2 \leq 12$
B：$X_1+2X_2 \leq 8$
C：$4X_1 \leq 16$

$$D: 4X_2 \leqslant 12$$
$$X_1 \geqslant 0, X_2 \geqslant 0$$

② 求解未知数。$X_1 \leqslant 4$、$X_2 \leqslant 3$，得 $X_1 \leqslant 4$、$X_2 \leqslant 2$，所以取 $X_1 \leqslant 4$、$X_2 \leqslant 2$，故有
$$f_{\max} = (20 \times 4 + 30 \times 2)元 = 140 元$$

③ 结论。在计划期内，安排生产甲产品 4 件、乙产品 2 件，可得到最多的利润 140 元。

第三节　价值工程

一、价值工程的基本概念

价值工程又称价值分析（Value Engineering，VE），是一门技术与经济相结合的现代化管理科学。它通过对产品的功能分析，研究如何以最低的成本去实现产品的必要功能。因此，应用价值工程，既要研究技术又要研究经济，即研究在提高功能的同时不增加成本，或在降低成本的同时不影响功能，把提高功能和降低成本统一在最佳方案之中。

价值工程发展历史上的第一件事情是美国通用电气公司（GE）的石棉事件。第二次世界大战期间，美国市场原材料供应十分紧张，GE 急需石棉板，但该产品的货源不稳定，价格昂贵，时任 GE 工程师的 Miles 开始针对这一问题研究材料代用问题，通过对公司使用石棉板的功能进行分析，发现其用途是铺设在给产品喷漆的车间地板上，以避免涂料沾污地板引起火灾。后来，Miles 在市场上找到一种防火纸，这种纸同样可以起到以上作用，并且成本低，容易买到，取得了很好的经济效益，这是最早的价值工程应用案例。

通过这个改善，Miles 将其推广到企业其他的地方，对产品的功能、费用与价值进行深入的系统研究，提出了功能分析、功能定义、功能评价以及如何区分必要和不必要功能并消除后者的方法，最后形成了以最小成本提供必要功能、获得较大价值的科学方法，1947 年研究成果以"价值分析"发表。

1954 年，美国海军应用了这一方法，并改称为价值工程。由于它是节约资源、提高效用、降低成本的有效方法，因而引起了世界各国的普遍重视，20 世纪 50 年代日本和德国学习和引进了这一方法。1965 年前后，日本开始广泛应用。我国于 1979 年引进，现已在机械、电气、化工、纺织、建材、冶金、物资等多个行业中应用。目前，价值工程已被公认是一种行之有效的现代管理科学。它不仅可以用于开发新产品、新工艺，也可以用于专用设备的设计制造、设备更新改造和重点设备的修理组织等方面，以提高设备管理工作的经济效果，产生了巨大的经济效益和社会效益。

二、价值工程的定义和基本原理

1. 价值工程的定义

依据国家标准《价值工程　第 1 部分：基本术语》（GB/T 8223.1—2009）的定义：价值工程是通过各相关领域的协作，对所研究对象的功能与费用进行系统分析，持续创新，旨在提高研究对象价值的一种管理思想和管理技术。

价值工程中的"价值"不同于政治经济学中的商品价值。此处的价值是作为一种"尺

度"提出来的，即"评价事物（产品或作业）有效程度"的尺度。相对而言，价值高，说明有益程度高、效益大、好处多；价值低，说明有益程度低、效益小、好处少。

2. 价值工程的基本原理

根据价值工程定义，可以把价值工程的基本原理归纳为以下三个方面。

（1）价值、功能和成本的关系。价值工程的目的是力图以最低的成本使产品或作业具有适当的价值，亦即实现其应该具备的必要功能。因此，价值、功能和成本三者之间的关系应该是：

$$价值=功能（或效用）/成本（或生产费用）$$

用数学公式可表示为

$$V=F/C$$

上述公式给出的启示是：一方面客观地反映了用户的心态，都想买到物美价廉的产品或作业，因而必须考虑功能和成本的关系，即价值的高低；另一方面，又提示产品的生产者和作业的提供者，可从下列途径提高产品或作业的价值。

① 提高功能，降低成本，大幅度提高价值。
② 功能不变，降低成本，提高价值。
③ 功能有所提高，成本不变，提高价值。
④ 功能略有下降，成本大幅度降低，提高价值。
⑤ 大幅度提高功能，适当提高成本，提高价值。

因此，价值不是从价值构成的角度来理解的，而是从价值的功能角度出发，表现为功能与成本之比。

（2）功能是一种产品或作业所担负的职能和所起的作用。这里有一个观念问题，专门用户购置产品或作业，并非购买产品或作业的本身，而是购买它所具有的必要功能。如果功能过全、过高，必然会导致成本费用提高，而超过必要功能的部分用户并不需要，这就会造成功能过剩；反之，又会造成功能不足。

（3）公式中的成本也不是一般意义上的成本，而是产品寿命周期的成本。例如：工程项目的寿命周期，应从可行性研究开始到保修期结束，其寿命周期成本也应包括这期间的全部成本。

三、价值工程的特点

① 价值工程以寻求最低寿命周期成本，实现产品的必要功能为目标。价值工程不是单纯强调功能提高，也不是片面地要求降低成本，而是致力于研究功能与成本之间的关系，找出两者共同提高产品价值的结合点，克服只顾功能而不计成本或只考虑成本而不顾功能的盲目做法。

② 价值工程以功能分析为核心。在价值工程分析中，产品成本计量是比较容易的，可按产品设计方案和使用方案，采用相关方法获取产品寿命周期成本。但产品功能确定比较复杂、困难。因为功能不仅是影响因素很多且不易定量计量的抽象指标，而且由于设计方案、制造工艺等的不完善，不必要功能的出现，以及人们评价产品功能的方法存在差异性等，造成产品功能难以准确界定。所以，产品功能的分析成为价值工程的核心。

③ 价值工程是一个有组织的活动。价值工程分析过程不仅贯穿于产品整个寿命周期，而且它涉及面广，需要所有参与产品生产的单位、部门及专业人员的相互配合，才能准确地进行产品的成本计量、功能评价，达到提高产品的单位成本功效的目的。所以，价值工程必须是一个有组织的活动。

④ 价值工程是以信息为基础的创造性活动。价值工程分析以产品成本、功能指标、市场需求等有关的信息数据资料为基础，寻找产品创新的最佳方案。因此，信息资料是价值工程分析的基础，产品创新才是价值工程的最终目标。

⑤ 价值工程能将技术和经济问题有机地结合起来。尽管产品的功能设置或配置是一个技术问题，而产品的成本降低是一个经济问题，但价值工程分析过程通过"价值"（单位成本的功能）这一概念，把技术工作和经济工作有机地结合起来，克服了产品设计制造中普遍存在的技术工作与经济工作相互脱节的现象。

四、价值工作的原则

Miles 在长期实践过程中，总结了一套开展价值工作的原则，用于指导价值工程活动的各步骤的工作。这些原则如下。

① 分析问题要避免一般化、概念化，要作具体分析。
② 收集一切可用的成本资料。
③ 使用最好、最可靠的情报。
④ 打破现有框框，进行创新和提高。
⑤ 发挥真正的独创性。
⑥ 找出障碍，克服障碍。
⑦ 充分利用有关专家，扩大专业知识面。
⑧ 对于重要的公差，要换算成加工费用来认真考虑。
⑨ 尽量采用专业化工厂的现成产品。
⑩ 利用和购买专业化工厂的生产技术。
⑪ 采用专门的生产工艺。
⑫ 尽量采用标准。
⑬ 以"我是否这样花自己的钱"作为判断标准。

这 13 条原则中，第 1 条至第 5 条是属于思想方法和精神状态的要求，提出要实事求是，要有创新精神；第 6 条至第 12 条是组织方法和技术方法的要求，提出要重专家、重专业化、重标准化；第 13 条则提出了价值分析的判断标准。

五、价值分析的方法

进行一项价值分析，首先需要选定价值工程的对象。一般说来，价值工程对象的分析要考虑社会生产经营的需要以及对象价值本身有被提高的潜力。例如，选择占成本比例大的原材料部分，如果能够通过价值分析降低费用、提高价值，那么这次价值分析对降低产品总成本的影响也会很大。当我们面临一个紧迫的境地，例如生产经营中的产品功能、原材料成本都需要改进时，研究者一般采取经验分析法、ABC 分析法以及百分比分析法。选定分析对象后需要收集对象的相关情报，包括用户需求、销售市场、科技技术进步状况、经济分析以及本企业的实际能力等。价值分析中能够确定的方案的多少以及实施成果的大小与情报的准确程度、及时程度、全面程度紧密相关。有了较为全面的情报之后就可以进入价值工程的核心阶段——功能分析。在这一阶段要进行功能的定义、分类、整理、评价等步骤。经过分析和评价，分析人员可以提出多种方案，从中筛选出最优方案加以实施。在决定实施方案后应该制定具体的实施计划，提出工作的内容、进度、质量、标准、责任等方面的内容，确保方案的实施质量。为了掌握价值工程实施的成果，还要组织成果评价。成果的鉴定一般以实施的经济效益、社会效益为主。作为一项技术经济的分析方法，价值工程做到了将技术与经济的紧密结合。此外，价值工程的独到之处还在于，它注重提高产品的价值、注重研制阶段开展工作，并且将功能分析作为自己独特的分析方法。

六、价值工程的应用实例

某市高新技术开发区有两幢科研楼和一幢综合楼，其设计方案对比项目如下。

A楼方案：结构方案为大柱网框架轻墙体系，采用预应力大跨度叠合楼板，墙体材料采用多孔砖及移动式可拆装式分室隔墙，窗户采用单框双玻璃钢塑窗，面积利用系数为93%，单方造价为1438元/m^2。

B楼方案：结构方案同A方案，墙体采用内浇外砌，窗户采用单框双玻璃腹钢塑窗，面积利用系数为87%，单方造价为1108元/m^2。

C楼方案：结构方案采用砖混结构体系，采用多孔预应力板，墙体材料采用标准黏土砖，窗户采用单玻璃空腹钢塑窗，面积利用系数为79%，单方造价为1082元/m^2。

方案各功能和权重及各方案的功能得分，如表12-3所示。

表12-3 方案功能和权重表

方案功能	功能权重	方案功能得分		
		A	B	C
结构体系	0.25	10	10	8
模板类型	0.05	10	10	9
墙体材料	0.25	8	9	7
面积系数	0.35	9	8	7
窗户类型	0.10	9	7	8

① 试应用价值工程方法选择最优设计方案。

② 为控制工程造价和进一步降低费用，拟针对所选的最优设计方案的土建工程部分，以工程材料费为对象开展价值工程分析。将土建工程划分为四个功能项目，各功能项目评分值及其目前成本如表12-4所示。按限额设计要求，目标成本额应控制为12170万元。

表12-4 功能项目评分值及其目前成本表

功能项目	功能评分	目前成本/万元
桩基围护工程	10	1520
地下室工程	11	1482
主体结构工程	35	4705
装饰工程	38	5105
合计	94	12812

试分析各功能项目和目标成本及其可能降低的额度，并确定功能改进顺序。分析要点如下。

问题1 考核运用价值工程进行设计方案评价的方法、过程和原理。

问题2 考核运用价值工程进行设计方案优化和工程造价控制的方法。

价值工程要求方案满足必要功能，清除不必要功能。在运用价值工程对方案的功能进行分析时，各功能和价值指数有以下三种情况。

① Ⅵ＝1，说明该功能的重要性与其成本的比重大体相当，是合理的，无须再进行价值工程分析。

② Ⅵ＜1，说明该功能不太重要，而目前成本比重偏高，可能存在过剩功能，应作为重点分析对象，寻找降低成本的途径。

③ Ⅵ＞1，出现这种结果的原因较多，其中较常见的是：该功能较重要，而目前成本偏低，可能未能充分实现该重要功能，应适当增加成本，以提高该功能的实现程度。

各功能目标成本的数值为总目标成本与该功能指数的乘积。

分别计算各方案的功能指数、成本指数和价值指数，并根据价值指数选择最优方案。

① 计算各方案的功能指数，如表12-5所示。

表12-5 方案功能指数表

方案功能	功能权重	方案功能加权得分		
		A	B	C
结构体系	0.25	10×0.25＝2.50	10×0.25＝2.50	8×0.25＝2.00
模板类型	0.05	10×0.05＝0.50	10×0.05＝0.50	9×0.05＝0.45
墙积系数	0.25	8×0.25＝2.00	9×0.25＝2.25	7×0.25＝1.75
面积系数	0.35	9×0.35＝3.15	8×0.35＝2.80	7×0.35＝2.45
窗户类型	0.10	9×0.10＝0.90	7×0.10＝0.70	8×0.10＝0.80
合计		9.05	8.75	7.45
功能指数		9.05/25.25＝0.358	8.75/25.25＝0.347	7.45/25.25＝0.295

注：表中各方案功能加权得分之和为9.05＋8.75＋7.45＝25.25。

② 计算各方案的成本指数，如表12-6所示。

表12-6 计算方案的成本指数表

方案	A	B	C	合计
单方造价/(元/m²)	1438	1108	1082	3628
成本指数	0.396	0.305	0.298	0.999

③ 计算各方案的价值指数，如表12-7所示。

表12-7 方案价值指数表

方案	A	B	C
功能指数	0.358	0.347	0.295
成本指数	0.396	0.305	0.298
价值指数	0.904	1.138	0.990

由表12-6的计算结果可知，B方案的价值指数最高，为最优方案。

分别计算桩基围护工程、地下室工程、主体结构工程和装饰工程的功能指数、成本指数和价值指数，再根据给定的总目标成本额，计算各工程内容的目标成本额，从而确定其成本降低额。具体计算结果汇总如表12-8所示。

表 12-8 计算结果汇总表

功能项目	功能评分	功能指数	目前成本/万元	成本指数	价值指数	目标成本/万元	成本降低额/万元
桩基围护工程	10	0.1064	1520	0.1186	0.8971	1295	225
地下室工程	11	0.1170	1482	0.1157	1.0112	1424	58
主体结构工程	35	0.3723	4705	0.3672	1.0139	4531	174
装饰工程	38	0.4043	5105	0.3985	1.0146	4920	185
合计	94	1.0000	12812	1.0000		12170	642

由表 12-7 的计算结果可知，桩基围护工程、地下室工程、主体结构工程和装饰工程均应通过适当方式降低成本。根据成本降低额的大小，功能改进顺序依次为桩基围护工程、装饰工程、主体结构工程、地下室工程。

第四节　设备完整性管理概述

设备完整性管理是指采取技术改进措施和规范设备管理相结合的方式来保证整个装置中关键设备运行状态的完好性。1992 年美国 OSHA 颁布了过程安全管理办法（分析了 20000 多台设备，调查了世界范围内约 25 家石油化工厂，与政府和检测机构充分交流），其中心是"避免灾难性事故的发生"，其中第 8 条款是关于设备完整性的要求。与传统的设备管理、事后维修、定期维修和状态维修相比，设备完整性管理更强调安全、效率、效益、环保，企业需要担负更多的 HSE 的责任。

① 设备完整性具有整体性。是指一套装置或系统的所有设备的完整性。设备完整性一词源自于美国职业安全卫生总署所制定的相关法规内容，是针对处理高危害性物质的设备（压力容器及储罐、管线系统、释放及排放系统、控制系统、紧急停机系统及机泵等）建立的一套完善维修保养制度，目的是降低因设备故障损坏导致的风险。

② 单台设备的完整性与设备的装置在系统内的重要程度有关。运用风险分析技术对系统中的设备按风险大小排序，对高风险的设备需要加以特别的照顾。

③ 设备完整性是全过程的，从设计、制造、安装、使用、维护直至报废。

④ 设备完整性管理核心是在保证安全的前提下，以整合的观点处理设备的作业，并保证每一作业的落实与品质。

⑤ 设备的完整性状态是动态的，设备完整性需要持续改进。

一、设备完整性管理技术

设备完整性管理技术包括设备的设计、制造、安装、使用和维护。

（1）设备完整性管理体系　设备完整性管理是以风险为导向的管理系统，以降低设备系统的风险为目标，在设备完整性管理体系的构架下，通过基于风险技术的应用而达到目的，如图 12-4 所示。

设备完整性管理包括基于风险的检验计划和维护策略，即基于时间的、基于条件的、正常运行情况或故障情况下的维护。这些计划和策略与公司和工厂的设备可用性及安全目标有关，其核心是利用风险分析技术识别设备失效的机理，分析失效的可能性与后果，确定其风

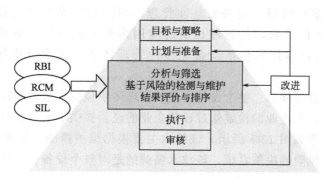

图 12-4 设备完整性管理体系

险的大小；根据风险排序制定有针对性的检维修策略，并考虑将检维修资源从低风险设备向高风险设备转移。以上各环节的实施与维持通过体系化的管理加以保证。

因此，设备完整性管理的实施包括管理和技术两个层面，即在管理上建立设备完整性管理体系；在技术上以风险分析技术作支撑，包括针对静设备、管线的 RBI 技术，针对动设备的 RCM 技术和针对安全仪表系统的 SIL 技术等。

（2）基于风险的检验技术（RBI） RBI（Risk-Based Inspection）技术可用于所有承压设备的检验，这些设备的完整性受到某些现有损伤机理的影响而逐渐恶化。RBI 分析所有可能导致静设备及管线无法承压的损伤机理及失效后果，例如均匀腐蚀或局部腐蚀等。目前工业标准有美国石油学会（API）制定的用于炼油厂和石油化工厂的基于风险的检验（RBI）方法——APIRP580 及 API581。

（3）以可靠性为中心的维修技术（RCM） RCM（Reliability Centered Maintenance）技术是一种维修的理念、一种维修的策略、一种维修的模式。依据可靠性状况，应用逻辑判断方法确定维修大纲，达到优化维修的目的。第一个得到认可的可用于所有工业领域的商用标准是汽车工程师协会（SAE）的 JA101《1RCM 工艺评价准则》。

（4）安全完整性水平分析技术（SIL） SIL（Safety Integrity Level）技术是针对工厂中的车间、系统、设备的每一安全系统进行风险分析的基础上评估，并依据这个准则来确定最低的设计要求和测试间隔。

遵守的通用工业标准为 IEC61508，石化行业的工业标准为 IEC 61511。实施基于风险的设备完整性管理可优化企业的设备资产资源，提高设备的安全性、可用性和经济性，延长装置的运转周期，使企业在确保安全生产的前提下，提高成本效益，增强企业的市场竞争力。

（5）保护层分析技术（LOPA） LOPA（Layer Of Protect Analysis）是一种半定量风险分析方法，用于分析在用的保护层是否能够有效地减轻过程危害。它是一种利用已有的过程危险分析技术，去评估潜在危险发生的概率和保护层失效的可能性的方法。

LOPA 是一种确保过程风险被有效缓解到可接受水平的工具，能够快速有效地识别出独立保护层（IPL），降低特定危险事件发生的概率和后果的严重程度。LOPA 提供专用标准和限制性措施来评估独立保护层，消除定性评估方法中的主观性，同时降低定量风险评估的费用。

二、壳牌(SHELL)的设备完整性管理技术

SHELL 在过程安全管理、设备完整性管理、风险分析和检测等技术方面已形成了自己的管理体系和专有技术,并通过长期的应用为业界所认同。在设备管理上采用基于风险的设备完整性管理技术包括设备完整性管理体系、风险分析技术和检测技术三个方面。

(1) 设备完整性管理体系　整个设备完整性管理体系包括了装置和设备的运行管理、检维修管理和检测管理,为企业的检维修过程和企业的经营提供了平台。设备完整性管理与企业生产经营之间的关系如图 12-5 所示。该技术主要根据维护措施、状态监控和技术保障措施等方面来建立基于风险的决策系统,该技术强调的是对整个设备管理过程的优化,而不是每一个具体的作业活动。

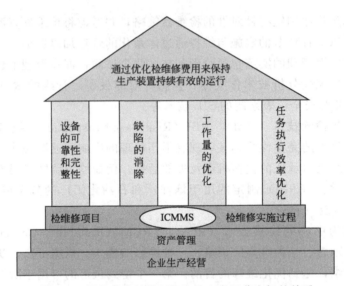

图 12-5　设备完整性管理与企业生产经营之间的关系

设备完整性管理主要通过四个方面来进行分析：设备的可靠性和完整性、缺陷的消除、工作量的优化和任务执行效率优化,如图 12-5 所示。

对设备检维修的过程而言,可以通过一体化计算机检维修管理系统来进行有效的实施,对检维修过程四个方面之间关系的管理和理解是成功实施项目的关键。在确保生产装置可靠性的前提下,为了优化装置的检维修过程,需要对整个检维修过程中的工作量进行系统的审查。同时,还需要对设备的失效可能性、失效后的修复成本和造成的生产损失进行分析。对检维修的工作量进行优化后,需要用最高的效率来完成每一项检维修工作。有效的缺陷管理过程和正确的资产可靠性管理可以减少一些重复性的工作,降低整个检维修过程的工作量。缺陷消除可以通过降低生产装置的停车次数来提高装置的可靠性和技术完整性水平,较高的完整性和技术水平可以使整个检维修工作更加有效,再加上对检维修工作量的优化,可以制定出一个更加有效的检维修方案。

(2) 风险分析技术　SHELL 应用于设备完整性管理方面的风险分析技术包括针对静设备、管线、安全阀的 S-RBI 技术,针对动设备的 S-RCM 技术和针对安全仪表系统的 IPF 技

术三个方面，三者构成 SHELL 特有的风险与可靠性管理系统（Risk and Reliability Management，RRM），如图 12-6 所示。

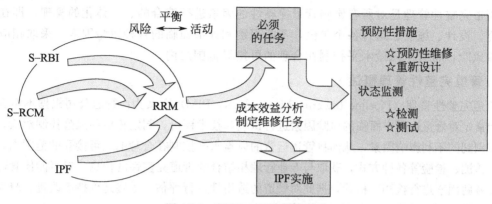

图 12-6　SHELL 风险管理技术

S-RBI 技术通过对设备或部件的风险分析，确定关键设备和部件的破坏机理和检查技术，优化设备检查计划和备件计划。根据 SHELL 的应用经验，采用 RBI 技术后，一般可减少设备检查和维护费用 15%~40%。

S-RCM 以可靠性为中心的维修是在元件的可能故障对整个系统可靠性影响评估的基础上，决定维修计划的一种维修策略。传统的定期大修，把一些没有问题的设备解体，实际上只能增加整体故障率。RCM 的评价方法是以可靠性和风险为依据，制定出设备或装置必要的维修程序。

IPF 分析是正确的工程设计基础，整个识别过程是利用以前的工程经验和 HAZOP 的分析结果。

IPF 指导企业对仪表保护系统进行安全设计，是安全保护系统的实施和维护策略。

（3）检测技术　无论是 RBI 技术还是 RCM 技术的实施，都要结合一些先进的设备检测技术来进行。在 SHELL 中，这些先进的设备检测技术有以下各种。

① 脉冲涡流检测仪。依靠脉冲发射机发出一个快速变化的电磁场，该电磁场可以诱发产生涡流，利用接收元件监控涡流脉冲在金属壁中的衰减，通过把一定信号特征的瞬态响应时间和参比值比较来计算出金属的平均厚度。

通过该仪器可以在设备运行状态下不拆除绝缘层（如绝热层、防护层、电绝缘层等）来对设备进行检测。

② 工艺腐蚀检控技术。可以识别工厂的腐蚀风险，帮助企业制定一个明确的腐蚀控制方案，明确具体的腐蚀部位，识别引起非计划停工的主要失效因素，制定检测策略。

③ SHELL 无损检测仪。能够指导制定在线的无损检测方案，并提供相应的历史案例和无损检测方案的信息。该仪器还配备了一个无损检测信息的数据库。

④ 炉管检测仪。是便携式的检测设备，能够迅速评估出如乙烯加热炉管由于渗碳引发的劣化水平。该仪器能够帮助预测炉管的剩余寿命，还可以对焊缝进行检测。

⑤ 原油评价技术。可以对单种原油或混合原油进行全面的评价，评价硫和环烷酸等腐蚀介质在各个组分中的分布，以及加工该种原油对生产装置造成的腐蚀程度，从而决定该装置是否可以加工该种原油。

三、管道完整性管理

管道完整性管理是对所有影响管道完整性的因素进行综合的、一体化的管理，即在管道的研究、设计、施工、运行各个阶段，不断识别和评估面临的各种风险因素，采取相应的措施削减风险，将管道风险水平控制在合理的可接受范围之内。

1. 管道完整性管理概述

管道完整性管理（Pipeline Integrity Management，PIM）定义为：管道公司根据不断变化的管道因素，对管道运营中面临的风险因素进行识别和技术评价，制定相应的风险控制对策，不断改善识别到的不利影响因素，从而将管道运营的风险水平控制在合理的、可接受的范围内，通过监测、检测、检验等各种方式，获取与专业管理相结合的管道完整性的信息，对可能使管道失效的主要威胁因素进行检测、检验，据此对管道的适用性进行评估，最终达到持续改进、减少和预防管道事故发生以及经济、合理地保证管道安全运行的目的。

一般管道完整性管理主要分为建设期（该阶段是完整性管理数据采集最佳阶段）、运行期（该阶段为完整性管理数据更新期）两个阶段。对于完整性管理，应包括管道的全寿命周期，并应借助目前流行的数字管道工程平台而得以实现。数字管道的管理包括数据采集层、数据储存层、数据应用层三个层面。

（1）管道完整性管理内涵　管道完整性管理，是对所有影响管道完整性的因素进行综合的、一体化的管理，主要包括以下几点。

① 拟定工作计划、工作流程和工作程序文件。

② 进行风险分析和安全评价，了解事故发生的可能性和将导致的后果，指定预防和应急措施。

③ 定期进行管道完整性检测与评价，了解管道可能发生事故的原因和部位。

④ 采取修复或减轻失效威胁的措施。

⑤ 培训人员，不断提高人员素质。

（2）管道完整性管理的原则

① 在设计、建设和运行新管道系统时，应融入管道完整性管理的理念和做法。

② 结合管道的特点，进行动态的完整性管理。

③ 要建立管道完整性管理机构、管理流程，配备必要的手段。

④ 要对所有与管道完整性管理相关的信息进行分析、整合。

⑤ 必须持续不断地对管道进行完整性管理。

⑥ 应当不断在管道完整性管理过程中采用各种新技术。

管道完整性管理是一个与时俱进的连续过程，管道的失效模式是一种时间依赖的模式。腐蚀、老化、疲劳、自然灾害、机械损伤等是能够引起管道失效的过程，随着岁月的流逝不断地侵蚀着管道，必须持续不断地对管道进行风险分析、检测、完整性评价、维修等。

2. 管道完整性管理体系

国内管道企业借鉴国外管道完整性管理经验，结合国内管道管理的实际情况与特点，简单明了地将管道完整性管理分为六个环节：数据采集、高后果区识别、风险评价、完整性评价、维修与维护和效能评价，如图12-7所示。此外，为保证六个环节的正常实施，还需要系统的支持技术、一套与管理体系结合的体系文件、标准规范和管道完整性管理数据库以及基于数据库搭建的系统平台。

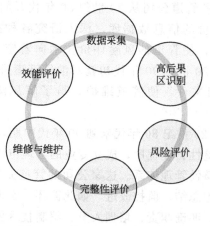

图 12-7　管道完整性管理体系平台

中国石油编制了系列企业标准《管道完整性管理规范》（Q/SY 1180），是国内首个对管道完整性管理的各个环节进行详细规定，并给出了具体操作规程的标准。此外，中国石油将管道完整性管理体系与现有的 HSE 体系进行了结合，建立了管道完整性管理数据库，开发了完整性管理信息平台。

中国石油借助其所属的管道科技研究中心（廊坊）等内部技术力量，从 2004 年起通过 8 年多的研究和应用，全面推广实施管道完整性管理，掌握了管道完整性管理的核心支持技术，如管道数据管理技术（基于 GIS）、风险评价技术、检测技术、完整性评价技术和各种维抢修技术，建立了专业的团队，建成了管道完整性管理体系和信息化系统，实现了管道数据的集中管理存储和完整性管理业务流程的信息化。中国石化和中海油也推广应用了管道完整性管理，开展了管道内检测和管道数字化等工作。

3. 管道完整性管理的进展

管道完整性管理技术起源于 20 世纪 70 年代，当时欧美等工业发达国家在二战以后兴建的大量油气长输管道已进入老龄期，各种事故频繁发生，造成了巨大的经济损失和人员伤亡，大大降低了各管道公司的盈利水平，同时也严重影响和制约了上游油（气）田的正常生产。为此，美国首先开始借鉴经济学和其他工业领域中的风险分析技术来评价油气管道的风险性，以期最大限度地减少油气管道的事故发生率和尽可能地延长重要干线管道的使用寿命，合理地分配有限的管道维护费用。经过几十年的发展和应用，许多国家已经逐步建立起管道安全评价与完整性管理体系，研究出各种有效的评价方法。

世界各国管道公司均形成了本公司的完整性管理体系，大都参考国际标准（如 ASME、API、NACE、DIN 标准），把国际标准作为指导大纲，编制本公司的二级或多级操作规程，细化完整性管理的每个环节。

美国油气研究所（GRI）将重点放在管道检测的进一步研究和开发上，认为利用高分辨率的先进检测装置及先进的断裂力学和概率计算方法，能获得更精确的管道剩余强度和剩余使用寿命的预测和评估结果。

美国 Amoco 管道公司（APL）从 1987 年开始采用专家评分法风险评价技术来管理所属

的油气管道和储罐，到 1994 年为止，已使年泄漏量由原来的工业平均数的 2.5 倍降到 1.5 倍，同时使公司每次发生泄漏的支出降低 50%。

欧洲管道工业发达国家和管道公司从 20 世纪 80 年代开始制定和完善管道风险评价的标准，建立油气管道风险评价的信息数据库，深入研究各种故障因素的全概率模型，研制开发实用的评价软件程序，使管道的风险评价技术向着定量化、精确化和智能化的方向发展。英国油气管网公司 20 世纪 90 年代初就对油气管道进行了完整性管理，建立了一整套的管理办法和工程框架文件，使管道维护人员了解风险的属性，能及时处理突发事件。

加拿大 Enbridge 公司从 20 世纪 80 年代末到 90 年代中期，开展管道完整性和风险分析方面的研究，制定宏观的完整性管理程序，成立专业的管理组织机构，制定管道完整性管理目标并实施，形成了管道完整性管理体系。这家公司的管道完整性管理实施分为四个步骤，即制定计划、执行计划、实施总结、监控改进，如此循环。实现这四个步骤的途径包括制定政策、确定目标、管理支持、明确职责、培训人员、编制技术要求和程序说明书等，这个完整性管理系统是一个动态循环过程，确保完整性技术方法在实施过程中不断进步和加强。

我国管道的实施进展如下：陕京线 2001 年提出了完整性管理，是首家在国内实施管道完整性管理的试点。随后中国石油开始全面推广实施管道完整性管理，已经建成完整性管理体系和信息化系统；西气东输管道公司侧重于地质灾害和第三方破坏风险评价方面的研究；管道公司侧重于老管道的完整性，西部管道侧重于国际评级。此外，中国石化和中海油也开始推广应用管道完整性管理。

第五节　大数据驱动的维修管理体系

大数据驱动的维修（Big Data Driven Maintenance）又称为大数据导向的维修（Big Data Oriented Maintenance），是近年来发展起来的一个热门话题。

近年来，工业环境变得更加复杂和充满不确定性，经济不景气的情况增加了企业的利润压力。企业缺乏对资产状态的可视化，洞察力有限甚至模糊不清，加上政府和社会更加严格的监管，给企业带来更高的合规风险。

很多企业，资产老化和运营风险不断增加，设备更新带来新的不确定性；而人员更替、经验不足，又带来新的运营风险。

企业应反问自己，如何才能真正了解设备、控制运营风险？其实，设备本身有很多数据直接或者间接地反映了状态变化，遗憾的是很多企业并没有关注到。

有的企业希望建立大数据驱动或者大数据导向的维修体系，但做得不好，80% 的工作是收集和验证数据。

据相关统计资料显示，89% 的故障不是基于时间发生的。

企业需要缩减成本，但不知道在何处缩减；大数据和自动化对企业的确重要，但企业又担心会扰乱原有的工作流程。

首先要了解数据来源是什么。一般而言，数据主要来源于生产过程本身。这里包含过程数据、维护数据、制造数据以及间接反映设备状况的数据，如影像、视频、对话、报告等，如图 12-8 所示。

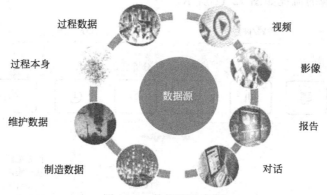

图 12-8　数据源示意图

传统管理数据是对现象的描述，常常告之发生了什么，但不知为什么发生。随着时代的发展，数据的信息不断被挖掘，"数据金矿"逐渐显露，其可利用的价值不断增加。图 12-9 给出了这一变化的大趋势。

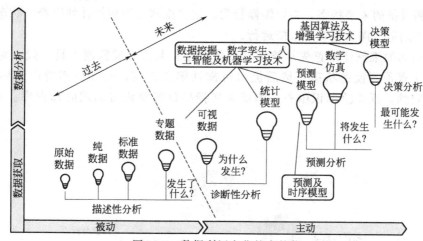

图 12-9　数据利用变化的大趋势

未来，人对设备输入的信息内容会逐渐减少，将更多地依赖数据的作用。现今，在描述设备所处状态时，人的信息输入量还比较大；当进入预知维修时代时，更多的信息依赖于设备数据。到了精准维修时代，决策支持或自动化决策基本依赖数据，如图 12-10 所示。

越来越多的企业思考如何在数据里挖掘为什么发生、将发生什么以及未来最可能发生什么的精准信息，从而辅助做出维修决策。

图 12-10　日益强化的数据作用

第十二章　现代化管理方法在设备管理中的应用及案例

大数据驱动维修的流程如图 12-11 所示。

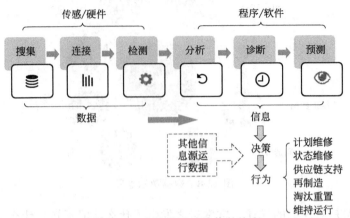

图 12-11　大数据驱动维修的流程

在这一流程里，数据通过传感器和硬件获取，通过软件程序进行筛选、过滤、分析和诊断，能够预测设备的未来状态，指导维修行为。这些维修行为包括计划维修、状态维修、供应链支持、再制造、淘汰重置和维持运行。

大数据驱动的维修体系首先从培训与教练开始；其次开发监测工具手段，对设备实施有效监测；接着预测设备状态；然后提出可靠性解决方案，并加以实施；最后将产生的经验和案例归纳，反馈给知识中心，构成未来指导设备维修可调用的知识库。如图 12-12 所示。

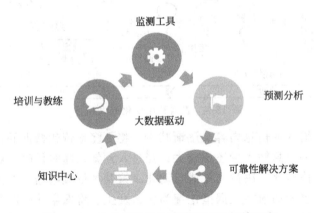

图 12-12　未来指导设备维修可调用的知识库

围绕着大数据驱动的维修，有的企业提出如图 12-13 所示的结构。图中，将资产状态监测、SCADA（Supervisory Control and Data Acquisition，数据采集与监视控制）系统数据和风险数据，以及外部数据、交换数据、维修管理数据纳入体系。左侧是相关的分析内容，作为输入；右侧是输出的内容，包括维修策略、维修计划和相关故障处理模型等。

在移动互联时代，数据可以通过移动终端与现场员工交互，实时传递精准决策信息，触发维修工单，指导维修工作。

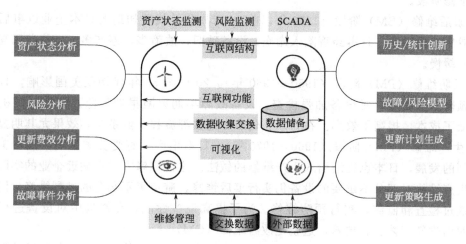

图 12-13 大数据驱动维修的另外架构

第六节 中石化九江分公司设备管理模式的创新

石油化工行业是典型的流程工业,必须保持生产过程的连续性,这对石化设备的完好运行提出了严格的要求。石化企业设备具有数量大、种类多和专业性强等特点,设备管理是企业生产经营管理的重要工作内容。设备管理是围绕着设备的设计选型、运行保养、检测维修、技术改进和设备配件管理等各项工作进行的技术活动和管理活动的总和。设备管理的目的是将人员、制度、设备等各方面形成规范、科学的设备管理运行系统,使设备管理工作得到高效的组织和实施。

一、"TPM"管理模式概述

1. "TPM"的概念

"TPM"即英文 Total Productive Maintenance 的缩写,意思是"全员生产维修",是指企业打破专业技术界限,通过整个生产系统全体员工参与的生产维修活动,使设备性能达到最优的方式。TPM 的特点是全效率、全系统和全员参加。全效率,指设备寿命周期费用评价和设备综合效率;全系统,指包括生产维修系统的各个方面;全员参加,指设备的计划、使用、维修等所有部门参加,尤其注重操作者的自主小组活动。

学习、借鉴和应用先进的设备管理理念,在日常设备管理活动中,应用设备可靠性、可维修性、设备有效利用率和设备寿命周期费用等分析评价设备的新概念,对石油化工企业设备管理模式的创新具有重要意义。

2. "TPM"的形成、发展、定义与要素

(1) TPM 的形成和发展　第二次世界大战后,日本在学习美国生产维修经验的基础上,结合日本的管理传统,逐步形成一套比较完整的设备管理与维修制度——"全员生产维修"。日本的设备管理大体经历以下四个阶段:事后维修阶段、预防维修阶段、生产维修阶段和全

员生产维修阶段。

① 事后维修（BM）阶段（1950年以前）。二战前及战后初期的日本企业以事后维修为主。在战后一段时期，日本经济陷入瘫痪，设备破旧，故障多，停产多，维修费用高，生产恢复十分缓慢。

② 预防维修（PM）阶段（1950—1960年）。20世纪50年代初受美国影响，日本企业引进了预防维修制度，对设备加强检查，设备故障早期风险早期排除，使故障停机大大减少，降低了成本，提高了效率。在石油、化工、钢铁等流程工业系统，效果尤其明显。

③ 生产维修（PM）阶段（1960—1970年）。日本生产一直受美国影响，随着美国生产维修体制的发展，日本也逐渐引入生产维修的做法。这种维修方式更贴近企业的实际，也更经济。生产维修对部分不重要的设备仍实行事后维修，避免了不必要的过剩维修；同时对重要设备通过检查和监测，实行预防维修。为了提高设备性能，在修理中对设备进行技术改造，随时引进新工艺、新技术，这就是改善维修（CM）。

到了20世纪60年代，日本开始重视设备的可靠性、可维修性设计，从设计阶段就考虑到如何提高设备寿命、降低故障率，使设备少维修、易于维修，这就是维修预防（MP）策略。

维修预防的目的是设计设备时，就赋予其高可靠性和高维修性，最大可能地减少使用中的维修，其最高目标可达到无维修设计。在20世纪60年代到70年代是日本经济大发展的10年，家用设备生产发展很快。日本企业为了提高自己产品的竞争力，很多的产品采用了无维修设计。

④ 全员生产维修（TPM）阶段（1970年至今）。全员生产维修又称为全员设备管理与维护，是日本设备管理协会（中岛清一等人）在借鉴美国生产维修体制之后，在日本的Nippondenso电器公司试点的基础上，于1970年正式提出的。

在前三个阶段，日本基本上学习美国的设备管理经验。随着日本经济的增长，在设备管理上，一方面继续学习其他国家的成功经验，另一方面进行了适合日本国情的创造，从而产生了TPM。TPM既是对美国生产维修体制的继承，又包含了英国综合工程学的思想，还吸收了中国"鞍钢宪法"中工人参加、群众路线、合理化建议及劳动竞赛的做法。最重要的一点是，日本人身体力行地把TPM贯彻到底，并产生了突出的效果。

（2）TPM的定义与要素

① TPM的定义。以最有效的设备利用率为目标，以维修预防（MP）、预防维修（PM）、改善维修（CM）和事后维修（BM）综合构成生产维修（PM）为总体的运行体制。设备的计划、使用、维修等所有有关人员，从最高经营管理者到第一线作业人员全体参与，以自主的小组活动来推行生产维修，使损失为零。

TPM以改善设备状况，改进人的观念、精神面貌及改善现场工作环境的方式来改革企业的体制，建立起轻松活泼的工作氛围，使企业不断进步。

② TPM的要素。TPM包含以下五个方面的要素。

a. 以设备综合效率最大化为目标。

b. 在整个设备寿命周期内建立彻底的预防维修体制。

c. 由各部门共同推行（生产部门、计划部门、维修部门、经营部门、管理部门等）。

d. 通过自主的小组活动推进。

e. 从最高领导到生产一线员工，全员参加。

3. TPM 的特点

（1）三个全　TPM 的一个重要特点是三个全，即全效率、全系统、全员参与。三个全之间的关系为：全员为基础，全系统为载体，全效率为目标。

（2）四个零　随着 TPM 的不断发展，日本提出以实现四个零为发展目标，即灾害为零、不良为零、故障为零、浪费为零。

为实现这四个零，TPM 以"预防保全（维修）"手法为基础展开活动。预防保全用一句话说就是：为了防止不良或故障等的发生，而将设备的机能维持正常状态的活动。

二、创新设备管理模式的途径

九江分公司设备管理模式的创新，充分借鉴和应用国外设备管理的先进理念和手段，如计算机辅助管理、全面质量管理、设备故障数据库系统、状态监测、风险评估技术和故障诊断技术等，经过消化吸收、融会贯通，有效地提升了设备管理和维护的现代化水平。

（1）以质量管理体系带动设备管理模式的创新　良好的设备运行质量是控制产品质量的重要因素之一，尤其是精密、大型、单系列等关键设备以及产品质量控制点设备的运行管理。从设备购置、质量检验、精度检测、预防维修、维护保养、设备完好率、设备管理程序文件以及设备操作、维修人员技术素质的培养和设备的使用环境等各个环节，进行了严格的控制和管理，最大限度保证了设备技术功能的正常发挥。

（2）利用局域网建立设备故障数据库系统　九江分公司利用企业局域网，建立了设备故障数据库管理系统，使生产车间和管理部门均可在局域网上发布设备故障状况或获取设备管理信息。过去，虽然大部分机械、电气的仪器仪表设备都进行过较为完善的故障说明和故障排除记录，由于没有建立统一的设备故障数据库，修理经验和使用效果不能及时地在分公司范围内得到交流和推广。维修人员的工作调动也造成大量维修信息资源的浪费或流失。建立设备故障数据库系统后，避免了上述问题的发生，也使相关人员能够依据数据库系统尽快熟悉和掌握所需设备的运行特性及使用要求，方便地查询相关设备维护保养的记录和方法、设备在技术改造以后的详细资料以及使用效果等。数据库系统对资料完整地保存、查阅及经验的共享和借鉴有重要作用。

三、创新突出了石化企业特色

（1）建立了完整的组织机构　在实施 TPM 模式的基础上，针对石化企业设备数量大、种类多、专业性强等特点，九江分公司加强管理力度，建立了完整的组织机构，专门设置了分管设备工作的副总经理和设备副总工程师，成立了分公司级的设备管理部门，各车间和作业部设置分管设备的副主任和设备主管工程师，班组设有专职设备员。九江分公司每周定期召开设备工作例会，研讨生产中的各种设备管理问题。

为实施规范化管理，九江分公司成立了设备规范化管理委员会，选择典型的机械设备和生产线进行前期试验，通过调查研究、摸索规律和制定试行方案，形成典型设备的规范化管理文件，并按此模式逐步推广到所有生产设备，使每台设备和每个生产环节都有对应的管理规范和内容，实现了全部设备的规范化管理。新员工须经规范化管理内容的培训，考试合格后持证上岗。

（2）适合石化工业生产流程　针对流程工业停机和停产损失大的生产形式，九江分公司以加强设备的故障管理为突破口，创新建立了适合生产流程的设备管理模式。分公司设备管理部门每天及时将收集的设备故障信息分类处理，每周对主要生产设备的故障情况进行统计、分析和通报，协调修理部门及时做好故障排除工作。各生产车间建立了较为完善的设备故障管理台账，对重要的生产装置和关键设备建立了重大事故的抢险应急救援预案。进一步加强了对应急救援指挥系统、通信保障系统、物资供应系统人员和抢险人员的日常培训和综合演练等，不断提升整个企业应急救援的综合能力。机、电、仪设备的检修专业建立了24h的设备维护和应急抢修网络，实行了设备故障排除不过夜，确保了生产装置安全、平稳、高效和经济地运行。

(3) 符合石化行业设备特点 结合设备安全、平稳和长周期运行的要求，九江分公司在创新设备管理模式时充分考虑设备特点，将设备维护与实行计划检修与状态检修相结合，按照长周期运行计划安排生产装置的大修间隔和时间，单机设备根据状态监测和故障诊断分析等情况，采取对策性的预防性检修。同时，通过各二级单位开展精密点检、维护班组日常点检、生产岗位电子巡检等，组成了分公司范围的设备检测和故障诊断网络系统；通过ERP设备管理信息系统，对主要生产设备的运行状态、重要监测点、单台设备的简易定期诊断和监测等实施计算机管理，使点检工作更趋具体化和数据化。九江分公司还注重把设备点检与状态监测有机结合，对主要生产设备及特种设备实施挂牌式点检。对特种设备及避雷防静电设施等进行定期的安全技术检测，并由专人负责维护和管理，有效遏制了设备故障的发生，确保了生产工艺流程的顺畅。对关键设备、重点设备故障以及修理中的疑难问题，通过采取跟踪监测的方式，掌握和发现设备运行中的故障发生规律、故障隐患部位和劣化趋势等，将其及时消灭在萌芽状态。先进的诊断技术使设备维修工作更具针对性和有效性，最大限度地发挥了设备效能，缩短了设备检修时间，实现了计划维修与状态检修的有机结合。

(4) 总结摸索出安全检查的"三检法" 为落实好HSE管理体系和强化设备安全管理工作，九江分公司每季度组织一次设备安全大检查，以及时发现和消除生产中的安全隐患。在各车间和作业部的基层班组，推广开展了"三检法"（点检、面检、专检）和"专人巡检负责制"。"三检法"是九江分公司多年总结和摸索出来的设备管理模式，采用多层面和相互交叉的拉网式巡检，即班组设备专检员的每日一次点检、车间设备员的每日一次面检和分公司组织的每月一次专项检查。在"三检法"基础上，班组做好设备日检、周检和运行设备的润滑保养工作，对关键机组、高压电机等重要设备实行特级维护。"专人巡检负责制"由责任心强、维修经验丰富和综合素质较高的班组工程师、技师负责完成每天的设备巡检工作。通过使用点温计、测振仪等先进仪器，监测设备运行时的声音、润滑情况和轴承振动值等是否在允许范围内，及时掌握设备运行状态和关键数据，发现问题及时采取处理措施。通过实施"三检法"，将被动抢修变成了主动维护，使许多设备故障和事故隐患在巡检中被发现或排除。2009年，九江分公司成功地排除了多起可导致生产装置非计划停工的重大安全事故隐患，确保了生产装置安全平稳运行，进一步提高了九江分公司对设备事故发生的预控能力。

四、创新设备管理模式的效果

(1) 管理系统规范化 九江分公司通过创新和实施"TPM"（全员生产管理）模式，设备故障率大幅降低，呈逐年递减趋势，有效保障了设备正常运转，为炼油、化肥、化工等生产装置安全、稳定、长周期运行夯实了基础。为推进TPM模式有效运行，分公司制定出台了"机、电、仪、操、管"设备作业管理规范，操作人员严格按照操作规范正确使用设备，做到不超温、超压和超负荷运行。维修人员严格按照岗位责任制的要求，运用"看、嗅、听、摸"等手段进行设备巡检，严格执行清洁、润滑、保养、点检、调整、检修和防腐的维护保养工作程序。每台设备都实现了由操作人员和维修人员共同负责的包机制，备用设备技术状态保持完好，对关键设备实施了各工种联合承包的特级维护，逐步形成了规范化的闭环设备管理体系。

（2）能效成果明显　九江分公司通过推广电机变频调速等节能技术，对重要生产装置的关键电气设备进行了变频调速系统优化配置和技术完善。先后引进的东芝、富士、西门子、三菱、ABB等厂家生产的变频器，在炼油、化工和化肥等生产装置上进行了广泛应用；对化肥渣油进料泵、液氨输送泵、常减压加热炉鼓风机、催化解析塔进料泵、延迟焦化溶剂泵、原油输送泵、聚丙烯挤压造粒机组等重要机泵驱动电动机进行了变频调速节能改造，均取得了明显的节能效果，实现了电动机、风机、泵类设备的经济和可靠运行。2009年，九江分公司对常减压加热炉鼓风机进行了节能改造，采用风机变频调速系统取代低效率、高能耗的风门挡板节流控制，不但降低了设备故障率，也大大降低了生产能耗。按年运行8760h计算，以前1台鼓风机每年消耗电能162万千瓦·时，电费高达97万元；实施变频节能改造后，电动机运行电流从原来的220A降至90A，完全可以满足常减压加热炉的供风量，节电效率达到60%，每年可节约电费约60万元。

据不完全统计，九江分公司已经投入资金5000多万元用于风机、水泵变频调速节能技术改造，平均投资回收期约2年。截至2010年3月，九江分公司已投入运行的变频调速器462台，总装机容量达到16000kW。若按每台设备平均节电率40%计算，则每年至少可节约电能4200万千瓦·时，每年仅节约电费一项就达2500多万元，节约设备维修费、材料费100多万元。

（3）降低了设备故障率　九江分公司主要加工仪征-长岭管输原油，原油性质高硫高酸，对管线、机泵、塔器等设备腐蚀较强。虽然机泵经过反复检修和维护，设备故障率仍然较高，影响炼油装置的安全和生产的稳定。为更好地适应加工高硫高酸原油，分公司对一套常减压装置部分机泵、设备进行材质升级改造，泵体升级为耐腐蚀的A8材质，机泵润滑应用先进的油雾润滑技术，机泵轴承达到了最佳润滑效果。新机泵运行效果良好，各项运行指标正常，满足了设计及生产工艺要求，有效降低了设备故障率，润滑油用量降低了80%，机泵轴承使用寿命也延长为以前的3~6倍，为生产装置安全稳定运行提供了保障。

九江分公司还通过开展"创完好变电所""创完好机泵房"和"创无泄漏装置"等活动，以及根据炼油和化工装置的生产工艺和设备运行特点等，发动操作和维修人员进行了多项技术革新和技术改造活动，不但提高了设备运行的可靠性，也使设备故障率和非计划停机次数大幅度降低，设备综合管理水平得到了有效提升。

创新石油化工企业的设备管理模式，不仅是一项繁杂的系统工程，也是一项长期、持续的工作，必须从企业长远发展的战略高度出发，结合企业的生产特点，以保证企业经济效益最大化和安全生产为管理目标，坚持继承和创新相结合、传统管理和现代管理相结合，不断摸索、不断推进设备管理的进步，努力打造具有石油化工特色的设备管理模式，实现国有资产的保值和增值。

第七节　宝钢设备维修模式的创新与实践

近年来，世界范围内钢铁制造业的竞争越来越激烈，为应对挑战，宝钢（原宝钢集团）确定了新一轮战略发展目标。设备管理既是宝钢管理体系中的重要组成部分，又是发挥装备优势、提高产品质量、降低维修成本的关键环节，承载着前所未有的重大使命和变革压力。通过近几年设备状态预知维修工作的推进，为设备管理水平的提升提供了强大支撑。宝钢在确保设备状态持续稳定的同时实现了维修费用稳步下降,并为设备管理关键指标实绩提升做出了巨大贡献,取得了瞩目成就。

一、宝钢设备管理模式创新背景

投产后较长一段时间,宝钢在引进、消化世界先进设备管理经验的基础上,演变并形成以预防维修为主的设备管理模式,制定并形成一套制度化的、较完善的科学管理方法——点检定修制,保证了设备状态与能力基本满足不断扩大的生产规模与生产负荷的要求。同时,宝钢对点检定修制进行持续完善和改进,1997年开始推行设备状态受控点制度,突出以专业化检测诊断技术手段量化掌握设备状态,深化点检管理内涵,以提高维修效率、降低维修成本。

预防维修不可避免地带来部分设备的过维修和欠维修,从而影响管理效能。主要表现为:长期积累的设备状态数据和判断经验,未能有效指导点检标准优化,造成部分设备点检标准控制状态、维修项目针对性不足,没有状态数据支撑的周期检修项目过多;检测诊断技术手段实施结果对设备检修指导作用不能充分发挥;诊断结果停留在建议层面,采纳与否,全凭点检员判断能力,即使诊断状态正常的设备,点检员因各种因素仍可按照周期进行更换或检修,管理源头上对检修项目的设置与设备状态异常的溯源性要求不高;也存在点检员未重视技术手段发现的异常,且未及时采取有效维修措施导致故障发生的现象。

为解决上述问题,在设备管理领域内迫切需要进行重大变革和创新,以宝钢股份宝钢分公司为主体的设备管理模式与实践的创新应运而生并持续深化。

二、创新设备状态管理理念,探索维修模式转变策略

近年来,在预防维修基础上,宝钢深入发掘状态受控点管理等工作中长期实践积累的大量经验和知识,具备了实现设备维修模式跨越的基础。针对设备系统提出并实施从"以周期检修为基础,以预防维修为主线"的维修模式向"以设备状态受控管理为基础,以状态维修为主线"的综合维修模式转变的战略决策,确保宝钢设备管理水平持续提升并保持行业领先地位。

在多年实践基础上,宝钢设备管理部门系统总结和发展设备状态管理体系、理论,提出状态管理是技术应用与管理方式相融合的全新理念,系统阐述设备状态信息、状态管理内涵、状态管理模式、关键支撑技术等概念,形成建设设备状态管理体系的一整套方法。在系统策划状态管理体系过程中,总结多元性、适配性、经济性等原则作为依据,从设备重要程度、故障发生率特点、故障发生种类的可诊断性对设备进行分类,选定状态管理模式,设计管理模型,为设备制定最科学合理的状态管理方案。

通过开展设备可靠性理论和检修模型研究,有机融合检测诊断技术手段与日常点检维护方法,设备技术管理部门制定科学合理的设备状态管理基准,指导设备状态管理工作的全面实施。全面梳理规范检修项目名称和内容,评估检测诊断手段对制定检修项目的指导能力,以管理制度方式明确以状态结果为依据的检修项目范围,在信息系统中予以固化,提高检修项目生成的溯源性。涉及重点设备、投入大、难度高的检修项目均纳入状态维修范畴,有效促进检修负荷和备件资材消耗的下降。状态维修在设备维修体制中的主导作用逐步凸现。

三、系统策划，稳步推进，完善状态维修管理机制

1. 提升状态把握能力，形成推进状态管理的合力

（1）以受控点管理制度为基石，全面监控关键设备状态 大力推行设备状态受控点管理制度以年来，日渐成熟的检测诊断技术应用给现场设备尤其是关键设备状态把握提供了强大的技术支撑。目前有离线设备状态监测诊断受控点设备5000余台，拥有振动诊断、在线动平衡、油液分析、磨损分析、变压器诊断、红外线成像诊断及电气试验等众多离线诊断方法、手段，开发设备状态信息发布系统，整合若干专业化诊断软件管理的各类检测数据，形成了信息共享、形式统一、查询便捷、安全可靠的设备状态信息化发布平台，开辟了设备检测诊断与维护人员沟通的直接通道，促进了诊断、维护信息共享和互动，设备状态把握和故障诊断的准确率均达到世界先进水平。

（2）规范在线监测诊断系统的集成与开发，并成功应用于工艺质量控制及远程监控领域 以建设覆盖面广，运行经济、合理的设备状态信息统一处理平台为出发点，形成一套在线监测诊断系统构建框架，建立相应技术标准，制定统一的数据库格式及通信协议，有效整合设备状态管理信息和资源，形成状态检测、分析诊断、维护维修、信息反馈、持续提高的良性循环。着力研究解决设备、生产所关心的问题和难点，陆续建成一批具有自主特色、创新成果的在线监测诊断系统。

① 马迹山港设备远程监测与诊断系统。通过有效整合已有离线诊断信息和资源，将监测诊断技术和设备管理有机结合，对马迹山港重大设备和重要安全参数实施各类状态监测，建立监测诊断网络，提高马迹山港口维护管理水平，防止重大事故发生。通过远程通信，实现对港口工况和设备状态的远程监控，并实时为港口提供远程技术支撑服务。

② 1420冷轧连续退火机组监测诊断系统。通过对大型、复杂的连续生产机组设备状态信息和生产工艺信息的在线采集、集成和监测，全面动态地掌握系统状态和功能情况，并对数据进行有效的分析和管理，提炼出对生产和设备有价值的信息，实现对设备状态的分类和预警功能、查询及历史信息数据库的应用管理，为生产和设备管理人员及时提供早期故障信息和维修决策依据。

（3）加大专有技术开发，形成状态监控的技术保障

① 设备状态劣化趋势的定量分析技术。运用时间序列分析法、趋势变动分析法、相关分析法、非线性预测技术、人工神经网络预测技术等数学处理方法，对有关数据资料进行加工处理，采用定量分析技术建立能够反映有关变量之间规律性联系的各类预测模型方法体系。劣化趋势预测模型将采集数据进行分析处理，按照设备状态变化趋势预测故障、劣化趋势。

② 多参数综合诊断技术。主要侧重于对系统积累数据进行研究，探索利用多种参数实现设备故障准确定位的有效方法，寻找故障状态与过程控制信号、振动、温度等状态信息之间的对应关系，提取影响产品质量和设备状态的敏感参数，设置相应报警限，提前做出响应，为捕捉设备存在的故障隐患和调整生产过程工艺参数提供决策指导。

③ 数据挖掘和智能化诊断技术。开展与产品质量有关的数据挖掘技术研究，形成相应的预警策略和故障判别规则，有效防止同类故障发生。开展智能诊断技术研究，将现场应用取得较好效果的诊断技术形成相应算法，开发基于知识的智能诊断帮助系统。

（4）通过观念引导和责任分解，提升参与各方的合力 在责任分解方面，要求检测诊断技术

实施部门从被动接受向主动参与转变，树立状态管理责任主体意识，承担部分状态管理责任。相关方特别是生产厂部现场点检员要转变观念，明确预知状态维修主线思路，全面加强业务能力建设，增强综合计划、成本控制、生产工艺响应、设备状态综合掌控和现场业务实施组织等方面的能力，全面担起设备主人职责，与管理部门及技术实施部门合力推进状态管理。

2. 首创状态管理基准，形成系统的标准化运作机制

推进状态维修，充分认识转变观念及行为惯性的难度。全公司设备类型多、运行工况复杂，即使同类设备在不同区域，各分厂原制定的点检标准差异性也较大。设备技术部门结合精益管理、6σ 等工具的应用制定统一的设备状态管理基准，集中规定涉及设备状态管理所有要素的配置要求。

从选择状态管理基础较好的重点设备类别进行策划，在状态管理基准中明确日常点检维护、检测诊断手段应用的具体内容及周期，使之成为实施状态管理的纲领性文件，在设备综合管理信息系统中固化保存并作为生成日常状态管理项目的依据，从根本上规范重点设备类别实施状态管理的内容和频度。

3. 梳理状态维修项目，形成指导检修实施细则

从以预防维修为主到以预知状态维修模式的转变，其根本标志是检修项目生成依据的变化。梳理和确立状态维修项目，分辨和圈定事后维修及周期性预防维修项目成为设备系统特别是技术支撑部门的重中之重。因此要规范检修项目的名称和所包含的主要内容，根据检测诊断手段对制定检修项目的指导能力，确定检修项目是状态维修项目还是定期维修项目。统一检修项目设置成为推进状态维修的重要基础条件。

4. 规范状态维修项目设置，形成项目溯源和考核机制

状态维修项目的正确设置，体现状态把握的技术水平，同时标志着状态管理的综合水准。为提高检修项目设置的合理性、降低检修负荷，公司设备部制定检修项目管理规定，明确状态维修项目的设置必须满足以下条件：检测诊断实施结果显示存在故障隐患，或点检员在日常点检中发现设备有异常现象，杜绝无理由的维修。对维修成本较高的检修项目进行严控，建立审核制度，项目经设备部技术部门审核方可实施。建立生产厂及点检员考核制度，违反规定即追究责任，克服检修项目设置随意性。

5. 跟踪状态维修实绩，形成持续改进的管理闭环

跟踪状态维修实绩，查找过程薄弱环节，不断优化相关流程环节，是持续提升状态管理水平的长效管理机制。在推进实施过程中，设备系统相关人员建立状态管理跟踪记录信息卡，梳理、统计重点设备类别推行状态维修前的故障、检修项目、物料消耗等实绩，跟踪、统计、分析实施状态维修后检修项目下降情况及相应设备状态稳定情况。对诊断结果显示正常却发生故障的设备，设备部门、生产厂、检测诊断实施部门共同分析，找出真实原因，不断完善状态管理基准和状态维修项目的设置规则，杜绝重复故障，使状态管理水平上新台阶。

四、宝钢创新模式实施成效

（1）设备综合效率实绩连创历史最好成绩　公司各产线的年均设备综合效率（OEE）实绩从 2004 年的 90.68% 攀升到 2005 年的 97.64%，2006 年新增厚板轧机及钢管 ERW 生产线后年均实绩依然达到 96.61%。OEE 大幅提高使宝钢产能得到充分发挥，创造了新增盈利机会，OEE 从 90.68% 升至 97.64%，相当于增加产能 7.7%，即创造宝钢钢铁销售收入的 7.7% 及更高比例的利润。按此比例及宝钢分公司年度利润计算，2005 年和 2006 年分别创间接效益 14.3 亿元和 11.31 亿元。

(2) 吨钢维修费用持续下降　公司 2005 年年吨钢维修费用实绩比 2004 年下降 9.88%，创效 4.24 亿元；2006 年比 2005 年下降 4.98%，创效 1.92 亿元。

(3) 公司各条主作业线设备状态逐年趋于稳定　2004 年 20 条主作业线月均故障时间为 180.63h，2005 年降至 165.20h，同比下降 8.5%，达到历史最好水平，事故成本降幅 10.69%，创效 8146 万元；2006 年为 165.35h，与 2005 年持平，事故成本下降 8.13%，2 年各创效 4874 万元。

(4) 将近 3 年公司重（特）大设备事故为零　主要生产设备事故故障停机率从 2004 年的 0.7‰、2005 年的 0.7‰ 降至 2006 年的 0.59‰，领先国内同行企业。

(5) 检修负荷得到有效控制　随着设备状态维修的推进，周期检修项目周期被延长直至成为状态检修项目，检修项目立项更具针对性，检修项目数大幅减少，实现了检修负荷同口径 2004 年、2005 年、2006 年分别下降 17.72%、13.41% 和 10.04% 的目标。

思考题

12-1　网络计划技术的定义是什么？
12-2　简述网络计划技术的基本原理、特点和应用范围。
12-3　网络图绘制基本规则是什么？
12-4　线性规划的概念及作用是什么？
12-5　简述设备完整性管理。

参 考 文 献

[1] 中华人民共和国特种设备安全法.北京：法律出版社，2014.
[2] 国家发展和改革委员会.设备管理条例（征求意见稿），2008.
[3] TSG R0004—2016　固定式压力容器安全技术监察规程［S］.北京：新华出版社，2016.
[4] TSG D0001—2009　压力管道安全技术监察规程 工业管道［S］.北京：新华出版社，2009.
[5] TSG D7006—2020 压力管道监督检验规则［S］.北京：新华出版社，2020.
[6] GB/T 1047—2019 管道元件 公称尺寸的定义和选用［S］.北京：中国标准出版社，2019.
[7] GB/T 1048—2019 管道元件的定义和选用［S］.北京：中国标准出版社，2019.
[8] GB/T 9124.1—2019 钢制管法兰 第1部分 PN 系列［S］.北京：中国标准出版社，2019.
[9] GB/T 9124.2—2019 钢制管法兰 第2部分 Class 系列［S］.北京：中国标准出版社，2019.
[10] GB/T 20801—2020　压力管道规范 工业管道［S］.北京：中国标准出版社，2020.
[11] GB T 38343—2019 法兰接头安装技术规定［S］.北京：中国标准出版社，2019.
[12] GB 37822—2019 挥发性有机物无组织排放控制标准［S］.北京：中国标准出版社，2019.
[13] ASME PCC-1—2019 压力边界螺栓法兰连接装配指南［S］.
[14] ASME PCC-2—2018　压力设备和管道的修理［S］.
[15] GB/T 26467—2011 承压设备带压密封技术规范［S］.北京：中国标准出版社，2011.
[16] GB/T 26468—2011 承压设备带压密封夹具设计规范［S］.北京：中国标准出版社，2011.
[17] GB/T 26556—2011 承压设备带压密封剂技术条件［S］.北京：中国标准出版社，2011.
[18] CSEI/JX 0004—2018 法兰密封结构安装技术规范［S］.
[19] T/CAPE 10001—2017 设备管理体系 要求［S］.北京：中国标准出版社，2017.
[20] 胡忆沩，杨梅，李彦海.压力容器/压力管道作业人员带压密封安全技术［M］.北京：中国劳动社会保障出版社，2012.
[21] 胡忆沩.注剂式带压密封技术［M］.北京：机械工业出版社，1998.
[22] 胡忆沩，李鑫，于波.化工设备与机器（下册）［M］.北京：化学工业出版社，2010.
[23] 陈庆，高路，胡忆沩.石油化工通用设备管理与检修［M］.北京：化学工业出版社，2019.
[24] 陈庆，刘彦辰.机电设备管理技术［M］.第三版.北京：化学工业出版社，2019.
[25] 赵艳萍，姚冠新，陈骏.设备管理与维修［M］.北京：化学工业出版社，2010.
[26] 刘宝权.设备管理与维修［M］.北京：机械工业出版社，2013.
[27] 郁君平.设备管理［M］.北京：机械工业出版社，2012.
[28] 宝钢股份有限公司上海宝钢工业检测公司.宝钢设备管理模式的创新与实践［J］.冶金管理，2007（11）；4-7.
[29] 牟善军等.过程安全与设备完整性管理［J］.安全、健康和环境，2006（6）；2-5.
[30] 李葆文.设备管理新思维新模式［M］.北京：机械工业出版社，2020.